스펄전 목사님과 함께하는

매일 아침과 저녁

365일 말씀묵상집

(상권)

스펄젼 목사님과 함께하는
매일 아침과 저녁
365일 말씀묵상집(상권)

출판일 · 2022년 7월 1일
지은이 · 챨스 스펄젼
번역자 · 전칠홍, 전혜옥
감수자 · 김은수 박사
펴낸이 · 김현숙
편집인 · 윤효배
펴낸곳 · 도서출판 **말씀**과 **언약**
　　　　서울시 서초구 동산로6길 19, 302호
　　　　T_010-8883-0516
디자인 · Yoon & Lee Design

ISBN : 979-1-197060-199 (03230)

가격 : 15,000원

스펄전 목사님과 함께하는

매일 아침과 저녁

365일 말씀묵상집

(상권)

도서출판 말씀과 언약

머리말

오직 복음에 대한 깊은 열정으로 성공적인 목회를 하시다가 돌연 부름을 받으신 고 전칠홍 목사님께서 번역하신 유고, "스펄젼 365일 말씀묵상집"을 이렇게 아주 새로운 모습으로 다시 출간하게 되었습니다.

전칠홍 목사님은 평소에 찰스 스펄젼(Charles H. Spurgeon)의 저서를 많이 탐독하시던 중에 "Morning and Evening: Daily Readings"에 심취하셔서 번역에 착수하셨습니다. 그러나 이 책을 출판하려던 뜻이 채 이루어지기도 전에 먼저 하나님의 부름심을 받아 가신 큰 아쉬움을 이 책을 전달함으로써 그 남은 뜻을 마저 이루고자 합니다.

이 책은 새벽기도회, 가정예배, 매일 성경 공부와 명상 자료로서 성경 강해식 내용의 신학적인 차원에서 논리적으로 전개하고 있어서 그 진가를 높여주고 있다고 생각됩니다.

이 책은 먼저 1974년에 초판 재판으로 발행되었다가 그동안 중단되어 있었습니다. 막내딸인 제가 아버님의 번역을 교정하면서 원래의 번역에 충실하려고 노력하였고, 이 책이 성도들에게 도움이 되기를 바라며 다시 출판하게 되었습니다.

끝으로, 이 책을 재번역하는 과정 중에 때때로 단비처럼 내려주신 주님의 크신 은혜에 감사와 영광을 올려드리며, 이 책을 묵상하게 되는 성도들에게 더 놀라우신 은혜가 항상 함께 하시기를 축복합니다.

재 번역자 전혜옥

감수자의 말

스펄전의 『365일 말씀묵상집』 출간에 부쳐

그가 활동하던 당대에 이미 "설교자들의 황태자"(the Prince of Preachers)라고 칭송받았던 찰스 스펄전(Charles H. Spurgeon, 1834-1892) 목사님은 그 조상이 홀랜드에서 영국으로 이민을 온 자유교회 소속 독립회중교회의 목회자 가정에서 태어나 어릴 때부터 칼빈주의 신학의 영향과 더불어 청교도 신학자들과 목회자들의 책들을 섭렵하며 그의 신앙과 신학의 기초를 쌓았다. 그의 자서전에 의하면, 그는 1850년 1월 6일에 '이사야 45:22'에 기초한 한 평신도 설교자의 설교를 듣고 회심을 경험하였고, 같은 해 5월 3일에 침례교회에서 세례를 받았으며, 한 친구의 강권으로 16세에 생애 처음으로 캠브리지 근처 테버섬(Tevershame)의 한 농가에 모인 청중을 대상으로 설교를 하였다. 그리고 이듬해인 1851년 10월 캠브리지 인근의 시골교회였던 '워터비치 침례교 채플'(Waterbeach Baptist Chapel)에 설교자로 초빙되어 2년간 사역하며 인상적인 설교로 부흥을 이끌었다. 그 결과 1853년 12월, 19세의 나이에 역사적으로 중요한 런던의 '뉴 파크 스트리트 채플'(New Park Street Chapel)에 초청받아 첫 설교를 하였으며, 20세가 되던 1854년 정식 담임목사로 청빙 받아서 그의 본격적인 목회활동을 전개하기 시작하였다.

그의 열정적인 설교와 목회 사역으로 인하여 밀려드는 청중을 감당하기 어려워 계속하여 더 큰 건물로 옮겨 다니면서 설교하다가, 1861년 3월에 약 6,000명을 수용할 수 있었던 '메트로폴리탄 태버클'(Metropolitan Tabernacle) 예배당을 건축하였고, 이곳은 이후 그의 모든 목회 활동과 복음사역의 중심이 되었다. 그는 목회자들과 복음 사역자들을 교육하기 위한 '스펄 젼 칼리지'(Spurgeon's College)를 세웠고, 문서 사역을 위해 월간지 '*The Sword and Trowel*'의 출간(1865)과 더불어 '복음주의 문헌 보급을 위한 협 회'(Metropolitan Colportage Association, 1866)를 만들었으며, 자선사업을 위해 고 아원을 설립하여 운영하였다. 그는 아주 열정적이고 바쁜 설교와 목회 사역 을 감당하면서도 1892년 1월 31일, 58세의 나이로 하나님의 부르심을 받기까 지 135권의 책을 썼고, 또 다른 28권의 책을 편집하였으며, 이외 수많은 소책 자와 앨범을 포함하여 총 200권 이상의 책을 출간하였다.

스펄젼 목사님께서 남기신 주옥같은 설교전집과 다른 많은 문집들, 그 리고 그의 놀라운 설교와 목회사역에 대한 책들을 읽는 것도 대단히 많은 유익 이 있겠지만, 그 배후의 골방에서 스스로 날마다 아침과 저녁으로 성경말씀을 깊이 묵상하며 기도하면서 그것을 가능하게 한 이 '성경 묵상록'이야말로 그 모든 것의 기초요 정수라고 할 수 있을 것이다. 2000년 기독교 역사에 있어 하나님의 말씀인 성경과 더불어 신학교육과 영적생활의 향상에 도움이 되는 많은 필독서들이 있다. 그 가운데 스펄젼 목사님의 이 '성경 묵상록' 또한 우 리의 서가 목록에 반드시 한 자리를 차지하고도 남음이 있다고 할 것이다.

멀고도 험난한 믿음의 나그네 길을 가는 동안에, 우리가 날마다의 일 용할 영적 양식을 공급받기 위해서는 스펄젼 목사님처럼 우리에게도 가장 먼 저 날마다 성경말씀 자체를 읽으며 묵상하는 것이 그 무엇보다 필요하고 가 장 좋은 것이다. 그러나 그 성경말씀이 가진 깊이와 넓이와 높이를 제대로 알 고 이해하기 위해서는, 그리고 그 참된 맛과 영양분을 제대로 음미하고 섭취 하기 위해서는, 그러한 말씀의 묵상과 적용 방법에 대한 쉽고도 좋은 안내자 가 있으면 더욱 좋을 것이다. 바로 그러한 견지에서 이 스펄젼 목사님의 성경 묵상록은 독자들에게 그 역할을 감당하기에 최적의 것들 가운데 하나라고 할 수 있을 것이다. 따라서 매일 성경읽기와 더불어 이 책도 책상 앞이나 침대 머리맡에 놓아두고 날마다 우리가 걸어갈 말씀 묵상의 여정에 좋은 길동무로 삼으면 더없이 많은 도움이 될 것이다.

이 책의 출간을 위해 번역문에 대한 감수를 맡아 검독을 진행하면서, 영어 원서와 대조하며 번역자가 간혹 빠트린 문장이나 신학적인 용어와 표현 등을 수정 보완하였고, 또한 전체적으로 문장의 표현을 원문에 보다 가깝게, 그러면서도 우리말 표현에 있어 가독성을 높이고 원문이 가진 문학적인 유려함이 나타날 수 있도록 윤문 작업에 나름 최선을 다하였다. 그럼에도 불구하고 미처 발견하지 못하고 여전히 간혹 남아 있을 오류와 실수들에 대하여는 독자들의 깊은 혜량을 부탁드리는 바이다.

마지막으로, 스펄젼 목사님의 이 성경 묵상록을 번역하신 전칠홍 목사님과 전혜옥 전도사님의 많은 노고에 감사드리며, 더불어 이 번역서의 검독을 제의해 주신 안명준 박사님과 출판을 위해 아낌없는 수고를 다해주신 이승구 박사님께도 심심한 감사를 드린다.

김은수(한국개혁신학연구소 소장, 웨스트민스터신학대학원대학교 겸임교수)

추천의 글

나의 설교자 생활에 있어 성경 외에 가장 많이 그리고 깊이 영향을 주고 있는 책 두 권이 있다. 그 가운데 하나는 토마스 아 켐피스(Thomas á Kempis)의 "The Imitation of Christ"이며, 또 다른 하나는 찰스 스펄전(Charles H. Spurgeon)의 "Morning and Evening"이다.

내가 이 책을 아주 좋아하며, 기쁜 마음으로 추천하는 데에는 다음과 같은 몇 가지 이유가 있다.

1. 경건하고 헌신적인(devotional) 책이기 때문이다.

조용히 말씀을 묵상하며 이 책을 함께 읽을 때 나로 하여금 깊은 영적인 경험의 세계를 산책할 수 있게 한다. 답답한 심령을 상쾌한 세계로 인도하고, 암담한 상태에서 영계의 투명한 영적 경험의 세계로 인도하여 준다. 때로는 목회 직무수행에 피곤을 느끼며 의욕이 저하될 때 나를 격려하고 의욕을 북돋아 준다. 우리 목회자에게 이와 같이 경건하고 헌신적인 책이 없음을 퍽 아쉬워하여 오던 차에, 이번에 이렇게 귀한 책이 번역되어 나오게 되어 이를 애독한다면 우리 목회자에게 끼치는 영향이 크리라 확신한다. 이 책을 애독하는 중에 받은 영향을 많은 동역자들이 함께 받을 수 있게 되기를 원한다.

2. 설교자에게 좋은 자료를 제공해주기 때문이다.

사람은 가끔 비상하게 직관적이고 직감적이며, 또한 창의적이고 영감적인 때가 있다. 설교자에게 가장 중요한 시간은 바로 그러한 때이다. 그런데 나의 경우에 이 책을 읽고 있을 때 가장 많이 나로 하여금 그러한 귀한 기회를 가질 수 있게 해 주었다. 즉, 이 책은 나의 설교 세계의 창문을 높고 밝게 열어준 적이 한 두 번이 아니었다. 무엇을 잡지 못하고 허공을 더듬고 있을 때 이 책을 편다. 묵상과 함께 조용조용 읽어 내려가노라면 주옥같은 설교의 자료들이 쏟아져 나온다. 항상 바쁜 한국의 목회자에게 가장 짧은 시간에 귀중한 말씀의 진수를 포착하고 그것을 중심 삼아 한편의 설교를 준비하려 할 때, 이보다 도움이 되는 책이 흔치 않을 것이라 생각한다. 설교에 대한 구상과 작성에 비상한 도움을 주기 때문이다. 나의 25년간 쌓아 놓은 설교 노트 속에는 직간접으로 이 책의 영향이 적지 않다.

3. 표현력을 키우는데 많은 도움을 주기 때문이다.

설교자에게 가장 필요한 것들 가운데 하나는 표현력이다. 같은 진리라도 표현력에 따라 청중에 끼치는 영향에는 천양지차의 차이가 생긴다. 표현력이 그렇게 중요하다. 나의 설교의 용어나 표현 방법에는 이 책에서 영향을 받은 것이 너무나 많다. 나는 의식적으로 이를 모방하고 인용하고 기억하려 노력하였다. 설교에 있어 표현력이란 문학적 표현과 달라 영험의 뒷받침이 꼭 따라야 한다. 말씀 선포의 사명을 위하여 수고하시는 분들께 꼭 권하고 싶다. 이 책에서 많은 용어와 방법을 본땄기에 지금도 그 책 그 어느 제목하에서 읽었던 너무나 아름다운 표현들을 생생하게 기억하는 몇 구절이 남아있다. "백천은 흘러 흘러 한 강으로 모이고 성도에의 만 가지 은혜는 한 분 주 예수님으로부터 발원한다." 또 괴로운 문제에 부딪혀 있는 자에게 주는 말 중 "구태여 낙심 말라. 일 년 열두 달이 누가 내내 겨울이라 하더냐? 하루 24시간이 누가 내내 밤이라 하더냐? 겨울이 무서워도 가고 있고 봄이 따라오고 있지 않으며, 밤이 괴로워도 가고 있고 아침이 따라오고 있지 않느냐?" 정말로 아름답고 부드럽고 청중의 정서를 부드럽게 어루만져 주는 표현법이라고 생각된다. 어느 젊은 동역자가 자신의 표현력 부족을 고민하며 권면을 청하기에 주저하지 않고 몇 권 책을 소개하는 중에 이 책을 권했다.

4. 가정예배와 새벽기도회를 위하여 좋은 책이기 때문이다.

이 책은 스펄젼 목사님께서 남긴 수많은 책과 문헌들 가운데서도 가장 많이 읽히는 책이다. 그 이유는 경건한 성도의 가정에서 가정예배서로 애용했기 때문이라고 들었다. 미국의 어느 친구의 가정에서 본 일이다. 아침 식탁에 온 가족이 둘러앉았다. 매일 아침 식구가 차례로 돌아가면서 이 책의 한 제목을 읽는다. 읽은 식구가 또 기도한다. 마지막 어머니나 아버지가 결론적으로 기도하고 가정예배를 마치는 것을 보았다. 그 한 제목을 마음에 담아 하루의 심령의 양식으로 삼는다면 그 가정 식구들은 육적으로 축복받고, 영적으로도 밝고 윤택한 하루가 될 수 있기에 넉넉할 줄 안다. 또 한국교회는 은혜로운 새벽기도회가 교회마다 계속되고 있고 교역자에게는 적지 않은 부담이 되고 있는 줄 안다. 그러나 이 책을 통하여 많은 교역자들이 위에 말한 많은 유익을 얻는 동시에 새벽 기도회 인도 문제도 쉽게 해결되고 성도들을 윤택하게 가르칠 수 있을 줄 확신한다.

끝으로 내가 이 책을 얼마나 애용했고 어떻게 활용했는지를 몇 가지 말하고 끝을 맺겠다. 여행할 때도 이 책만은 가지고 다녔다. 읽는 중에 감명 깊은 대목에는 붉은 펜으로 밑줄을 그어가며 읽었다. 매 제목마다 읽고 내 마음에 느껴진 대로 요약해서 하나의 간단한 제목을 붙였다. 그리고 그 제목들은 페이지 차례로 번호를 붙여 다른 노트를 만들어 놓았다. 적당한 설교 제목이 잘 떠오르지 않을 때면 그 제목들을 죽 한번 훑어본다. 마음에 잡히는 것과 부딪힐 때면 그 제목의 페이지를 찾아서 조용히 묵상하며 심사숙고하여 읽는다. 많은 경우 내 설교 세계의 창문이 훤히 열린다. 너무 잔소리를 많이 쓴 것 같으나 하여간 스펄젼의 글에서 많은 감명을 받은 중 이 책에서 받은 바가 가장 컸고 애용하였기에 우리말 번역본이 나오게 됨을 기쁜 마음으로 환영하면서 동역자와 성도의 가정에 주저없이 추천한다.

故 이성헌(총회 신학대학 강사, 대구 서문교회 원로목사)

추천의 글

금번의 이 책은 전칠홍 목사님의 초기 번역에 근거하여 둘째 따님이신 전혜옥 전도사님의 손길을 거쳐 우리 시대의 언어를 통하여 한국교회에 스펄전 목사님의 매일 매일의 말씀묵상의 보고를 접할 수 있게 되었다.

스펄전 목사님은 이 책에서 특별히 기도에 대한 성구를 많이 다루고 있다. 실로 그는 기도의 사람이었다. 그는 1월 2일 아침에 "항상 기도에 힘쓰라"(골 4:2)라는 본문을 가지고 기도에 대하여 특별히 강조하고 있다. 기도하지 않는 영혼은 그리스도 없는 영혼이라고 한다. 기도는 영적 전투하는 믿는 자의 부르짖음이요, 예수님 품 안에서 죽어가는 성도의 진혼곡이다. 기도는 그리스도인의 호흡이며 지키는 말이요, 위로와 힘이며 또한 명예이다. 만일 당신이 하나님의 자녀라면 당신은 당신의 아버지이신 하나님의 얼굴을 구하고 또 하나님 아버지의 사랑 안에서 살기를 원할 것이라고 한다.

스펄전 목사님처럼 첫 번역자이신 전칠홍 목사님께서도 기도하는 눈물의 종이었다. 석광교회 원로목사이신 김재완 목사님은 다음과 같이 전한다. "저에게 숭인동에 있던 숭신교회에서 설교를 한번하라고 하셨습니다. 저는 못한다고 했지만 목사님께서 한번 해보라고 권해서 설교를 하게 된 적이 있었습니다. 그때 전칠홍 목사님께서 사회를 보시는데 길게 기도하신 후에 제가 설교를 하려고 단에 올라가서 감격했던 일이 있었습니다. 목사님께서 기도하시면서 흘리신 눈물이 강대상에 그대로 고여 있는 것을 보고 크게 놀라고 감격했습니다. 그때 우리들은 전칠홍 목사님은 무섭고 강한 목사님으로만 알았는데 그분은 과연 눈물의 종이셨습니다. 기도를 오랜 시간 하시는데 눈물의 기도를 항상 하셨습니다."

또한 이 책 여러 곳에서 스펄젼 목사님은 영적 보고인 성경을 강조했다. 1월 18일 저녁에는 스펄젼은 우리의 교사이신 예수님과 함께 최고의 책인 성경을 배우도록 교훈한다. 예수님의 학교는 하나님의 진리를 배울 수 있는 유일한 장소라고 한다. 또한 본문 해설에서도 성경을 성경으로 해석하는 목회자의 모습을 보여준다. 각 페이지마다 수많은 성구들로 풍성한 은혜를 제공하고 있다.

이 책은 독자들로 하여금 영혼이 하나님께 가까이 가도록 움직여 주며, 참된 지혜자와 은혜자이신 예수 그리스도를 깨닫고 감사하도록 찬양하게 한다.

이 책의 검독을 위하여 큰 수고를 하신 김은수 박사님과 책의 출판을 허락해 주신 합동신학대학원대학교의 조직신학자 이승구 박사님께 진심으로 감사를 드린다.

안명준(평택대학교 명예교수)

스펄전의 성경 강해와 함께 하루를 시작하고
하루를 마치는 분들을 위하여

신실한 그리스도인들은 늘 성경과 함께 하루를 시작하고 성경과 함께 하루를 마쳐왔습니다. 어느 시대나 신실한 그리스도인들은 그렇게 하였습니다. 요즈음 그리스도인들의 이런 좋은 습관(bene habitus)이 사라지는 것을 안타깝게 여긴 분들이 어떻게 해서든지 이런 습관을 다시 회복하게 하려고 여러 방면에서 애쓰고 있습니다. 「매일 성경」등의 시도가 그것입니다. 청교도들의 성경 강해를 매일 읽고 시작하도록 한 책도 나와 있습니다(『365 청교도 묵상』). 여기 "설교자들의 황태자"(the Prince of Preachers)라고 불리는 찰스 스펄전(Charles H. Spurgeon, 1834-1892)의 성경 말씀에 대한 묵상의 기록을 아침 저녁으로 읽고 하루를 시작하며 하루를 마치도록 한 책이 우리에게 선물로 주어졌습니다. 감사한 일이 아닐 수 없습니다.

이 일은 진정한 "거룩한 분들의 교제"(communio sanctorum)의 시도입니다. 일차적으로 삼위일체 하나님과 그에 백성들의 깊은 교제를 위한 것입니다. 그것을 위해 하나님의 말씀인 성경을 묵상하게 하려는 것입니다. 그 수단으로 19세기 영국인들에게 런던의 〈메트로폴리탄 성막〉(Metropolitan Tabernacle)이라고 이름한 예배당에서 38년 동안 영감 넘치는 그야말로 폭포수 같은 설교를 하였던, 그 이후에 전세계인들에게 책으로 그 설교를 전달하여 많은 이들에게 좋은 영향을 미친 찰스 스펄전의 성경 강해를 통해서 성경과 함께 하는 스펄전과의 교제를 위한 것입니다. 그리고 이 일이 한국 독자들에게 가능하게 하신 평양신학교 출신의 전칠홍 목사님과 그 따님이신 미국 웨

스트민스터신학교 출신의 전혜옥 선생님과 그리고 이를 일일이 점검하시면서 손보신 김은수 교수님과 그리고 이 일이 가능하도록 연결 역할을 하신 안명준 교수님과의 교제이기도 합니다. 그리고 이를 본 여러 성도들 간에 교제도 발생할 수 있기 원합니다. 이런 시간과 공간을 넘은 성도의 교제를 통해 우리들 모두가 매일 아침과 저녁에 스펄전의 영감 넘치는 강해를 읽으면서 우리 주 되신 삼위일체 하나님과 더 깊이 교제하며 하나님에 대한 사랑이 더해 가기를 바랍니다.

〈도서출판 말씀과 언약〉이 내는 책들은 다 한국교회가 제대로 되도록 하기 위한 책인데, 이 책도 우리 한국교회 성도들이 매일 삼위일체 하나님과 교제하는 일에 더 의미있게 사용되기를 바랍니다. 한국의 모든 그리스도인들이 매년 이 책을 읽어가기를 바라면서 추천의 말을 마칩니다. 영미권에서 이 책은 스펄전 책 가운데서 가장 많이 팔리는 책으로 알려져 있습니다. 우리 한국 독자들께서도 좋은 반응으로 함께하시기를 기대해 마지 않습니다.

이승구 (합동신학대학원대학교 조직신학 교수)

저자 스펄전에 관하여

        찰스 스펄전은 1834년 6월 19일 영국 에섹스 지방에서 8명의 자녀 중
에서 첫 번째 아들로 태어났고, 그의 부모님은 진실한 기독교인으로서 스펄
전의 아버지는 목회자였다. 스펄전은 그의 나이 15살이 되던 1850년에 회심
했고 그 후에 그는 가난하고 손이 필요한 곳에 도움을 주기 시작했으며 "소년
설교가"로 알려졌다. 그는 16살이 되던 해에 설교하기 시작했으며 나이 18살
이 되면서 헛간에서 설교하면서 워터비치(Waterbeach) 침례교회의 목사가 되었
다. 스펄전은 그가 20살이 되기 전까지 600번 이상의 설교를 하였으며 1954
년 20살때에 런던의 뉴 팍 스트리트(New Park Street) 교회에 초빙되어진다.
1856년 22살에 수잔 톰슨(Susan Thompson)과 결혼하여 쌍둥이 아들을 두었고
나중에 그의 아들은 모두 사역의 길로 들어선다. 스펄전의 설득력 있는 설교
는 살아있고 생동감이 있어서 많은 사람들에게 감명을 주어서 그들을 예수님
께 많이 인도하였다. 그 당시에 그의 설교를 들으려는 청중이 너무 많아 교회
바깥의 길거리까지 메우곤 했다고 한다. 나중에 스펄전은 만 명보다 더 많은
관중들에게 종종 설교를 하곤 하였다. 스펄전은 당시 3,500개 이상의 설교들
이 수록된 설교집을 출판하였고 아주 잘 팔렸다고 한다. 한때 그의 설교문이
실린 저널은 25,000부 이상이 매주 팔렸다. 1870년 유명한 잡지는 그를 "창
작력 있고 능력 있는 설교가"로서 정직하고 결단력 있으며 진지하고 살아있
고 유머 있는 설교가로 불렀다. 그 당시에 아주 유명한 사람들도 그의 설교를
들으려고 먼 곳에서 오곤 했다. 스펄전은 그의 생애 동안 총 천만 명 이상의
사람들에게 설교하였다고 한다. 그가 "설교의 왕자"라고 불려지는 것도 그리
놀랍지는 않다. 또한 스펄전은 교육기관과 목사를 양성하는 대학을 포함하여

구제 단체를 창립하고 지지하였고, 지금도 목사를 양성하는 대학은 존속하고 있으며 스펄젼 당시 900명의 사역자들을 배출하였다. 스펄젼은 그 유명한 스톡웰(Stockwell)이라는 고아원도 설립하였으며, 그는 1892년 58세의 나이로 그가 평소에 그리워하고 기다리던 본향에로 부르심을 받았다.

차 례

1월의 묵상

1. "그 해에 가나안 땅의 소출을 먹었더라"(수 5:12)

이스라엘 백성의 고난 많았던 떠돌이 생활도 모두 그치고 드디어 약속된 안식을 얻게 되었다. 이제 더 이상 장막을 옮길 필요도 없었고, 불뱀도 잔인한 아말렉도 없었으며, 짐승들이 울부짖는 광야도 없었다. 이제 그들은 젖과 꿀이 흐르는 약속의 땅에 거하며 그곳에서 열린 곡식들을 먹게 되었다. 사랑하는 성도들이여, 올해는 여러분들이나 나에게도 바로 그러한 일들이 일어날 수 있을 것이다. 이런 일을 기대한다는 것은 마냥 즐거운 일이고, 만일 우리에게 행동하는 실천적인 믿음이 있다면 우리는 진정한 기쁨을 누리게 될 것이다. 하나님의 백성을 위하여 남겨둔 안식을 예수님과 함께 즐길 수 있다는 것은 더없이 즐거운 소망이며, 더구나 이 영광이 곧 우리에게 다가올 것이라는 기대는 우리에게 있어서 또 하나의 축복이다. 약속의 땅과 우리 사이에 가로 놓인 요단강을 보며 우리는 믿음이 없어 벌벌 떨기도 한다. 그러나 우리는 이미 죽음보다도 더 무섭고 험난한 광야 길을 통과한 것을 기억하며 확신 가운데 거해야 한다. 그 모든 두려운 생각을 떨쳐버리고 넘치는 기쁨으로 즐거워하며, "영원히 주님과 함께하는"(살전 4:17) 소망 속에 시작하는 한 해가 되게 하자.

올해도 어떤 이들은 주님을 섬기기 위해 이 땅에 남아있을 것이다. 만약 이것이 우리들의 몫이라면 이 새해의 말씀이 여전히 사실이 아닐 이유가 없다. "이미 믿는 우리들은 저 안식에 들어가는도다". 성령님께서는 우리의 기업의 보증이시며, 또한 낮은 곳에서 시작하는 우리에게 영광을 주실 것이다. "하늘"에 있는 성도가 평안한 것 같이, 지상에 있는 우리도 그리스도 예수 안에서 안전할 것이다. "하늘"에 있는 성도들이 그들의 적들에게 승리하였듯이 여기에 있는 우리에게도 승리가 있을 것이다. 하늘 위의 영이 주님과 교제를 즐기듯이, 이 특권이 우리에게도 주어져 있다. 그들은 주님의 사랑 안에서 안식하고 있지만, 우리는 주님 안에서 완전한 평안을 가진다. 그들은 주님을 찬양하고 있지만, 우리도 또한 주님께서 축복하시는 특권이 있다. 우리는 올해 믿음과 소망으로 황야를 주님의 동산같이 변화시켜 이 땅 위에서 "하늘"의 열매들을 모을 것이다. 그 옛 사람들이 천사의 음식을 먹었다고 하듯이, 왜 지금은 아니겠는가? 오, 예수님에게서 은혜로 양육됨과 같이, 또한 가나안 땅의 열매를 먹을 수 있는 올해가 되게 하소서!

1월 1일 저녁

2. "우리가 너로 말미암아 기뻐하며 즐거워하니"(아 1:4)

우리는 하나님 안에서 기뻐하며 즐거워하도록 하자! 우리는 오르간의 슬픈 곡조가 아니라, 즐거움의 달콤한 음조를 내는 하프와 기쁨에 찬 심벌즈의 높은 소리로 새해의 문을 열도록 하자. "오라 우리가 여호와께 노래하며 우리의 구원의 반석을 향하여 즐거이 외치자"(시 95:1). 부름을 받아 믿음으로 선택된 우리는 스스로 슬픔을 몰아내고 하나님의 이름 안에서 확신의 깃발을 세우도록 하자. 다른 사람들은 그들의 고통에 탄식할 것이나, 마라의 쓴 못에서 그 물을 달게 한 나뭇가지를 가진 우리는 기쁨으로 주님을 찬양하자! 영원하신 성령님. 우리의 소중한 위로자이신 성령님께서 거하시는 성전이 된 우리는 예수님의 이름을 높이며 축복하는 일을 결코 쉬지 않도록 하자. 우리는 결단의 마음으로 우리 마음에 기쁨의 면류관을 주 예수님께 드리자. 주님의 임재 안에서 슬퍼함으로 우리의 신랑을 부끄럽게 할 수 없을 것이다. 우리는 하늘의 음유시인이 되도록 선택받았다. 새 예루살렘의 광장에서 노래하기 전에 우리의 영원한 노래를 미리 연습해 두도록 하자. "우리는 주로 인하여 기뻐하고 즐거워하자!" 이 기뻐하고 즐거워한다는 말은 하나의 공통점을 가지고 있다. 즉, 여기에는 이중의 기쁨, 축복 위에 축복을 더하는 의미가 있다. 지금 주님 안에서 기뻐하는 일에 그 어떤 제한이 있는가? 은혜 받은 자들은 지금 이 순간에도 그들의 주를 찾으며, "하늘"에서는 더욱 좋은 향기를 발견하지 않겠는가? "우리는 하나님으로 인하여 기뻐하고 즐거워하자!" 이것의 가장 중요한 의미는 무한한 축복의 강물은 그 근원과 강물의 모든 한 방울까지 충만하게 하나님 안에서 축복을 갖게 되는 것이다! 그러므로 우리의 영화로우신 주님은 그분의 백성들에게 자원이시고 은총이 되시며, 올해에는 주님의 영화로우심을 이 첫날부터 마지막 날까지 주님 안에서 기뻐하며 즐거워하게 하소서! 우리로 주님 안에서 기쁨으로 1월을 시작하게 하시며, 예수님 안에서 즐거움 가운데 12월을 마칠 수 있게 하소서!

1월 2일 아침

3. "항상 기도에 힘쓰라"(골 4:2)

성경의 많은 부분이 기도에 관한 주제로 모범을 보이고 훈계하며, 또 약속을 주시는 것을 주목하는 것은 흥미롭다. 성경을 펴는 즉시 "그 때에 사람들이 비로소 여호와의 이름을 불렀더라"(창 4:26)고 하는 것을 읽는 것과 마찬가지로, 성경 마지막에서 "아멘"이라는 열심 있는 간청이 우리의 귀에 들린다. 기도의 실례는 너무나도 많다 — 하나님과 씨름하는 야곱, 하루 세 번씩 기도한 다니엘, 마음을 다해 하나님을 부르고 있는 다윗의 예를 찾아볼 수 있다. 산 위에 있는 엘리야라든가 감옥에 있는 바울과 실라도 볼 수 있다. 성경 안에는 수없이 많은 명령들과 약속들이 있다. 이것은 기도의 중요성과 필요성에 대한 가르침이 아니고 무엇이겠는가? 하나님께서 분명하게 그의 말씀 속에서 나타내시는 것은 우리의 삶에 있어서 그만큼 중요한 일이기 때문이다. 또한, 하나님께서 기도에 관해 이렇게 많은 말씀을 하셨다는 것은 기도가 우리의 삶에 있어서 반드시 필요하다는 것을 아시기 때문이다. 기도가 너무나 필요하기에 우리가 "하늘"에 들어가기까지 기도를 그쳐서는 안 된다. 당신은 아무것도 부족한 것이 없는가? 그렇다면 당신은 자신의 궁핍함을 모르는 것이다. 당신은 하나님의 자비를 구할 필요가 없을까? 만일, 하나님의 자비를 구하지 않는다면 당신 자신의 비참함을 보게 될 것이다! 기도하지 않는 영혼은 그리스도 없는 영혼이다. 기도는 믿음이 어린 자의 입술 놀림의 소리요, 영적인 전투를 하는 믿는 자의 부르짖음이요, 예수님 품 안에서 죽어 가는 성도의 진혼곡이다. 기도는 그리스도인의 호흡이며 지키는 말이요, 위로와 힘이며, 또한 명예이다. 만일 당신이 하나님의 자녀라면 당신은 당신의 아버지이신 하나님의 얼굴을 구하고, 또 하나님 아버지의 사랑 안에서 살기를 원할 것이다. 올해에는 당신이 거룩하고 겸손하며 열심과 인내로 기도하라. 그리스도와 좀 더 깊은 교제로 들어가며, 그리스도 사랑의 풍성한 잔치 속으로 들어가라. 당신이 다른 사람들에게 모범이 되고 축복이 되며, 당신의 주인 되시는 주님의 영광을 위해 살도록 기도하라. 그러므로 올해의 표어는 "항상 기도에 힘쓰라"가 되어야 할 것이다.

1월 2일 저녁

4. "민족들아 힘을 새롭게 하라"(사 41:1)

지구상에 있는 것은 그 무엇이나 새로워져야 한다. 어떠한 피조물도 그 자체로 계속될 수 없다. 시편 저자는 "주님께서 땅위의 모든 것을 새롭게 하신다"(시 104:30)는 것을 언급하고 있다. 잘 갖추어진 나무나 그렇지 못한 나무조차도 하늘의 비를 마시며 땅속에 감추인 양분을 취할 필요가 있다. 하나님이 심으신 레바논의 백향목도 날마다 땅의 양분을 통하여 새롭게 생기로 가득한 것이다. 사람의 생명도 하나님에 의해 새로워지지 않고느 그 삶을 지탱할 수 없다. 음식을 먹음으로써 몸에 체력이 소모되는 것을 방지하듯이, 우리는 우리 영혼의 굶주림을 막기 위해 하나님의 말씀을 먹고, 말씀에 이끌린 설교를 들으며, 성찬식의 은혜를 맛봄으로써 영혼의 양식을 보충하여야 한다. 은혜의 수단이 하찮게 여겨진다면 그 얼마나 슬픈 일인가! 하나님의 말씀과 골방의 기도를 하찮게 여기며 사는 어떤 성도들은 얼마나 영적으로 쇠약해져 있겠는가! 만일 우리의 신앙이 하나님 없이 살아갈 수 있다면, 그것은 하나님에 의해 만들어진 것이 아니며, 단지 하나의 몽상일 뿐이다. 왜냐하면, 만약 하나님께로 난 신앙이라면 그것은 꽃이 아침 이슬을 기다리듯 우리의 신앙은 하나님을 바라보게 되어 있기 때문이다. 끊임없는 주님과의 회복이 일어나지 않는 한 우리는 지옥의 공격에 견딜 준비가 되어 있지 않으며, "하늘"을 위한 혹독한 고난도 결코 견딜 수가 없다. 마음의 영적 싸움조차 이길 수가 없다. 회오리바람이 불어올 때, 새로운 양분을 흡수하지 않고 그 많은 뿌리를 굳게 바위에 부착하지 않는 나무는 화를 입으리라. 폭풍이 일어날 때, 그들의 돛대를 튼튼하게 하지 않고 항구에 닻을 내리고 피하지 않는 선원은 화를 입으리라. 만일 우리가 우리의 선함이 약해지도록 내버려둔다면 악이 총동원하여 필사적으로 우리의 주권을 빼앗으려 할 것이다. 그러면 아마도 우리는 고통스러운 황량함과 심한 부끄러움 속에 갇히게 될 것이다. 따라서 우리는 겸손함으로 하나님의 자비의 자리에 가까이 나아가야 하지 않겠는가! 그때 우리는 비로소 "오직 여호와를 앙망하는 자는 새 힘을 얻으리라"(사 40:31)는 약속의 성취를 깨닫게 될 것이다.

1월 3일 아침

5. "너를 보호하여 너로 백성의 언약을 삼으며"(사 49:8)

예수 그리스도 자신은 언약의 전부이며 실제이고 선물이며, 또한 모든 믿는 자들의 소유물이시다. 성도들이여, 당신은 그리스도 안에서 받은 것이 무엇인지 셀 수 있는가? "하나님은 그 뜻을 따라 아들 안에 모든 신성이 충만하게 하셨다"(골 2:9). 우선 하나님이란 말과 그의 무한하심을 생각하라. 그리고 완전한 사람인 그리스도, 그의 모든 아름다움을 묵상하라! 하나님이시며 사람이신 그리스도가 가지고 계셨던 것, 가질 수 있는 모든 것, 그것은 모두 당신의 것이다. 그것은 진정으로 값없이 당신에게 영원한 개인적인 소유물이 되었다. 우리 주 예수님께서는 하나님으로서 어디에나 계시고 전지전능하시다. 이 모든 위대하고 영광스러운 속성이 당신의 것임을 아는 것이 당신에게 과연 위로가 되지 않는가? 그리스도에게 능력이 있는가? 그렇다. 그 능력은 당신의 것이며 당신을 붙들고 강하게 하며, 원수들을 이기시며 끝까지 당신을 보존하신다. 그리스도에게 사랑이 있는가? 그렇다. 그리스도의 마음에 있는 사랑의 한 방울조차 당신의 것이 아닌 게 없다. 당신은 그리스도의 사랑의 거대한 바다 속으로 뛰어들어 "이 모든 것은 나의 것"이라고 말할 수 있다. 그리스도에게 정의가 있는가? 이것은 엄한 속성 같아 보이지만 이것조차 당신의 것이다. 왜냐하면, 그리스도는 그 정의로 인해 은혜의 언약 안에서 당신과 약속한 그 모든 것을 반드시 성취하시기 때문이다. 그리스도가 완전한 사랑으로서 가진 모든 것이 당신의 것이다. 완전한 사랑이신 그리스도 위에 하나님 아버지의 기쁨이 있었다. 지극히 높은 분께서는 그리스도를 받아들이셨다. 주 안에 있는 자여, 그리스도께서 하나님께 받아들여짐으로써 곧 당신도 받아들여지게 되는 것이다. 완전한 그리스도 위에 부어진 아버지의 사랑이 지금 당신위에 부어지는 것을 당신은 알지 못하는가? 모든 것이 당신의 것이기에 그리스도가 흠 없는 생애를 통해 율법을 지키시며 이를 중요하게 하신 완전한 의는 당신의 것이고 또한 당신에게 전가된다. 그리스도께서는 언약 가운데 계신다.

이 얼마나 거룩한 위로인가!
구주가 나의 것임을 아는 것은 그 얼마나 큰 축복인가!
천상의 어린 양 안에서 나는 더없이 행복합니다.
그의 이름을 들을 때 내 마음은 춤추듯이 뜁니다.
"나의 하나님, 나는 당신님의 것이옵나이다."

6. "광야에서 외치는 자의 소리가 있어 이르되 주의 길을 예비하라.
그의 첩경을 평탄케 하라"(눅 3:4)

광야의 외치는 자의 소리는 "주님을 위한 길, 예비 되어진 길, 곧 광야에서 예비 되어진 길"을 요구한다. 이 선언에 귀를 기울여서, 이제 우리의 마음의 광야를 은혜롭게 갈고, 길을 만들어서 우리 마음속에 주를 위하여 길을 예비하자. 이 본문(cf. 사 40장)에서 우리는 다음과 같은 네 가지 점에 대하여 특별히 주의를 집중할 필요가 있다.

"모든 골짜기가 메워져야 한다." 하나님에 대한 우리의 낮고 천박한 생각은 포기되어야 하고, 의혹과 절망은 제거하고 이기심과 육적인 욕망은 버려야 한다. 이러한 깊은 골짜기는 메워지고 주의 영광스러운 길이 만들어져야 한다.

"모든 산과 언덕은 낮아져야 한다." 교만한 피조물의 자기만족과 자만한 자기 의는 낮아져야 하고 만왕의 왕 되신 분을 위하여 길을 만들어야 한다. 교만하고 거만한 마음이 있는 자는 결코 하나님과의 교제가 있을 수 없다. 주님께서는 마음이 낮은 자를 돌아보시고, 심령이 상한 자를 찾아오신다. 그러나 교만한 자는 물리친다. 나의 영혼이여, 이 점에 대하여 올바로 되도록 성령님께 기도하라.

"굽은 것은 곧아져야 한다." 동요하기 쉬운 마음은 하나님을 향하여 곧은 길로 가려는 결단의 마음과 거룩함으로 이루어진 길을 가야한다. 두 마음을 품은 자는 참되신 하나님을 알지 못한다. 나의 영혼아, 마음 깊은 곳을 감찰하시는 하나님 앞에서 모든 일에 있어 정직하고 진실되기를 힘쓰라.

"험한 길은 평탄케 되어야 한다." 죄를 짓게 하는 방해물은 제거되어야 하고, 반항의 가시와 찔레가시는 뽑혀야 한다. 존귀하신 이가 지극히 사랑하는 자를 찾아오실 때 진흙투성이와 돌멩이들이 있어서는 안 된다. 오 이 저녁, 주님께서 내 마음에 주의 은혜로 말미암아 예비 된 고속도로를 발견하시고, 올해의 처음부터 끝까지 내 영혼의 최대한도까지 승리의 전진을 할 수 있도록 해주소서!

1월 4일 아침

7. "우리 주 곧 구주 예수 그리스도의 은혜와 그를 아는 지식에서 자라 가라"(벧후 3:18)

"은혜 안에서 성장하라." 한 가지의 은혜만이 아니라, 모든 은혜 안에서 성장하라. 은혜의 근본이 되는 믿음 안에서 성장하라. 예전보다도 더욱 분명하게 약속을 믿어라. 이 믿음이 충만하게 계속 단순하게 증가하도록 하라. 또한 사랑 안에서 자라나도록, 당신의 사랑이 확대되어 건강하여지며 더 실천적이 되어 모든 생각과 말과 행동에 영향을 미칠 수 있기를 구하라. 겸손에서도 마찬가지로 자라나도록, 낮은 자가 되기를 구하고 자신이 아무것도 아님을 알라. 겸손하며 기도로 더욱 하나님께 가까이 가고 예수님과의 더 깊은 친밀함 안으로 들어가라. 바라건대, 성령님께서 당신을 우리 주, 구주를 아는 지식 안에서 자라날 수 있게 하시기를! 예수님의 지식에 자라나지 않는 자는 축복을 거부하는 자이다. 예수님을 아는 것은 영원한 생명이요(cf. 요 17:3), 예수님의 지식에 나아가는 것은 행복을 증가시키는 일이다. 그리스도를 간절히 더 알려고 원하지 않는 자는 그리스도에 대하여 아직 아무것도 모르는 것이다. 그리스도의 포도주를 맛본 자는 더욱 갈증을 느낀다. 왜냐하면, 그리스도는 만족을 주지만 그 만족은 식욕을 채우는 것이 아니라 오히려 식욕을 자극하기 때문이다. 만일 당신이 예수님의 사랑을 안다면 사슴이 시냇물을 사모함 같이

(cf. 시 42:1), 당신도 예수님의 사랑을 더욱더 깊게 갈망하게 될 것이다. 만약 당신이 예수님을 더욱 더 깊이 알기를 원하지 않는다면, 당신은 예수님을 사랑하고 있다고 말할 수 없다. 왜냐하면, 사랑은 항상 "가까이 더 가까이"라고 부르짖기 때문이다. 그리스도가 없는 곳은 지옥이고, 그리스도가 함께하는 곳이 곧 "하늘"이다. 그러므로 예수님과의 더욱 깊은 친밀함을 구하지 않고 만족해서는 안 된다. 그리스도의 신성과 인간적인 관계, 그가 이루신 일, 그의 죽으심과 부활, 현재의 영광스러운 중보, 그리고 미래의 그 장엄한 재림에 대하여 더욱더 알기를 힘쓰라. 십자가에 가까이 머물러 그 상처의 비밀을 찾아보라. 예수님에 대한 사랑이 증가하고 우리를 향한 그의 사랑을 더욱 완전하게 이해하는 일, 이것이 우리가 은혜 안에 자라가고 있다는 가장 좋은 증거 중의 하나이다.

1월 4일 저녁

8. "요셉은 그 형들을 아나 그들은 요셉을 알지 못하더라"(창 42:8)

오늘 아침 우리는 주 예수님을 아는 일에 성장하고 싶은 소망이 생겼다. 오늘 밤도 또한 이 구절 같이 "하늘의 요셉인 그 분께서 우리를 아시고 계시는 것"에 대하여 생각하려고 한다. 감사할 일은, 우리가 주님을 조금밖에 알지 못하는 중에도 주님께서 우리를 아시는 지식은 완전하다는 것이다. "내 형질이 이루기전에 주의 눈이 보셨으며 나를 위하여 정한 날이 하루도 되기 전에 주의 책에 다 기록이 되었나이다"(시 139:16). 우리가 이 세상에 나오기 전부터 우리는 주의 마음에 존재하고 있었다. 우리가 주를 대적하고 있을 때도 주님께서는 우리를 아셨고, 우리의 비참함, 어리석음과 사악함을 아셨다. 우리가 절망하고 회개의 눈물을 흘리며, 그를 심판자와 다스리는 자로서 볼 때, 주님은 우리를 사랑하는 형제로 보시며 그의 마음을 움직이셨다. 주님은 결코 자기가 선택한 자를 잘못 보시지 않으시며, 항상 자기의 무한한 사랑의 대상으로 보셨다. "자기 백성을 아신다"(딤후 2:19)라는 말씀은 돼지에게 쥐엄을 먹이는 방탕한 자식이나, 식탁에 둘러앉은 자녀에게나 똑같이 해당하는 것이다.

그러나 우리는 이런 존귀한 형제를 알지 못했고, 알지 못함으로 인하여 많은 죄를 지었다. 우리는 그에 대하여 마음의 문을 닫고, 그분의 사랑을 받아들이지 않았다. 그분을 의심하였으며, 그분의 말씀을 신뢰하지 않았다. 우리는 그분께 반항하며 존경을 표하지 않았다. "의의 태양"(말 4:2)이 비쳐졌으나, 우리는 그분을 볼 수 없었다. 하늘이 땅에 내려왔으나, 땅은 이를 알지 못했다. 그러나 하나님은 찬송 받으실 분이시다. 왜냐하면, 우리에게 있어서 이와 같은 때는 지나갔다. 그러나 지금도 그가 우리를 아시는 지식에 비하면 우리가 예수님을 아는 지식은 매우 적고 실제로 극히 적은 부분에 불과하다. 그러나 그는 우리를 아신다. 그분에게는 알지 못하시는 것이 없다는 것이 우리에게는 축복된 일이다. 그분께서 알지 못하시는 것이 있었다면 우리는 소망이 없는 것이다. 그분은 우리에게 "너희를 도무지 알지 못하니"(마 7:23)라고 하지 않으신다. 그분이 나타나시는 날에 우리의 이름을 부르실 것이다. 그분은 자기 자신을 세상에는 나타내지 않고 우리에게는 나타내실 것이다.

1월 5일 아침

9. "그 빛이 하나님이 보시기에 좋았더라. 하나님이 빛과 어둠을 나누사"(창 1:4)

빛이 좋았던 것은 "빛이 있으라"(창 1:3)라고 하신 하나님의 선한 명령에서 나왔기 때문이다. 빛을 즐기고 있는 우리는 빛에 더욱 감사하며 빛으로 말미암아 빛 안에서 하나님을 더욱더 바라보게 된다. 솔로몬이 자연의 빛도 좋은 것이라 하였지만, 복음의 빛은 더욱더 귀중한 것이다. 왜냐하면, 그것은 영원한 것을 계시하며 죽지 않는 우리의 본성을 섬기기 때문이다. 성령님께서 우리에게 영의 빛을 주시고 우리의 눈을 밝히시며 예수 그리스도의 얼굴 안에서 하나님의 영광을 보게 될 때, 비로소 우리는 죄악을 바로 보게 되며 자신의 실제 상태를 보게 된다. 또한, 우리는 자기 자신을 나타내신 참으로 거룩하신 하나님과 그의 긍휼의 계획과 말씀에 묘사된 장차 올 세상을 보게 되는 것이다. 영에 비친 광선은 많고 그 색깔도 가지각색인데, 그것이 지식이건 기쁨과 거룩, 혹은 생명이건 모두 하나님께로 온 것이므로 좋은 것이다. 계시의 빛을 받으면 이렇게 좋은데 하나님의 본질적인 빛이 비칠 때 그 빛은 얼마나 우리를 놀라게 할 것인가! 그리고 하나님께서 자신을 직접 계시하신 장소는 얼마나 영광에 빛날 것인가! 오 주님, 빛이 이렇게 좋은데 우리에게 더욱 많은 빛을 주셔서 참 빛이신 주님 자신을 더욱더 많이 우리에게 나타내 주소서!

이 세상에 좋은 것이 나타나자마자 구별이 필요해졌고, 빛과 어둠은 아무 관계가 없어진 것이다. 하나님은 이 두 가지를 분리시켰다. 우리는 이것을 혼동하지 않도록 하자. 빛의 아들은 어둠의 행위, 교훈, 거짓에 관계해서는 안 된다. 낮의 아들은 주의 일을 함에 침착하고 정직하며 또한 담대해야 한다. 어둠의 일은 영구히 어둠에 거하는 자에게 맡겨두라. 우리의 교회는 그 훈련으로 빛을 어둠에서 나누어야 하고, 또한 우리 자신은 스스로를 이 세상의 것과 명확히 나누어야 한다. 판단에서, 행동에서, 관계에서, 가르침에 있어서, 듣는 데 있어서, 우리는 귀한 것과 천한 것을 구별하여 주 하나님께서 세상의 첫째 날에 만드신 분명한 구분을 지켜야만 한다. 오 주 예수님, 이 하루를 통하여 우리의 빛이 되소서. 주의 빛만이 사람들의 빛이시기 때문입니다.

1월 5일 저녁

10. "그 빛이 하나님이 보시기에 좋았더라"(창 1:4)

오늘 아침 우리는 빛이 좋은 것이요, 주님께서 빛을 어둠에서 나누신 것을 주목했다. 이제 우리는 특별히 주님께서 빛에 그 초점을 두신 것에 주목해 보도록 하자. "하나님은 그 빛을 보시고", 만족과 기쁨으로 바라보시며 그 빛이 "좋았더라"(창 1:4)라고 하셨다. 사랑하는 목자들이여, 만약 주님께서 당신에게 빛을 주셨다면, 그는 특별한 관심을 가지고 그 빛을 바라보신다. 왜냐하면, 빛은 주의 손이 하신 일이기 때문에 그에게 있어서 빛은 사랑스러울 뿐 아니라, "하나님은 빛이시라"(요일 1:5)함과 같이 그것은 곧 하나님 자신과 같은 것이다. 하나님의 눈이 그 처음 시작한 은혜의 일을 사랑스럽게 보고 계시는 것을 안다는 것은 믿는 자들에게 즐거운 일이다. 주는 우리의 토기에 보화를 두시고 거기서 결코 눈을 떼지 않으신다. 때때로 우리는 빛을 볼 수 없다. 그러나 하나님은 항상 빛을 보고 계시며, 이것은 우리가 빛을 보는 것보다 훨씬 좋은 것이다. 마치 심판주가 우리의 무죄함을 보는 것이 우리가 그것을 본다고 생각하는 것보다 좋은 것이다. 자신이 하나님의 백성임을 아는 것은 매우 기쁜 일이다. 그러나 우리가 알든지 모르든지 주님께서 그것을 아신다면 나는 안전한 것이다. "주님께서 자기 백성을 아신다"(딤후 2:19). 이것이 기초이다. 당신은 스스로 죄성과 어둠에 대한 비탄 때문에 스스로 한숨지으며 신음할 수도 있다. 그러나 주님은 당신의 마음의 빛을 보신다. 왜냐하면, 그가 그곳에 빛을 두셨기 때문이다. 그래서 당신의 영혼의 모든 구름과 우울함이 주의 은혜의 시선에서 당신의 빛을 감출 수가 없다. 당신은 실망에 깊이 잠기며 좌절할 수도 있다. 그러나 당신의 영혼이 그리스도에게 갈망하고 있고 주님께서 이루신 일 안에 안식하기를 찾고 있다면 하나님은 그 빛을 보신다. 보실 뿐만 아니라 주님께서는 그 빛을 당신 안에서 지키신다. "나 여호와가 그것을 지키고"(사 27:3)라고 함과 같이, 자기 자신을 걱정하며 스스로를 지키기에 자신의 무력함을 아는 사람에게 이것은 실제로 귀중한 생각이다. 그러므로 주의 은혜로 말미암아 보존되는 빛은 때가 이르면 주로 말미암아 대낮의 광채, 그 영광의 충만하기까지 발전한다. 이 내면의 빛은 저 영원한 날의 여명이다.

11. "너의 염려를 다 주께 맡겨 버리라 이는 저가 너희를 권고하심이니라"(벧전 5:7)

우리가 슬플 때 위로가 되는 것은 하나님께서 우리를 돌보신다는 것이다. 그리스도인들이여, 언제나 염려하는 얼굴빛을 나타내므로 당신의 믿음을 부끄럽게 해서는 안 된다. 당신의 짐을 주께 맡겨라. 당신은 아버지 하나님이 전혀 느끼지 않는 짐의 무게 때문에 비틀거리고 있다. 당신에게는 눌리어 견딜 수 없는 그런 짐이라도 하나님께서 보면 저울 위의 먼지에 불과하다. 이것처럼 감미로운 것은 없으니,

"하나님의 손에 고요히 자신을 눕히고
단지 하나님의 뜻만을 알라."

오, 고통 중에 있는 이들이여, 인내하라! 하나님의 돌보심은 당신을 제외하지 않으신다. 참새들을 먹이시고 기르시는 하나님께서는 당신에게도 필요한 것을 공급하신다. 실망하여 앉아 있어서는 안 된다. 항상 계속해서 희망을 가져라. 환란의 바다에 대하여 믿음의 무기를 취하라. 당신의 저항이 그 환란을 그치게 할 것이다. 언제나 당신을 돌보시는 분이 한 분 계신다. 그 눈은 당신에게 고정되어 있고, 그 마음은 당신의 슬픔을 같이 느끼고 계신다. 그 전능한 손은 당신에게 필요한 도움을 가져온다. 검은 구름도 은혜의 비로 말미암아 흩어진다. 캄캄한 밤의 어둠도 아침 햇빛으로 변한다. 만약 당신이 하나님 가족의 한 사람이라면 하나님은 당신의 상처를 싸매 주어 당신의 상한 마음을 고쳐 주신다. 당신의 환란 때문에 하나님의 은혜를 의심해서는 안 된다. 당신이 행복할 때 하나님이 사랑하시는 것 같이 당신이 힘든 시간을 겪을 때도 사랑하고 있다는 것을 믿어라. 만약 당신이 하나님의 섭리에 모든 것을

맡긴다면 얼마나 평온하고 안정된 생활을 보낼 수 있을까! 엘리야는 솥의 적은 기름과 통의 적은 밀가루로 굶주림을 면하였는데 당신도 같은 일을 경험할 수 있다. 하나님께서 당신을 돌보시는데 어찌하여 당신은 걱정하고 있는가? 당신의 영혼을 하나님께 맡기면서, 몸은 하나님께 맡기지 않을 수 있는가? 하나님은 당신의 짐을 거절하신 적이 한 번도 없다. 또한, 그 무게의 짐에 눌리시어 결코 기절하지도 않으신다, 그러므로 내 영혼아, 쓸데없는 걱정은 버리고, 너의 모든 염려를 은혜 많으신 하나님의 손에 맡겨라.

1월 6일 저녁

12. "밤에 여호와의 손이 내게 임하여 입을 여시더니"(겔 33:22)

이것은 심판 날의 경우일지도 모른다. 만일 이것이 심판의 날을 의미한다면, 그 이유를 생각하고 채찍을 감당하며 그것을 휘두르시는 주님의 마음을 알기를 원한다. 어둠의 시기에 징계를 받는 것은 비단 나만은 아닐 것이다. 나는 즐거운 마음으로 그 고통을 견디며 그것에 의해 유익을 얻으려고 주의 깊게 노력할 것이다. 그러나 주의 손길은 때로는 다른 방식으로 느껴질 수 있으며, 영혼을 강하게 하시며 영을 영원한 곳으로 향하게 한다. 오, 이런 의미에서 주님께서 나를 다루시는 것을 느끼게 되기를 바란다! 하나님의 임재와 주님께서 내 안에 계신다는 느낌은 영혼을 독수리의 날개 위에 태운 것 같이 하늘까지 올라가게 한다. 그때 우리는 영적인 기쁨에 넘쳐 이 땅의 염려와 슬픔을 잊어버린다. 보이지 않는 것이 우리에게 가까워지고, 보이는 것은 우리를 움직이는 능력을 잃어버리게 할지도 모른다. 종인 육체는 산 밑에서 기다리고 주인인 영은 산 위에서 주님의 임재 가운데 예배한다. 오, 하나님과 친밀함의 거룩한 시절이 부디 오늘 밤에 주어지기를 바란다! 그것이 내게 절실하게 필요하다는 것을 주님은 아신다. 나에게 주시는 은혜가 시들어가고, 나의 부패는 심해지며, 나의 믿음은 약해져서 헌신도 식어갈 때가 있다. 이 때문에 주님의 고치시는 손이 내게 얹어져야 한다. 주의 손은 나의 타는 듯한 이마에 열을 식히고 나의 심장의 빠른 맥박도 잠잠하게 할 수 있다. 이 세상을 창조하신 영광의 오른손은 나의 마음을 새롭게 만드실 수 있다. 지구의 거대한 기둥을 버티면서도 지치지 않는 주의 손은 나의 영을 떠받치실 수 있다. 모든 성도를 지키는 사랑의 손은 나를 안을 수 있다. 우리의 대적들을 작은 조각으로 부수는 힘 있는 주의 손은 나의 원수를 굴복시킬 수 있다. 오늘 밤, 그 분의 손이 나를 매만지시는 것을 느껴보지 않으려는가? 나의 영혼아, 너의 하나님께 힘껏 호소하라. 예수님의 손은 너를 구속하기 위하여 찢어지셨다. 그 손이 너에게 임하는 것을 확실히 느낄 것이다. 그 손은 일찍이 다니엘에게 임하여 그가 하나님의 환상을 볼 수 있도록 그의 무릎을 꿇게 하였다.

1월 7일 아침

13. "내게 사는 것이 그리스도니"(빌 1:21)

믿는 자라도 항상 그리스도를 위하여 살고 있지 못하다. 성령 하나님께서 우리 죄를 인식시키고 은혜로 말미암아 주님께서 우리의 죄를 위하여 구속의 제물이 되셨다는 것이 계시될 때부터 그 사람은 항상 그리스도를 위하여 살기 시작한다. 새롭게 하늘에서 난 순간부터 사람은 그리스도를 위하여 살기 시작하는 것이다. 예수님은 믿는 자들에게 있어서 "값비싼 진주요"(마 13:46), 믿는 자인 우리는 그를 위하여 우리가 가진 모든 것을 기쁨으로 나누게 된다. 그리스도가 완전히 우리의 사랑을 독차지함으로 우리는 오직 주님만을 사랑하게 된다. 그리스도의 영광을 위하여 살며, 그리스도의 복음을 지키기 위하여 죽으리라. 그리스도는 삶의 모범이요, 인격형성의 근본이 되는 모형이다. 바울의 이 말은 사람들이 생각하고 있는 것보다 더욱 깊은 의미가 있다. 그것은 그의 삶의 궁극적 목적이 그리스도인 것, 아니 차라리 그의 삶 자체가 예수님이었음을 말한다. 옛 성도의 말로 말하면, 그는 영원한 생명을 먹고 마시고 산 것이다. 예수님은 그의 호흡, 영혼의 호흡, 마음의 마음, 그리고 생명의 생명이었다. 당신은 그리스도인이라고 고백하고 있지만 이러한 마음으로 살고 있다고 할 수 있는가? 나에게 있어서 사는 것이 그리스도라고 정직하게 말할 수 있는가? 그리스도를 위하여 당신은 일하고 있는가? 아니면 자기 자신의 영화와 가족의 유익을 위하여 일하고 있는가? '그것이 무슨 잘못인가?' 라고 당신은 물어볼 수 있다. 그러나 그리스도인들에게 있어서는 그것이 문제가 되는 것이다. 그리스도를 위하여 산다고 고백하는 자가 다른 목적을 위하여 산다면, 그것은 영적 간음이 아니겠는가? 그러나 사도들같이 전적으로 그리스도를 위하여 사는 자가 몇이나 있을까? 자기의 근원, 생계유지와 의복스타일, 그리고 삶의 목적까지도 오직 '그리스도', 이 한마디로 요약되는 삶만이 진정한 그리스도인의 생활이다. 주여, 오직 주 안에서 살고, 주님 당신을 위해서만 살기로 기도하며 나 자신을 드리오니, 나를 받아주소서. 쟁기와 제단 사이에 서 있는 동물처럼 일을 하든지 희생제물이 되든지, 나의 좌우명이 "둘 중 어느 쪽이든 준비되었다"라고 말할 수 있게 하소서.

1월 7일 저녁

14. "나의 누이 나의 신부야"(아 4:12)

하늘의 솔로몬이신 그리스도께서, 어떤 강렬한 사랑으로 그의 신부된 교회를 아름답게 부르고 있는지를 보라.

- '나의 누이', 이는 본성에 의해 나에게 결합되어 동일한 공감을 가지고 있음을 말한다.

- '나의 신부', 사랑이라는 가장 부드러운 끈으로 결합된 가장 가깝고 친근한 나의 사랑스러운 동반자이며 나의 반쪽이라는 뜻이다.
- '나의 누이', 성육신으로 말미암아 주님의 뼈 중의 뼈, 그리스도의 살 중의 살이 된 자이다.
- '나의 신부', 하늘에서 정해준 약혼녀로서 의에 있어서 그리스도와 하나로 묶어진 자이다.
- '나의 누이', 오랫동안 알고 지냈던 자요 그 어릴 때부터 지켜보았던 자이다.
- '나의 신부', 많은 처녀 중에서 선택되어 사랑의 팔로 감싸 안아 영원히 나와 한 몸 된 자라는 뜻이다.

보라, 우리들의 존귀한 가족인 예수님은 우리를 결코 부끄러워하지 않으신다. 왜냐하면, 그분은 이 두 관계를 표현함으로써 우리를 향한 그분의 기쁨이 어떠한지를 분명히 보이시기 때문이다. 우리는 본문에서 '나의' 라는 말이 두 번 기록되었음을 본다. 이것은 마치 그리스도께서 교회가 그의 소유라는 것에 대한 그의 크나큰 기쁨을 표현하시는 듯하다. 그의 기쁨은 사람의 아들들과 함께 있었다(cf. 잠 8:31). 이 사람의 아들들은 예수님 자신이 택한 자들이기 때문이다. 목자이신 그는 양을 찾으신다. 왜냐하면, 그들은 그의 양이기 때문이다. "그는 잃어버린 자를 찾아 구하시려고"(눅 19:10) 나아가시는데, 그들은 잃어버린 때보다 훨씬 이전부터 바로 그의 것이었기 때문이다. 교회는 전적으로 그리스도에게 속한 분깃이기에, 다른 누구도 그것을 주님과 공동으로 소유하거나 사랑의 분깃에 함께 참여할 수 없다. 예수님, 당신의 교회도 이 사실에 기뻐합니다! 모든 믿는 자들이 이 샘으로부터 나오는 위로를 마시게 하소서. 나의 영혼아, 그리스도는 나와 혈연의 관계로 결합하여 나와 가까이 계신다. 결혼의 연합으로 그리스도는 당신에게 사랑스러운 이가 되셨고, 당신도 그리스도에게 있어서 사랑스러운 자이다! 보라 그는 그 두 팔을 가지고 당신의 두 팔을 붙잡고 "나의 누이, 나의 신부"라고 말씀하신다. 주님께서 당신을 이중으로 소유하신 이 두 속삭임에 당신의 마음을 집중하라. 그는 당신이 떠나도록 결코 내버려 두지 않으신다. 오 사랑하는 성도여, 당신을 향해 이같이 거룩히 불타는 사랑을 가진 주께 머뭇거리지 말고 지금 돌아오라!

15. "이스라엘 자손이 거룩하게 드리는 성물과 관련된 죄책을 담당하게 하라"(출 28:38)

이 말씀으로 말미암아 얼마나 놀라운 사실이 밝혀질 것인가! 이 슬픈 진실을 잠시 주목하여 보는 것은 우리를 겸손하게 하며 또한 우리에게 유익이 될 것이다. 공적인 예배에 있어서의 여러가지 죄들 즉, 위선, 형식주의, 불충실, 불경건, 마음의 방황 그리고 하나님을 잊고 있음이 얼마나 많이 존재하는지 아는가? 주를 위해 하는 우리의 사역 가운데에도 경쟁심, 이기심, 부주의, 태만, 불신앙 등의 놀랄 정도로 많은 더러움이 존재한다. 우리의 개인적인 예배에 있어서도 방종, 냉담, 무시, 졸음과 허영심 등의 진흙이 산처럼 쌓여 있다. 이것들을 잘 관찰하면 겉으로 드러난 것보다 더욱 악한 것들이 많이 있음을 발견하게 된다. 페이슨(Payson) 박사가 그의 형제에게 보낸 편지에 이런 말이 쓰여 있다. "나의 선교지는 마치 내 마음과 같이 게으른 자의 정원과 같다. 더 나쁜 것은 이 둘의 개선에 대한 내 소망의 많은 부분이 교만, 혹은 허영심이거나 게으름을 만든다는 것을 발견한 것이다." 나는 이 정원에 무성한 잡초를 보고 그것을 제거하기를 진정으로 원하고 있다. 그러나 왜 그리 원하는가? 그 동기가 무엇인가? 정원을 산책하면서 '내가 정원 손질을 참 잘했구나' 라고 혼자 만족한다면, 이것은 교만이다. 아니면 이웃사람이 담을 너머다 보면서 '정원을 참 잘 가꾸었군요' 하는 칭찬을 받기 위함이라면, 이것은 허영심이다. 또한, 내가 잡초들을 뽑는 것이 너무 피곤해서 그것들이 그냥 다 없어지길 원한다면, 이것은 게으름이다. 우리가 성결을 원하는 때조차 그 생각은 악한 동기로 더럽혀지기 쉽다. 조금만 바라보고 있으면 푸른 잔디 밑에 벌레들이 숨어 있는 것을 곧 발견하게 될 것이다. 대제사장이 거룩한 제물의 죄책을 담당했을 때, 그 이마에는 '여호와께 성결'(출 28:36)이라고 쓰여 있다는 생각을 한다는 것은 얼마나 즐거운 일인가? 그렇다면 주 예수님께서는 우리의 죄를 담당하셨을 때, 우리의 더러움은 하나님 앞에 내놓지 않으시고 대신 자신의 성결을 드려주신 것이다. 오 믿음의 눈으로 우리의 위대하신 대제사장을 볼 수 있는 은혜를 주시기를 바란다!

1월 8일 저녁

16. "네 사랑이 포도주보다 나음이로구나"(아 1:2)

믿는 자에게 있어서 그리스도와의 교제만큼이나 더 기쁜 것은 없다. 그는 일상생활에서 다른 사람들도 갖게 되는 공통된 은혜들 속에서 즐거움을 맛보고 하나님의 선물과 하나님의 역사하심 속에서 기뻐할 수 있다. 그러나 이런 것들의 각각이던지 또는 이 모두를 합한 것 일지라도 비할 데 없는 주 예수님의 인격 안에 있는 그러한 중요한 기쁨은 찾지 못한다. 주 예수님께서는 이 땅 위에서 일찍이 어느 포도원도 만들어 내지 못했던 포도주를 가지셨고, 애굽의 모든 밀밭이 결코 만들어 내지 못한 빵을 가지셨다. 사랑하는 우리 주님과의 교제처럼 감미로운 것이 또 어디에 있을까? 생각해 보건대, 하늘의 만나인 예수님에 비하면 이 땅 위의 기쁨은 돼지가 먹는 옥수수 껍질만도 못하다. 우리는 육적인 기쁨으로 가득 찬 이 세상보다는 그리스도의 사랑의 입술에 한번 입 맞추는 교제를 갖기 원한다. 밀에 비하여 겨는 무엇인가? 다이아몬드에 비하면 유리구슬의 빛남은 무엇인가? 빛나는 현실에 비하여 꿈은 무엇인가? 가장 멸시받으신 때의 예수님과 비교하여 이 세상의 잠깐 동안의 즐거움은 무엇인가? 당신이 내면의 삶에 대하여 조금이라도 알고 있다면 이렇게 고백할 것이다. 가장 높고 가장 순결하고 가장 영속적인 기쁨은 하나님의 낙원 가운데 있는 생명나무의 열매이어야 한다고 말이다. 로마 병정의 창에 찔림으로써 파인 하나님의 우물처럼 감미로운 물이 솟아나는 우물은 없다(cf. 요 19:34). 세상의 모든 행복은 땅에서 난 것이다. 그러나 그리스도의 임재의 위로는 그 자신처럼 하늘에서 난 것이다(cf. 고전 15:47). 우리가 예수 그리스도 와의 교제를 뒤돌아 볼 때 거기에는 조금의 공허함도 없다. 이 포도주 가운데 는 찌꺼기가 없고, 이 기름 속에는 죽은 파리가 없다. 주의 기쁨은 충만하고 영속적이다. 자만심이 많은 자는 보지도 못하리라. 그러나 생각이 깊고 분별 이 있는 자들은 이것이 오랜 기간의 테스트를 겪고 현재에도, 그리고 영원까 지 '유일한 참 기쁨'이라고 부르기에 합당함을 증거한다. 그 어떠한 포도주도 그 영양, 위로, 흥겨움, 상쾌함에서 예수님의 사랑의 포도주에 비길 수 없다. 이 저녁에 그것을 마음껏 마시지 않으려는가!

1월 9일 아침

17. "나는 그들의 하나님이 되리라"(렘 31:33)

그리스도인들이여, 여기 바로 이 약속 안에 그대가 필요한 모든 것이 있다. 그대는 행복을 위하여 그대를 만족하게 할 무엇인가를 구하고 있지만, 이것으로 충분하다고 생각지 않는가? 이 약속이 그대의 잔에 부어진다면, 그 대는 다윗처럼 "내 잔이 넘치나이다"(시 23:6)라고 말하지 않겠는가? "나는 너 의 하나님이 되리라"는 이 약속이 이루어질 때, 과연 그대는 모든 것을 가진 사람이 되지 않겠는가? 욕망이란 것은 죽음과 같이 만족할 줄 모르는 것이지 만 모든 것을 채우시는 하나님은 그것을 채우실 수 있다. 우리의 욕망을 누가 헤아릴 수 있으랴! 그러나 헤아릴 수 없는 하나님의 부요함은 그것을 채워서 더욱 넘치게 할 수 있다. 나는 그대에게 묻고 싶다. 하나님이 그대의 기업일 때 그대는 완전하지 않은가? 하나님 외에 무엇을 구하는가? 다른 모든 것을 잃을지라도 모든 것을 가지고 계신 하나님을 소유한다면 당신을 만족하게 하기에 과연 충분하지 않겠는가? 그러나 그대는 고요한 만족 이상의 것을 원하고 있다. 기뻐서 날뛰는 그런 기쁨을 구하고 있다. 영혼이여, 이 말씀 속에 하늘의 음악이 있다. 왜냐하면, 하나님은 하늘을 창조하신 분이기 때문이다. 어떠한 악기를 가지고도 "나는 그들의 하나님이 되리라"는 이 아름다운 약속과 같은 감미로운 멜로디의 선율을 낼 수 없다. 여기에만 기쁨의 깊은 바다가 있고 끝없는 즐거움의 대양이 있다. 이제 와서 그대의 영을 거기에 담가라. 그대의 일생을 거기서 헤엄쳐도 그대는 해변가를 발견하지 못할 것이다. 영원을 향해 몸을 잠수할지라도 바닥을 찾지 못할 것이다. "나는 그들이 하나님이 되리라"는 이 말씀을 들을지라도 눈이 빛나지 않고 마음이 기쁨으로 뛰놀지 않는다면, 그대의 영은 분명히 건강한 상태가 아니다. 그대는 현재의 즐거움 그 이상의 것을 필요로 한다. 그대는 소망을 품게 될 그 어떤 것을 열렬히 갈망하라. "나는 그들의 하나님이 되리라"는 이 위대한 약속의 이행보다 더 이상의 소망이 또 있겠는가? 이것은 모든 약속들 가운데 단연 최고의 약속이다. 그 즐거움이란, 이 땅 위에서 "하늘"을 맛보며 장차 하늘의 보좌로 들어가는 기쁨을 의미한다. 주의 빛 안에 거하며 당신의 영혼으로 하여금 항상 주의 사랑에 감격하게 하라. 이 구절이 주는 바, 그 "골수와 기름진 것을 먹으라"(cf. 시 63:5). 그리고 그대의 특권을 취하여 말할 수 없는 기쁨으로 즐기며 살아가라.

1월 9일 저녁

18. "기쁨으로 하나님을 보자"(시 100:2)

하나님을 섬김에 있어 기쁨이 있다는 것은 그것이 받아들여졌다는 하나의 표징이다. 슬픈 표정으로 하나님을 섬기는 자는 그것을 억지로 한다는 것이며, 이는 하나님을 전혀 섬기고 있지 않다는 것이다. 순종하는 것 같지만, 그 속에는 생명이 없다. 우리의 하나님은 노예들로 하여금 하늘의 보좌를 은 혜롭게 하려고 하지 않으신다. 그는 사랑의 왕국의 왕이시다. 그는 종들이 즐거움의 옷으로 단장하기를 원하신다. 천사들은 탄식이 아닌 노래로써 하나님을 섬기고 있다. 불평과 한숨은 반항이다. 자발적으로 하지 않는 복종은 불순종이다. 왜냐하면, 주님께서는 마음을 보시기 때문이다. 우리가 주님을 사랑하기 때문이 아니라 억지로 섬기고 있는 것을 보실 때, 주님께서는 '우리의 헌물을 거절하실 것이다'(cf. 사:10-15). 기쁨으로 하는 섬김은 마음에서의 우러나는 섬김이요 참된 것이다. 그리스도인들에게서 기쁨의 자발성을 제거해 버리면 신실성의 시금석을 제거하는 것이 된다. 억지로 끌려서 전투에 나아가는 자는 애국자가 아니다. 그러나 눈에 용기를 담고 얼굴을 빛내면서, '조국을 위하여 죽는 것은 기쁨이다'라고 노래하면서 전장에 나가는 자는 참 애국자임을 스스로 증명하고 있다. 즐거움은 힘을 지지해 주는 버팀목이다. 우리는 기쁨 중에 있어야 강하다. 그것은 우리의 어려움을 제거해준다. 즐거움과 우리의 섬김은 기름과 기차의 바퀴 관계와 같다. 기름이 없어지면 바퀴는 열이 나서 사고가 발생한다. 마찬가지로 바퀴에 기름을 붓는 거룩한 기쁨이 우리에게 없다면 우리의 영은 반드시 고단함으로 문제가 될 것이다. 기쁨으로 하나님을 섬기는 자는 순종이 그의 근본이라는 것을 증명하는 것이다. 그는 이렇게 노래하리라,

"주님의 계명의 길 안에서 나를 걷게 하소서,

이는 나의 기쁨의 길이나이다."

독자들이여, 그대에게 묻고 싶다. 그대는 기쁨으로 주님을 섬기고 있는가? 우리의 종교가 노예의 종교라고 생각하는 세상 사람들에게 우리가 기쁨의 종교를 가지고 있다는 것을 보여줘야 하지 않겠는가! 기쁨과 즐거움으로 섬김으로써 우리가 사랑의 주를 섬기고 있다는 것을 선언하지 않으려는가?

19. "나를 위하여 의의 면류관이 예비되었으므로"(딤후 4:8)

의심하는 자여, 그대는 때때로 '나는 "하늘"에 들어가지 못할까 두렵다'고 말한다. 두려워 말라! 하나님의 모든 백성들은 "하늘"에 들어가게 될 것이다. 나는 죽음 앞에 있는 어떤 사람이 남긴 다음과 같은 특별한 말을 사랑한다. "나는 아버지의 집에 돌아가는데 아무 두려움이 없습니다. 나는 모든 것을 앞서 보냈습니다. 하나님의 손가락은 나의 문의 빗장 위에 있고, 나는 거기에 들어갈 준비가 다 되어 있습니다." 어떤 이가 이것을 듣고 묻기를, "그러나 거기에 들어간다 해도 유업을 잃을 염려는 없는가?" 그는 대답하기를, "아니, 아니오. "하늘"에는 천사 가브리엘도 쓸 수 없는 왕관이 있는데, 그것은 내 머리에만 맞는 것이라오. 또 하늘에는 사도 바울도 앉을 수 없는 보좌가 하나 있는데, 그것은 바로 나를 위해 만들어진 것이므로 나만이 가질 수 있다오." 오, 그리스도인들이여, 얼마나 기쁜 일인가! 그대의 유업은 안전하다. "하나님의 백성에게 안식할 때가 남아있도다"(히 4:9). 그러나 혹시 몰수당할 일이 생기지 않을까? 아니다. 그것은 내 이름으로 되어 있다. 내가 하나님의 자녀라면 유업을 잃는 법이 없다. 나의 유업은 내가 지금 소유하고 있는 것처럼, 거기에서도 안전하게 나의 것이다. 믿는 자여, 이제 나와 함께 느보의 산꼭대기에 앉아서 가나안의 넓은 땅을 보자. 햇빛에 반짝이는 죽음의 작은 강이 보이는가? 그 건너편에 영원한 도성의 꼭대기가 보이는가? 그 아름다운 나라와 즐거워하는 주민들이 보이는가? 그대가 만약에 건너편에 날아가 보면 그 많은 맨션의 하나에 "이것은 누구의 것, 그 어떤 사람을 위해 보존된 집, 그는 여기에 와서 영원히 하나님과 함께 살 것이다"라고 기록되어 있는 것을 보게 되리라. 아, 그대 의심하는 불쌍한 자여, 이 훌륭한 유업을 보라. 그것은 그대의 것이다. 만일 그대가 주 예수를 믿어 죄를 회개하고 마음이 새롭게 되었다면, 그대는 하나님의 백성의 한 사람이 되었다. 이제 "하늘"에 당신을 위한 장소가 준비되어 있고, 면류관이 예비되었으며, 수금도 특별히 준비되어 있다. 아무도 그대의 유업을 가질 수 없다. 그것은 그대를 위해 "하늘"에 보존되어 있어서 멀지 않아 그대에게 주실 것이다. 왜냐하면, 모든 선택된 자들이 영광의 자리에 모일 때 거기에는 비워진 한 자리도 없기 때문이다.

1월 10일 저녁

20. "내가 하나님을 보리라"(욥 19:26)

"내가 하나님을 보리라"는 욥의 이 경건한 소망을 주목해 보라. 그는 "나는 성도들을 볼 것이라"고 말하지 않았는데, 물론 이 또한 의심할 것 없이 말로 표현할 수 없는 행복이긴 하지만 말이다. 그러나 그는 "내가 하나님을 보리라"고 말하였다. 그는 진주문을 보리라, 벽옥의 성벽을 보리라, 혹은 금 왕관을 보리라고도 말하지 않았다. 오히려 그는 "내가 하나님을 보리라"고 말하였다. 이것이 "하늘"의 전부요, "하늘"의 실체요, 또한 모든 믿는 자의 즐거운 소망이다. 일상생활에서 믿음으로 그를 지금 보기를 기뻐하며 교제와 기도 중에 그를 보기를 좋아한다. 그러나 "하늘"에서 믿는 자들은 열린 선명한 시야를 가지고 "그의 계신 그대로 볼 것"(요일 3:2)이며, 그와 같아질 것이다. 하나님과의 연합, 더 무엇을 소망하는가? 하나님과의 대면, 이 보다 더한 소망이 있는가? 어떤 이들은 "내가 육신 밖에서 하나님을 보리라"는 이 구절을 "말씀이 육신이 되신"(요 1:14)것과 먼 훗날의 광채가 되는 그리스도의 영광을 보는 것과 연결하여 여기에서 그리스도에 대한 언급을 발견한다. 어쨌든지, 그리스도가 우리의 영원한 바라봄의 대상인 것은 확실하다. 또 우리에게 있어서 하나님을 보는 것처럼 더 좋은 기쁨은 없다. 이런 생각을 하는 것이 좁은 면이라고 생각할 수 없다. 그것은 기쁨의 한 근원일 뿐이지만 그 근원은 무한하다. 그분의 모든 속성이 우리 묵상의 주제이다. 그분은 모든 면의 각 부분에 있어 무한하시므로 우리가 고갈될 염려가 전혀 없다. 그분의 일, 그분의 선물, 우리에 대한 사랑과, 그분의 모든 목적과 활동하고 있는 영광, 이는 항상 새로운 주제가 될 것이다. 옛날의 족장은 하나님을 대면하는 것을 개인적인 기쁨으로 기대하였다: "내가 그를 보리니 내 눈으로 그를 보기를 낯선 사람처럼 하지 않을 것이라"(욥 19:27). "하늘"의 축복의 실재에 대해 생각하며 "하늘"이 그대에게 있어서 어떤 것인지 생각하라: "너의 눈은 왕을 그의 아름다움 가운데에서 보리라"(사 33:17). 우리가 그것을 주시해 보면 모든 지구상의 빛나는 것은 희미해지며 어두워진다. 그러나 여기에 결코 흐려지지 않는 빛남이 있으며, 결코 시들지 않는 영광이 있다 – "내가 하나님을 보리라."

21. "뿌리가 없으므로 잠깐 견딜 뿐이다"(눅 8:13)

나의 영혼이여, 오늘 아침은 이 본문 말씀에 비추어 자신을 살펴보라. 너는 기쁨으로 말씀을 받아, 뜨거운 감정과 깊은 감명을 받았는가? 그러나 주의해야 한다. 귀로 말씀을 듣는 것과 예수님을 너의 영혼 속에 받아들이는 일은 전혀 다르다. 피상적인 감정은 종종 마음의 완고함에 결합되어 있으므로, 말씀의 생생한 감명을 받았다 해도 그것을 결코 지속 할 수 없다. 이 비유의 한 가지 경우를 보면, 씨가 흙이 얇게 덮여 있는 돌밭 위에 떨어졌다. 씨가 뿌리를 내리기 시작할 때 그 뿌리의 성장이 굳은 돌 때문에 방해가 되는 것이다. 또 한편으로는 움트려고 힘을 다했지만 뿌리로부터 양분을 취할 수 없어 영양을 공급받지 못해 말라 죽어버린다. 이것이 혹시 나의 경우는 아닐까? 그에 상응하는 내적인 생명이 없이 단지 겉모습만 그럴듯하게 장식하고 있지는 않은가? 좋은 성장은 위와 아래로 동시에 일어난다. 나는 과연 예수님에 대한 신실한 충성과 사랑에 뿌리내리고 있는가? 만일 내 마음이 은혜로 인하여 부드러워지고 또 살찌지 않으면 좋은 씨도 잠깐 싹을 틔울 수 있지만 결국에는 말라 죽게 된다. 왜냐하면, 그 씨가 돌들이 깔려있고, 깨어지지 않고, 정결케 되지 않은 마음속에서는 자랄 수가 없기 때문이다. 요나의 박넝쿨같이 빠르게 성장하나, 인내가 부족하여 견디지 못해 곧 말라버리는 신앙심을 두려워해야 한다. 내가 예수님의 제자 되는 것의 가치를 생각하고 무엇보다도 성령님의 힘을 느낀다면, 내 영혼은 영원히 변하지 않고 견딜 수 있는 씨앗을 소유하게 될 것이다. 만일, 내 마음이 악한 본성대로 여전히 완고하다면, 시련의 태양이 내리 쬘 때, 나의 이 완고한 마음은 그 강력한 태양이 빈약하게 덮인 씨앗 위에 더욱더 내리 쪼이도록 도와주게 될 것이다. 그리하여 내 믿음은 곧 식고 무서운 절망에 빠지게 될 것이다. 오, 하늘에서 씨 뿌리시는 하나님 아버지, 먼저 저의 마음을 갈아 주시고, 그 후에 진리의 말씀을 제 속에 뿌려주소서. 그리하여 풍성한 수확을 얻게 하소서!

1월 11일 저녁

22. "내가 너를 위하여 기도하였노니"(눅 22:32)

구속주이신 주님께서 우리를 위하여 끊임없이 중보의 기도를 하고 계신다는 것을 안다고 생각하면 얼마나 우리에게 격려되는가! 우리가 기도할 때 그분은 우리를 위하여 변호하신다. 그리고 우리가 기도하지 않을 때에도 그분은 우리를 위하여 변론하고, 그분의 간구에 의해 우리를 보이지 않는 위험에서 보호하신다. 베드로에게 말씀하신 위로의 말에 주목해 보자. "시몬아, 시몬아, 보라 사탄이 너희를 밀 까부르듯 하려고 요구하였으나, 그러나…"(눅 22:31). 여기서 '그러나' 그다음의 말은 과연 무엇일까? "그러나 가서 너 자신을 위하여 기도하라"고 하였다면 그것도 좋은 충고일 것이다. 그러나 여기에는 그렇게 기록되어 있지 않다. 또한 그분은 "그러나 내가 너를 계속 지켜줘서 네가 보호될 것이다"라고도 하시지 않았다. 물론 그것도 큰 축복일 것이다. 그러나 그분은 그렇게 말씀하시지 않고, "그러나 내가 너를 위하여 네 믿음이 떨어지지 않기를 기도하였노니"(눅 22:32)라고 말씀하셨다. 우리는 우리가 주님의 기도에 얼마나 참여하고 있는지 거의 알지 못한다. 우리가 "하늘"의 높은 곳에 도착할 때, 우리의 하나님, 우리 주님이 인도하신 모든 길을 되돌아볼 때, 그분께서 영원한 보좌에서 이전부터 사탄이 이 땅에서 행한 간계를 뒤엎으신 그분을 우리가 어떻게 찬양할 것인가! 또 그분이 절대 쉬지 않고 낮이나 밤이나 그 손의 상처를 가리키며 우리의 이름을 그 흉패에 짊어지셨음을 어떻게 감사할 것인가! 사탄이 유혹을 시작하기 전에 예수님은 사탄을 앞질러서 하늘에서 간청하신다. 긍휼은 악의를 쫓아낸다. 예수님은 "사탄이 너를 밀 까부르듯 해서 그래서 내가 기도하리라"고 하시지 않고 "사탄이 너를 밀 까부르듯 하므로 그래서 내가 너를 위하여 기도하였다"라고 하신 이 말씀에 주목하기 바란다. 예수님은 사탄의 계획조차 아시고 봉우리째 그것을 떼어 버리신다. 예수님은 "그러나 나는 너를 위하여 기도하기 원한다" 하시지 않으시고, "나는 너를 위하여 기도하였다. 나는 벌써 기도하였다. 나는 법정에 가서 고발되기 전에 너를 위해 변호하였다"라고 하셨다. 오 예수님, 당신님께서는 보이지 않는 적들의 지뢰를 폭파하시고, 적의 매복을 폭로하셨습니다. 여기에 기쁨과 감사와 소망과 신뢰가 있습니다.

1월 12일 아침

23. "너희는 그리스도의 것"(고전 3:23)

너희는 그리스도의 것이다. 너희는 하나님 아버지에 의해 그 아들 그리스도에게 주어졌기에 그리스도의 것이다. 그리스도의 피로 너의 몸값을 지불하셨기에 그리스도의 것이다. 너희는 그리스도에게 바쳐졌기에 그리스도의 것이다. 또한, 그리스도의 이름을 받은 형제도 그리스도와 함께 상속을 받게 되므로 그리스도의 것이다. 그러므로 너희는 예수의 종이요, 친구요, 신부인 것을 세상에 실제적인 행위로 보여주라. 죄의 유혹을 받았을 때, "나는 이 나쁜 일을 할 수 없다. 왜냐하면, 나는 그리스도의 것이기 때문이다"라고 답하라. 영원한 법칙은 그리스도의 친구가 죄짓는 것을 금하고 있다. 부가 너희 앞에 있어 그것을 얻기 위해 죄를 짓게 된다면, "나는 그리스도의 것이다"라고 말하며 그것에 접촉하지 말라. 너희는 어려움과 위험에 직면하고 있는가? 너는 그리스도의 것임을 기억하여 악한 날에 단호히 서 있으라. 그대는 할 일 없이 게으름 가운데 있는가? 온 힘을 다하여 일어나 일하라. 이마에 땀이 흘러서 쉬며 빈둥거리고 싶어질 때, "아니, 나는 그리스도의 것이므로 멈출 수가 없다. 만일 그의 피로 말미암아 구속되어 있지 않다면, 이 두 가지 사이에 끼어 있는 잇사갈과 같이 되었을지도 모른다(cf. 창 49:14-15). 그러나 나는 그리스도의 것이므로 빈둥거릴 수가 없다"고 말하라. 쾌락의 흥겨운 노랫소리가 너를 바른 길에서 떠나게 하려고 유혹하려 할 때, "나는 그리스도의 것이므로 너희 노랫소리에 미혹되지 않는다"라고 말하라. 하나님이 남에게 나눌 기회를 주실 때, 너희는 너의 재산과 자기 자신을 나누어 주어라. 너희는 그리스도의 것이기 때문에 절대로 믿음의 고백과 모순되는 행동을 하지 말라. 항상 그리스도인답게 행동하라. 나사렛인과 같이 말하고, 행동과 대화는 하늘의 성품을 나타내라. 그래서 너희를 보는 모든 사람이 너희가 구주의 것임을 알고, 너희 가운데 구주의 사랑과 거룩의 빛을 볼 수 있도록 하라. 그 옛날 "나는 로마인이다"라는 것이 어떤 고결함을 나타내는 문구였다면, 이제 "나는 그리스도의 것이다"라는 말이 그보다 훨씬 더 거룩함을 증명하는 것이 되게 하라.

1월 12일 저녁

24. "내가 하나님을 위하여 아직 할 말이 있음이라"(욥 36:2)

스스로 덕을 자랑하거나 또는 자신의 열심을 사람에게 보이려고 해서는 안 된다. 그러나 하나님이 다른 사람의 유익을 위하여 나에게 주신 것을 늘 감추려 하는 것은 죄이다. 그리스도인은 골짜기의 마을이 아니고, "산 위에 있는 동네이어야 한다"(마 5:14). 말 아래 놓인 등불이 아니고 등경 위에 놓인 등불이기에 모든 사람에게 빛을 비추어야 한다. 때로는 뒤로 물러가 있는 것이 아름다울 수 있다. 그리고 자기를 숨기는 것은 의심할 바 없이 겸손한 것이다. 그러나 내 안에 계신 그리스도를 숨기는 것은 결코 정당화 될 수 없다. 우리에게 있어서 귀중한 진리를 묻어두려 하는 것은 다른 사람에게 죄를 짓는 것이고 하나님을 모욕하는 것이다. 만약 그대가 예민한 성격이나 내성적인 성격이라면, 너무 소극적이어서 교회에 아무런 유익을 주지 않는 자가 되지 않도록 주의하기 바란다. 그리스도가 그대의 감정을 격동시키시며 그대에게 말씀하시는 것을 다른 사람에게 말하도록, 그대를 부끄러워하지 않으시는 그분의 이름으로 구하라. 만일 그대가 사람들을 놀라게 할 만한 웅변이 없다면 고요하게 작은 소리를 사용하라. 만일 강단이 그대의 장소가 아니라 할지라도 또한 문서 전도에 부르심을 받지 않았을지라도 오히려 베드로, 요한과 같이 "금과 은은 내게 없거니와 내게 있는 것으로 네게 주노니"(행 3:6)라고 말하라. 만일 그대가 산에서 설교할 수 없다면 수가성 우물가에서 사마리아 여인에게 말하라. 교회의 대중 앞이 아니라면 작은 모임에서 예수님에 대한 찬양을 이야기하라. 거리가 아니라면 들에서라도 좋다. 많은 군중에게 할 수 없다면 그대의 가족에게 하라. 속에 숨겨져 있는 샘으로부터 달콤하게 흐르는 개울과 같은 간증이 솟아나게 하라. 그래서 길을 지나가는 사람에게 그것을 마시게 하라. 그대의 은사를 숨겨서는 안 된다. 그것을 사용하라. 그대의 주님에게 유익을 가져오리라. 하나님을 위하여 말하는 것은 그대의 영혼을 신선케 하며 성도들을 즐겁게 하고 죄인에게는 유익이 된다. 또한, 주님을 영화롭게 하는 것이다. 주여, 당신의 모든 아들의 혀를 자유롭게 하소서.

25. "그 배가 에시온게벨에서 파선하였으므로 가지 못하다"(왕상 22:48)

솔로몬의 배는 안전하게 돌아왔지만 여호사밧의 배는 황금의 땅에 결코 도착하지 못했다. 섭리는 솔로몬을 창성케 했고 여호사밧의 소망을 수포로 돌렸다. 용건도 같고 장소도 같은데 위대한 지도자이신 하나님은 쌍방에 대해서 선하시고 현명하시다. 오늘 우리는 이 구절의 말씀을 생각하며 에시온게벨에서 난파한 배와 이 세상의 축복을 가져온 솔로몬의 배를 위하여 주의 은혜를 찬양하고자 한다. 우리는 자기만이 특별하게 시련에 부딪혀 있는 줄 생각하고 자기의 손실에 투덜대거나 남의 성공에 질투하는 일이 없도록 주의하기를 바란다. 여호사밧과 같이 우리의 계획이 실패로 끝난다 해도 주의 눈에는 귀한 것일 수 있다.

여호사밧의 실패의 숨은 원인은 주의 백성이 당하는 고난의 많은 부분의 근원이 되므로 잘 유의하여야 한다. 그것은 죄 있는 가족들과 연합했고 죄인들과 친구가 되었다는 것이다. 역대하 20:37에서 주님께서는 한 선지자를 보내어 "왕이 아하시야와 교제하는 고로 여호와께서 왕의 지은 것을 파하시리라"고 말씀하셨다. 이것은 그를 축복하시는 아버지 하나님의 징계이다. 이 일은 오늘 아침의 구절에 곧 뒤이어 여호사밧이 그의 종이 악한 왕의 종과 같은 배로 함께 가는 것을 허락지 아니한 것으로 알 수 있다. 여호사밧의 이 경험은 많은 하나님의 백성에게 "믿지 않는 자와 멍에를 같이 하지 말라"(cf. 고후 6:14)는 경고가 될 수 있다. 많은 경우에 있어 비참한 삶은 믿지 않는 자들과의 결혼이라든지, 또는 세상 사람들과 함께 일을 하는 데서 생기고 있는 것이다. 오, 우리가 주님을 사랑하며 주님과 같이 거룩하고 악도 더러움도 없이 죄인들과 구별될 수 있어야 한다. 만일 그렇지 않으면 우리는 "주님께서 그대의 지은 것을 파하실 것이다"라는 소리를 종종 듣게 될 것이다.

26. "그 도끼를 떠오르게 하고"(왕하 6:6)

그 도끼는 물속에 빠져 이제 그것을 다시 찾을 가망은 없어 보였다. 그것은 빌려 온 것이기에 선지자들의 평판은 위험에 빠졌고 하나님의 이름도 불명예에 놓여졌다. 그러나 예상치 않게 도끼가 시냇물 밑에서 떠올랐다. 사람에게는 불가능한 일도 하나님에게는 가능하기 때문이다. 나는 그리스도 안에 있는 한 사람을 알고 있다. 그는 수년 전, 자신의 능력 이상의 일을 수행하라는 부름을 받았다. 그것을 시도하려는 단순한 생각조차 불합리하게 보일 만큼 그것은 너무 어려운 것이었다. 그러나 그는 그 일에 소명을 받았고, 그 때에 맞게 그에게 믿음이 솟아올랐다. 하나님은 그의 믿음을 높이 평가하셨고, 예상하지 않은 도움을 주셨으며, 그리고 도끼가 떠올랐다. 주님의 가족 중 또 어떤 사람은 매우 끔찍한 재정문제에 처해 있었다. 만일 그가 보이지 않는 재산에 대하여 알고 있었다면 모든 지급 청구에 대처하고 또 그 이상의 일까지도 했을 것이다. 그러나 그는 갑자기 닥쳐온 경제적 어려움에 눌려 있었다. 친구에게 도움을 구하였지만, 소용이 없었다. 그러나 결국 그의 믿음은 그의 기대를 저버리지 않으시는 성령님께로 인도되었다. 곧 고난은 없어졌고, 그는 다시 활기차게 다닐 수 있게 되었다. 도끼가 떠오른 것이다. 세 번째 사람은 타락을 다루어야 하는 슬픈 경우였다. 그는 교훈, 책망, 경고, 조언, 그리고 중보기도를 받았지만 모두 헛일이었다. 첫째로 옛 아담의 육적인 죄성은 너무도 강하여 주위의 기도 영향력이 미치지 못했다. 이 완고한 마음은 부드러워질 수가 없었다. 그러고 나서 얼마 지나지 않아 괴로움 속에서의 기도가 나오면서 하늘로부터 축복의 응답이 왔다. 굳은 마음은 깨어지고 도끼는 떠올랐다.

　　사랑하는 독자들이여, 그대가 직면하고 있는 절망적인 문제는 무엇인가? 이 저녁에 그대는 어떤 문제로 고민하고 있는가? 자, 주님께 그것을 내놓아보자. 선지자들을 도우신 하나님은 지금도 살아계셔서 성도들을 도우신다. 그분은 그대가 어떤 좋은 것에 부족한 채로 내버려두지 않으신다. 만군의 주 여호와를 믿으라! 예수님의 이름으로 주께 가까이 나가 탄원하라. 그러면 도끼는 떠오르리라. 그대도 또한 하나님의 손가락이 자기의 백성을 위하여 기적을 행하시는 것을 보리라. "너희 믿음대로 되라"(cf. 마 9:29)는 말씀이 그대의 것이 되게 하라. 그러면 도끼는 떠오를 것이다.

1월 14일 아침

27. "그는 내니 이를 말하는 자요 구원하기에 능한 자니라"(사 63:1)

　　우리가 이해하기로 "구원"이라는 말은 처음 거룩함의 갈망으로부터 완전한 성화에 이르기까지의 위대한 구원 전체를 의미한다. 이 단어는 '적은 것으로 많은 것'(*multum in pravo*)을 말하는 것인데, 참으로 이 한마디 단어 안에 모든 은혜가 들어 있다. 그리스도는 회개하는 자에게 "구원을 베푸는 힘 있는" 분이실 뿐 아니라 또한 사람들을 회개시키시는 분이시다. 그는 믿는 자들을 하늘로 옮기실 뿐만 아니라, 사람들에게 새 마음을 주시고, 그들에게 믿음이 나타나게 하신다. 그리스도는 거룩함을 미워하는 자에게 거룩함을 사랑하도록 하며, 그의 이름을 멸시하는 자를 붙잡아 그 앞에 무릎을 꿇게 하는 힘을 가지고 계신다. 이것이 모든 의미는 아니다. 왜냐하면, 이 신성한 능력은 구원 그 후에도 똑같이 역사하고 있기 때문이다. 믿는 자의 삶은 능력 있는 하나님의 역사 가운데서 일어나는 기적의 연속이다. 가시덤불은 불에 타나 소멸하지 않는다. 하나님은 자기 백성을 거룩하게 한 후에 이들을 거룩하게 지키시고, 그들이 "하늘"에서 영적 존재로 완성되기까지 하나님에 대한 두려움과 사랑 안에 그들을 보존하실 힘이 있으시다. 그리스도의 힘은 신자를 만든 후 그가 자기 자신을 위해 살도록 내버려두지 않으신다. "선한 일을 시작하신 그리스도는 그것을 계속하신다"(빌 1:6). 죽은 영혼 속에 생명의 씨를 심으신 그리스도는 죄의 쇠사슬을 모두 끊어버리고 영혼이 영광 중에 완전하게 되어 이 세상을 떠날 때까지 힘을 주시고 영적인 존재로 지속시키신다. 믿는 자여, 여기에 격려가 있다. 그대는 사랑하는 자를 위해 기도하고 있는가? 오, 그대의 기도를 멈춰서는 안 된다. 왜냐하면, 그리스도는 "구원을 베푸는 힘"있는 분이시기 때문이다. 그대에게는 반역자를 회심케 할 힘이 없으나 그대의 주님께서는 전능하시다. 그의 강한 팔을 붙잡고 그의 힘을 의지하여 일어나라. 그대는 자기 자신의 일로 고민하고 있는가? 두려워해서는 안된다. 주의 힘은 그대에게 있어서 충분하다. 다른 사람의 일이든 그대 자신의 일이든지, 예수님께서는 구원을 베푸시는 힘 있는 분이시다. 그것의 가장 확실한 증거는 예수님께서 바로 그대를 구원해 주셨다는 사실이다. 예수님께서 당신을 멸하기 위해 전능한 힘을 가지고 있지 않다는 것을 아는 일은 이 얼마나 큰 은혜인가!

1월 14일 저녁

28. "물에 빠져 가는지라 소리 질러 가로되, 주여 나를 구원하소서" (마 14:30)

주의 종들에게 있어 물에 빠질 때는 바로 기도할 때이다. 베드로는 위험한 행동을 하기 전에 기도를 무시했었다. 그러나 그가 물에 빠지기 시작할 때 위험함을 알고서는 부르짖었다. 비록 그의 부르짖음은 늦기는 하였지만 아주 늦지는 않았다. 우리가 몸이 아프고 마음이 괴로울 때 우리는 난파선이 파도

에 의해 해변가로 떠밀리듯이 기도를 강요당하는 우리 자신을 발견하게 된다. 여우는 보호를 위해 자신의 굴로 달려가며, 새는 안식처를 찾아 숲으로 날아든다. 그와 같이 어려움 중에 있는 믿는 자는 안전을 위하여 은혜의 보좌로 급하게 달려가게 된다. 하늘의 커다란 피난 항구는 기도이다. 폭풍으로 시달리는 무수한 배가 거기서 항구를 발견한다. 폭풍이 올 때 급히 그곳으로 달려가는 것은 우리에게 있어서 현명한 일이다.

짧은 기도로도 충분하다. 베드로가 허덕이며 한 것은 단지 세 마디 짧은 말이었다. 그러나 그것으로 충분하였다. 기도에서 필요한 것은 긴 것이 아니고 강한 것이다. 절박한 필요성, 이것은 간결함을 가르치는 훌륭한 선생이다. 우리의 기도가 교만한 꼬리 깃털을 갖지 않고 많은 날개를 달지 않는다면 우리의 기도는 더 좋은 것이 될 것이다. 쓸데없이 많은 말과 헌신과의 관계는 겨와 알곡에 대한 관계와 같다. 귀중한 것들은 작은 공간에 놓여 있다. 많고 긴 말들 속에서 진정한 기도의 모든 것은 베드로의 것과 같이 짧은 호소로 표현될 수 있다.

우리가 곤경에 빠졌을 때가 바로 주님께서 역사하시는 때이다. 우리가 절박하여 부르짖는 소리를 예수님께서는 곧바로 들으시고 그 귀도 마음과 함께 움직이시며, 그 손 또한 주저하지 않으신다. 우리는 가장 늦게 주께 호소하지만, 그의 신속한 손은 우리의 늦장 부림에 대처하여 즉시 효과적으로 행동하신다. 고난의 거친 풍랑에 우리가 거의 삼킴을 당하고 있는 상태인가? 그렇다면 구주를 향하여 우리 영혼을 들어 올려 기도하도록 하자. 그가 결코 우리를 멸하게 내버려두지 않으심을 알기에 우리는 평안할 것이다. 우리가 아무것도 할 수 없는 바로 그 때에, 예수님께서는 모든 것을 하실 수 있다. 예수님께 능력의 도움을 구하도록 하자. 그러면 모든 것이 잘되리라.

1월 15일 아침

29. "말씀하신 대로 행하소서"(삼하 7:25)

하나님의 약속은 휴지와 같이 던져 버릴 것이 아니다. 하나님은 그의 약속을 사용하라고 의도하셨다. 하나님의 황금은 수전노가 쌓아두는 금이 아니고 유통하기 위해 지음 받은 것이다. 하나님의 약속을 통용하고 있다는 것보다 하나님을 기쁘시게 하는 일은 없다. 하나님께서는 그의 자녀들이 약속을 가지고 그의 앞에 나아와 "주여, 주님께서 말씀하신 대로 해 주소서"라고 하는 것을 기뻐하신다. 약속에 의지하여 탄원할 때, 우리는 하나님의 영광을 찬양하는 것이다. 하나님이 약속하신 것을 그대에게 준다고 한들 그 분께서 가난하여질 줄 아는가? 하나님이 거룩함을 그대에게 준다 한들 그 분께서 이전보다 거룩하지 않게 되는 줄로 아는가? 하나님이 거룩함으로 그대의 죄를 깨끗게 하심으로 그 분께서 이전보다 거룩하지 않게 되는 줄로 염려하는가? 주님께서는, "오라 우리가 서로 변론하자. 너희 죄가 주홍 같을지라도 눈과 같이 희어질 것이요, 진홍같이 붉을지라도 양털같이 되리라"(사 1:18)고 말씀하신다. 믿음은 용서의 약속을 굳게 붙잡는 것이다. 그것은 "귀중한 약속이긴 하지만 사실인지 의심스럽다"라고 생각하지 않고, 주저함 없이 약속을 가지고 바로 하나님께 가서 "주여 여기 약속이 있나이다. 주님께서 말씀하신 대로 해 주소서"라고 하는 것이다. 그리스도인이 하나님의 약속을 붙잡고 그것을 하나님 앞에 제시하지 않으면, 그는 하나님을 부끄러워하는 것이다. 그러나 은혜의 보좌에 뛰어가서 "주여 나에게는 아무것도 없습니다. 주님께서 말씀하신 것 이외에는 말할 것이 없습니다"라고 부르짖으면 그대의 소원은 허락될 것이다. 하늘에 계신 은행장은 그가 발행한 어음이 현금화되기를 기뻐하신다. 하나님의 약속에 녹이 슬도록 해서는 안 된다. 약속의 말씀을 칼집에서 뽑아내어 여기저기에 사용하라. 하나님의 약속을 가지고 끈질기게 재촉하면 하나님께서 귀찮게 여기실까 결코 생각하지 말라. 하나님은 그대의 영혼이 큰소리로 울부짖는 것을 좋아하시고 은혜 베푸시기를 기뻐하신다. 그대가 구하는 것보다 훨씬 열심히 듣기를 원하신다. 태양은 그 비침에 지치지 않고, 샘물은 그 흐르는 것에 싫증내지 않는다. 그 자신의 약속을 지키시는 것이 바로 하나님의 본성이시다. 그러므로 즉시 보좌 앞으로 달려가서, "말씀하신 대로 행하소서"라고 말하라.

1월 15일 저녁

30. "나는 기도할 뿐이라"(시 109:4)

다윗의 명성을 훼손시키려는 거짓의 혀는 분주했지만, 그는 변명치 않았다. 그는 하늘의 법정에 문제를 들고 가서 위대한 왕 앞에서 탄원하였다. 기도는 증오의 말에 대응하는 가장 안전한 방법이다. 시편 기자는 냉혹한 마음으로 기도하지 않았다. 그는 자신을 기도에 바쳤다. 그의 모든 혼과 마음을 기도에 던졌다. 마치 야곱이 하나님의 천사와 씨름할 때와 같이 전심전력을 다해 모든 근육을 긴장시키며 기도했다. 이 방법에 의해서만 우리는 은혜의 보좌로 빨리 나아가게 된다. 그림자에는 실체가 없어서 힘이 없다. 이처럼 진지한 고민과 열정적인 갈망이 없는 기도는 완전히 무력하다. 왜냐하면, 기도에 힘을 주는 것이 빠져있기 때문이다. 어떤 신학자는 "열렬한 기도는 "하늘" 문에 놓인 대포와 같아서 잠겨진 문의 빗장을 연다"고 하였다. 우리에게 대부분의 공통된 결점은 집중하여 기도하지 않는다는 것이다. 우리들의 생각이 여기저기 배회하고 목적을 향하여 거의 진전이 없다. 수은과 같이 우리들의 마음은 하나가 되지 않고 분열되어서 여기저기 굴러다닌다. 이 얼마나 큰 해악인가! 그것은 우리에게 해롭게 할 뿐 아니라, 더 나쁘게는 하나님을 모욕하는 것이다. 여기에 한 청원자가 있어 소송을 원하여 군주 앞에 나왔을 때, 그가 새의 깃털을 가지고 던지면서 그것을 잡으려고 한다면 우리는 어떻게 생각할 것인가?

이 구절의 표현에는 지속과 인내의 의미를 담고 있다. 다윗은 한번 부르짖고 그 다음에 침묵하지 않았다. 그의 거룩한 부르짖음은 축복을 가져오기까지 매일의 노동이요, 습관이요, 업무가 되었다. 미술가가 모델에, 시인이 고전연구에 몰두하는 것 같이 우리도 기도에 빠져 있어야 한다. 우리는 기도에 자신을 담그며 또한 "끊임없이 기도해야 한다"(cf. 살전 5:17). 주여, 더욱더 유력하게 간청할 수 있도록 우리에게 기도를 가르쳐 주소서!

1월 16일 아침

31. "여호와가 말하노니, 내가 너를 도울 것이라"(사 41:14)

오늘 아침은 주 예수님께서는 우리 한 사람 한 사람을 향하여 "나는 너를 도울 것이라"는 말씀을 듣기로 하자. "너의 하나님인 내가 너를 돕는다는 것은 작은 일이다. 내가 지금까지 한 일을 생각하라. 너를 돕지 않은 일이 있었는가? 왜? 내가 너를 피로 샀기 때문이라. 내가 너를 돕지 않았던 적이 있었는가? 나는 너를 위하여 죽었다. 큰 일을 한 내가 작은 일을 하지 못하겠는가? 너를 돕는 일은 내가 너를 위하여 하는 매우 작은 일이다. 너를 위하여 나는 그것보다도 훨씬 큰 일을 해왔다. 그리고 더욱이 앞으로도 그럴 것이다. 세상을 창조하기 전에 나는 너를 선택하였다. 나는 너를 위하여 약속하였다. 나는 너를 위하여 영광을 버리고 사람이 되어 너를 위하여 나의 생명을 주었다. 이러한 일을 행하였던 나는 지금도 반드시 너를 도울 것이다! 너를 돕는데 있어서 나는 너를 위하여 이미 사두었던 모든 것을 주고 있는 것이다. 만일 네가 천 배 만큼의 도움이 필요하다 할지라도 나는 그것을 줄 것이다. 내가 너에게 주고자 준비한 것보다 너는 거의 구하지 않는다. 네가 필요한 것이 많은데, 내가 네게 그것을 준다는 것은 아무것도 아니다. 두려워 말라! 만일 너의 곳간 문턱에 개미 한 마리가 와서 도움을 구할 때 밀 한줌을 준다고 해서 네가 가난해지겠는가? 모든 것이 구비되어 있는 내 집 문턱에 너는 한 마리의 벌레와 같은 것이다. 내가 너를 도울 것이다."

오, 나의 영혼이여, 이것으로서 충분하지 않은가? 그대는 삼위일체 하나님의 전능하심보다 그 이상의 힘이 필요한가? 그대는 하나님 아버지 안에 있는 것보다 그 이상의 힘이 필요한가? 그대는 하나님 아버지 안에 있는 것보다 그 이상의 지혜를 필요로 하며, 예수 그리스도 안에 있는 것보다 그 이상의 사랑을 소망하며, 성령에 따라 나타나는 그 이상의 힘을 구하는가? 여기에 빈 물통을 가지고 오라. 샘물은 확실히 그것을 채울 것이다. 너의 필요, 공허감, 슬픔, 결핍, 이 모든 것들을 모아서 가지고 오라. 자, 하나님의 강물은 너의 필요를 채우기에 충만히 있다. 더 이상 무엇을 원하는가? 나의 영혼이여, 나아가라, 여기에 너의 힘이 있다. 영원하신 하나님은 너의 도울 자이시다!

> *"두려워 말라, 내가 너와 함께 하리니 방황하지 말라.*
> *나, 곧 나는 너의 하나님이며,*
> *항상 너를 도울 것이다."*

1월 16일 저녁

32. "기름부음을 받은 자가 끊어질 것이며"(단 9:26)

그의 이름을 축복할지어다. 그는 죽임을 당할 아무 이유가 없었다. 원죄도, 자범죄도 그를 더럽히지 못하였으므로 죽음이 그에게 아무 권리를 주장할 수 없었다. 아무도 정당한 수단으로 그 생명을 빼앗을 수는 없었다. 왜냐하면, 그는 아무에게도 해를 행치 않았기에 그가 기꺼이 자신을 죽음에 내어 놓지 않았다면 아무도 그에게 강제적으로 해를 끼칠 수는 없었다. 그러나 한 사람이 죄를 범하였으므로, 다른 사람이 죽음의 고난과 고통을 당하셨다. 하나님의 의는 우리 때문에 위반되었지만, 우리는 그 안에서 만족함을 찾았다. 눈물은 시내처럼 흐르며 제물은 높이 쌓였다. 수송아지의 피는 비와 같이, 향료는 높은 언덕같이 쌓였지만, 우리의 죄를 제거하기에는 불가능하였다. 그러나 예수님께서는 우리로 말미암아 죽임을 당하였고, 그 즉시 하나님의 진노는 제거되었다. 왜냐하면, 죄가 영원히 청산되었기 때문이다. 여기에 지혜가 있으니, 그로 말미암아 구속의 확실하고 빠른 방법이 수립되었다. 여기에 겸손이 있으니, 하나님의 독생자이신 메시아께서 가시관을 쓰고 십자가에서 죽으셨다. 여기에 사랑이 있으니, 구속주님께서 그의 원수들을 위하여 그의 생명을 내어주신 것이다.

그러나 죄 없으신 분이 죄인을 위하여 피 흘리신 광경에 마음을 빼앗기는 것으로만 머물러 있으면 안 된다. 우리가 그 안에서 갖는 권리를 확실히 해야 한다. 메시야의 죽음의 특별한 목적은 바로 그의 교회의 구원이다. 그분께서 대속물로서 자신을 사람들에게 내어주셨는데, 우리는 과연 그중에 들어가 있는가? 지금, 주 예수님께서 우리의 대표자로 서 계시는가? 우리는 그가 받으신 채찍으로 말미암아 치유되어 있는가? 만일 우리가 그의 희생에 참여하지 않고 있다면, 그것은 참으로 두려운 일이다. 우리는 차라리 이 세상에 나오지 않는 편이 나았을지도 모른다. 이것은 참으로 엄숙한 문제인데, 분명하게 이 대답을 할 수 있다면 기쁜 일이다. 주 예수를 믿는 모든 자에게, 예수님께서는 현재의 구주요, 또한 모든 신자들에게 하나님과의 화해의 피가 부어지고 있는 것이다. 메시아의 죽음을 통해 우리가 얻는 것을 믿는 모든 이들로 하여금 메시아를 생각할 때마다 기뻐하게 하소서! 그들로 하여금 거룩한 감사의 마음을 통하여 모든 것을 주께 바칠 수 있게 하소서!

1월 17일 아침

33. "또 내가 보니 보라 어린 양이 시온 산에 섰고"(계 14:1)

사도 요한에게 "하늘"문의 내부를 엿볼 수 있는 것이 허락되었고, 그는 자기가 본 광경을 묘사하면서 "내가 보니, 보라 어린 양이…"라는 말로 시작하고 있다. 이 일은 "하늘"에서 집중되는 중심적 대상이 "세상 죄를 지고 가는 하나님의 어린 양"(요 1:29)이라는 것을 우리에게 교훈한다. 사도 요한의 집중은 그 피로써 우리를 구속해 주신 아들인 그의 신성한 인격에 사로잡혀 있다. 어린 양이야말로 모든 영화롭게 된 영과 거룩한 천사들의 찬양의 주제이다. 여기에 그대의 기쁨이 있다. 그대는 어린 양을 보았고, 또 알고 있다. 눈물에 젖은 눈으로 그대는 세상 죄를 지고 가는 하나님의 어린 양을 보았다. 그러므로 기뻐하라. 잠시 후에는 그대의 눈에서 눈물이 씻길 때 그대는 같은 어린 양이 보좌에 앉아 계시는 것을 볼 것이다. 날마다 예수님과의 사귐은 그대의 마음의 기쁨이긴 하지만 "하늘"에서는 더욱 깊은 기쁨을 맛볼 것이다. 그대는 끊임없이 예수님 앞에 있어서 영원히 예수님과 함께 살리라. "내가 보니, 보라 어린 양이…" 그렇다, 어린 양은 바로 "하늘" 그 자체이다. 러더포드 (Rutherford)가 말한 것처럼 "하늘"과 그리스도는 같은 것이다". 그리고 "하늘"에 있다는 것은 그리스도와 함께 있다는 것이다. 그가 주를 위하여 감옥에 갇혔을 때, 그의 열정이 담긴 편지 속에서 다음과 같이 아름답게 고백하였다. "나의 주 그리스도이시여, 만일 내가 당신께서 없는 "하늘"에 있다면, 그곳은 지옥일 것입니다. 만일 내가 지옥에 있어 그곳에 당신께서 함께 있다면, 나에게는 그곳이 곧 "하늘"일 것입니다. 그것은 바로 당신께서 내가 원하는 "하늘"이기 때문입니다." 이것은 진리다. 주안에 있는 자여 그렇지 않은가? 그대 영혼은 그렇게 말하지 않는가?

"만일 하나님께서 그 거처를 옮기시고

또 그 얼굴을 숨기시면,

"하늘"의 모든 수금을 연주한들

그곳을 "하늘"으로 만들 수는 없다네."

당신을 축복받게 하는 데 필요한 것은, 그리고 최상으로 축복받게 하는 데 필요한 것은, 바로 "그리스도와 함께 있는 일이다"(cf. 빌 1:23).

1월 17일 저녁

34. "저녁 때에 다윗이 그 침상에서 일어나 왕궁지붕 위에서 거닐다가"(삼하 11:2)

다윗은 이때 밧세바를 보았다. 우리는 결코 유혹이 미치지 않는 곳에 있는 것이 아니다. 집안이든지 밖이든지 우리는 악의 유혹을 만나기가 쉽다. 위험과 함께 아침은 밝아오고 저녁에 이르러도 우리는 또한 위험 중에 있다. 하나님의 모든 보호를 받고 있는 자는 안전하다. 그러나 세상으로 나가든지 심지어는 무장 없이 집 안에서 걷는 자에게도 화가 미치리로다. 자기는 염려 없다고 생각하는 자는 누구보다도 위험에 직면해 있다. 죄의 수하는 자만이다.

다윗은 주의 전쟁에 참가하여 싸우고 있어야 할 때에 예루살렘에 머물러 호화로운 생활을 하고 있었다. 왜냐하면, 그는 저녁 때에 침상에서 일어나기 때문이다. 게으름과 호화로운 생활은 마귀가 뿌리는 것들이다. 그리고 이 하수인들은 사탄을 위해 많은 먹이를 찾는 것이다. 고인 물에는 해로운 병균이 번식하고 손질하지 않는 땅에는 곧 잡초와 엉겅퀴가 무성해진다. 오, 예수의 사랑이 우리를 항상 활동하게 하며 또 유용하게 하소서! 이스라엘의 왕이 저녁때 빈둥거리며 침상을 떠나 곧 유혹에 빠진 것을 보고 우리는 이것을 경계로 삼아 우리 자신의 마음 문에 파수꾼을 세우도록 하자.

왕은 혼자 일어나서 하나님과 교제하기 위하여 옥상에 올라간 것인가? 만일 그렇다면 그 얼마나 좋은 교훈이겠는가? 왜냐하면, 어떤 비밀의 장소라

할지라도 죄로 더럽히지 않는 성소로 해야 할 것을 가르치기 때문이다. 우리의 마음은 불을 담은 상자와 같아서 매우 발화하기 쉽다. 그래서 어떤 장소라도 항상 세심한 주의가 필요하다. 사탄은 옥상에도 올라가고 기도하는 밀실에도 들어간다. 우리가 그 더러운 악마에게 문을 닫는다 하더라도 하나님의 은혜가 역사하지 않으면 우리 자신의 부패함이 우리를 파멸에 떨어뜨린다. 독자들이여, 저녁때의 유혹에 주의하라. 자만해서는 안 된다. 태양은 넘어갔지만 죄는 깨어 있다. 우리는 낮에 문지기를 두는 것도 필요한 동시에 밤에도 파수꾼을 세워 두어야 한다. 오 성령이시여, 이 밤에도 우리를 모든 악에서 지키소서. 아멘

1월 18일 아침

35. "그런즉 안식할 때가 하나님의 백성에게 남아 있도다"(히 4:9).

"하늘"에 있는 신자의 상태는 지상의 신자와 그 얼마나 다른가! 이 지상에서 신자는 노동으로 곤하며 또한 지친 몸으로 살지만 죽음이 존재하지 않는 "하늘"에서는 피곤함을 전혀 알지 못한다. 이 지상에서는 신자는 주님을 섬기려 하지만 그 열심에 비해 행동이 따르지 못함을 발견한다. 그는 끊임없이 "나의 하나님이여 주님을 섬기는 것을 도우소서"라고 부르짖는다. 만일 그가 적극적이라면 그에게는 많은 일이 주어질 것이다. 그러나 마음은 조급해도 힘이 부족하므로 그는 "저는 일을 싫어하지는 않지만 일로 인해 지쳐 있습니다"라고 부르짖는다. 주안에 있는 자여, 그대에게 피곤을 느끼게 하는 뜨거운 태양이 영원히 지속되지는 않는다. 태양은 바야흐로 넘어가려고 지평선에 가까이 왔다. 그리고 밤낮으로 하나님을 섬겼던 이 땅에서 그대가 결코 본적이 없는 더 밝은 빛으로 태양은 다시 떠오를 것이다. 그때는 밤낮 하나님을 섬겨도 오히려 안식이 남아 있을 것이다. 이 지상에 있는 안식은 그저 부분적일 뿐이다. 그러

나 "하늘"에서의 안식은 완전하다. 이 지상에서의 그리스도인은 언제나 나그네일 뿐이며, 가야 할 장소에 끝내 닿지 못함을 느끼며 살아간다. 그러나 "하늘"에서는 모든 사람들이 안식을 얻고 있고, 그들은 산꼭대기에 도달하여 하나님의 품 안으로 들어가는 것이다. 아, 피곤함에 지친 일꾼이여, 그저 당신이 영원히 쉴 때를 그려보아라! 당신은 그것을 생각할 수 있는가? 그것은 영원한 안식이며, 지속되는 안식이다. 이 지상에 있는 나의 최상의 기쁨일지라도 곧 썩어질 색깔을 띠고, 아름다운 꽃도 시들며, 향기롭고 달콤했던 잔도 남김없이 다 비워지고, 아름다운 소리로 노래하는 새도 죽음의 화살에 의해 떨어지며, 가장 즐거웠던 날들도 밤 때문에 사라지고, 나의 축복의 썰물도 슬픔의 밀물로 변한다. 그러나 "하늘"에서는 모든 것이 불멸이다. 수금은 녹슬지 않고, 면류관은 시들지 않으며, 눈은 흐려지지 않고, 소리는 쇠하지 않으며, 마음은 동요치 않을 것이다. 그리고 영원히 죽음을 맛보지 않는 존재들은 무한한 기쁨 속에 완전히 잠기게 될 것이다. 오 행복한 날이여, 그 때에 "죽을 것이 생명에게 삼킨바 되리라!"(cf. 고후 5:4). 그리고 영원한 안식이 시작되리라!

1월 18일 저녁

36. "모든 성경에 쓴 바 자기에게 관한 것을 자세히 설명하시더라" (눅 29:27)

엠마오로 가는 길 위의 두 제자는 가장 유익한 여행을 하였다. 그들의 길동무는 그들에게 있어서 최고의 교사요 최고의 해석자였다, "그 안에는 지혜와 지식의 모든 보화가 감추어 있느니라"(cf. 골 2:3). 주 예수님께서는 복음의 설교자가 되기 위해 자신을 낮추셨고, 두 사람의 청중 앞에서 그의 사명을 행하기를 부끄러워하지 않으셨다. 지금도 그는 비록 한 사람만을 위한 교사가 되는 것도 거절하지 않으신다. 우리도 이처럼 훌륭한 교사와의 동행을 요청하

자. 왜냐하면, 그가 우리의 지혜가 되시기까지는 우리는 구원에 대해 깨달을 수가 없기 때문이다.

이 비교할 수 없는 교사는 모든 책 중의 최고의 책을 교과서로 사용하셨다. 그는 새로운 진리를 계시할 수도 있었지만, 그보다도 옛것을 풀어주시는 것을 좋아하셨다. 그는 무한한 지식을 가지셨기에 최고의 교수법을 아셨고 모세와 선지자의 책을 펴서 지혜에 이르는 확실한 길은 사색, 추리, 독서가 아니라 오직 하나님 말씀을 묵상하는 것이라고 우리에게 보이셨다. "하늘"의 지식이 우리에게 영적인 부요함이 되기 위한 가장 빠른 방법은 이 다이아몬드 광산을 파고, 이 "하늘"의 바다에서 진주들을 모으는 것이다. 예수님께서 다른 사람들을 부요케 하려고 하실 때, 그는 성경이라는 보고에서 채굴하셨다.

은총을 입은 이 두 제자는 가장 최고의 주제를 배우게 되었다. 왜냐하면, 예수님은 자신에 대해 말씀하시고 자신에 관한 일을 자세히 설명하셨기 때문이다. 여기서 다이아몬드가 다이아몬드를 자르고 있다. 이보다 더 감탄할 일이 또 있겠는가? 집주인이 직접 문을 열고 손님을 식탁에 안내하고 그의 풍성하고 맛있는 요리들을 차려 놓았다. 밭에 보화를 감추신 그가 이 보화를 찾는 자들을 친히 그곳에 인도한 것이다. 우리의 주님께서는 가장 달콤한 주제들에 대해 자연스럽게 설명하셨고, 그에게는 그 자신의 인격과 사역보다 더 달콤한 것들은 존재하지 않으셨다. 우리는 이 진실에 주목하고 항상 성경을 연구하지 않으면 안 된다. 오, 우리의 교사이신 예수님과 함께 성경을 공부하고 교훈을 배울 수 있는 은혜를 주소서!

1월 19일 아침

37. "내가 사랑하는 자를 찾았으나 찾지 못하였구나"(아 3:1)

그대가 그리스도를 잃어버린 장소를 내게 말하라. 내가 그대에게 그리스도를 발견할 장소를 가르치리라. 골방의 기도를 게을리 하여서 그리스도를 잃어버렸는가? 그러면 그대는 거기서 그리스도를 찾고 발견해야 할 것이다. 그대는 죄를 짓는 일로 인해 그리스도를 잃어버렸는가? 그리스도를 발견하는 길은 죄를 떠나서 성령에 의하여 육신의 정욕이 머무르는 그 지체를 굴복시키는 방법밖에 없다. 성경을 읽는 것을 게을리 하여서 그리스도를 잃어버렸는가? 그대는 그리스도를 성경에서 찾아야 한다. "네가 떨어뜨린 곳에서 찾아라. 떨어진 물건은 반드시 거기 있는 법이다"라는 말은 사실이다. 그러므로 그대가 잃어버린 장소에서 그리스도를 찾아라. 그리스도께서는 결코 떠나버리지 않으신다. 그러나 그리스도에게 돌아간다는 것은 쉬운 일이 아니다. 『천로역정』을 쓴 존 번연(John Bunyan)은 기독도가 잃어버린 두루마리를 찾기 위하여 잠깐 되돌아간 길이 여행 중에 가장 힘든 길이었다고 말하고 있다. 20마일 앞으로 나아가는 것이 잃어버린 것을 찾기 위하여 1마일을 되돌아가는 것보다 더 쉬울 것이다.

그러므로 그리스도를 찾고 나면 그분께 가까이 붙어있어라. 그대는 어찌하여 그리스도를 잃어버렸는가? 그와 함께 있는 것이 즐거움이요, 그의 말씀은 위로요, 동행자로서 그대에게 너무나 귀중한 그리스도와 같이 존귀한 친구와 헤어지는 것은 참으로 생각하기도 싫은 일이 아닌가! 그럼에도 그리스도를 잃어버리지 않기 위해 끊임없이 그리스도에게 주목하지 않음은 어쩐 일인가? 그러나 그대가 그리스도를 잃어버린 후에, "오, 내가 어찌하면 그를 찾을 수 있을까?"(cf. 욥 23:3)라고 탄식하면서 오히려 그리스도를 찾으려는 열심을 가졌다는 것은 얼마나 큰 긍휼인가! 그러므로 그리스도를 찾기 위하여 계속하여 힘쓰라. 왜냐하면, 주님을 잃어버린 상태는 너무나 위험하기 때문이다. 그리스도를 잃어버린 그대는 마치 목자 없는 양, 뿌리에 물이 없는 나무, 그리고 생명의 나무에서 떨어져 폭풍 속에 있는 시든 잎과도 같다. 그러나 전심으로 그리스도를 찾으면, 그대는 그를 찾게 되리라. 오직 그대의 전력을 다하여 찾으면, 반드시 그대에게 즐거움과 기쁨이신 그리스도를 찾게 되리라.

38. "이에 저희 마음을 열어 성경을 깨닫게 하시고"(눅 24:45)

이제 우리는 엠마오로 가는 두 제자들의 마음을 여시는 예수님을 본다. 많은 사람이 성경을 생각하게 할 수는 있지만, 주님은 성경을 받아들일 수 있도록 생각의 밭을 일구고 마음을 준비시키신다. 우리 주 예수님은 다른 모든 교사와는 다르시다. 다른 교사들은 귀에 갖다 대지만, 주님은 마음으로 깨닫게 하신다. 그들은 문자들의 표면적인 의미를 설명하지만, 주님은 우리로 하여금 진리를 맛볼 수 있도록 미각을 주신다. 그것으로 인하여 우리는 그 맛과 영적인 것을 인식할 수 있다. 주 예수님께서는 성령에 의하여 하나님 나라의 신비한 비밀을 그들에게 계시하고 "하늘"의 기름을 부어서 보이지 않는 것을 볼 수 있도록 하실 때, 가장 배우지 못한 사람도 은혜의 학교에서는 성숙한 학자가 된다. 주님에 의하여 우리의 이해의 폭이 넓어지고 힘을 얻게 된다면 우리에게 얼마나 축복이겠는가! 얼마나 많은 박식한 사람들이 영원한 일에는 무지한가! 그들은 계시를 죽이는 문자는 알지만 살리는 영에는 무지하다. 그들은 그 마음이 수건으로 덮여 있어서 육의 이성의 눈으로 그것을 깨뜨리고 뚫어볼 수가 없다. 우리도 얼마 전까지는 바로 그러하였다. 지금은 볼 수가 있지만, 전에는 우리는 완전히 소경이었다. 진리는 우리에게 있어서 어둠 속의 아름다움에 불과하여 깨닫지 못하고 무시되어졌었다. 예수님의 사랑이 아니었다면 우리는 아직도 완전히 무지한 채로 머물러 있었을 것이다. 왜냐하면, 그가 은혜로 말미암아 우리의 이해의 마음 문을 열지 않으셨다면 우리가 영적 지식에 도달하지 못하는 일은, 어린아이가 피라미드에 오를 수 없고 타조가 별까지 날아갈 수 없는 것과 마찬가지이기 때문이다. 예수님의 학교는 하나님의 진리를 배울 수 있는 유일한 장소이다. 다른 학교들도 우리에게 무엇을 믿을 것인지 가르칠 수 있다. 그러나 그리스도만이 그것을 어떻게 믿을 것인지를 우리에게 보여 줄 수 있다. 예수님의 발아래 앉아 간절히 기도함으로 우리의 둔한 마음이 예리해지고 우리의 미약한 깨달음이 "하늘"의 일을 분별할 수 있도록 복된 도움을 구하도록 하자.

1월 20일 아침

39. "아벨은 양 치는 자였다"(창 4:2)

아벨은 양치는 자로서의 자신의 일이 하나님의 영광을 위하여 성별되도록 제단에서 양의 피로 제물을 드렸다. 그리고 주님께서는 아벨과 그의 제물을 인정해 주셨다. 이것이 예수 그리스도의 예표인 것은 매우 분명하고 뚜렷하다. (이에 대해서는 심각한 재고가 필요하다. 스펄전이 일반적인 가르침에 근거해 설교하고 있는 이런 부분에 대해서는 보다 성경신학적 고찰로 다시 논의할 필요가 있는 부분이다 - 편집자 주). 그것은 태양이 떠오를 때 첫 햇살이 만물을 밝히 드러내지는 못하고 동쪽을 물들이지만 태양이 떠오르는 사실을 분명히 보이는 것과 같다. 양치는 자요, 또한 제사장인 아벨이 하나님께 향기로운 제물을 드렸듯이, 우리 주님도 하나님께 기뻐하시는 제물을 그 앞에 끊임없이 드리고 있는 것을 생각해야 한다. 아벨은 정당한 이유 없이 그의 형제에게 미움을 받았는데, 심지어 우리의 구주도 같은 경우이다. 나면서부터 육신의 사람은 은혜의 영에 충만한 사람을 미워하여 그 피가 흘려지기 전까지는 쉬지를 않았다. 아벨은 죽임을 당하여 자신의 피를 제단과 제물에 부음으로써 하나님 앞에서 제사장으로 섬기셨지만, 사람들에게 원수가 되어 죽음을 당하신 주 예수 그리스도를 설명하는 전례가 되었다. "선한 목자는 양을 위하여 목숨을 버리나니"(요 10:11), 예수님께서 사람들의 증오심으로 죽임을 당하시고 그 피로써 제단을 물들인 것을 생각하면 우리는 눈물을 흘리지 않을 수가 없다. 아벨의 피는 호소하였고, 주님께서 가인에게 말씀하셨다. "네가 무엇을 하였느냐? 네 아우의 핏 소리가 땅에서부터 내게 호소하느니라"(창 4:10). 예수님의 피는 강력하게 말한다. 그리고 그 부르짖음은 복수심이 아니고 자비심이다. 우리의 선한 목자께서 제단 앞에 서 계심은 모든 귀한 것 중에 가장 귀한 것이다. 죽임을 당한 제사장으로서 피를 흘리고 계시는 것을 우리는 본다. 그리고 그 피가 양의 무리에게, 우리의 양심에, 유대인과 이방인 사이에, 인류와 그들이 대적하고 있는 창조주 사이에서, 그리고 또 영원한 모든 세대에 피의 씻김을 받은 사람들에게 평화를 말하고 있는 것을 듣는다. 시간상으로 보면 아벨이 최초의 목자이지만, 그 뛰어남을 볼 때 우리의 마음은 예수님을 첫 번째에 두게 된다. 위대한 목자시여, 당신님의 백성인 우리는 주님께서 우리를 위하여 죽임을 당하신 것을 볼 때 전심으로 감사하나이다.

1월 20일 저녁

40. "내 눈을 돌이켜 허탄한 것을 보지 말게 하시고, 주의 길에서 나를 살아나게 하소서"(시119:37)

허탄한 것에는 여러 종류가 있다. 곡마단 곡예사의 모자와 방울, 세상의 환락, 그리고 방탕한 자의 춤과 술잔, 이러한 사람들의 모든 것들이 허탄한 것임은 누구나 아는 사실이다. 그들은 그 가슴에 적당한 이름과 제목을 새겨서 입는다. 그러나 이보다 더 허탄한 것들이 있으니, 그것은 "이 세상의 근심과 부의 현혹이다"(cf. 막 4:19). 허탄한 것들은 극장이나 증권소나 그 어디에나 있다. 돈을 모으는 일에만 전념하는 사람은 허탄한 일에 자신의 생애를 보내는 것이다. 우리가 그리스도를 순종하며 우리 하나님을 인생의 최대 목적으로 두지 않으면 실제로는 가장 무익한 자와 다를 바가 없는 것이다. 그러므로 시편 기자처럼, "내 눈을 돌이켜 허탄한 것을 보지 말게 하시고, 주의 길에서 나를 살아나게 하소서"라고 기도할 필요가 있다. 시편 기자는 자신이 우둔하고 눌려서 무기력하게 겨우 살아가고 있음을 고백한다. 사랑하는 독자들이여, 당신도 아마 이와 동일한 것을 느끼고 있으리라. 우리는 실로 우둔하며 주를 떠나서는 최상의 동기도 우리를 소생시키지 못한다. 지옥에 대하여 들어도 우리는 소생하지 않는다. 죄인이 패망하는 것을 보고도 깨어나지 못한다. "하늘"에 대해 들어도 소성치 않으며 의인을 기다리고 있는 보상에 대해 생각해도 담담하다. 죽음도 우리를 소생시키지 못한다. 죽어가면서 하나님 앞에 설 것을 생각하면서도 오히려 주를 섬기는 일에도 게으르지 않은가? 그리스도의 사랑이 우리를 강권하지 않는가? 그의 상처를 생각하며 십자가 밑에 앉아도 열심과 정열이 타오르지 않는가? 과연 그러한 것 같다! 우리는 단순히 그러한 생각만으로는 열정으로 깨어나지 못하며, 오직 하나님만이 그렇게 하실 수 있다. 그러므로 "주의 길에서 나를 살아나게 하소서"라고 부르짖어야 한다. 시편 기자는 그의 모든 영혼을 쏟아놓으며 이 열렬한 탄원을 하였다. 그 기도에서 그의 몸과 영혼이 온전히 하나가 되어있다. "내 눈을 돌이켜 주소서"라고 몸으로 소리치며, "나를 살아나게 하소서"라고 영혼으로 부르짖는다. 이것은 날이면 날마다 해야만 하는 기도이다. 오 주여, 오늘 밤 나의 기도를 들어주소서.

1월 21일 아침

41. "그리하여 온 이스라엘이 구원을 얻으리라"(롬 11:26)

모세가 홍해를 건너고 노래한 것은 모든 이스라엘 백성이 안전하게 구원받은 것에 대한 환희의 노래였다. 좌우로 갈라진 바닷물의 벽은 하나님의 백성 이스라엘의 최후의 한 사람이 안전하게 반대편에 도달하기까지 물 한 방울도 튀기지 않았다. 모두 건너가기를 마친 후 물은 처음과 같은 상태로 되었지만, 그러나 그때까지는 갈라진 상태로 있었다. 모세의 노래 일부는 "주의 인자하심으로 주님께서 구속하신 백성을 인도하셨다"(출 15:13)는 것이었다. 마지막 때에 구원받은 자가 "하나님의 종 모세와 어린 양의 노래를 부를 것이다"(cf. 계 15:3). 그때 예수님께서는 "아버지께서 나에게 주신 자는 한 사람도 잃지 않았나이다"(cf. 요 18:9)라고 기뻐하실 것이다. "하늘"에서는 단 하나의 좌석도 공석으로 비어 있지 않을 것이다.

> *"모든 택함 받은 백성들이*
> *그 보좌의 주위에 둘러 모여서,*
> *그의 은혜의 일을 찬양하며,*
> *그의 영광을 만방에 알게 하리라!"*

하나님께서 택하신 모든 자들이, 그리스도께서 구속하신 모든 자들이, 성령께서 부르신 모든 자들이, 예수를 믿는 모든 자들이 갈라진 바닷물 사이를 안전하게 통과하게 될 것이다. 그러나 우리 모두가 아직 무사히 언덕에 도달한 것은 아니다.

> *"무리 중의 일부는 이미 바다를 건넜고,*
> *어떤 이는 지금 건너고 있도다."*

군대의 전위대는 이미 언덕에 도달하였다. 우리는 지금 바다의 깊은 곳을 진군하고 있으며, 우리의 지도자를 열심히 뒤쫓아 바다의 심장 안으로 걷고 있다. 그러므로 기운을 내도록 하자. 후위대도 곧 이미 전위대가 있는 곳에 도착하게 될 것이다. 선택을 받은 백성의 마지막 한 사람이 잠시 후 바다를 다 건너고 모두가 안전할 때, 승리의 나팔소리가 울려 퍼질 것이다. 그러나 오, 만일 누구 한 사람이라도 없다든지, 선택된 가족 중 한 사람이라도 버려지게 된다면, 구속자의 노래에는 영원히 조화가 이루어지지 않아서 낙원의 거문고 줄은 끊기고 그 음조는 결코 맞출 수가 없게 될 것이다.

1월 21일 저녁

42. "삼손이 심히 목마름으로 여호와께 부르짖어 이르되, 주님께서 종의 손으로 이 큰 구원을 베푸셨사오나 내가 이제 목말라 죽게 되었나이다"(삿 15:18)

삼손은 목이 말라서 거의 죽을 지경이었다. 이 곤란은 영웅 삼손이 이때까지 당한 것과는 전혀 다른 것이었다. 목마른 것을 해결하는 일은 천명의 블레셋인에게서 구원을 받는 것과는 비교할 수도 없이 작은 일이다. 그런데 목마름이 닥쳤을 때, 삼손은 이 작은 어려움이 그가 구출되었던 과거의 커다란 어려움보다 더 힘들게 느껴졌다. 이것은 하나님의 백성에게 종종 볼 수 있는 일이다. 그들은 구원의 커다란 기쁨을 누리고도, 아주 조그마한 어려움에 그것이 너무 크다고 생각한다. 삼손은 천명의 블레셋 사람을 죽이고 그 시체를 더미로 쌓은 후에 단지 약간의 물 때문에 약해졌다. 야곱은 브니엘에서 하나님과 씨름하고 전능자를 이겼지만, "그의 허벅다리로 말미암아 절었더라"(창 32:31)라고 하였다. 이상한 일은 우리가 승리를 얻은 때는 언제나 생각지 않은 어려움이 일어난다는 것이다. 그것은 마치 주님께서 우리는 작은 존재이며 아무것도 아니라는 것을 알려주시며 우리로 하여금 자신의 한계를 잊지 않게 하시려는 것 같다. 삼손은 큰소리로 "일천 명을 죽였다"(cf. 삿 15:16)"고 자랑하였지만, 그 혀끝이 마르기도 전에 목이 말라서 부르짖었다. 하나님은 그 자신의 백성을 겸손케 하시려고 여러 가지 방법을 사용하신다. 사랑하는 하나님의 자녀여, 만일 당신이 큰 긍휼을 받은 후에 밑바닥으로 떨어졌다 할지라도 그것은 이상한 일이 아니다. 다윗은 이스라엘 왕좌의 올랐을 때, "나는 기름 부음을 받아 왕이 되었지만, 오늘 오히려 약하다"(삼하 3:39)라고 하였다. 당신이 최대의 승리를 즐길 때에 스스로 가장 약한 자임을 느껴야 한다. 만일 하나님께서 과거에 큰 구원을 당신에게 주신 것이라면, 당신의 현재의 어려움은 삼손의 목마름과 같은 것이며 주님께서는 당신을 낙심케 하지 않으시고 당신의 적들이 당신을 짓밟도록 내버려두지 않으신다. 슬픔의 길은 "하늘"으로 이르게 하는 길이다. 그러나 그 길에는 상쾌한 우물물들이 많이 있다. 그러므로 시험을 받고 지친 순례자들이여, 삼손의 말로 당신의 마음을 응원하라. 하나님이 머지않아 당신을 구원할 것을 믿고 안심하라.

43. "인자야 포도나무가 모든 나무보다 나은 것이 무엇이랴, 살림 중 여러 나무 가운데 있는 그 포도나무 가지가 나은 것이 무엇이랴"
(겔 15:2)

이 말씀은 하나님의 백성을 겸손케 한다. 그들은 하나님의 포도나무라고 불린다. 그러나 그들이라고 해서 나면서부터 다른 이와 무엇이 나으랴. 하나님의 도우심으로 그들은 좋은 땅에 심어져 열매를 맺게 된 것이다. 주님께서 그들을 성소의 울타리 안에 성장시켜 주님의 영광을 위하여 결실케 한 것이다. 그러나 그들의 하나님 없이 그들이 무엇을 할 수 있겠는가? 열매를 맺게 하시는 끊임없는 성령의 감동 없이 그들이 무엇을 할 수 있겠는가? 믿는 자여, 그대는 아무 자랑할 이유가 없다는 것을 알고 교만을 물리쳐라. 그대가 무엇이든 간에 자랑할 것은 하나도 없다. 그대가 많은 것을 소유하였다면 오히려 그만큼 하나님에 대하여 빚을 지고 있는 것이다. 그러므로 그대가 빚쟁이라는 것을 자랑하지는 않을 것이다. 그대의 처음을 생각해 보라. 그대가 어떤 자였다는 것을 생각해 보라. 하나님의 은혜가 없었다면 그대가 어떤 자가 되었던 가를 생각하라. 현재의 그대 자신을 생각하여 보라. 그대 양심이 그대를 꾸짖지 않는가? 그대의 많은 죄가 그대 앞에 서서 "너는 하나님의 아들이라고 부를 가치가 없는 인간이다"라고 말하지 않는가? 또 그대가 조금이라도 무엇이 있다면 그대를 그처럼 변하게 한 것은 하나님의 은혜가 아닌가? 주안에 있는 자여, 만일 하나님이 그대를 변화시켜 주지 않았다면 그대는 큰 죄인이 되었을 것이다. 진리를 위하여 용감한 자여, 만일 은혜가 그대를 붙잡지 않았다면 그대는 허위를 위하여 용감한 자가 되었을 것이다. 그대가 만일 큰 재산을 소유했다 해도 그것은 은혜의 넓은 영역 안에 있는 것이므로 교만해서는 안 된다. 죄와 고통 밖에는 자기의 것이라고 주장할 것이 아무것도 없지 않은가? 오, 그대는 모든 것을 빌렸으면서도 스스로를 높이려는 괴이한 자기 망상에 빠지는가? 그대는 구주의 풍성하심에 의존하여 연금을 받는 가난한 자요, 예수님으로부터 신선한 생명의 호흡이 없이는 죽었을 생명을 가진 자가 아니었던가? 그럼에도 불구하고 아직 교만한가? 오, 그 어리석은 마음에 그대는 진정 부끄러워하라!

1월 22일 저녁

44. "욥이 어찌 까닭 없이 하나님을 경외하리이까?"(욥 1:9)

이 말씀은 옛날 의인 욥에 대하여 사탄이 제기한 악의가 가득 찬 질문이다. 그러나 오늘날 세상에서는 바로 이 질문에 해당하는 많은 사람이 있다. 왜냐하면, 그들은 하나님이 번영을 주시기에 하나님을 사랑하기 때문이다. 그들은 역경 속으로 떨어지면 뽐내던 믿음을 전부 버리고 만다. 만일 그들이 회심한 이후 모든 것이 잘 된다면 육적인 방법으로 하나님을 사랑할 것이다. 그러나 일단 환란에 직면하면 그들은 주님께 반항한다. 그들의 사랑은 식탁을 사랑하는 것이지 손님을 대접하는 주인을 사랑하는 것이 아니다. 이것은 찬장을 사랑하는 것이지 집주인에 대한 사랑은 아니다. 그러나 참 그리스도인은 이 세상에서의 고난을 견디며 장차 올 세상에서 받을 보상을 기대해야 한다. 구약의 약속은 고난이다. 그리스도의 말씀을 기억하라! "내게 붙어 있어 열매를 맺지 아니하는 가지는 아버지께서 그것을 제거해 버리시고 무릇 열매를 맺는 가지는 더욱 맺게 하려하여 그것을 깨끗하게 하시느니라"(요 15:2). 만일 당신이 열매 맺기를 원한다면 고난을 견뎌야 한다. 그러나 당신은 "아 그것은 견딜 수가 없는데"라고 말한다. 그러나 환란만이 귀한 열매를 가져온다. 그리스도인은 환란을 당할 때 오히려 기뻐할 것을 배워야 하는데, 그것은 환란이 많은 만큼이나 그리스도 예수로 인한 위로가 더욱 풍성할 것이기 때문이다. 만일 하나님의 자녀라면 당신에게 있어서 채찍은 피할 수 없는 것임을 기억하고 안심하라. 모든 금은 언젠가는 불을 통과해야 한다. 두려워 말라. 차라리 그와 같이 결실의 때가 그대를 위하여 준비되어 있다는 것에 기뻐하라. 그때는 그대가 이 땅에서 떠나 "하늘"에 들어가기에 적당한 자가 되기 때문에 그대는 현재의 것에 대한 집착에서 떠나 이제 곧 그대에게 드러날 영원한 것을 열망하는 자가 될 것이다. 지금 이 생에서는 아무 것도 얻지 못하면서 하나님을 섬기고 있다고 느끼겠지만, 그때에는 장래의 무한한 보상을 기뻐하게 될 것이다.

1월 23일 아침

45. "백성 중에서 택한 자를 높였으며"(시 89:19)

왜 그리스도께서 백성 중에서 선택되었는가? 마음의 생각은 진실하니 내 마음이여, 말하라. 그것은 그리스도께서 우리와 피를 나눈 형제가 되기 위함이 아닌가? 그리스도와 믿는 자의 관계는 얼마나 아름다운가! 믿는 자는 다음과 같이 말할 수 있다. "나는 "하늘"에 한 형제가 있다. 나는 가난할지 모르지만, 나의 형제는 부유하시고, 왕이시다. 나의 형제께서 왕좌에 있으면서 나를 부족하게 하겠는가? 아니 그런 일은 있을 수가 없으니, 그는 나를 사랑하시며, 나의 형제이시기 때문이다." 주안에 있는 자여, 이 축복된 생각을 마치 다이아몬드 목걸이같이 당신의 기억의 목에 걸고 있어라. 금반지와 같이 회상의 손가락에 끼어라. 또한, 응답을 확신하는 당신의 믿음의 간구에 도장을 찍는 왕의 인장처럼 그것을 사용하라. 그는 당신이 위급할 때를 위하여 나신 형제이시다(cf. 잠 17:17). 그러므로 그처럼 그분을 의지하라.

그리스도께서 백성 중에서 선택된 것은 우리의 결핍을 알고 있기에 우리를 동정하기 위함이다. "그는 죄를 범하지 않았지만 모든 것에 있어서 우리와 같이 시험을 받으셨다"(히 4:13). 우리의 모든 슬픔에 그리스도께서는 우리를 동정하신다. 유혹, 고통, 실망, 우유부단, 고단함, 그리고 빈곤, 그리스도께서는 이 모든 것을 알고 계신다. 왜냐하면, 그리스도는 모든 것을 체험하셨기 때문이다. 주안에 있는 자여, 이를 기억하고 자신을 위로하라. 당신의 길이 아무리 힘들고 고통에 가득한 것일지라도 그 길 위에는 당신의 구주의 발자국이 표시되어 있으므로 아무리 당신이 사망의 음침한 골짜기를 통과하며 요단의 굽이치는 깊은 물속에 있더라도 거기에서 주님의 발자국을 발견할 것이다. 우리가 어디를 가든지 주님께서는 우리 앞서 함께 가신다. 우리가 짊어져야 할 모든 짐은 이미 모두 임마누엘의 어깨 위에 놓여 있다.

"주의 길은 내 것보다 훨씬 더 험하고 어두운 길이었다네.
내 주 그리스도께서 고난 당하셨으니, 어찌 불평할 수 있으리오?"

담대하라! 피로 붉게 물든 주의 발자국이 길 위에 남겨졌고, 그 가시밭길은 영원히 봉헌되었다.

1월 23일 저녁

46. "우리가 포도주보다 네 사랑을 찬양하리라"(아 1:4)

예수님께서는 그의 백성으로 하여금 자기의 사랑을 잊지 않게 하신다. 그 받은 사랑을 전부 잊게 된다면 다시 새로운 사랑을 가지고 그들을 방문하신다. 그는 말씀하신다. "나의 십자가를 잊었느냐? 그러면 네게 그것을 생각나게 하리라. 나의 식탁에서 나 자신을 새롭게 네게 보이리라. 영원의 회의실에서 내가 너를 위해 무엇을 했는지를 잊었는가? 그러면 그것을 기억나게 하리라. 왜냐하면, 너는 상담자를 필요로 하고 너의 부름에 대답하기 위해 끊임없이 내가 기도하고 있다는 것을 너는 발견하게 될 것이기 때문이다." 어머니들은 자녀에게 자신을 잊지 않게 하신다. 만일 아들이 오스트레일리아에 가서 소식이 없다면 어머니는 "존, 너의 어머니를 잊었니?"라고 편지를 쓴다. 그러면 달콤한 답장이 와서 어머니의 부드러운 서신이 헛되지 않았음을 알려 준다. 예수님도 바로 그러하시다. 그는 "나를 기억하라"고 하시고, 우리는 "주의 사랑을 기억할 것입니다"라고 대답한다.

우리는 당신님의 사랑과 그 어떤 것과도 비교할 수 없는 그 사랑의 이야기를 기억할 것입니다. 그것은 창세전에 하나님 아버지와 함께 주님께서 가지신 영광과 같이 오랜 것입니다(cf. 요 17:5). 오 예수여, 우리의 보증이 되시고, 우리를 당신님의 신부로 받아주시는 그 영원한 사랑을 기억합니다. 당신님의 희생을 요구했던 사랑을 기억합니다. 시간이 찰 때까지, "보라 나는 오리라"(cf. 히 10:7)라고 당신님에 대해 기록된 것이 성취될 때까지 그 사랑을 기억합니다. 오, 예수님! 베들레헴의 말구유에서 겟세마네 동산까지 거룩한 생애 가운데 보이신 당신님의 사랑을 기억하고 있습니다. 우리는 요람에서 무덤까지 주의 발자취를 찾으려 합니다. 주의 모든 말씀과 행하신 모든 일은 사랑이므로 당신님의 사랑 안에서 우리는 기뻐합니다. 죽음으로도 고갈시키지 못하여 당신님의 부활로 찬란하게 빛나는 당신님의 사랑을 기억합니다. 우리는 선택받은 백성이 모두 완전한 안식에 들어가기까지, 시온이 영화롭게 되고 예루살렘이 "하늘"에서 빛과 사랑의 영원한 반석 위에 놓이기까지 결코 당신님의 평안을 취하시지 않는 그 불타는 사랑을 기억합니다.

1월 24일 아침

47. "그는 너를 새 사냥꾼의 올무에서 건지실 것임이로다"(시 91:3)

하나님이 그 백성을 새 사냥꾼의 올무에서 건지신다는 것에는 두 가지의 의미가 있다. 그 하나는 올무에 빠지지 않도록 하는 것이며, 다른 하나는 빠진 올무에서 건져내시는 것이다. 첫째는 하나님께서 자기 백성이 올무에 빠지지 않도록 도우신다. 올무에 들어가지 않도록 하는 것이다. 둘째는 만일 올무에 빠졌다면 하나님은 그를 올무에서 건져 내신다. 첫째 약속은 어떤 사람에게 있어서 최상의 것이다. 둘째 약속도 또한 다른 사람에게 있어서는 최선의 것이다.

"주는 당신을 새 사냥꾼의 올무에서 건지신다"고 했는데, 어떻게 그리하시는가? 하나님은 우리에게 어려움을 주사 우리를 건지시는 때가 종종 있다. 하나님은 우리가 믿음 안에서 후퇴할 때, 이 결과가 마침내 멸망으로 이르는 것을 아시므로 우리를 긍휼히 여기시고 채찍을 드시는 것이다. 우리는 "주여 왜 이런 일이 일어납니까?"라고 말하지만, 그 어려움이 우리를 더욱 큰 죄악에서 구원하는 방법이라는 것을 알지 못한다. 많은 사람은 이렇게 슬픔과 십자가로 말미암아 파멸에서 구원받아 왔다. 그들은 이것들로 말미암아 새와 같이 놀라서 그물에 걸리지 않았다. 때로는 하나님께서 그 백성에게 영적인 큰 힘을 주어 새 사냥꾼의 올무에서 지키신다. 그리하여 악을 행하도록 유혹을 받을 때, 그들은 "내가 어찌 이 큰 악을 행하여 하나님께 죄를 지으리이까?"(창 39:9)라고 말한다. 만일 믿는 자가 악한 때에 그물에 걸렸더라도 하나님께서 그 그물에서 건지시리니, 이 얼마나 큰 축복인가! 오 믿음의 후퇴자여, 그대가 넘어져 있을지라도 절망하지 말라. 그대가 방황하는 자 일지라도 우리의 구속주께서, "방황하는 자여 돌아오라 내가 너를 긍휼히 여기노라"고 말씀하시는 것을 주의하여 들어라. 그대가 빠져 있는 모든 악에서 아직 빠져나오지 못하고 자신이 한 일에 대한 회개를 결코 멈추지 못할지라도, 그대를 사랑하시는 하나님은 그대를 버리지 않으신다. 하나님은 그대를 받아들이시고 그대에게 기쁨과 즐거움을 주실 것이다. 그리하여 "주님께서 꺾으신 뼈들도 즐거워하게 하소서"(cf. 시 51:8). 낙원에서는 어떤 새도 사냥꾼의 올무에서 죽는 일이 없을 것이다.

48. "마르다는 준비하는 일이 많아 마음이 분주한지라"(눅 10:40)

마르다의 잘못은 그녀의 섬김이 아니다. 종의 직분을 담당하는 것은 모든 그리스도인에게 당연한 일이다. "나는 봉사하리라"는 말은 "하늘"의 모든 왕족의 표어이어야 한다. 또한, 분주한 것도 그녀의 잘못이 아니다. 우리는 너무 많은 일을 할 수 없다. 우리는 할 수 있는데 까지 일을 해야 하지 않는가? 머리도 마음도 손도 주를 위하여 힘을 다해야 한다. 마르다가 주를 위해 분주하게 음식을 준비한 일은 그녀의 잘못이 아니다. 이렇게 귀한 손님을 접대할 기회를 가진 마르다는 행복했었다. 마르다의 잘못은 너무 분주하여 마음을 어지럽힌 것에 있다. 즉, 주님을 잊고 봉사에만 마음이 쏠린 데 있다. 마르다는 봉사에 집중하여 오히려 주님과의 교제를 잃고 바로 앞에 의무만 생각함으로 보다 깊은 것을 희생한 것에 있는 것이다. 우리는 마르다와 마리아를 다 갖추어야 한다. 많은 봉사를 함과 동시에 영적인 교제를 잘 가져야 한다. 이를 위하여 우리는 많은 은혜가 필요하다. 교제보다는 봉사가 더 쉽다. 여호수아는 아말렉과의 싸움에서 지치지는 않았지만, 모세는 산 위에서 기도할 때 두 손을 계속 둘 수 있도록 손을 붙들어 주는 두 사람의 도움이 필요했다. 우리가 하는 일이 영적인 일일수록 우리는 곧 지치게 된다. 귀한 과실일수록 키우기가 힘들다. 가장 거룩한 은혜들은 계발하기가 가장 어렵다. 사랑하는 자여, 우리는 외적인 것을 무시하지 않으며 그 자체로는 좋은 것이지만, 또한 예수님과 더불어 살며 개인적인 친교에 즐거움을 볼 수 있어야 한다. 주를 위해 봉사한다는 표면적인 구실이 있을지라도 구주의 발밑에 앉아 있는 일을 게을리 하지 않도록 주의하라. 우리 자신의 영혼의 건강을 위한 첫 번째 일, 하나님의 영광을 위한 첫 번째 일, 그리고 우리에게 유용한 첫 번째 일은 수 예수님과 끊임없이 교제를 하는 것이며, 또한 우리의 활력 있는 영적인 삶을 유지하는 것이 이 세상의 그 어떤 것보다 더 우선하는 것임을 아는 것이다.

49. "내가 여호와께서 우리에게 베푸신 모든 자비와 그 찬송을 말하며 그 긍휼을 따라 그 많은 자비를 따라 이스라엘 집에 베푸신 큰 은총을 말하리라"(사 63:7)

　　　당신은 이것을 할 수 없는가? 지금까지 은혜를 경험하지 못했다고 말하는가? 당신은 지금 기분이 울적하지만, 일찍이 예수님이 당신을 만나서 "나에게로 오라"하신 그 축복된 시간을 잊었는가? 당신은 예수님이 당신의 족쇄를 끊고 쇠줄을 땅에 던져 버리시면서 "나는 너의 굴레를 풀고 자유롭게 해주기 위해 온 것이다"라고 말씀하셨을 때 기뻐 뛰었던 그 기억을 하지 못하는가? 비록 당신이 주님의 사랑에 대한 마음이 식었다 할지라도 분명 당신의 인생길에 귀한 도표가 있어 거기에 당신을 향한 하나님의 자비하심에 대한 행복한 기억을 떠올릴 수 있을 것이다. 당신은 지금처럼 고통스럽게 하는 질병에 결코 걸려 본 적이 없었는가? 예수님이 당신을 회복시켜 주지 않았던가? 당신은 지금처럼 가난한 적이 없다고 하는가? 예수님이 당신의 필요를 채워 주지 않았던가? 당신은 지금처럼 비참한 곤경에 빠져 본적이 없었다고 하는가? 예수님이 당신을 구해주지 않으신 적이 있었는가? 일어나라! 당신의 경험의 강으로 가서 거기서 풀을 뜯어 당신의 어린 믿음이 안전하게 물 위로 떠오르게 하는 광주리를 만들라. 하나님이 당신을 위하여 하신 일을 잊지 말라. 당신의 기억의 책장을 넘겨 옛일들을 생각해보라. 기분이 상쾌했던 때를 기억할 수 있겠는가? 당신이 산봉우리에 올랐던 기억을 잊었는가? 당신이 힘들었을 때 도움을 받은 일이 없었는가? 분명히 도움을 받았을 것이다. 그러면 조금 뒷걸음질해서 어제의 그 은혜의 자리까지 가라. 비록 지금은 모든 것이 어두울지라도 과거의 등불에 불을 켜라. 그것이 어둠 중에 빛나서 "날이 저물고 그림자가 사라지기까지"(cf. 아 2:17) 당신은 주님을 의지할 수 있을 것이다. "여호와여 주의 긍휼하심과 인자하심이 영원부터 있었사오니 주여 이것들을 기억하옵소서"(시 25:6).

1월 25일 저녁

50. "그런즉 우리가 믿음으로 말미암아 율법을 폐기하느냐, 그럴 수 없느니라 도리어 율법을 굳게 세우느니라"(롬 3:31)

믿는 자가 주님의 가족으로 받아들여질 때 그는 옛 아담과 율법과의 관계에 즉시 종지부를 찍는다. 그러나 그때 그는 새로운 법과 새로운 언약 아래로 들어간다. 믿는 자여, 당신은 하나님의 자녀이다. 당신의 첫 번째 의무는 하늘 아버지에게 순종하는 일이다. 당신은 노예근성을 가질 필요가 없다. 당신은 노예가 아니고 하나님의 자녀이다. 그리고 지금은 당신이 하나님의 사랑하시는 아들인 만큼 아버지 하나님의 뜻을 아주 미세한 것까지라도 순종해야 한다. 주님께서 거룩한 성찬식을 지키라고 명령하셨는가? 그렇다면 그것을 무시하는 것은 당신을 위험에 빠트리게 하는 것이다. 왜냐하면, 당신은 아버지에게 불순종하고 있기 때문이다. 주님께서 당신에게 예수님의 형상을 닮으라고 명하셨는가? 그러면 그렇게 하는 것이 당신의 기쁨이 아닌가? 예수님은 당신에게 "하늘에 계신 너희 아버지의 온전하심 같이 너희도 온전하라"(마 5:48)고 말씀하시지 않았는가? 그러면 율법이 명해서가 아니라, 구주의 명령이기에 당신은 구주 안에서 온전하도록 노력해야 할 것이다. 주님께서 성도에게 서로 사랑하도록 명하셨는가? 그러면 그것을 행하라. 율법에 "너의 이웃을 사랑하라"(레 19:18)고 기록되어 있어서가 아니라, 예수님께서는 "만일 너희가 나를 사랑한다면 나의 계명을 지킬 것이다"(요 14:15)고 말씀하셨기 때문이다. 이것이 예수님께서는 당신에게 주신 계명이다. "서로 사랑하라"(요 13:34). 당신은 가난한 사람에게 주라는 말씀을 받았는가? 자선이 피할 수 없는 짐이 되기 때문이 아니라, 예수님께서 구하는 자에게 주라고 말씀하셨기 때문에 그 것을 행하라. 성경에 "마음을 다하여 하나님을 사랑하라"(신 6:5)고 하였는가? 그 계명에 대하여 이렇게 대답하라. "오 계명이여, 그리스도께서 이미 계명을 성취하셨다. 그러므로 구원을 위하여 계명을 실천할 필요는 없다. 그러나 하 나님이 나의 아버지시고 아버지께 거역하기를 원치 않기에 기쁨으로 너에게 순종하리라." 성령께서 당신의 마음을 그리스도의 사랑의 힘에 순종하도록 강 권하게 하라! 그리하여, 당신이 "나로 하여금 주의 계명들의 길로 행하게 하 소서, 내가 이를 즐거워하나이다"(시 119:35)라고 기도하게 하소서! 은혜는 거 룩함의 어머니이자 유모이며, 죄의 변명자가 아니다.

1월 26일 아침

51. "너희 하늘 아버지"(마 6:26)

하나님의 백성은 두 가지 의미로 하나님의 자녀이다. 창조로 인해 하나 님의 자녀이고, 또 그리스도 안에서 양자가 되었으니 하나님의 자녀이다. 그 러므로 그들은 "하늘에 계신 우리 아버지여"(cf. 눅 11:2)라고 부를 수 있는 특권 을 받았다. 오, 하나님 아버지! 이 얼마나 존귀한 말인가. 여기에 권위가 있 다. "내가 아버지일진대 나를 공경함이 어디 있느냐?"(말 1:6). 여기에 권위와 함께 애정이 있다. 그 권위는 우리를 반항하게 하는 마음을 갖게 하지 않는다. 만일 너희가 자녀라면 너희의 순종은 어디 있느냐? 이렇게 요구되는 순종은 가장 기쁘게 드려져야 한다. 하나님의 자녀의 하나님께 대한 순종은 사랑에 의한 순종이어야 한다. 하나님의 일을 하는데 마치고 고용주의 명령에 복종하 는 노예 같은 마음이어서는 안 된다. 도리어 그것이 아버지의 뜻이기 때문에 기쁘게 그 명령을 따라야 한다. "너의 지체를 의의 무기로 하나님께 드리라"(cf. 롬 6:13). 왜냐하면, 의는 너의 아버지의 뜻이고, 아버지의 뜻은 그의 자녀의 뜻이어야 하기 때문이다. "하나님 아버지!" 이 말 안에는 왕의 속성이 사랑의 달콤한 베일에 싸여 있어서, 왕관이 왕의 얼굴 때문에 잊혀지고 왕의 홀은 무쇠 몽둥이가 아닌 자비의 은으로 만든 홀이 된다. 그 홀은 부드러운 손에 쥐어져 있어 실제로 잊힌 듯이 보인다. "하나님 아버지!" 여기에 명예와 사랑이 있다. 아들에 대한 아버지의 사랑은 얼마나 위대한가! 우정으로 할 수 없는 일, 단순한 자비심으로는 할 수 없는 일이다. 아버지의 마음과 손은 그 아들을 위하여 움직인다. 그들이 자녀이기에 아버지는 그들을 축복하고, 그들이 자녀이기에 아버지는 그들을 강하게 보호하신다. 만일 지상의 아버지가 끊임없이 사랑과 관심을 두고 그 자녀를 지켜본다면, 우리의 하늘 아버지는 얼마나 물샐틈없이 우리를 돌보실까? "아바, 아버지여!" 이렇게 부를 수 있는 자는 케루빔과 세라핌 천사들보다도 훨씬 아름다운 소리를 낼 수 있을 것이다. 아버지란 말의 깊이에는 "하늘"이 있다. 거기에는 내가 모든 것을 구할 수 있고, 내가 모든 필요한 것을 요구할 수 있고, 그리고 내가 모든 소원들을 갈망할 수 있다. 내가 "아버지여!"라고 말할 수 있을 때에는 그 모든 것의 모든 것을 지금부터 영원까지 소유할 수 있다.

1월 26일 저녁

52. "듣는 자가 다 목자들이 그들에게 말하는 것들을 놀랍게 여기되" (눅 2:18)

우리들은 하나님의 크신 기적에 놀라움을 멈춰서는 안 된다. 거룩한 놀라움과 참 예배와의 사이에 하나의 선을 그어 구별하기는 매우 어렵다. 왜냐하면, 영혼이 하나님의 영광의 장엄함에 압도될 때, 비록 노래하지 않고 또한 겸손한 기도 중에 머리를 숙여 소리를 내지 않더라도 침묵 중에 하나님을 경배하고 있기 때문이다. 성육신으로 오신 하나님은 "경탄할 만한 자"로서 예배를 받으시기에 합당하신 분이시다. 그 하나님이 타락한 피조물, 인간을 마음에 두사 "멸망의 빗자루로 다 쓸어버리는"(cf. 사 14:23) 대신 스스로 인간의 구속자가 되시어 그 대가를 지불하신 일은 참으로 경탄할 만한 일이다! 그런데 구속함을 받은 믿는 자마다 자기 자신을 볼 때, 그것은 비교할 수 없으리만큼 가장 놀라운 일이다. 예수님께서는 "하늘"의 왕좌와 존엄을 버리시고 당신을 위하여 수치스러운 죽음의 고통을 참으신 것은 실제로 경탄할 만한 은혜이다. 당신의 영혼을 경이로움 속에 잠기도록 하라. 이런 경이로움은 매우 현실적인 감정이기 때문이다. 이 거룩한 경이로움은 당신을 감사의 예배와 심장이 뛰는 감사로 인도할 것이다. 그것은 당신에게 하나님을 공경하게 되는 동기를 줄 것이다. 이렇게 깊은 사랑에 접촉된다면 당신은 죄를 짓는 일에 두려움을 느끼게 될 것이다. 하나님의 선물인 아들 안에서 전능하신 하나님의 임재를 느낄 때, "네가 선 곳은 거룩한 땅이니 네 발에서 신발을 벗으라"(cf. 출 3:5). 또 동시에 당신은 영광스러운 소망으로 마음을 움직이리라. 만일 예수님께서 그런 경이로운 일을 바로 그대를 위하여 하셨다면, 당신은 더 이상의 것을 기대할 수 없는 "하늘" 그 자체를 느끼게 될 것이다. 구유와 십자가에 경이로움을 갖는 사람에게 더는 경이로운 일이 있을까? 구주를 본 사람에게 더는 놀라운 일이 남아 있을까? 사랑하는 독자들이여, 당신의 삶 속에서, 비록 고요하고 고독했던 베들레헴의 목자들이 보고 들은 것을 말하는 것을 흉내 내지는 못할지라도, 당신은 적어도 하나님이 하신 일을 경외함으로써 보좌 앞에서 예배하는 자들의 무리 속에 있을 수는 있다.

53. "우리가 다 그의 충만한 데서 받으니 은혜 위에 은혜러라"(요 1:16)

이 말은 그리스도 안에 충만함이 있다는 것을 말해준다. 거기에는 필수적인 신성의 충만과 완전한 인간성의 충만함이 나타나 있다. 왜냐하면 "그 안에는 신성의 모든 충만이 육체로 거하신다"(골 2:9)고 말씀하시기 때문이다. 그리스도의 피 속에는 구속의 힘이 충만하다. 왜냐하면 "그 아들 예수의 피가 우리를 모든 죄에서 깨끗하게 하실 것이요"(요일 1:7)라고 하기 때문이다. 그의 생명에는 의롭게 하시는 의가 충만하다. 왜냐하면 "그러므로 예수 그리스도 안에 있는 자에게는 결코 정죄함이 없다"(롬 8:1)라고 기록되어 있기 때문이다. 또한, "그는 항상 살아계셔서 저희를 위하여 간구하심으로 자기를 힘입어 하나님께 나아가는 자를 구원하실 수 있느니라"(히 7:35)는 그의 간청 안에는 신적 구원의 보편성이 있다. 그의 죽음에는 승리의 충만함이 있다. 왜냐하면 죽음을 통하여 "그는 사망의 힘을 가진 자, 사탄을 멸하셨기 때문이다"(cf. 히 2:14). 죽은 자들 가운데서의 그의 부활에는 그 효과의 충만함이 있다. 왜냐하면, 그것으로 "우리를 거듭나게 하사 산 소망이 있게 하셨나니"(벧전 1:3)라고 기록되어 있기 때문이다. 그의 승천에는 승리의 충만함이 있다. 왜냐하면 "그가 높이 올라가실 때에 사로잡혔던 자들을 사로잡으시고 사람들에게 선물을 주셨다"(엡 4:8)고 하셨기 때문이다. 거기에는 모든 종류와 모양의 축복의 충만함이 있다. 죄를 용서하시는 은혜의 충만, 거듭나게 하시는 은혜의 충만, 성화시키시는 은혜의 충만, 보존하시는 은혜의 충만, 그리고 구원을 완성하시는 은혜의 충만이 있다. 거기에는 항상 충만함이 있다. 괴로울 때에 위로의 충만, 번영으로 인도하시는 충만이 있다. 이것은 하나님의 속성에 따른 모든 지혜와 능력과 사랑의 충만이기에, 인간이 측량하는 것은 불가능해서 거의 탐구할 수가 없다. 실로 "아버지께서는 모든 충만으로 예수 안에 거하게 하셨다"(골 1:19). 우리가 그 모든 것을 받을 수 있다고 하였으니 과연 어떤 충만이겠는가! 샘물은 항상 그리고 자유롭고 풍부하게 아직도 솟아나고 있다. 주안에 있는 자여, 오라! 와서 당신이 필요한 모든 것을 채워라. 크게 구하면 크게 받으리라. 왜냐하면, 이 충만은 고갈되지 않는 무제한이요, 예수 곧 임마누엘, "우리와 함께하신 하나님"(마 1:23)안에 있어서 그에게 오는 모든 자를 위하여 보장되어 있는 것이기 때문이다.

54. "마리아는 이 모든 말을 마음에 새기어 생각하니라"(눅 2:19)

여기에 축복받은 이 여성의 인격이 수행한 세 가지 활동이 기록되어 있다.

'기억' – 그녀는 이 모든 것을 기억하였다.

'애정' – 그녀는 그것을 마음에 새겼다.

'지성' – 그녀는 그것을 심사숙고 하였다.

이처럼 그녀의 기억, 애정, 이해력 모두가 그녀가 들은 일에 대하여 수행되었다. 사랑하는 자여, 당신이 주 예수에 대하여 들은 일과 더불어 그가 당신을 위하여 하신 일을 기억하라. 너희의 마음의 만나를 담은 금 항아리 안에 지난날의 먹은 "하늘"의 빵에 대한 기억을 보존하라. 그리스도에 대해 느낀 것, 아는 것, 또는 믿는 일, 이 모든 것을 당신의 기억 안에 보존하고 깊은 애정을 가지고 영원히 그를 품어라. 주님의 인격을 사랑하라. 비록 그것이 깨어졌더라도 당신 마음의 옥합상자를 가져와서 당신의 애정의 모든 귀중한 향유들을 주님의 찢겨진 발에 부으라. 주 예수께 대하여 당신의 지성을 움직이게 하라. 당신이 읽은 것을 묵상하라. 수박 겉핥기식으로 하지 말고 깊이 들어가라. 마치 수면을 날개로 스치는 제비같이 하지 말고 바닷속 깊이 헤엄치는 물고기같이 하라. 주님께 붙어 있어라. 주님을 하룻밤 유숙하는 나그네같이 대하지 말고 강권하여 끌어들여 "우리와 함께 유하사이다. 때가 저물어 가고 날이 이미 기울었나이다"(눅 24:29)라고 말하라. 그분을 붙들어서, 떠나가시게 하지 말라. 오늘 말씀에 "생각하니라"의 말은 "무게를 달다"라는 뜻이다. 판단의 저울을 준비하라. 그러나 주 예수님을 달 수 있는 저울이 어디 있을까? "주님께서는 언덕들을 티끌처럼 들어 올리신다"(cf. 사 40:15). 누가 그 분을 들 수 있을까? "주님께서는 저울로 산들을 달아보신다"(cf. 사 40:12). 어떤 저울로 그 분을 잴 수 있을까? 만일 당신의 지성으로 깨달을 수 없다면 당신의 애정이 깨닫게 하여라. 그리고 만일 당신의 영이 지성으로 주 예수님을 붙잡을 수 없다면 애정의 두 팔로 그 분을 꽉 껴안도록 하라.

1월 28일 아침

55. "그리스도 안에서 완전한 자로 세우려 함이니"(골 1:28)

당신 안에 성숙함이 있지 않다는 것을 당신의 영혼이 느끼지 않는가? 날마다 당신은 그것을 깊이 느끼지 않는가? 당신의 두 눈에서 떨어지는 모든 눈물이 '불완전함'을 슬퍼하지 않는가? 당신의 입술로부터 나오는 모든 거친 말은 '불완전함'을 속삭이지 않는가? 당신은 마음으로 당신 자신 안에서 어떤 완전함의 순간을 꿈꾸는 것을 너무나 종종 보아왔다. 그러나 불완전이라는 슬픈 자각 안에서 당신을 위한 위로가 있다. 당신은 "그리스도 안에서 완전한 자"이다. 하나님의 눈으로 보면 당신은 "그리스도 안에서 충만한 것이다"(cf. 골 2:10). 심지어 지금도 당신은 "사랑하는 아들 안에서 복을 받았다"(cf. 엡 1:6). 그러나 아직 실현되지 않았지만, 확실히 실현될 두 번째의 완전함이 있다. 그것은 모든 믿는 자들에게 죄의 더러움이 제거되며, "티나 주름 잡힌 것이나 이런 것들이 없이"(cf. 엡 5:27) 보좌 앞에서 흠이 없는 자로서 세움을 입을 때를 기다리고 바라는 것이다. 이는 실로 기쁜 일이 아닌가? 그리스도의 교회는 그 때 하나님의 전지하신 눈으로도 조금의 흠도 점도 발견할 수 없으리만큼 순결하게 되어 아주 거룩하고 영광에 빛날 것이다. 그러므로 하트(Hart)가 다음과 같이 말한 것이 결코 지나친 것이 아니다.

"내 구주의 옷을 입고서,

거룩하신 분과 같이 거룩하여지도다."

그 때에 "그리스도 안에서 완전한 자"라는 짧은 문구가 주는 이 거대한 행복을 알고 맛보고 느낄 수 있을 것이다. 그때까지는 우리는 예수의 구원의 높이와 깊이를 완전히 이해할 수가 없을 것이다. 그것을 생각할 때에 그대의 마음은 기쁨에 뛰놀지 않는가? 그대처럼 더러워진 자들이 언젠가 깨끗하게 될 것이다. 오, 이 어찌 놀라운 구원이 아니랴! 그리스도는 벌레를 취하여 천사로 변화시키신다. 또한, 더럽고 흠이 있는 것을 취하여 그의 영광으로 비길 데 없이 정결한 것으로 그의 아름다움으로 비길 데 없는 자로 만드셔서, 천사 세라핌의 친구가 되기에 적합한 자로 만드신다. 오, 나의 영혼아 일어나 이 "그리스도 안에서 완전한 자"라는 복된 진리를 찬양하자.

1월 28일 저녁

56. "목자들은 자기들에게 이르던 바와 같이 듣고 본 그 모든 것으로 인하여 하나님께 영광을 돌리고 찬송하며 돌아가니라"(눅 2:20)

목자들이 찬송하였던 주제가 무엇이었던가? 그들은 자기들이 들었던 것으로 인하여 하나님께 찬송을 드렸던 것이다. 즉, 구주께서 자기들을 위하여 탄생하셨다는 큰 기쁨의 좋은 소식 때문이었다. 우리도 그들에게서 배우지 않으려는가? 예수님과 그의 구원에 대하여 들은 것으로 인하여 우리도 감사의 노래를 부르지 않으려는가? 또한 목자들은 그들이 보았던 것으로 인하여 하나님께 찬송을 드렸다. 거기에는 우리가 경험한 것, 우리 속에서 느낀 것, 우리 자신의 것으로 만든 가장 달콤한 음악이 있다. 예수님에 대하여 듣는 것만으로는 충분하지 않다. 단순히 비파 소리를 듣는 것이 아니라, 살아 있는 믿음의 손가락들로 음악을 만들어야만 한다. 만일 당신이 하나님이 주신 믿음의 눈으로 예수님을 본다면 비파 줄에 거미줄이 매달리게 하지는 못할 것이다. 소리 높여 주권자의 은혜를 찬송하도록 당신의 비파를 깨워라. 목자들이 하나님을 찬송한 한 가지는 그들의 들은 것과 본 것과의 일치이다. "그대에게 이르던 바와 같이"라는 말에 주목하라. 당신은 복음이 당신 안에서 성경에서 말씀하셨던 것과 같음을 발견하지 않았는가? 예수님께서는 당신에게 평화를 주신다고 말씀하셨다. 당신은 예수 안에서 위대한 평안을 즐기고 있지 않은가? 예수님께서는 당신이 그를 믿기 때문에 기쁨과 위로와 생명을 소유하게 될 것이라고 말씀하셨다. 당신은 이 모든 것을 소유하지 않았는가? "그의 길은 즐거운 길이요 평강이 길이 아니던가?"(cf. 잠 3:17). 당신은 확실하게 스바여왕과 함께 "그 절반도 나는 알지 못한다"(왕상 10:7)고 말하리라. 나는 그리스도께서 그의 종들이 말했던 것보다 훨씬 아름다운 분이라는 것을 알게 되었다. 나는 그들이 그린 예수님의 초상화를 보았으나, 그것은 그 분 자신과 비교할 때 매우 서툰 것이었다. 우리 왕의 아름다움은 상상할 수 없을 만큼 사랑스러움으로 빛나고 있다. 확실히 우리가 본 것은 우리가 들었던 것과 일치하지 않으며, 오히려 훨씬 더 아름답다. 그러므로 이렇게 아주 존귀하고 흡족한 구주를 위하여 하나님께 영광과 찬송을 올려드리도록 하자.

1월 29일 아침

57. "우리의 주목하는 것은 보이는 것이 아니요 보이지 않는 것이니"(고후 4:18)

그리스도인의 순례길에서 대부분은 앞을 바라보며 전진하는 것이 좋은 것이다. 면류관은 미래에 놓여있고 목표는 앞에 있다. 그것이 희망이든, 기쁨이든, 위로이든 우리의 사랑을 일어나게 하는 것이든, 결국 믿음의 눈으로써 보는 커다란 목적은 미래의 것이어야 한다. 미래를 바라보는 거기에서 우리는 죄가 제거하는 것, 죄와 죽음이 멸망하는 것, 영혼을 완전하게 하는 것, 그리고 "빛 가운데 성도의 기업의 부분을 얻기에 합당하게 되는 것"(cf. 골 1:12)을 볼 수 있다. 더욱 앞을 바라보면 믿는 자의 빛나는 눈은 죽음의 강을 건너고 슬픔의 시내를 건너서 하늘의 도시에 세워진 빛의 언덕들을 볼 수 있다. 그는 진주문에 들어가 승리자보다 더 큰 환호를 받으며, 그리스도의 손에서 면류관을 받아들고 그 팔에 안겨 예수님과 함께 영광 받으며 보좌에 앉는다. 그것은 마치 예수님이 승리하사 아버지 하나님과 함께 보좌에 앉으셨던 것과 같다. 이 멋진 미래를 생각하면 과거의 암흑도 현재의 근심도 사라지는 것이다. "하늘"의 기쁨은 이 지상의 슬픔을 확실히 보상하고도 남는 것이다. 의심이여 물러가라! 죽음은 단지 좁은 시냇물에 불과하니, 그대는 곧 그것을 건너게 될 것이다. 시간은 그 얼마나 짧으며, 영원은 그 얼마나 긴 것인가! 죽음은 단지 한순간이며, 영원의 생명에는 그 끝이 없다! 그 길은 너무나 짧으니, 잠시 후에 나는 거기에 도착하리라.

> "이 세상에서 근심의 심한 폭풍우에
> 내 마음은 찢어지나,
> 나의 즐거운 생각은 저 멀리 하늘로 날아올라
> 절망으로부터 피난처를 찾는다네.
> 믿음의 빛나는 비전은
> 삶의 순례가 끝날 때까지 나를 붙든다네.
> 두려움이 나를 괴롭히고 고난이 나를 힘들게 해도,
> 마침내 나는 집으로 돌아가리라."

1월 29일 저녁

58. "저녁때에 비둘기가 그에게로 돌아왔다"(창 8:11)

나는 지금 하루의 수고로 피곤하지만, 또 다른 자비의 날을 주실 주님을 송축한다. 사람들을 보존하시는 그 분께 나는 감사의 노래를 바친다. 비둘기는 방주 밖에서 안식을 발견하지 못하였다. 그래서 방주로 돌아왔다. 나의 영혼도 오늘, 과거 어느 때보다 절실히, 이 땅 위의 것에는 만족이 없고 오직 하나님만이 나의 영혼에 안식을 주시는 것을 배운다. 나의 사업, 나의 소유, 나의 가족, 나의 성취, 그것은 다 충분하지만, 나의 소멸하지 않는 본성의 갈망을 채울 수는 없다. "내 영혼아 네 평안함으로 돌아갈지어다. 여호와께서 너를 후대하심이로다"(시 116:7). 하루의 휘장이 내려지는 고요한 이 저녁에 비둘기는 피곤한 날개를 움직여 주인의 품으로 돌아왔다. 오, 주여! 나도 이 저녁 비둘기같이 주님의 품에 돌아가게 하소서. 비둘기는 쉴 수 없는 광야를 날아다니면서 한밤을 지낼 수가 없었다. 그와 같이 나도 비록 단 한 시간일지라도 나의 마음의 쉼터요, 나의 영혼의 집인 주님에게 떠나 있을 수가 없다. 비둘기는 그냥 방주의 갑판위에 머무는 것이 아니다. "그에게로 돌아왔다." 그렇게 나의 영이 사모하여 주의 비밀을 엿보며 진리의 내부를 꿰뚫어보며 "장막 안에 들어가"(cf. 히 6:19) 나의 사랑하는 주님에게 가깝게 가기를 원한다. 나는 예수님의 발아래 와야 한다. 주님과 가장 가깝고 가장 친밀한 교제에 들어가지 않으면 나의 목마른 영은 만족할 수가 없다. 거룩하신 예수여, 나와 함께 하셔서 주님 자신을 내게 계시하시며 밤새도록 나와 함께 계시옵소서. 그리하여 내가 눈 떴을 때에도 주님께서 여전히 나와 함께 계시기를 원하나이다. 비둘기는 입에 감람나무 가지를 물고 있었다. 이것은 지난날의 기념이요, 장차 올 날의 예언이다. 나에게는 집에 가지고 올 기쁨의 기록이 없을까? 장차 올 진지한 자비의 서약은 없을까? 주여, "새로운 아침마다 또 저녁마다 당신의 인자하신 은혜에"(cf. 애 3:23) 감사를 드립니다. 지금 주님께 기도하오니, 주의 손을 내미시어 당신님의 비둘기를 가슴에 품어 주소서!

59. "뽕나무 꼭대기에서 걸음 걷는 소리가 들리거든 곧 공격하라"
(삼하 5:24)

그리스도의 몸 된 교회에 참여하는 자는 깊은 기도로 항상 성령의 기름이 그들 마음에 부어져 그리스도의 왕국이 임하게 하고, "뜻이 하늘에서 이룬 것 같이 땅에서도 이루어지이다"(마 6:10)라고 구해야 한다. 그러나 하나님이 특별히 시온에 은총을 베푸실 때가 있다. 그런 시기가 여기서 말하는 "뽕나무 꼭대기에서 걸음 걷는 소리"가 들리는 때이다. 이때 우리는 그때까지 보다 더욱 깊이 기도하며 열심히 더 은혜의 보좌 앞으로 나아가야 한다. 그러려면 행동은 신속하고 활기차 있어야 한다. 파도가 넘실거릴 때, 우리는 있는 힘을 다해 저 기슭을 향하여 저어가야 하지 않겠는가? 오순절의 성령의 부으심과 그 역사하심을 보라! 주안에 있는 자여, 당신에게도 "뽕나무 꼭대기에서 걸음 걷는 소리"가 들릴 때가 있다. 당신은 기도의 특별한 힘을 느끼며, 하나님의 영이 당신에게 기쁨과 즐거움을 주며, 성경이 당신의 마음을 이끌며, 약속의 말씀이 실현되어 당신이 하나님의 얼굴의 빛 가운데로 걸으며, 묵상 중에서 놀라운 자유와 해방감을 느끼며, 이때까지 없었던 그리스도와의 친밀한 교제를 하게 된다. 그와 같이 즐거운 시기인 바로 지금이 당신이 "뽕나무 꼭대기에서 걸음 걷는 소리"를 듣고 있는 때이다. 이때가 곧 성령께서 당신의 연약함을 도우심과 더불어 모든 악한 습관을 쳐서 제거해야 하는 때이다. 당신의 돛을 펴라. 그리고 때때로 다음의 노래를 기억하라.

"나는 단지 돛을 펼 수 있을 뿐이나,
하나님께서 순풍을 불어 주시는 도다."

당신은 돛 펴는 것을 게을리 하지 말라. 순풍을 놓치지 않도록 필요한 준비를 해야만 한다. 하나님께 도움을 요청하라. 당신의 믿음이 강하게 되었을 때에 의무에서도 더욱더 열심을 낼 수 있도록 하라. 보좌에 더 가까이 갈 수 있는 은총이 내려질수록 더욱더 기도에 힘쓰도록 하라. 당신이 그리스도와 더 가까이 생활하면 할수록 말하는 것도 더욱더 거룩하도록 하라.

1월 30일 저녁

60. "우리는 그리스도 안에서 기업이 되었으니"(엡 1:11)

예수님께서 우리를 위하여 자신을 주셨을 때, 그 자신과 함께 속한 모든 권리와 특권도 우리에게 주신 것이다. 이제 주님께서는 영원하신 하나님으로서 어떤 피조물이라도 넘을 수 없는 본질적인 권위를 가지셨지만, 한편 예수로서, 중보자로서, 은혜 언약의 머리이신 그는 우리를 떠나서는 기업을 갖고 계시지 않는다. 주님께서 죽음에 이르기까지 순종하셨기에 모든 영광스러운 결과는 그 안에 있는 모든 자의 공동재산이 되었고, 그는 저들을 위하여 하나님의 뜻을 성취하셨다. 보라, 그는 영광 안으로 들어가셨다. 그것은 그 자신만을 위한 것이 아니다. 왜냐하면 "그리로 앞서가신 예수님께서 우리를 위하여 들어 가셨느니라"(히 6:20)고 기록되어 있기 때문이다. 그는 하나님의 임재 가운데 계시는가? 그리스도께서는 "우리를 위하여 하나님 앞에 나타나시고"(히 6:20)라고 하였다. 믿는 자여, 이 일을 생각하라. 당신은 자기 자신으로는 "하늘"에 아무 권리가 없다. 당신의 권리는 그리스도 안에 놓여 있는 것이다. 당신이 죄 사함을 받는다면 그것은 그의 피로 말미암은 것이다. 만일 당신이 의롭게 된다면, 그것은 그의 의로 인한 것이다. 만일 당신이 거룩하여진다면, 그것은 "하나님이 당신을 그의 의로 거룩하게 하셨기 때문이다"(고전 1:30). 만일 당신이 타락했을 때 건짐을 받았다면, 그것은 그리스도 예수 안에서 당신이 보존되어 있기 때문이다. 그리고 최후에 완전한 자로 된다면, 그것은 당신이 그 분 안에서 완전하게 될 것이기 때문이다. 이처럼 예수님께서는 영화로우시다. 왜냐하면, 모든 것은 그 안에 있고 모든 것은 그로 말미암기 때문이다. 그러므로 유업은 우리에게 확실한 것인데, 그것이 그 분 안에서 얻게 된 것이기 때문이다. 이처럼 하나하나의 축복은 더 달콤하고 "하늘"조차도 더욱 빛나게 되는 것이다. 왜냐하면, 우리가 사랑하는 예수님 안에서 모든 것을 얻기 때문이다. 우리가 하나님께로 받은 기업을 측량할 수 있는 사람이 어디에 있을까? 그리스도의 부를 헤아리며 그 보물을 측량해 보아라. 그리고 성도에게 속한 보물을 세어 보아라. 그리스도의 기쁨의 바다 속으로 들어가 하나님께서 그리스도를 사랑하는 자들을 위하여 예비하신 축복을 이해하도록 힘쓰라. 그리스도의 소유물의 경계선들을 뛰어넘어라. 그리고 선택된 자들이 받을 정당한 유업을 꿈꾸어라. "모든 것이 너희의 것이요 너희는 그리스도의 것이요 그리스도는 하나님의 것이니라"(고전 3:23).

1월 31일 아침

61. "여호와는 우리의 공의라"(렘 23:6)

그리스도인이 그리스도의 완전한 의를 생각할 때 항상 깊은 안정감, 고요함, 편안함, 그리고 평안함을 얻는다. 하나님의 성도들이 얼마나 자주 낙심하고 침체되는가! 나는 그래서는 안 된다고 생각한다. 그리스도 안에 있는 자신의 완전함을 항상 볼 수가 있다면 그럴 수 없으리라 생각한다. 어떤 이들은 항상 부패와 타락과 영혼의 악한 본성을 말한다. 이것은 사실이지만 왜 한 걸음 더 나아가서 우리는 "그리스도 예수 안에서 완전한 자"(골 1:28)인 것을 생각지 못하는가? 자신의 타락만을 들여다보는 이가 상심한 얼굴을 하는 것은 당연한 일이다. 그러나 만일 우리가 "하나님께서 그리스도 예수로 우리의 의로움이 되게 하셨다"(cf. 고전 1:30)는 것을 생각한다면 우리는 힘을 얻지 않을까? 비록 근심이 나를 괴롭게 하며 사탄이 나를 공격하며, "하늘"에 가기까지는 경험해야 할 것들이 많겠지만, 그것은 하나님의 은혜의 언약 안에서 우리를 위해 있는 것이다. 우리 주님 안에는 부족함이 전혀 없다. 그리스도께서는 모든 것을 성취하셨다. 그는 십자가 위에서 "다 이루었다"(요 19:30)고 말씀하셨다. 만일 모든 것이 성취되었으면, 우리는 그 안에서 완전하다. 그리고 "말할 수 없는 기쁨과 영광에 가득한 즐거움으로 넘칠 것이다"(벧전 1:8). "내가 가진 의는 율법에서 난 것이 아니요 오직 그리스도를 믿음으로 말미암은 것이니 곧 믿음으로 하나님께로부터 난 의라"(빌 3:9). 당신은 "하늘" 이편에 살고 있는 사람들 중에서 그리스도의 의의 교리를 마음에 새긴 사람들보다 더 거룩한 자를 발견할 수 없을 것이다. 믿는 자가 "나는 그리스도 안에서 살며 그 구원에 의지하며 나 자신은 가치 없는 자이지만 나는 예수 안에서 구원받은 것을 믿는다"라고 말할 때, 그의 생각에 감사의 마음이 일어날 것이다. 나는 그리스도를 위하여 살아야 하지 않겠는가? 그리스도의 공로에 의해 내가 구원받았음을 알기에, 나는 그리스도를 사랑하며 그를 섬겨야 하지 않겠는가? "그리스도의 사랑이 우리를 강권하시는도다"(고후 5:14). "우리 중에 누구든지 자기를 위하여 사는 자가 없고 자기를 위하여 죽는 자도 없도다. 우리가 살아도 주를 위하여 살고 죽어도 주를 위하여 죽나니 그러므로 우리가 사나 죽으나 우리가 주의 것이로다"(롬 14:7-8). 만일 전가된 의로 말미암아 구원을 받았다면 우리는 이 전가된 의를 매우 소중하게 생각할 것이다.

62. "아히마하스가 들길로 달음질하며 구스 사람보다 앞서니라"
(삼하 18:23)

빠르게 달리는 것만이 전부는 아니다. 우리가 선택한 길 역시 중요하다. 언덕을 오르고 골짜기를 내려가는 빠른 발길이 평지를 천천히 걷는 나그네의 발걸음을 따라잡을 수 없다. 나의 영적인 여정은 어떠한가? 나 자신의 일이라는 언덕을 수고로이 오르면서, 오히려 우리는 스스로 굴욕과 결단의 골짜기로 내려가고 있지는 않은가? 그렇지 않으면 나는 "믿으면 살리라"(cf. 요 20:31)라는 평탄한 길을 달리고 있는가? 믿음으로 주님을 기다리는 것은 얼마나 축복된 것인가? 영혼은 피곤함 없이 달리며 믿음의 역사 안에서 넘어짐 없이 걷는다. 예수 그리스도는 생명의 길이요, 평탄한 길이요, 즐거운 길이요, 죄에 떨고 있는 사람들의 흔들리는 발과 약한 무릎에도 적합한 길이다. 나는 이 길 위에 있는가? 그렇지 않으면 잘못된 종교나 철학이 나에게 약속한 그런 다른 길을 찾고 있지는 않은가? 나는 '거룩한 길은 그 곳을 걷는 사람이 비록 어리석다 할지라도 방황할 것이 없는 길'이라는 기록을 읽은 적이 있다. 나는 학문의 교만으로부터 구원을 받아 어린이처럼 예수님의 사랑과 피 가운데 쉬고 있는 자가 되었는가? 그렇다면 하나님의 은혜로 인해, 다른 길을 선택하여 가는 그 어느 가장 강한 경주자보다도 나는 앞서서 갈 것이다. 날마다 나의 관심거리와 필요 안에서 유익이 되도록 이 진리를 기억하라. 이러 저러한 친구들 사이를 돌아다니는 것보다도 곧바로 하나님께 나아가는 것이 나에게 있어서 가장 지혜로운 길이다. 그는 나의 부족함을 알며, 그것으로부터 나를 도와줄 수 있는 분이시다. 나의 기도로서 그에게 직접 호소하며 그의 명백한 약속에 의지하여 구할 수 있지 않은가? "똑바로 달리는 것이 최고의 경주자이다." 나는 종들과 말하지 않고 서둘러 주인에게 갈 것이다.

이 말씀을 읽고 생각되는 것은, 만일 사람이 공통된 일로 서로 경쟁하고 한 사람이 다른 사람보다 우월하다면, 나는 그것을 얻기 위해 달리도록 진지한 열심을 내야 한다는 것이다. "마음의 허리를 동이고"(cf. 벧전 1:13) "그리스도 예수 안에서 하나님이 부르신 부름의 상을 향하여 달려갈 수 있도록"(cf. 빌 3:14), 주여 나를 도와주소서.

2월의 묵상

63. "그들이 여호와의 도를 노래할 것이다"(시 138:5)

그리스도인들이 주의 도에 대하여 노래하기 시작하는 때는 그들이 처음으로 십자가 밑에서 무거운 짐을 내려놓은 때부터이다. 죄 사함을 받은 하나님의 자녀의 깊은 영혼에서 용솟음쳐 나오는 구원의 노래는 하나님의 천사들의 노래도 따를 수 없을 정도로 달콤한 것이다. 당신은 존 번연(John Bunyan)이 그것에 대해 어떻게 묘사했는지 알리라. 존 번연은 죄에 고뇌하는 순례자가 십자가 밑에서 무거운 짐을 벗어 놓았을 때 세 번이나 기뻐 뛰면서 다음과 같은 노래를 불렀다고 말한다.

"찬송할지로다 십자가여! 그 무덤이여!
참으로 찬송할 것은
나 위하여 수치를 당하신 그 분 뿐이로다!"

주 안에 있는 자여, 당신의 묶여 있던 쇠사슬이 떨어져 나간 때를 기억하고 있는가? 예수님이 당신을 만나서 "나는 영원한 사랑으로 너를 사랑하였고, 너의 허물을 구름같이 흩어버렸으며, 너의 죄를 안개같이 사라지게 하였다"라고 말씀하신 장소를 기억하고 있는가? 오, 예수님께서 우리의 죄의 고통을 제거할 때 그 얼마나 즐거웠던 시절인가? 주님께서 처음으로 나의 죄를 용서해 주셨을 때 나는 아주 기뻐서 춤추지 않을 수가 없었다. 자유함을 얻은 그 곳에서 집으로 돌아오는 길에 나는 그 구원의 이야기를 길가의 돌들에게까지 말해 주고 싶었다. 나의 영혼은 기쁨에 넘쳐 하늘에서 내려오는 눈송이 하나에게까지 죄의 우두머리인 나의 죄를 씻어주신 그 놀라운 사랑에 대해 말해주고 싶었다. 그러나 그리스도인의 삶의 초기에만 노래가 있는 것은 아니다. 그들이 살아 있는 한, 주님의 그칠 줄 모르는 사랑과 인자를 경험하는 자는 "나는 항상 주를 찬양하며 그 찬송은 끊임없이 나의 입에 있도다"(시 34:1)라고 말할 것이다. 친구여, 이것을 기억하고 오늘 하루 주님을 찬양하라.

"우리가 오랫동안 이 광야를 걷는 동안에,
주의 은혜는 새로워 항상 새 노래를 부르리라."

2월 1일 저녁

64. "그대가 나를 사랑함이 기이하여"(삼하 1:26)

　　사랑하는 자여, 우리는 지금 요나단의 사랑이 아니라 예수님의 놀라운 사랑에 대하여 말하려고 한다. 우리는 우리가 전하여 들은 것이 아니라, 그리스도의 사랑에 대하여 우리가 맛본 것, 경험한 것을 말하자. 오, 예수여, 내가 아직 낯선 자로 주님으로부터 멀리 떠나서 방황하며 육과 마음에 욕심으로 가득 차 있을 때 나에 대한 당신님의 사랑은 실로 놀라운 것이었습니다. 당신님의 사랑은 "죽음에 이르는 죄"(cf. 롬 6:16)를 짓지 않게 하셨고 자멸하지 않도록 나를 붙들어 주었습니다. 공의가 "그 나무를 찍어버리라 무엇 때문에 땅을 헛되이 썩게 두는가?"라고 말할 때 당신님의 사랑은 그 도끼를 멈추게 하였습니다. 당신님의 사랑은 나를 거친 들판으로 데리고 가서 내 옷을 벗기고 나에게 스스로 죄와 허물을 인식하게 하였습니다. 내가 매우 당황하고 놀라고 있을 때 당신님의 사랑은 "나에게 오라 내가 너희를 쉬게 하리라"(cf. 마 11:28)고 부드럽게 말씀해 주셨습니다. 오, 순간에 내 죄를 씻겨 버리고 나의 더러운 영혼, 곧 태어날 때부터 피에 물든 허물 때문에 검게 된 나의 영혼을 눈과 같이 희게 하시며 양털같이 순결케 하신 당신님의 그 사랑을 그 어디다 비할 데가 있으리오? 당신님께서 나의 귓가에서(귓가에) "나는 너의 것이요 너는 나의 것"이라고 속삭였을 때 당신님께서는 그 사랑을 어떻게 보셨는지요. 주님께서 "아버지께서 너희를 사랑하신다"(cf. 요 16:27)라고 선포하실 때 그 소리는 매우 친절하였다. 나에게 "성령의 사랑"(cf. 롬 15:30)을 말씀하실 때 그것은 참으로 감미로운 순간 그 이상이었다. 주님께서 자신을 내게 계시하실 때 주님과의 사귐의 그 시간들을 나의 영혼은 결단코 잊지 못하리라. 모세는 바위틈에서 하나님의 뒷모습을 보지 않았던가? 우리에게도 바위틈이 있다. 거기서 그리스도 안에 있는 하나님의 크신 광채를 보았다. 다윗은 요단과 헤르몬의 땅에서 들 염소의 흔적들을 기억하지 않았던가? 우리도 그런 축복의 장소에 못지않은 기억들을 마음에 품고 있지 아니한가? 귀하신 주여, 주님의 놀라운 사랑으로 우리에게 새로운 것을 주사 이 달을 시작하게 하소서. 아멘!

2월 2일 아침

65. "피 흘림이 없은즉 죄 사함이 없느니라"(히 9:22)

이것은 변할 수 없는 진리의 목소리이다. 유대인의 의식에서는 비록 형식적일지라도 피 흘림이 없이 죄가 사해지는 법이 없었다. 그 어떤 경우이든지, 속죄가 없이 죄가 용서되는 법은 결코 없었다. 그러므로 우리에게 있어서 그리스도 없이는 소망이 없다는 것은 분명하다. 죄의 속죄에 적합한 피는 오직 그리스도의 피 외에는 없기 때문이다. 우리는 그리스도를 믿고 있는가? 그리스도의 구속의 피가 나의 영혼에 진실로 적용되고 있는가? 모든 사람이 그리스도를 필요로 하는 것에는 변함이 없다. 비록 우리가 도덕적이고, 관대하고, 사랑받을 만하고, 애국적이라 할지라도 이 법에는 그 누구도 예외가 될 수 없다. 죄를 속하는 힘은 하나님께서 구속하기 위하여 정하신 화목제물로서의 그리스도의 보혈 외에는 없다. 오직 용서받을 수 있는 단 하나의 길이 열려 있다는 것이 얼마나 큰 축복인가! 왜 다른 구원의 길을 찾으려고 하는가?

단지 형식에 사로잡힌 종교를 중요하게 여기는 사람은 우리가 왜 그리스도로 말미암아 모든 죄가 씻어지는 것을 기뻐하는지 이해할 수 없을 것이다. 그들의 선행, 기도, 의식들은 그들에게 초라한 위로를 준다. 그들의 불안은 당연하다. 왜냐하면, 그들은 큰 구원을 무시하고 피없는 죄의 용서를 받으려고 노력하고 있기 때문이다. 나의 영혼이여, 겸손히 앉아서 의로우신 하나님이 마땅히 죄를 벌하셔야 되는 것을 인정하라. 그리고 그 벌이 어떻게 주 예수께 부과되었는지를 생각해보고, 나의 죄를 속량하기 위해 피 흘리신 주님의 발 앞에 겸손하게 기쁨으로 입 맞추어라. 이때 감정에 신뢰를 일으키는 양심이나 위로의 증거들은 아무 쓸모가 없는 것이다. 그것은 율법에 얽매여 있었을 때 배운 습관이다. 죄책감을 느끼는 양심이 회복되는 유일한 길은 십자가에서 고난당하신 예수님을 앙망하는 것이다. 레위기의 율법은 "생명은 그 피에 있다"라고 말하나, 우리는 믿음과 기쁨, 그리고 다른 모든 거룩한 은혜의 생명인 것을 확신하자.

> *"오 내 구주께서 그 귀한 보혈 흘리심을*
> *보는 것은 이 얼마나 기쁜 일인가!*
> *그것이 바로 그 분께서*
> *하나님과 나를 화평케 하셨다는 보증이라네."*

2월 2일 저녁

66. "이는 다 옛 기록에 의지한 것이라"(대상 4:22)

그러나 우리의 영혼을 기쁘게 하는 그러한 귀중한 것들은 그렇게 오래된 것은 아니다. 수전노가 황금의 가치를 세어 보면서 기뻐하듯이 그것들을 계산해 보면서 잠시 회상해 보자. 우리를 영원한 생명으로 선택하신 하나님 아버지의 주권적인 선택은 "땅이 생기기 전"(잠 8:23)으로 너무나 매우 오랜 것이기 때문에 그 날짜를 사람의 마음으로 생각할 수는 없다. 우리는 "세상의 기초가 놓여지기 이전부터 선택되었다"(엡 1:4). 영원한 사랑이 이 선택과 함께 움직였다. 왜냐하면, 우리가 구별된 것은 단지 하나님의 뜻으로만 된 것이 아니고 하나님의 사랑도 포함되어 있다. 아버지 하나님은 창세로부터 우리를 사랑하셨다. 여기에 우리가 날마다 묵상할 제목이 있다. 우리를 파멸에서 구속하시고 깨끗하고 거룩하게 하시어 마침내 우리를 영화롭게 하시려는 영원한 목적은 무한히 오래된 것이다. 그것은 변함없는 사랑과 절대적인 주권과 함께 역사하였다. 언약도 항상 영원한 것으로 기록되어 있고, 그 언약의 상대인 예수님께서도 처음부터 적극적으로 관여하셨다. 그는 처음의 별이 빛나기 시작하기 훨씬 이전에 거룩한 언약을 서약하셨고, 선택된 자들은 그 안에서 영원한 생명에 예정되었다. 이렇게 하여 하나님의 목적 안에서 하나님의 아들과 그 선택된 백성 사이에 가장 축복된 언약이 맺어졌다. 그것은 영원한 미래에 이르기까지 그들의 안전의 기초로 남아 있을 것이다. 이런 오래된 일을 잘 알고 있다는 것은 좋은 일이 아닌가? 대부분의 믿는 자라고 공언하는 사람들에 의해 이것이 너무나 쉽게 무시되고 심지어 거부되었다는 것은 부끄러운 일이 아닐까? 만일 저들이 스스로의 죄에 대하여 좀 더 알았다면 이런 위대한 은혜에 한층 감사할 것이 아닌가? 이 밤에 우리는 이렇게 찬양하며 그를 더 높이도록 하자.

"은혜의 기념비여,
피로써 구원받은 죄인이여,
내가 그 사랑의 흐름을 거슬러 찾으니
그 샘의 근원은 곧 하나님이시라.
그의 거룩한 품속에 보이는 것은
나를 향한 영원한 사랑이로다!"

2월 3일 아침

67. "우리는 빚진 자이다"(롬 8:12)

　　하나님에게 지음을 받은 우리는 모두 다 그 분께 빚진 자이기에, 육체와 영혼과 힘을 다해 하나님께 순종해야 한다. 하나님의 계명을 범한 우리 모두는 하나님의 의에 대하여 빚을 진 것이다. 더구나 그것은 우리 자신의 힘으로는 갚을 수 없는 큰 부채이다. 그러나 그리스도인에게 있어서는 하나님의 의에 대해서 전혀 부채가 없다고 말할 수 있다. 왜냐하면, 그리스도께서 자기 백성의 빚을 지불하셨기 때문이다. 그러나 그 때문에 그리스도인은 하나님의 사랑에 대한 더 많은 새로운 빚을 지게 되었다. 나는 하나님의 은혜와 죄사함의 자비에 대한 빚을 지고 있지만, 하나님의 의에 대하여서는 조금의 빚도 없는 것이다. 왜냐하면, 하나님이 이미 지불된 빚을 다시 갚으라고 하는 일은 결코 없기 때문이다. 그리스도께서는 "다 이루었다"(cf. 요 19:30)고 말씀하셨다. 이 말씀이야말로 그의 백성의 빚이 영원히 기억의 책에서 깨끗하게 지워졌다는 것을 의미한다. 그리스도께서는 하나님의 의를 완전하게 만족시키셨다. 결산은 끝났으며 청구서는 십자가에 못 박혔다. 영수증이 주어진 이상 우리들은 하나님의 의에 빚진 자가 아니다. 그러나 다른 의미에서 그 열 배도 더 되는 빚을 졌다. 주 안에 있는 친구여, 잠시 머물러 서서 생각해 보도록 하자. 당신은 하나님의 주권에 대하여 얼마만큼의 빚을 지고 있는가! 하나님의 그 희생의 사랑에 대하여 얼마나 많은 것을 빚지고 있는가? 하나님은 당신을 위하여 독생자를 십자가에 내어 주셨다. 하나님의 사죄의 은혜에 대하여 우리가 빚지고 있는 것이 얼마나 큰가를 생각해 보자. 헤아릴 수 없이 당신이 죄를 지었음에도 하나님은 당신을 무한히 사랑하신다. 하나님은 죄 안에서 죽었던 당신을 일으키시고 당신의 영적 생활을 지키시며 타락하지 않도록 붙드시며 무수히 많은 원수가 당신의 길을 방해하고 있을지라도 당신을 지켜서 그곳을 통과하게 해 주셨다. 하나님의 불변성에 당신은 얼마만큼 빚지고 있는지를 생각해 보라. 당신이 수 천 번을 변할지라도, 하나님은 한 번도 변한 적이 없으시다. 당신은 하나님의 여러 가지 속성에 대하여 엄청난 빚을 지고 있다. 당신은 당신 자신과 가지고 있는 모든 것을 하나님께 빚지고 있는 것이다. 그러므로 "당신 자신을 거룩한 산 제물로 하나님께 드리라. 이것이 당신이 드릴 영적 예배인 것이다"(cf. 롬 12:1).

2월 3일 저녁

68. "내 마음으로 사랑하는 자야 네가 양치는 곳과 정오에 쉬게 하는 곳을 내게 말하라"(아 1:7)

이 말은 그리스도와의 친밀한 교제와 살아있는 연합을 갈망하는 믿는 자의 마음의 표현이라고 할 수 있다. 당신님께서는 어디에서 당신님의 양 떼를 먹이시는지요? 당신님의 집이옵니까? 만일 거기서 당신님을 찾을 수 있다면 그리로 가겠습니다. 고요히 기도 중입니까? 그러면 끊임없이 기도하겠습니다. 말씀을 읽음으로 그리하십니까? 그렇다면 끊임없이 말씀을 읽겠습니다. 당신님의 계명으로 먹이십니까? 그렇다면 마음을 다하여 나는 그것을 지키겠습니다.

당신님의 양 떼를 먹이는 곳을 가르쳐 주옵소서. 당신님께서 목자로서 계신 곳이면 어디든지 나는 양으로 있을 것입니다. 당신님 이외에 나의 필요를 채워줄 자가 없기 때문에, 당신님을 떠나서는 내게 만족이 없습니다. 나의 영혼은 당신님의 임재에 배고프고 목마릅니다. 정오에는 어디서 양 떼를 쉬게 하십니까? 새벽이든 낮이든 어디든지 내가 오직 쉴 수 있는 안식처는 당신님과 당신님의 사랑하는 양 떼가 있는 그 곳뿐입니다. 나의 영혼의 안식은 은혜로 말미암아 주어진 것이 아니면 안 됩니다. 그리고 그것은 오직 당신 안에서만 발견됩니다. 당신님의 바위 그늘은 어디입니까? 나는 그곳 아래에서 쉴 수 없을까요?

"내가 네 친구의 양떼 곁에서 어찌 얼굴을 가린 자 같이 되랴?"(아 1:7). 당신님에게는 동무들이 있습니다. 나도 그 중의 하나가 될 수 없을지요? 사탄은 나에게 전혀 가치가 없다고 말한다. 나는 가치 없는 자였지만 그러나 당신님께서는 오랫동안 나를 사랑하셨습니다. 그러므로 나의 무가치함이 지금 당신님과 교제를 갖는 데에 장애물이 될 수 없습니다. 나는 믿음이 약하고 타락하기 쉽습니다. 매우 약하기에, 그것이 내가 항상 당신님께서 양 떼를 치는 곳에 있어야 하는 이유입니다. 그리하여 내가 강하게 되고 잔잔한 물가 옆에서 안전하게 보존될 수 있습니다. 어떻게 당신님을 벗어나 곁길로 갈 수 있겠습니까? 곁길로 가야 갈 이유는 없고, 곁길로 갈 수 없는 이유는 많습니다. 왜냐하면, 예수님께서 나에게 오라고 부르시기 때문입니다. 주님께서 조금 뒤로 물러나시면 나는 더욱 주의 임재를 사모합니다. 지금 나는 주님으로부터 떠나 있는 것을 슬퍼하며 낙망하고 있습니다. 그러나 주님은 타는 햇빛에서 당신님의 양 떼들이 보호받을 수 있는 피난처로 나를 다시 인도하실 것입니다.

2월 4일 아침

69. "여호와가 저희를 사랑하나니"(호 3:1)

주 안에 있는 자여, 당신의 경험을 돌아보아 주님께서 광야에서 당신을 인도하셨던 방법을 생각해보라. 어떻게 하나님께서 당신을 먹이시고 입히셨는지, 어떻게 하나님께서 당신의 못마땅한 행위를 참으셨는지, 어떻게 하나님께서 당신의 원망과 애굽의 떡과 고기를 탐하는 것을 알고도 참으셨는지, 또 어떻게 반석을 깨뜨려 당신에게 물을 공급하시고 하늘의 만나를 내려 당신을 먹이셨는지를 생각하라. 당신이 고뇌 속에 있을 때에도 하나님의 은혜가 어떻

게 충만했는지를 생각하라. 주의 보혈이 당신의 모든 죄를 사하시고 하나님의
지팡이와 막대기가 어떻게 당신을 위로 했는지를 생각하라. 이렇게 과거에서
의 하나님의 사랑을 돌아보고 믿음으로 미래에서의 하나님의 사랑을 살펴보
라. 왜냐하면, 그리스도의 언약과 보혈은 오직 과거에만 속한 것이 아니기 때
문이다. 당신을 사랑하며 당신의 죄를 용서하시는 역사는 끊임없이 계속된다.
그리스도께서는 알파와 오메가이시오, 처음과 나중이시다. 그러므로 당신이
"죽음의 음침한 골짜기로 걸을 때에도"(cf. 시 23:4) 재난을 두려워할 필요가 없
다. 주님께서 당신과 함께 계시기 때문이다. 요단강의 차가운 물결 속에 섰을
때에도 당신은 두려워할 것이 없다. 왜냐하면, 죽음도 당신을 주님의 사랑으
로부터 갈라놓을 수가 없기 때문이다. 당신이 영원한 신비 속으로 들어가려고
할 때도 전혀 떨릴 필요가 없다. 왜냐하면 "내가 확신하노니 사망이나 생명이
나 천사들이나 권세자들이나 현재 일이나 장래 일이나 능력이나 높음이나 깊
음이나 다른 어떤 피조물이라도 우리를 우리 주 그리스도 예수 안에 있는 하
나님의 사랑에서 우리를 끊을 수 없으리라"(롬 8:38-39)고 말씀하셨기 때문이
다. 그러므로 영혼이여, 그대의 사랑을 새롭게 하라. 이 말씀이 그대로 하여
금 더욱 주님을 사랑하게 하지 않는가? 그대가 무한한 "하늘" 같은 사랑의 평
원을 날아갈 때 그대의 마음은 타오르고 그대가 주 하나님 안에서 기쁨을 느
끼게 하지 않는가? 확실히 우리가 주님의 사랑을 묵상할 때 우리의 마음은 우
리 안에서 타오르고 우리는 더욱 깊이 주님을 사랑함에 이르는 것이다.

2월 4일 저녁

70. "너희 중 피의 보수자를 피할 곳이니라"(수 20:3)

가나안 땅의 도피성은 누구든지 적어도 반나절이면 도착할 수 있는 곳
에 있었다. 구원의 말씀도 그와 같이 우리에게 가까이 있다. 예수님은 현재

함께하시는 우리의 구주이시고 그분에게 이르는 길은 가깝다. 우리 자신의 공로를 버리고 우리의 모든 것의 모든 것으로써 예수님을 확실히 붙잡기만 하면 가능하다. 도피성으로 가는 길은 엄중히 보호되어 있었으며 모든 개천에는 다리가 놓여 있고 모든 장애물은 제거되어 있어서 도망하는 자가 쉽게 그 성에 도착할 수 있게 되어 있었다는 것이다. 일 년에 한번 장로들은 그 길을 조사하여 도망하는 자가 아무것에도 방해받지 않도록 하였으며 보복하려는 자에게 잡히지 않도록 일을 도모하였다는 것이다. 복음의 약속은 얼마나 은혜롭게 우리가 가는 길 위에 막고 있는 돌들을 제거하고 있는가! 교차로나 우회로가 있는 곳이면 그 어디에나 "도피성 방향"이라는 표지판이 세워져 있었다. 이것은 바로 그리스도 예수에게 이르는 길의 그림이다. 그것은 율법의 돌아가는 길이 아니고 이것저것 지킬 필요도 없는 오직 "믿고, 생명을 얻으라"(요 20:31)는 하나의 직선의 길일뿐이다. 그것은 자기를 스스로 의롭게 여기는 자에게는 찾아갈 수 없는 어려운 길이지만, 스스로 죄인임을 아는 자들에게는 지극히 평탄한 길이요, 그것으로 말미암아 "하늘"에 도달할 수가 있는 것이다. 도피자는 도피성의 바깥경계에 한 발자국이라도 들여놓기만 하면 그 즉시로 안전함을 얻었다. 그에게 성벽들을 넘어가야 하는 것은 불필요했으며, 단지 근처에 닿기만 해도 보호받기에 충분하였다. 그러므로 당신은 이것을 그리스도의 겉옷에 손만 대더라도 완전히 고침을 받았다는 것에서 배우라(cf. 막 5:28). 만일 당신이 "겨자씨만한 믿음"(cf. 마 17:20)을 가지고 그를 붙들면, 그것으로 당신은 안전하게 될 것이다.

> *"지극히 작은 참된 은혜가*
> *모든 죄의 죽음에서 우리를 구원하도다."*

그러므로 시간을 낭비하지 말고, 꾸물거리지도 말라. 피의 복수자의 발은 빠르기 때문에 이 저녁에도 그가 당신을 뒤쫓아 올지도 모른다.

71. "아버지께서 아들을 세상의 구주로 보내셨도다"(요일 4:14)

예수 그리스도께서 아버지 하나님의 허락과 권위와 동의와 도움 없이 이 세상에 오시지 않았다는 것은 위대한 사상이다. 그는 사람들의 구주가 되시기 위해 아버지 하나님의 보내심을 받은 분이다. 우리는 삼위일체 하나님의 위격에는 구별이 있음을 알지만, 영광에는 구별이 없다는 것을 잊어버리기 쉽다. 우리는 구원의 영광이나 자비의 깊이를 아버지 하나님보다 예수 그리스도께 더 많이 돌리는 경향이 있다. 이것은 중대한 실수를 범하는 것이다. 예수님께서는 어떻게 오셨는가? 성부 하나님께서 독생자 예수님을 보내신 것이 아닌가? 예수님께서 그 놀라운 교훈을 말씀하시면, 그가 새언약의 중보자가 되시도록 하기 위해 성부 하나님께서 그의 입술에 은혜를 부으시지 않았는가? 성부 하나님, 성자 하나님, 성령 하나님을 바로 아는 자는 결코 어느 한 분을 다른 분들과 구별해서 사랑하지 않는다. 그는 베들레헴에서도 겟세마네에서도 골고다에서도 이 세 분이 모두 구원사역에 똑같이 참여했음을 알고 있다. 오, 주 안에 있는 자여, 당신은 당신의 신뢰를 인자이신 그리스도 예수에게 두었는가? 당신의 믿음을 오직 그리스도에게만 두었는가? 당신은 그리스도와 결합되어 있는가? 그러면 당신은 "하늘"의 하나님과 결합되어 있음을 믿어라. 당신은 사람이신 그리스도 예수님과 형제로서 그와 깊은 교제 안에 있기에 이로 말미암아 영원하신 하나님과 연합되었으므로 옛적부터 하나님이 당신의 아버지시요 친구이신 것이다. 일찍이 성부 하나님께서 그의 아들을 은혜의 사역을 위하여 준비하셨을 때 여호와의 마음에 있는 사랑의 깊이에 대하여 당신은 생각해 본 적이 있는가? 만일 생각해 본 적이 없으면 오늘 하루 이 일에 대하여 묵상해 보라. 아버지께서 아들을 보내셨다! 성부 하나님께서 예수 그리스도를 보내신 일을 숙고하라. 어떻게 예수님께서 성부 하나님의 뜻하신 바를 행하셨는지를 생각하라. 고난 받으신 예수 그리스도의 상처에서 영원하신 지존자의 사랑을 보라.

예수님을 생각할 때마다 동시에 영원하시고 무궁토록 찬양받으실 성부 하나님을 생각하라. 왜냐하면, "여호와께서 그에게 상함을 받게 하시기를 원하사 질고를 당하게 하셨다"(사 53:10)고 기록되어 있기 때문이다.

2월 5일 저녁

72. "그때에 예수님께서 대답하여 가라사대"(마 11:25)

"그때에 예수님께서 대답하시되"라고 하였다. 이것은 첫 구절을 시작할 때 쓰기에는 이상한 기록이다. 그 앞의 구절을 읽어보면 예수님께 질문한 사람이 없으며 또 어느 누구하고도 말씀을 나누시지도 않으셨다. 그럼에도 불구하고 "예수님께서 대답하여 가라사대 아버지여 감사하나이다"(마 11:25)라고 기록되어 있다. 사람은 대답할 때 자기에게 말한 자를 향하여 대답한다. 그러면 누가 예수님과 말하였는가? 그것은 그의 아버지 하나님이시다. 그러나 그것은 기록되어 있지 않다. 기록되어 있지 않다는 것은 곧 예수님께서 항상 아버지 하나님과 끊임없이 교제하고 있다는 것을 우리에게 말해준다. 하나님은 그의 마음에 계속 자주 말씀하시고 계시므로 특별히 기록할 필요가 없었던 것이다. 하나님과 말씀하심은 예수님의 습관이요, 삶이었다. 예수님께서 이 지상에 계셨던 것처럼 우리도 이 세상에 있다. 그런즉 그에 관한 짧은 이 한 구절에서 교훈을 배우라. 우리도 아버지 하나님과 교제를 가짐으로써 뜻대로 하나님께 대답할 수 있게 되기를 바란다. 비록 우리가 누구와 말하고 있는지 세상이 몰라도 우리는 남의 귀에 들리지 않는 비밀스러운 소리에 대답할 수 있기를 바란다. 그리고 성령에 의하여 열려진 우리의 귀는 기쁨으로서 하나님의 음성을 인식할 수 있기를 바린다. 하나님께서는 우리에게 말씀하시고 계시다. 우리도 하나님께 말씀드리도록 하자. 하나님께서 그의 약속에 진실하시고 신실하다는 승인의 도장을 찍기 위하여, 하나님의 영이 우리에게 확신시키는 죄를 고백하기 위하여, 하나님의 섭리가 긍휼로 주어짐을 감사하기 위하여, 성령이 우리에게 보이신 크신 진리의 동의를 표현하기 위하여, 우리는 하나님께 말씀드리도록 하자. 우리의 영의 아버지와 친밀하게 교제할 수 있다는 일이 그 얼마나 놀라운 특권인가! 그것은 이 세상에 감춰진 비밀이요, 가장 친한 친구까지도 나눌 수 없는 기쁨이다. 만일 우리가 하나님의 사랑의 속삭임을 듣고자 하면 우선 우리가 깨끗하여져 주의 음성을 듣기에 준비되지 않으면 안된다. 하나님이여, 이 저녁에 우리의 마음에 말씀하실 때 예수님과 같이 곧 대답할 수 있도록 우리의 마음을 준비시켜 주옵소서.

2월 6일 아침

73. "모든 기도와 간구로 하되 항상 성령 안에서 기도하라"(엡 6:18)

우리는 기도하는 것을 배운 순간부터 얼마나 많은 기도를 하였는가? 우리의 처음 기도는 자기 자신을 위한 기도였다. 하나님께서 우리를 긍휼히 여기시어 우리의 죄를 말끔히 씻어주시기를 구하였다. 하나님께서는 우리의 기도를 들어주셨다. 그러나 하나님께서 우리의 죄를 구름 같이 흩어버려 주셨을 때 우리는 더욱 자기 자신을 위해 기도하였다. 우리는 성화되기 위해 도우시는 은혜를 위하여, 또한 우리를 실족하지 않도록 주장하시는 은혜를 위하여 기도하지 않으면 안되었다. 우리는 믿음의 새로운 확증을 구하며, 약속을 신뢰하기 위하여, 유혹의 때에 구출되기 위하여, 감당해야 할 일에 힘을 얻기 위하여, 그리고 어려울 때에 도움을 받기 위하여 기도하였다. 우리는 계속 구걸하는 거지와 같이 영혼의 모든 필요를 하나님에게 구하지 않고는 견딜 수 없었다. 하나님의 자녀들이여, 당신들은 당신의 영혼에 필요한 것을 결코 다른 데서 얻을 수 없음을 마음에 새겨라. 당신의 영혼이 먹었던 모든 빵은 하늘에서 내려 주신 것이요, 그 마셨던 물은 살아있는 반석이신 주 예수 그리스도에게서 흘러내린 것이다. 당신의 영혼은 결코 혼자 성장하는 것이 아니고 하나님께서 날마다 주시는 은혜로 말미암아 된 것이다. 그래서 무한한 영적인 긍휼을 구하는 당신의 기도는 결국 하늘로 올라가 닿았다. 당신의 필요는 수없이 많았다. 그러므로 공급도 무한히 크고 당신의 기도가 갖가지 다양했던 것만큼이나 긍휼도 수없이 많았다. 그러므로 당신은 "나는 주님을 사랑하나이다 주님께서 나의 소원의 소리와 간구에 귀를 기울여 주셨나이다"(시 116:1)라고 말하고 싶지 않은가? 당신의 기도가 많음에 따라서 하나님의 응답도 많은 것이다. 하나님은 당신이 고뇌하고 있을 때 당신의 부르짖음을 들으시고 당신을 강하게 하시며 당신을 도우셨다. 심지어 당신이 은혜의 자리에 있으면서도 두려워하며 의심함으로써 주님을 부끄럽게 하였을 때조차도 주님께서는 변함이 없으셨다. 이것을 마음에 유의하여 당신의 빈약하고 약한 기도조차 들어주신 하나님께 감사의 마음을 채우도록 하라. "내 영혼아 여호와를 송축하며 그의 모든 은택을 잊지 말지어다"(시103:2).

2월 6일 저녁

74. "서로 기도하라"(약 5:16)

다른 사람을 위하여 서로 기쁨으로 하는 중보기도를 격려하는 의미에서 이야기하자면 이러한 기도를 하나님께서 가장 기뻐하시는 것임을 잊지 마라. 그리스도의 기도는 바로 그러한 기도였다. 우리의 대제사장이 황금의 향로 안에다 담는 모든 향료는 그 어느 하나도 주님 자신을 위한 것이 아니었다. 그의 중보기도는 모든 기도 중에서 가장 흠향된 기도이다. 그리고 우리의 기도기 그리스도의 것과 같이 된다면 그것은 고귀한 것이다. 우리 자신을 위하여 하는 간구가 받아들여진다면 남을 위한 탄원은 그 안에서 성령의 열매를 많이 간직하며 더욱 많은 사랑과 믿음과 형제를 위한 위로를 갖게 되므로 그

귀하고 귀한 예수님의 공로에 힘입어 우리가 하나님께 드릴 수 있는 가장 감미로운 제물이 되며 희생제물의 가장 중심이 될 것이다. 다시 한번 남을 위한 기도가 가장 힘 있는 것임을 잊지 마라. 이때까지 얼마나 놀라운 기적들이 남을 위한 중보기도를 통해 이루어졌는지, 하나님의 말씀인 성경에는 그에 대한 놀라운 일들로 가득하다. 믿는 자여, 당신은 당신의 손에 강력한 무기를 가졌다. 그것을 잘 사용하고 끊임없이 믿음으로 사용하라. 그리하면 반드시 형제를 돕는 자가 될 것이다. 당신이 왕에게 자유롭게 탄원할 때에 왕의 몸의 일부가 고통당하고 있다는 것을 그에게 말하라. 당신이 그의 보좌 가까이 나아갈 은혜를 받을 때, 당신 자신의 일만 탄원하지 말고, 오히려 그가 도와야 하는 많은 사람을 위하여 탄원하라. 당신이 은혜를 받으면서도 남을 위해 기도하지 않는다면, 당신은 다른 사람을 위한 기도자가 아니며 그 은혜는 마치 겨자씨 한 알처럼 작은 것이다. 당신은 자기 영혼을 진흙 수렁 위에 띄울만한 은혜를 가지고 있다. 그러나 깊고 넘칠만한 은혜는 갖고 있지 않다. 만일 당신이 그러한 풍성한 은혜를 가지고 있다면 당신의 기쁨의 배는 다른 사람들이 필요로 하는 물품을 산과 같이 쌓고 주의 보좌로부터 큰 축복을 많은 사람에게 가져올 것이다. 당신이 없다면 그들은 그것들을 얻지 못할 수도 있다.

"만일 내가 은혜의 보좌를 잊어버린다면,

오, 내 손의 재주를 잊게 하소서.

나의 혀도 침묵하게 하고 냉랭하고 잠잠케 하소서.

이 묶인 심장이 뛰는 것도 잊게 하소서."

2월 7일 아침

75. "일어나 떠나가라"(미 2:10)

우리 모두는 누구나 다음과 같은 명령을 들을 때가 다가온다. "일어나서 당신이 사는 가정, 당신이 사업하고 있는 도시, 당신의 가족과 친구를 떠나라. 일어나서 당신의 마지막 여행길에 오르라." 우리 모두가 떠나야 하는 이 마지막 여행길에 대하여 우리는 무엇을 알고 있을까? 우리가 가는 나라에 대하여 우리는 무엇을 알고 있을까? 그 나라에 대하여 우리는 조금은 읽어서 알고 있으며 조금은 성령에 의해 계시되었지만, 그럴지라도 미래의 영역에 대해서 알고 있는 것은 극히 적다. 우리는 "죽음"이라고 불리는 검고, 폭풍우에 일렁이는 강이 있다는 것을 알고 있다. 하나님께서는 우리와 함께 있을 것을 약속하시며 우리에게 그 강을 건널 것을 명령하고 계신다. 그리고 죽음 후에 우리에게 다가오는 것은 과연 무엇일까? 놀라고 있는 우리의 눈앞에 얼마나 이상한 세계가 나타날 것인가? 얼마나 빛나는 광경이 우리 눈앞에 전개될 것인가? 그 나라에 대한 이야기를 해주기 위해 다시 돌아온 나그네는 단 한사람도 없었다. 그렇지만 우리는 "하늘"에 대하여 비교적 많이 알고 있으므로, 우리를 그곳으로 부르실 때 기쁨과 즐거움으로 나아갈 수가 있다. 죽음으로 가는 길은 어두울지도 모른다. 그러나 우리는 하나님께서 그 어두운 골짜기를 지날 때에도 우리와 함께 가시기에 죽음을 두려워할 필요가 없고 겁내지 않고 나아갈 수가 있다. 우리는 이 땅 위에서 사귀고 또 사랑하는 모든 사람과 이별하지만, 우리는 마침내 아버지의 집으로 가는 것이다. 그곳에는 예수님이 계시며, 그곳은 "하나님이 경영하시고 세우신 흔들리지 않는 기초 위에 있는 왕의 도성인 것이다"(히 11:10). 그곳은 우리가 영원히 사랑하는 하나님과 함께 그의 백성과 그의 임재 안에서 살게 되는 마지막 거주지인 것이다. 주안에 있는 자여, "하늘"에 대해 깊이 묵상하라. 그것은 당신의 전진을 돕고 도중에 고난을 잊어버리게 한다. 이 눈물의 골짜기는 저 좋은 나라에 도달하기 위한 길에 불과하다. 이 고난의 세상은 더욱 좋은 축복의 나라에 이르기 위한 디딤돌에 지나지 않는다.

"주여, 당신님의 은혜로 인하여
저 높은 곳에 있는 당신님의 궁정에 이르도록

우리를 준비시키소서.

그리고 우리의 영들이 일어나

하늘의 합창에 참여하게 하소서."

2월 7일 저녁

76. "하늘로부터 큰 음성이 있어 이리로 올라오라"(계 11:12)

이 말씀을 예언적으로 생각하지 말고 우리의 위대한 선구자가 성별된 백성을 부르시는 것으로 생각하자. 때가 이르면 모든 믿는 자들에게 "하늘로부터 큰 음성이 들려오기를 이리로 올라오라"고 할 것이다. 이것은 성도에게 있어서 즐겁게 기대하는 제목이 아닐 수 없다. 우리가 아버지 하나님께로 가기 위하여 이 세상을 떠날 때가 올 것을 두려워하는 것이 아니고 오히려 해방의 그 시간을 열망할 것이다. 우리의 노래는 다음과 같다.

"내 마음은 보좌에 계신 이와 함께 있어서

때가 오기를 기다리도다.

일어나 이리로 올라오라는

그 음성 듣기를 매 순간 기다리지 않는 날이 없도다."

우리는 무덤 속으로 불려 들어가는 것이 아니고 하늘로 불려 올리운다. 하늘에서 새로 태어난 우리 영은 당연히 고향인 "하늘"를 사모한다. 그런데 하늘에서의 부름을 인내함으로 기다려야 한다. 하나님은 우리에게 "이리로 올라오라"고 말씀하실 최선의 때를 아신다. 우리는 출발의 때를 서두르기 원해서는 안된다. 우리는 강한 사랑에 이끌려 다음과 같이 소리 지르고 싶을 것이다.

"만군의 여호와여 물결이 지금 주님과 나 사이를 막고 있지만

잠시 후에는 우리 모두를 하늘에 옮기리라."

그러나 어디까지라도 인내해야 한다. 하나님은 정확한 지혜로 구속 받은 자들이 언제까지 이 땅 위에 머무르는 것이 가장 좋은지 정하고 계시다. 만약 "하늘"에 후회가 존재한다면 "하늘"의 성도들은 이 땅 위에서 좀 더 오래 머물러 좀 더 많은 선행을 하지 못한 것에 대해 확실히 탄식할 것이다. 오, 주의 곳간에 조금 더 많은 추수가 쌓아지기를 조금 더 많은 보석을 그의 면류관에 더 할 것을 바라지 않겠는가! 어떻게 조금 더 일하지 않을 수 있겠는가? 짧게 살면 우리의 죄도 더 적어질 거라는 관점도 있을 수 있다. 그러나 우리가 마음을 다하여 하나님을 섬기며 하나님께서 우리에게 귀한 씨를 뿌려서 백배에 수확을 얻게 하실 때 우리는 그 때까지 이 땅에 머무는 것이 좋다고 말할 것이다. 주의 말씀이 "가라"고 하시든지 "머물라"고 하시든지 하나님의 임재하심이 우리와 함께하시는 한 똑같은 기쁨으로 받아들이자.

2월 8일 아침

77. "그 이름을 예수라 하라"(마 1:21)

한 사람과 친해지면 그 사람에 관한 모든 것이 귀하게 생각된다. 마찬가지로 믿는 자에게는 주 예수님이 비할 데 없는 존귀한 분이므로 그 분에 관한 모든 것이 더할 나위 없이 고귀하게 생각된다. "당신의 옷은 몰약과 침향과 육계의 아름다운 향기를 풍기나이다"(cf. 시 45:8)라고 다윗이 말한 것 같이 구주의 인격의 향기가 그 옷 끝에까지 넘치는 것 같이 생각된다. 예수님의 발자취가 닿은 곳, 그의 입술을 통하여 나온 말, 그의 사랑에 가득찬 말씀으로 표현된 사상 그것은 분명 나에게 있어서 그 어떤 것보다 귀한 것이다. 이 일은 그리스도의 이름에 대해서도 같은 것으로, 그것은 믿는 자에게는 참으로 기쁜 일이다. 교회의 남편, 신랑, 친한 친구라고 불리며 또는 "죽임을 당한 어린양"(계 13:8)이라고 묘사되고, 또 왕, 선지자, 제사장이라고 불리우며, 그리고 실로, 임마누엘, 기묘자, 모사라고 불리우는 것, 그 어느 이름이나 꿀이 떨어지는 벌집 같고 꿀과 같이 달콤한 것이다. 그러나 만일 그 이름보다 믿는 자의 귀에 더욱 아름다운 하나의 이름이 있다면 그것은 바로 "예수"라고 하는 이름이다. 예수! 이 이름은 "하늘"의 거문고가 멜로디를 울리게 하는 것이다. 만일 그 어떤 다른 이름보다 더 매력적이고 존귀한 이름이 있다면 그 이름은 바로 "예수"란 이름이고, 그것은 우리들의 기쁨의 생명이다. 그것은 우리들이 찬송하는 노래의 바로 그 이유가 된다. 우리의 많은 찬송은 이 이름으로 시작하고 이것 없이 그치는 것이 별로 없다. 이것은 우리 기쁨의 모든 것을 합한 것이다. 이는 "하늘"에서 울려지는 종소리의 음악이요, 이 한마디로써 노래를 이루는 것이다. 오직 물 한 방울 같이 간단한 것이지만 마치 커다란 바다와 같은 의미를 가지며, 이 두 음절은 비교할 수 없는 오라트리오이며 다섯 글자로는 영원한 할렐루야를 모은 것이다.

> *"예수여, 나는 아름다운 주의 이름을 사랑합니다.*
> *그것은 내 귀에 고귀한 음악입니다."*

2월 8일 저녁

78. "이는 그가 자기 백성을 저희 죄에서 구원할 자이심이라"(마 1:21)

"구원이란 무엇인가"라고 묻는다면 많은 사람은 "지옥에서 건져 "하늘"에 옮기는 일입니다"라고 대답할 것이다 이것은 구원의 한 결과이지 구원이 주는 은혜의 십분의 일도 나타내지 못한 것이다. 우리 주 예수 그리스도께서 그의 백성을 장차 올 진노에서 건져내신 것은 사실이다. 주님께서는 그들의 죄로 인한 두려운 정죄로부터 그들을 구원하신다. 그러나 주의 승리는 위에서 말한 것보다 훨씬 완전한 것이다. 주님께서는 그의 백성을 "모든 죄에서" 구원하신다. 오, 최악의 원수로부터 구원하시는 감미로운 구원이여! 그리스도께서 구원의 일을 이루신 곳에서 주님께서는 사탄을 왕좌에서 밀어내시고 더 이상 왕노릇하지 못하게 하실 것이다. 만일 죄가 썩은 육체를 지배하고 있다면, 그 사람은 참 그리스도인이 아니다. 죄는 우리 속에 있다. 그 죄는 우리의 영이 영광의 세계에 들어가기까지는 결코 완전히 쫓아낼 수는 없다. 그러나 죄가 결코 지배권을 가질 수는 없다. 서로 지배하려는 싸움이 계속될 것이다. 즉 우리의 강한 욕망은 하나님께서 세우신 새로운 율법과 새로운 영에 대하여 반항하려고 할 것이다. 그러나 죄가 승리를 얻어 우리 본성의 절대적인 지배자가 될 수는 없다. 그리스도께서 마음의 지배자가 되심으로서 죄는 극복되어야 한다. 유대 지파의 사자는 승리하고 용은 쫓겨 떨어진다. 믿음을 고백하는 자여, 당신의 죄는 정복되어 있는가? 만일 당신의 생활이 깨끗하지 못하면 당신의 마음은 변화되지 않았다. 당신의 마음이 변화되지 않았다면 당신은 구원받지 못한 사람이다. 구주께서 당신을 깨끗하게 하지 않고, 새롭게 하지 않고, 죄에 대한 증오와 거룩에 대한 사랑을 주지 않았다면, 주님께서 당신 속에서 조금이라도 구원의 사역을 하시지 않고 있다는 것이다. 사람을 성화시키지 못하는 은혜는 아무런 가치가 없는 모조품과 같다. 그리스도께서는 그 백성을 죄 있는 채로 구원하시는 것이 아니고, 바로 그 죄로부터 구원하신다. "거룩함이 없이는 아무도 주님을 보지 못하리라"(히 12:14). "주의 이름을 부르는 자마다 불의에서 떠날지어다"(딤후 2:19). 만일 죄에서 구원되지 않았다면 어떻게 하나님의 백성 중의 하나로 간주될 것인가? 주여, 지금 이 순간 나를 모든 죄에서 구원하사 내 주님을 높이게 하소서.

2월 9일 아침

79. "다윗이 여호와께 묻자온데"(삼하 5:23)

다윗이 여호와께 물은 때는 마침 그가 블레셋과 싸워 일대 승리를 얻은 때였다. 블레셋 인은 큰 무리로 습격해 왔지만, 다윗은 하나님의 도우심으로 그들을 철저히 패배시켰다. 그러나 주목해야 하는 것은 적이 다시 공격해 왔을 때 다윗이 여호와의 뜻을 알기까지는 싸우지 않았던 일이다. 그는 한 번 승리했다고 해서 많은 사람이 이런 때에 말하듯이, "나는 다시 승리할 것이다, 한번 승리하였으므로 또 다른 승리는 정해진 것이다, 여호와의 손을 구하며 머뭇거릴 필요가 없다"라고 말할 듯하지만, 다윗은 그렇지 않았다. 여호와의 도우심에 의해 한 번은 승리하였다. 그러나 이번에도 그는 여호와의 뜻을 분명하게 알기까지는 경솔한 일을 하지 않았다. 대신에 그는 "다시 그들과 싸우리이까?"라고 물은 것이다. 그는 여호와의 응답이 오기까지 기다렸다. 우리도 다윗과 같이 하나님의 응답 없이는 한 발자국도 옮기지 않는 것을 배우도록 하자. 주안에 있는 자여, 만일 당신이 소명의 길을 알고자 하면 하나님을 당신의 나침반으로 삼아라. 만일 당신이 어두운 큰 물결 치는 바다로 항해하고자 한다면 키를 전능자의 손에 맡겨라. 만일 아버지 하나님께서 키를 잡고 계시다면 우리들은 많은 암초를 피할 수가 있을 것이다. 참된 주권자께서 항로를 선택하여 명령하실 것이므로 암초에 부딪히거나 구덩이에 빠질 리가 없는 것이다. 어떤 청교도는 "그리스도인이 자기를 위하여 조각 한다면 그는 반드시 손가락을 상할 것이다"라고 말했는데 이것은 위대한 진리이다. 또한, 어떤 나이든 목사는 "하나님의 섭리의 구름보다 앞서가는 자는 어리석은 안내자가 되는 것이다"라고 말한 적이 있는데, 이것 또한 진실하다. 우리는 우리를 인도하시는 하나님의 섭리를 알아야 한다. 그리고 섭리가 지체된다면 당신도 멈추라. 섭리보다 앞서 나아갔다면 기꺼이 뒤로 물러서라. "나는 너희를 가르치며 너의 가는 길을 보이리라"(시 32:8)고 말씀하신 것은 하나님께서 그의 백성에게 하신 약속이다. 그러므로 모든 어려운 문제를 주님 앞에 가지고 나와서 "주여 당신님께서는 나에게 무엇을 시키려고 하십니까?"라고 물어라. 오늘 아침 이것을 주님께 묻지 않고 방을 나와서는 안 된다.

80. "우리를 시험에 들게 하지 마옵시고 다만 악에서 구하옵소서"
(마 6:13)

　　기도 가운데 "구하라", "피하라"고 우리에게 가르치는 것은, 우리의 행동에 있어서도 동일하게 추구하거나 금해져야 한다. 그러므로 우리는 힘써 유혹을 피하며 조심하면서 순종의 길을 걸어야 한다. 마귀의 유혹을 받는 일이 결코 없도록 주의하지 않으면 안 된다. 사자를 찾으려고 일부러 숲 속에 들어가지 않아야 한다. 오히려 험한 일을 당할지도 모른다. 사자는 우리의 길을 가로막거나 숲 속에서 우리에게 달려들 수도 있다. 그러나 이편에서 사자를 사냥할 필요는 없다. 혹시 사자를 만나 승리를 얻는다 할지라도 그것은 쉬운 싸움이 아닌 것을 잘 알 것이다. 그리스도인이여, 우리는 시험에 들지 않도록 기도하자. 시험의 의미를 알고 계신 우리 주님께서는 "시험에 들지 않도록 기도하라"(눅 22:40)고 열심히 제자들에게 가르치셨다. 그러나 시험을 피하고자 최선을 다해도 시험은 온다. 그래서 "우리를 악에서 구원하소서"라는 기도가 있다. 하나님에게는 죄가 없으신 독생자가 계시다. 그러나 시험을 만나지 않는 아들은 하나도 가지고 있지 않으시다. "인간은 본래 고난을 피할 수가 없다. 그것은 마치 불티가 위를 향하는 것과 같다"(욥 5:7). 그리고 그리스도인도 분명히 시험을 면할 수는 없다. 우리는 항상 사탄을 경계하지 않으면 안 된다. 왜냐하면, 사탄은 도적과 같이 몰래 다가오기 때문이다. 사탄에게 고난을 당한 경험을 가진 믿는 자들은 어느 계절에 찬바람이 불어오는 지를 예상함 같이, 사탄이 언제 공격을 가장 잘하는지를 알고 있다. 그래서 그리스도인은 그 위험을 두려워하며 엄중히 경계하게 된다. 그리고 준비만 잘한다면 그 위험을 피할 수가 있다. 예방이 치료보다 나은 것이다. 마귀와 싸워 고생하는 것보다는, 비록 싸워서 마귀를 물리친다 할지라도, 마귀가 공격해 오지 못하도록 무장을 굳게 하는 편이 더욱 좋다. 오늘 저녁, 먼저 시험이 오지 않도록 기도하라. 그리고 다음에 시험을 만날지라도 악한 자로부터 구원받도록 기도하라.

2월 10일 아침

81. "내가 풍부에도 처할 줄 알아"(빌 4:12)

많은 사람이 "비천에 처할 줄"은 알아도 "풍부에 처할 줄"은 잘 알지 못한다. 그들이 정상에 서게 되면, 미혹에 빠져 타락하기 쉽다. 그리스도인은 종종 역경 속에 있을 때보다 번영 가운데서 자신이 고백하고 있는 믿음을 부끄럽게 한다. 번영은 위험하다. 그리스도인에게 있어서 역경의 가혹한 도가니는 번영의 자리보다 감당하기 쉬운 시련이다. 오, 영혼이 여위고 영적인 것이 소홀하게 되는 일은 하나님의 많은 긍휼과 부요함을 접한 뒤에 일어나지 않는가! 그래서는 안 된다. 왜냐하면 사도바울은 "나는 풍부에 처할 줄 안다"라고 말하기 때문이다. 그는 많은 부요를 얻었을 때 어떻게 그것을 사용할 것인지 알고 있었다. 충만한 은혜로 그는 풍족한 번영을 감당할 수 있었다. 순풍에 돛을 달아 바람이 일 때는 밑에 짐을 많이 싣고 안전하게 항해할 수가 있다. 세상의 환락의 넘치는 잔을 안전하게 운반하기에 인간의 힘만으로는 어렵다. 바울은 그 비결을 알고 있었다. 왜냐하면, 그는 "나는 배부름에도, 배고픔에도 모든 경우에 처하는 비결을 배웠다"(빌 4:12)라고 단언하고 있기 때문이다. 배부름에 처할 줄 아는 것은 하나님께서 주신 교훈이다. 이스라엘은 일찍이 배부른 때가 있었다. 그러나 고기가 아직 그들의 입에 있는 동안에 하나님의 진노가 그들 위에 임하였다. 많은 사람은 자기 마음의 욕심을 만족해하기 위하여 긍휼을 구했다. 우리가 하나님의 섭리에 긍휼을 풍족히 받았을 때에는 하나님의 은혜를 소홀히 하며 주신 부요에 대하여 감사의 마음을 가지지 않은 일이 종종 있다. 우리는 만족하게 되면 하나님을 잊고 이 땅에 만족하여 "하늘"를 마음에 두지 않게 된다. 그러므로 주린 것보다 배부른 편이 오히려 두려운 것이다. 사람의 마음은 자칫하면 교만해져서 하나님을 잊어버리기 쉽다. 당신도 하나님께 기도하여 배부름에 처할 줄 아는 비결을 배워야 한다.

"주님께서 사랑으로 주신 은사 때문에

주님에게서 내 마음이 떠나는 일이 없도록 하라."

2월 10일 저녁

82. "내가 네 허물을 빽빽한 구름에 사라짐같이
네 죄를 안개가 사라짐같이 도말하였으니"(사 44:22)

여기에서 말하고자 하는 교훈의 의미를 주의 깊게 살펴보라. 우리의 죄는 구름 같다고 기록하였다. 구름은 그 모양과 농도가 다 제각기이다. 우리의 죄도 그와 같다. 구름이 햇빛을 가로막으며 이 땅 위에 것을 어둡게 함같이 우리의 죄도 우리로부터 여호와의 얼굴빛을 가리우며 우리를 죽음의 골짜기에 주저앉게 한다. 죄는 땅에서 나며 우리 본성의 진흙 구덩이에서 일어난다. 그것이 큰 덩어리가 되면 폭풍우를 만들어 우리를 위협한다. 슬프게도 우리의 죄는 구름과는 다르게 단비를 내리지도 않고 양보하지도 않는다. 우리의 죄는 무서운 파괴의 홍수 속에 우리를 빠트리게 한다. 오, 죄의 검은 구름이여, 네가 머무는 한, 우리의 영혼은 어떻게 화창한 날씨를 가질 수 있을까? 기쁨의 눈으로서 죄를 도말하시는 하나님의 긍휼의 위대한 사역을 보지 않으려는가! 하나님께서는 그의 거룩한 자비 중에 나타나셔서 분노를 나타내지 않으시고 오히려 은혜를 계시하신다. 그리고 그는 영원히 효과적으로 해로운 독을 제거하신다. 그는 구름을 옆으로 밀어내는 것이 아니고 단번에 그 존재를 소멸하신다. 의롭다함을 입은 자에게는 어떤 죄도 남아 있을 수 없다. 십자가상에서 이루신 그 큰 사역이 영원히 당신의 죄를 제거하셨다. 갈보리 언덕에서 모든 선택한 자의 죄를 영원히 제거하는 위대한 행위가 완전히 유효하게 성취되었다. 실제로 "내게로 돌아오라"고 하는 은혜로운 명령에 순종하지 않으려는가! 죄 사함을 받은 죄인이 왜 하나님에게서 멀리 떠나 살아가는가? 만일 우리가 스스로 모든 죄에서 용서함을 받았다면 두려움 없이 담대하게 주 앞에 가까이 나갈 것이 아닌가? 믿음의 후퇴를 슬퍼하는 것은 좋지만 언제까지나 그것을 계속하면 안 된다. 성령의 능력 안에서 주님과의 가장 친밀한 교제로 돌아가도록 큰 노력으로 씨름해야 하지 않겠는가? 오, 주여 이 밤에도 우리를 회복하소서!

2월 11일 아침

83. "저들이 예수님과 함께 있던 자인줄 알고"(행 4:13)

그리스도인은 예수를 현저하게 닮아야 한다. 당신은 아름답고 감명을 주는 문장으로 쓰인 예수님의 전기를 읽었으리라. 그 예수님의 전기 가운데 가장 아름다운 것은 그의 백성의 행동과 말 안에서 쓰여진 그의 살아있는 일대기이다. 만일 우리가 예수님을 믿는 자라고 고백하고, 예수님을 믿는 자라면 우리는 그리스도의 사진 같아야 할 것이다. 이 세상 사람들이 우리를 보고 "아, 그는 어딘가 예수님 같은 분위기가 조금 난다"고 하는 정도가 아니라, 차라리 "아, 그는 예수님과 함께 있고 예수에게 배웠고 예수님과 같고 나사렛 성자의 사상을 받아 그 생애의 행동 중에 그것을 실행하고 있구나"라고 말하도록 해야 한다. 그리스도인은 그 대담함에 있어서 그리스도와 같아야 한다. 당신의 믿음을 부끄러워해서는 안 된다. 당신의 믿음은 결코 당신을 부끄럽게 하지 않는다. 당신이 부끄러워하지 않도록 주의하라. 예수님과 같이 당신의 하나님에게 용감하라. 사랑의 정신에서 그리스도를 닮아야 한다. 깊이 생각하고 친절하게 말하며 행동해라. 그리하여 사람들이 당신에 대하여 "그는 예수님과 함께 있었다"라고 말하게 하라. 거룩함에서 예수님과 같은 자가 되라. 예수님께서는 아버지 하나님을 위하여 얼마나 열심이셨던가? 당신도 항상 선한 일에 힘쓰며 시간을 낭비하지 마라. 시간은 귀중하다. 예수님은 자기를 부정하셨으며, 그분 스스로 자기의 유익을 조금이라도 구하셨는가? 당신도 그렇게 하라. 예수님은 믿음이 깊으셨는가? 당신도 기도에 열심을 내야 한다. 예수님은 아버지의 뜻에 얼마나 순종하셨는가? 당신도 자신을 주께 맡겨라. 예수님은 얼마나 인내심이 강하셨는가? 당신도 인내심을 배우라. 그중에서도 예수님의 뛰어난 특징 중에서 원수를 용서하는 법을 배우라. "아버지여 저희를 사하소서 저들은 무엇을 하는지 자기들의 하는 것을 알지 못함이니이다" (눅 23:34)라고 하신 예수님의 숭고한 말씀을 항상 귓가에 울리게 하라. 당신이 용서받기를 원하듯이 당신도 남을 용서하라. 원수를 친절하게 대함으로 타는 숯불을 원수의 머리에 쌓아라. 악을 선으로 갚는 것은 하나님과 같다고 기억하라. 당신도 하나님같이 완전하게 되어 모든 수단과 방법을 다하여 "예수님과 함께 있었다"라고 말하도록 그렇게 살아라.

2월 11일 저녁

84. "너희는 처음 사랑을 버렸느니라"(계 2:4)

우리는 처음 주님을 만났던 그 최상의 시간 그리고 가장 빛났던 순간들을 항상 기억할 것이다. 그때 우리는 무거운 짐을 풀어 내려놓고, 약속의 두루마리를 받고 온전한 구원을 기뻐하며 또한 평안의 가득 찬 믿음의 걸음을 옮기던 때었다. 그것은 우리 영혼의 봄의 계절이었다. 겨울은 지나고 시내산의 우뢰소리는 사라지고 번쩍이는 번개도 보이지 않게 되었다. 하나님과 사람은 화해되어 율법의 속박이나 공의도 형벌을 요구하지 못하게 되었다. 그리고 우리의 마음에 꽃이 피고 희망과 사랑과 평안과 인내가 땅속에서부터 피어나왔다. 회개의 히아신스, 성결의 눈꽃, 황금색 믿음의 크로커스, 첫사랑의 수선화, 이 모든 것이 영혼의 화원을 장식하였다. "새가 노래하는 계절이 오고" (아 2:12) 우리는 감사에 넘쳐서 기뻤다. 우리는 죄를 용서하시는 하나님의 거룩한 이름을 찬양하며 다음과 같이 말하며 결심하였다. "주여, 나의 전부는 당신의 것, 나의 가진 모든 것을 당신에게 드립니다. 당신은 보혈로써 나를 사셨습니다. 원하오니, 나를 주께 봉사하기 위하여 쓰시옵소서. 나의 생명도 죽음도 당신을 위하여 깨끗하게 하소서." 그러나 우리는 이 결심을 지켜왔는가? 우리의 처음 사랑은 예수님께 대한 헌신의 거룩한 불길에 타올랐지만 지금도 그렇게 불타고 있는가? 예수님께서 "너에게 책망할 것이 있다. 너희는 처음 사랑에서 떠났도다"라고 말씀하심이 당연치 않은가? 아, 우리는 주의 영광을 위하여 거의 아무것도 하지 않고 있다. 우리의 겨울은 너무나도 길어졌다. 여름의 뜨거움을 느껴 순결한 꽃을 피어야 할 때에 우리는 얼음과 같이 차갑다. 하나님께 황금을 드려야 할 때에 구리 동전을 들고 있는 것이다. 우리는 주님의 교회와 진리의 봉사를 위하여 마음의 피를 쏟지 않으면 안 된다. 과연 우리는 이대로 있어도 괜찮은 것일까? 오 주여, 당신님께서는 우리를 풍족하게 축복하셨는데, 우리는 주님의 선하신 사역에 감사함이 없고, 무관심하였나이다! 우리를 깨우소서. 그리하여 우리가 처음 사랑으로 돌아가 그 마음으로 다시 일을 시작하게 하소서! 오 의의 태양이여, 우리에게 새로운 봄을 주소서!

2월 12일 아침

85. "그리스도의 고난이 우리에게 넘친 것 같이

우리의 위로도 그리스도로 말미암아 넘치도다"(고후 1:5)

　　여기에 축복된 균형이 있다. 섭리의 주권자께서는 하나의 저울을 가지고 계신다. 한 편의 접시에는 하나님의 백성의 시련이 있고, 다른 한편에는 그들의 위로가 놓여있다. 시련의 잔이 거의 비게 되었을 때 위로의 잔도 같은 모양으로 거의 비게 되며, 시련의 잔이 가득할 때에는 위로의 잔도 무겁게 된다. 검은 구름이 뭉게뭉게 움직일 때는 빛이 다른 때보다 밝히 보인다. 해가 서산으로 넘어가며 폭풍이 불어오려고 할 때는 하늘의 선장은 항상 그 선원들에게 가장 가까이 있다. 우리가 가장 낙심하고 있을 그때에 성령의 위로로 힘을 얻음은 얼마나 큰 축복인가. 그 이유는 시련 자체가 위로를 담는 자리를 많이 만든다는 것이다. 위대한 마음은 큰 환란으로 인해서만 만들어지며 환란의 삽은 위로의 못을 깊이 파서 보다 많은 위로가 담길 자리를 만든다. 하나님께서 우리의 마음에 오사 그것이 가득함을 보시고 우리의 위로를 깨뜨려 그것을 비우시고 은혜를 더 담을 자리를 만드신다. 사람은 겸손하면 할수록 많은 위로를 받는다. 왜냐하면, 위로를 받기에 적합한 상태가 되기 때문이다. 우리가 환란 중에 가끔 가장 행복한 또 하나의 이유는 우리가 하나님과 가깝게 상의하는 것을 시작한다는 것이다. 창고가 가득 차 있을 때에는 사람은 하나님 없이 살 수 있고, 지갑에 돈이 차츰 없어지려고 할 때도 기도 없이 지내려고 한다. 그러나 우리의 자원이 모두 없어지게 되면 우리는 하나님을 필요로 한다. 집안에서 우상이 제거되면 우리는 하나님을 경외하지 않을 수가 없다. "주여, 내가 깊은 웅덩이에서 주께 부르짖나이다"(시 130:1). 산의 바닥에서 부르짖는 소리처럼 들리기 쉬운 것이 없듯이, 깊은 시련과 환란 가운데 있는 영혼의 깊은 곳에서 나오는 기도처럼 힘 있는 것은 없다. 그것이 우리를 하나님 앞으로 데리고 가서 우리를 행복하게 한다. 왜냐하면, 하나님에게 가까이 있는 것이 행복이기 때문이다. 고뇌하는 믿는 자여, 오라! 당신의 무거운 짐 때문에 불안에 떨지 마라. 왜냐하면, 그것은 깊은 긍휼의 앞잡이가 되기 때문이다.

86. "아버지께서 또 다른 보혜사를 너희에게 주사
영원토록 너희와 함께 있게 하시리니"(요 14:16)

우리의 성부 하나님께서는 아들이 오시기 전에 자신을 구약시대 믿는 자들에게 계시하셨다. 그는 아브라함, 이삭, 야곱에게 전능하신 하나님으로 알려졌다. 그 후 예수님께서 오셨는데, 이 영원히 찬미할 독생자께서는 그 백성의 눈에 기쁨이 되셨다. 구속주께서 승천하셨을 때, 성령은 이 시대의 머리가 되셨고 그의 능력은 오순절 이후에 영광스럽게 나타나셨다. 성령께서는 지금도 임마누엘(Immanuel, 하나님이 우리와 함께 계심)이시오, 그 백성과 함께, 또 백성 중에 거하시며 그 속에 계셔서 그들을 살피시고 인도하며 다스리신다. 그분의 존재는 마땅히 그래야 하는 것처럼 인정받고 있는가? 우리는 그분의 사역을 좌지우지할 수 없다. 성령께서는 그의 기쁘신 뜻대로 모든 일을 하신다. 그러나 우리는 과연 주의 깊게 그분의 도움을 갈망하며, 그의 도움이 없어지지 않도록 방심하지 않으면서 충분히 마음을 쓰고 있는가? 성령 없이는 우리는 아무것도 할 수 없다. 그러나 그분의 전능의 힘을 의지한다면 놀랄만한 결과를 얻을 수 있다. 모든 것은 그분께서 능력을 나타내시는가 아니면 숨기시는가에 달려 있다. 우리는 항상 자신의 내적 생활과 외적 봉사에서 성령의 능력을 갈망하며 그에게 진심으로 의지하고 있는가? 우리는 그의 부르심에 앞서 자주 행동하며 그의 도움 없이 독단적으로 일하고 있지 않은가? 이 저녁에 과거의 태만했음을 생각하고 겸손하게 하늘의 이슬이 우리 위에 머물도록, 거룩한 기름이 부어지도록 그리고 하늘의 불길이 우리 위에서 타오르도록 지금 간청하지 않으려는가? 성령은 일시적인 은사가 아니고 영원히 성도와 함께 머무신다. 우리가 합당한 태도로 그분을 찾는다면, 그를 발견하게 될 것이다. 그는 질투가 많으시지만 또한 긍휼히 깊으신 분이시다. 노하셔서 떠나가기도하시지만, 또한 자비를 가지고 돌아오신다. 그는 은혜로우시고 온유하셔서 우리에게 실망치 않으시고 오히려 긍휼을 베푸시고자 조용히 기다리신다.

"죄는 나의 마음을 두드리나니

사랑이 굳어 식을 때까지,

그러므로 은혜의 도우심을 구하라.

하늘로부터 내 영혼 위로 떨어질 때까지."

2월 13일 아침

87. "보라 아버지께서 어떠한 사랑을 우리에게 베푸사
하나님의 자녀라 일컬음을 받게 하셨는가,
우리가 그러하도다 그러므로 세상이 우리를 알지 못함은
그를 알지 못함이라
사랑하는 자들아 우리가 지금은 하나님의 자녀라"(요일 3:1-2)

"보라, 어떠한 사랑을 아버지께서 우리에게 주셨는가!" 우리가 일찍이 어떠한 자였던가를 생각해보고, 지금도 우리 안에서 부패의 힘이 강하게 느껴지는지를 생각해보라. 그러면 우리가 하나님의 아들이 되었다는데 놀랄 것이다. 우리는 하나님의 자녀라고 불린다. 자녀가 된다는 것은 어떤 깊은 관계이며 어떤 특권이 수반되는 것일까! 자녀는 아버지에게 관심과 배려를 구하며 아버지는 자녀에게 사랑을 베푼다. 그런데 이 모든 것을 보면 우리는 그리스도를 통하여 그 이상의 것을 지금 가지고 있다. 우리의 일시적인 현재의 환란은 우리의 형제이신 예수 그리스도와 함께 받기에 이를 영광으로 생각하고 견딘다. "세상이 우리를 알지 못하는 것은 아버지를 알지 못하기 때문이다." 우리는 겸손하신 주와 함께 세상에 알려지지 않고 일생을 마치는 일에 만족한

다. 왜냐하면, 주와 함께 높임을 받을 때가 있기 때문이다. "사랑하는 자여, 우리가 지금은 하나님의 자녀라." 이것을 읽기는 쉽다. 그러나 이것을 느끼기는 쉽지가 않다. 오늘 아침 당신의 마음은 어떠한가? 극도로 슬픔 가운데 있는가? 부패한 생각이 마음에 떠오르고 은혜는 발아래 밟히는 불의 티 같이 보이는가? 당신의 믿음 생활은 무기력한가? 두려워 말라! 당신의 장점이나 감정에 따라 사는 것이 아니라 오직 그리스도의 믿음만으로 살지 않으면 안 된다. 모든 것이 당신을 반대하는 지금, 슬픔의 골짜기에 있을 때나 어디에 있을 때나 산꼭대기에 있는 것처럼 "사랑하는 자들아, 우리가 지금은 하나님의 자녀라." 그런데 당신은 말할 것이다. "나는 어떤 상태인가! 나의 장점은 나타나지 않고 나의 의는 빛을 비추지 않는다"라고 말한다. 그러나 다음 구절을 읽어 보라. "우리가 장래 어떻게 될지는 아직 나타나지 아니하였으나 그가 나타나시면 우리가 그와 같을 줄을 아는 것은 그의 참모습 그대로 볼 것이기 때문이니"(요일 3:2) 하는 말씀을 말이다. 성령께서는 우리의 마음을 깨끗하게 하시고 하나님의 능력이 우리의 몸을 영화롭게 하심으로 우리는 "주의 참모습을 그대로" 보게 될 것이다.

2월 13일 저녁

88. "그러므로 이제 그리스도 예수 안에 있는 자에게는 결코 정죄함이 없나니"(롬 8:1)

나의 영혼이여, 와서 이 말씀을 함께 생각해보도록 하자. 예수님을 믿음으로 말미암아 너는 실제로 유효하게 죄에서 성결케 되었다. 너는 그 감옥에서 풀려나왔다. 이제 더는 노예와 같은 쇠사슬은 없고 율법의 속박에서 해방되어 죄에서 자유케 되었다. 그리고 자유인으로 자유롭게 걸을 수가 있다. 너의 구주의 보혈이 너를 완전히 해방하여 이제는 아버지 하나님의 보좌에 가까이 나아갈 수 있는 권리를 보장받았다. 이제는 복수의 불길이나 불의 검이 너를 위협하지 못한다. 공의도 죄 없는 자를 공격할 수 없다. 너의 무력함은 제거되었다. 전에는 아버지 하나님의 얼굴을 볼 수 없었지만, 이제는 친히 우러러볼 수가 있다. 전에는 아버지 하나님과 말할 수 없었지만, 이제는 두려움 없이 가까이할 수가 있다. 전에는 지옥을 두려워하였다. 그러나 이제는 두려움이 전혀 없다. 죄가 없는 자를 어떻게 벌할 수 있겠는가? 믿는 자에게는 정죄함이 없으니 따라서 벌할 수가 없다. 그뿐 아니라 너는 현재 의롭다 함을 얻었으니, 만일 네가 절대로 죄를 범하지 않는다면, 즐겁게 받을 모든 특권이 너의 것이 되었다. 율법을 지켰을 때 받을 모든 축복은, 아니 그 이상의 축복이 너의 것이다. 왜냐하면, 그리스도께서 너를 위하여 율법을 모두 지키시고 완성하셨기 때문이다. 하나님에게 완전히 순종한 결과 가지게 될 모든 사랑과 용납은 너에게 속한 것이다. 왜냐하면, 그리스도께서 너희 때문에 온전히 순종 하셨기 때문이다. 그리고 무한히 가난하여진 예수님으로 인해 우리가 무한히 부유한 자가 되게 하려고 모든 그의 공로를 네게 전가하셨기 때문이다. 오, 네가 구주님에게 빚지고 있는 사랑과 감사의 빚은 얼마나 큰 것인가!

"오직 긍휼로 말미암아 구원받아, 나는 언약의 긍휼을 찬양하노라.

당신님의 의를 옷 입고 두려움 없이 주 앞에 나아가리라.

율법과 하나님에 대한 두려움이 이제는 없기에, 내가 해야 할 것은 아무것도 없도다.

구주의 순종과 보혈로 말미암아 나의 모든 죄는 하나님의 눈에서 숨겨졌도다."

2월 14일 아침

89. "그가 쓸 것은 날마다 왕에게 받는 양이 있어서 종신토록 끊이지 아니하였더라"(왕하 25:30)

여호야긴은 왕궁을 나올 때 몇 달분의 필요를 미리 지불받은 것이 아니고 연금을 날마다 지불 받는 것으로 되어 있었다. 이것은 모든 주의 백성의 행복한 상태를 묘사하고 있다. 실제로 사람들에게 필요한 것은 그날그날의 분깃이다. 우리는 내일의 분깃을 필요로 하지 않는다. 내일의 분깃은 내일 아침이 오지 않는 한 필요한 것이 아니기 때문이다. 6월에 목이 마른 사람이 2월에 갈증을 채울 필요는 없다. 우리는 2월에는 목이 마른 것을 느끼지 않기 때문이다. 만일 우리가 매일 매일의 필요에 결핍이 없다면 아무 부족함이 없을 것이다. 하루에 쓸 충분한 양이면 우리는 즐길 수 있다. 먹고 마시고 입는 것도 하루의 양보다 더 많이 쓸 수가 없다. 남는 부분이 있으면 저축해야 하는 노력과 도적으로부터 지켜야 하는 근심이 따른다. 한 개의 지팡이는 나그네를 돕지만 몇 개를 집고 다니면 오히려 수고스럽다. 맛있는 음식도 만족하기까지 좋은 것이지 아무리 대식가라도 그 이상 먹으면 오히려 탈이 난다. 이것이 우리가 기대할 모든 것이다. 이것 이상 욕심내는 것은 은혜를 모르는 것이다. 우리의 하늘 아버지께서 그 이상 주지 않을 때 우리는 하루의 양으로 만족하지 않으면 안 된다. 여호야긴의 경우는 곧 우리의 경우와 마찬가지이다. 우리는 확실한 분깃을 받는다. 그것은 왕이 주는 것으로 은혜 깊은 선물이다. 또한 그것은 계속해서 주는 것이다. 바로 여기에 감사하지 않으면 안 될 확실한 이유가 있는 것이다. 사랑하는 자여, 당신의 은혜는 그날그날 필요한 것이다. 당신은 힘이 남는다고 저장할 수는 없다. 당신은 날마다 위에서부터 오는 도움을 구하지 않으면 안 된다. 날마다의 분깃이 당신을 위하여 준비되어 있다는 것은 얼마나 기분 좋은 일인가. 당신은 말씀과 사역에 있어서, 묵상에 있어서, 기도에 있어서, 또한 주님을 기다리는 일에 있어서, 항상 새 힘을 받는 것이다. 당신에게 필요한 모든 것은 예수님 안에 갖추어져 있다. 그러므로 그것을 끊임없이 받는 것에 즐거워하라. 날마다 은혜의 빵이 자비의 식탁에 진열되어 있는데 배고픈 배를 쥐고 지내는 일을 해서는 안 된다.

90. "그는 곧 나음을 받았다"(눅 8:47)

　　오늘 밤, 우리는 구주 예수님의 가장 감동적이고 교훈적인 기적의 현장 앞에 있다. 이 여인은 매우 무지했다. 그녀는 그리스도께서 그의 지식이나 의지 없이 의무감으로 능력을 행한 것이라고 상상했다. 아낌없이 주시는 예수님의 성품에 대해 전혀 알지 못했다. 만일 알았다면 병 고침을 위해 몰래 뒤로 와서 만지지는 않았을 것이다. 괴로움에 처해 있는 자는 언제나 긍휼의 주님 앞에 즉시 나와야 한다. 그녀가 만일 예수님의 마음에 있는 사랑을 알고 있었다면 그녀는 "나는 주의 눈에 보이는 장소에 나오면 충분하다. 주님은 모든 것을 알고 계신 분이시기에 나를 어떻게 고치실 것을 아시며 그 사랑은 나를 그 자리에서 낫게 하실 것이다"라고 말했을 것이다. 우리는 그녀의 믿음을 칭찬하지만, 그녀의 무지함에 놀란다. 그녀는 고침을 받고 기뻐하면서도 두려워했다. 하나님의 능력이 그녀에게 기적을 베푸심에 기뻐했지만, 혹시나 그리스도께서 그 축복을 감하시며 은혜 부으심을 취소하실까 하여 두려워했다. 그리스도의 사랑의 충만을 그녀는 거의 이해하지 못했다. 우리가 원하듯이 그리스도에 대해 명백한 인식을 하지 못하고 있다. 그의 사랑의 높이와 길이를 충분히 알지 못하고 있다. 그러나 다음의 일은 확실히 알고 있다. 그리스도께서는 그녀의 떨리는 영혼으로부터 그녀가 소유한 선물을 취하지 않을 것이라는 것을 말이다. 그러나 여기에서 주목할 만한 것은 그녀의 지식은 없는 것과 같지만, 그녀의 믿음은 참된 것이기에 그녀를 단번에 구원한 것이었다. 거기에는 조금도 지체함이 없었고 믿음으로 인한 기적은 즉각적으로 일어났던 것이다. 만일 우리에게 겨자씨 한 알만한 믿음이 있다면 구원은 우리의 현재와 또한 영원한 소유가 된다. 우리가 주님의 생명책에, 가족 중에 가장 약한 자로 등록되어 있을지라도 믿음으로 인해 후사로 되어있기 때문에, 그 어떠한 힘도, 사람이나 마귀의 힘도 우리를 구원에서 축출할 수는 없다. 요한과 같이 주님의 가슴에 의지하고 있지 못할지라도 뒤에서 주의 옷자락만이라도 만질 수 있다면 우리는 온전함을 받을 것이다. 겁내는 자여, 용기를 내라. 너의 믿음이 너를 구원하였다. 평안히 가라. "우리가 믿음으로 말미암아 의롭다 하심을 받았으니 우리 주 예수 그리스도로 말미암아 하나님과 더불어 화평을 누리니라"(롬 5:1).

2월 15일 아침

91. "영광이 이제와 영원한 날까지 저에게 있을지어다"(벧후 3:18)

하늘에는 예수님을 찬양하는 소리가 끊임없이 충만할 것이다. 영혼이여, 너의 셀 수 없는 연월은 끊임없이 흘러갈 것이다. 그러나 "영광이 영원한 날까지 주님에게 있을지어다." 주님께서는 "멜기세덱의 반차를 쫓은 대제사장"(히 5:6)이시니, "영광이 주께 있을지어다"; "주는 영원한 왕, 왕의 왕, 주의 주"(딤전 6:15), "영원한 아버지"(사 9:6)이시니, "영광이 영원한 날까지 주님께 있을지어다." 그에 대한 찬양은 절대 끊어지지 않을 것이다. 보혈로써 값을 치른 자는 영원히 존속할 가치가 있는 것이다. 십자가의 영광은 결코 빛을 잃어서는 안되고, 무덤과 부활의 광채도 결코 흐려져서는 안 된다. 오, 예수여 당신은 영원히 찬양을 받으리로다. 죽지 않는 영혼이 사는 동안, 아버지의 보좌가 계속되는 동안, 영광은 영원히 당신에게 있나이다. 주안에 있는 자여, 당신은 "하늘"의 성도들의 대열에 들어가 모든 영광을 예수님께 돌리는 날이 올 것을 기대하고 있다. 그러나 지금 당신은 주의 영광을 나타내고 있는가? 사도는 "영광이 지금과 영원한 날까지 있을지어다"라고 말하고 있다. 오늘 당신은 이 일에 대해 기도하지 않으려는가?

주여, 나를 도우사 당신님께 영광 돌리게 하옵소서. 나는 가난하오나,

만족하면서 당신님께 영광 돌리도록 도와주소서. 나는 아프지만, 인내를 갖고 당신님을 높일 수 있도록 도와주소서. 나는 재능이 있사오니 그것들을 당신님을 찬양하기 위해 사용하도록 도와주소서. 주여, 나는 시간이 있습니다. 이 시간을 당신님을 위하여 사용하여 당신님께 봉사하도록 도와주소서. 주여, 나에게는 마음이 있어 느낍니다. 원하오니 당신님에 대해서만 사랑을 느끼고 그 사랑만을 태우도록 하소서. 나는 생각하는 머리를 가졌습니다. 원하오니 당신님만을 위해서 많이 생각할 수 있도록 도와주소서. 주여, 당신님께서는 무엇인가 하기 위하여 나를 이 세상에 두셨나이다. 그것이 무엇인지 나에게 보여주소서. 내가 그 생애의 목적에 도달할 수 있도록 도와주소서. 나는 많은 것을 할 수 없습니다. 그러나 생활비의 모두였던 동전 두 개를 드렸던 과부와 같이 나도 나의 시간과 영혼을 당신님의 곳간에 드립니다. 나의 모든 것은 당신님의 것입니다. 지금 나를 사용하사 나의 말하는 것, 일하는 것, 나의 가진 모든 것으로 인해 영광을 주께 돌릴 수 있도록 하소서.

2월 15일 저녁

92. "왕을 즐겁게 하도다"(시 45:8)

구주를 즐겁게 할 특권을 가진 자가 누구인가? 그것은 그의 교회, 그의 백성이다. 그러나 이것이 가능한 일인가? 주님께서는 우리를 기쁘게 하시지만, 우리가 어떻게 주님을 기쁘시게 할 수 있을까? 그것은 바로 우리의 사랑에 의해서다. 아, 그런데 우리는 우리의 사랑이 얼마나 냉랭하며 희미한지 알고 있다. 슬프게도 그것은 사실임을 고백하지 않을 수 없다. 그러나 그리스도에게는 우리의 사랑이 매우 감미로운 것이다. 솔로몬의 아가서에서 그 사랑의 노래를 듣는 것이 좋을 것이다. "나의 누이, 나의 신부여, 너의 사랑은 어찌 아름다운지, 너의 사랑은 포도주보다 아름답구나!"(아 4:10). 보라, 주님께서 어떻게 그대를 기뻐하시는지를! 그대가 주의 가슴에 머리를 파묻을 때, 당신이 기쁨을 받을 뿐만 아니라 그것은 또한 주님께 기쁨을 드리는 것이다. 그대가 사랑으로 주의 영광에 가득 찬 얼굴을 바라볼 때 위로를 얻을 뿐만 아니라 주님께 기쁨을 드리는 것이다. 우리의 찬양도 입술만 움직이는 것이 아니라, 마음의 깊은 감사로 노래한다면 주님께 기쁨을 드리는 것이다. 주님께서는 우리가 시간, 재능, 소유를 그의 제단에 드리는 것을 보시며 기뻐하신다. 성도들의 비천한 헌물을 몇 천개의 금은보화보다 더 기쁘게 받으신다. 성결은 주님께 유황과 같고 몰약과 같다. 당신의 원수를 용서하라. 그러면 그리스도를 기쁘시게 하리라. 당신의 소유물을 가난한 자에게 나눠주어라. 주님께서 기뻐하시리라. 영혼의 구원을 위하여 몸을 드려라. 주님께서는 자기 영혼의 수고의 열매를 보신다. 주님의 복음을 전하라. 주님께서는 당신을 향기로운 향기로 여기시리라. 무지한 사람들에게 가서 십자가를 들어 올려라. 그러면 당신은 주님을 영화롭게 하는 것이다. 옛날의 그 여인과 같이 향유를 담은 옥합을 깨뜨려서 주님의 머리에 귀한 향유를 붓는 일을 지금 당신도 할 수 있다. 그 여인이 행한 일은 오늘도 복음이 전해지는 곳마다 기념되고 있다. 주 예수님을 위한 당신의 사랑과 헌신으로 그 여인이 한 일에 동참하지 않으려는가? 그러면 상아로 만든 궁전에서 성도들의 노래를 듣게 될 것이다!

2월 16일 아침

93. "어떠한 형편에든지 내가 자족하기를 배웠노니"(빌 4:11)

이 말씀은 우리가 자족할 줄 아는 일이 결코 태어나면서 가지고 있는 본성이 아님을 보여준다. 잡초가 땅에 있는 것처럼, 탐욕, 불평, 원망은 인간이 나면서부터 가지고 있는 것이다. 우리는 엉겅퀴나 가시덤불에 씨를 뿌릴 필요가 없다. 그것들은 토양 고유의 것이므로 저절로 난다. 마찬가지로 인간은 불평을 말하는 일을 가르치지 않아도 매우 잘하는 것이다. 그러나 땅에서 나오는 가치 있는 것들은 손을 써서 배양을 해야만 한다. 만일 밀을 얻으려고 하면 땅을 경작하고 씨를 뿌려야 하며 꽃을 원한다면 정원을 만들고 손질을 해야 한다. 이제, 자족할 줄 아는 것은 "하늘"에 피어나는 꽃들 가운데 하나이다. 그리고 만일 우리가 그것을 얻으려고 한다면, 우리는 그것을 열심히 배양해야만 한다. 그것은 우리 속에서 저절로 생기지 않는다. 거듭난 사람의 새 마음의 밭에서만 그것이 나는 것이므로, 하나님께서 뿌려주신 은혜를 받아서 그것을 배양하기 위하여 특별한 주의와 경계가 필요하다. 바울이 "나는 자족하기를 배웠노라"고 함은, 그가 이전에는 그것을 알지 못하였다는 것을 의미한다. 그가 이 위대한 진리의 깊은 뜻에 이르기까지에는 어떤 고난을 경험한 것이 분명하다. 그는 때때로 그것을 알았다고 생각하였고, 또 실패했을 것이다. 그리고 마침내 그가 그 깊은 뜻에 도달하여 "나는 어떤 형편에든지 자족하기를 배웠다"라고 하게 된 그때는 무덤 곁에 서 있는 백발의 노인이 되어, 로마에 있는 네로의 감옥에 갇혀있는 죄수였다. 우리도 바울의 믿음의 수준까지 도달해 있다면 기꺼이 바울의 병환을 가지고 그와 함께 추운 감옥에서 지낼 것이다. 배우지 않고 자족하기를 알 수 있다든지 훈련 없이 배울 수 있으리라고, 그렇게 쉽게 생각을 해서는 안 된다. 그것은 본래 가지고 있는 능력이 아니고, 훈련을 통해 조금씩 얻어지는 기술이다. 우리는 경험으로 그것을 안다. 그러므로 형제여, 당신이 불평하는 것은 무리가 아니지만, 이제 불평을 그치고 계속 자족하기를 배우는 대학의 부지런한 학생이 되어라.

2월 16일 저녁

94. "주의 선한 영을 주사"(느 9:20)

성령을 잊어버리는 죄는 아주 흔히 볼 수 있는 일이다. 이것은 어리석은 일이요, 은혜를 저버리는 행위이다. 성령님께서는 충분히 우리의 찬양을 받으시기에 합당한 분이시다. 왜냐하면, 그는 선하시고, 최고로 선하시기 때문이다. 하나님이신 그분은 본질상 선하시다. "거룩, 거룩, 거룩"(사 6:3; 계 4:8)이라는 삼위일체의 여호와 하나님께 드리는 삼중 찬양에도 성령께서 함께 하신다. 그는 순결하시고, 진실하시며, 은혜로우시다. 그는 자비가 깊으시고 온유하여 우리의 잘못을 참으시며, 우리의 반역하는 의지와 싸우신다. 그는 죄에 죽은 우리를 살리시며 그리고 사랑 많은 유모가 아이를 양육하는 것 같이 우리를 "하늘"에 적합하도록 훈련시키신다. 이 인내가 많으신 하나님의 영께서는 그 얼마나 관대하시고, 용서가 많으시며, 온유하신지를 알기를 바란다! 그는 사역에서도 선하시다. 그가 하시는 모든 일은 가장 뛰어날 정도로 선하시다. 그는 선한 생각을 주시며, 선한 행동을 촉구하시며, 선한 진리를 계시하시며, 선한 약속을 적용하시며, 선한 재능을 도우셔서 선한 열매를 맺게 하신다. 이 세상의 그 모든 영적으로 선한 것 중에 그가 저자가 아닌 것이 없으며, 유지하시지 않는 것이 하나도 없다. 그리고 "하늘"에 사는 구속함을 받은 사람들의 완전한 인격도 성령님의 사역의 결과이다. 그는 그 임무에서 선하시다. 그는 위로자, 인도자, 안내자, 거룩케 하시는 자, 살리시는 자, 중보자, 그 어느 직책이라도 충분히 행하신다. 그 사역의 하나하나는 하나님의 교회에서 최고의 선한 향기를 풍긴다. 그의 감화력에 의지하는 자는 선한 자가 되며, 그의 격려에 순종하는 자는 선한 일을 하며, 그의 능력 아래 사는 자는 선한 것을 받는다. 그러면 이렇게 지극히 선한 분에게 감사하는 마음의 지시에 따라서 행동하자. "만물 위에 뛰어나신 분으로서 영원히 찬양할 분"(롬 9:5)으로서 그의 인격을 경외하며 높이자. 그의 능력을 믿으며 모든 좋은 계획이 있어서 그를 섬기며 그것 때문에 우리가 그의 필요하심을 고백하자. 끊임없이 그의 도우심을 구하며, 결코 그의 마음을 상하게 하는 일이 없도록 하자. 그리고 범사에 그를 찬양하자. 성령을 믿지 않고 또 경외하지 않는 교회는 결코 부흥할 수가 없다. 그는 너무나도 선하시고 친절하신 분이시기에, 그를 경홀히 여기든지, 무시하든지 하는 일로 그의 마음을 상하게 하는 것은 실로 슬픈 일이다.

95. "이삭은 브헬라헤로이 근처에 거하였다"(창 25:11)

일찍이 하갈은 여기에 있는 샘에서 목숨이 보존하였고 이스마엘은 사람의 아들을 보시는 살아계신 하나님의 인도로 이 샘에서 마셨다. 이 세상 사람들은 힘들 때만 하나님을 의지하는 일시적인 것에 불과했지만, 이삭이 이 샘이 오게 된 것은 우연한 방문이 아니었다. 사람들은 고통 중에 있을 때만 하나님을 향하여 부르짖고 평안할 때는 하나님을 저버린다. 그러나 이삭은 거기서 살며, 살아계시고 전능하신 하나님의 샘에서 끊임없이 공급을 받고 있었다. 인간 생애의 방향, 그 영혼의 현주소는 그 사람의 실제 상태를 보이게 한다. 하갈이 섭리에 의해 인도함을 받은 그 일이 이삭의 마음에 감동되어 이 장소에 대해 경외심을 갖게 했는지도 모른다. 그 신비한 이름 때문에 이삭이 이 장소에 특별히 친밀감을 느꼈는지도 모른다. 또는 그가 저녁이 되면 자주 샘 곁에서 묵상의 잠긴 일이 그에게 그 장소를 친밀하게 했는지도 모른다. 그가 여기서 아내인 리브가를 만난 일로 이 장소를 편안하게 느꼈는지도 모른다. 그러나 최대의 이유는 그가 여기서 살아계신 하나님과 사귀며 즐거워했다는 일이다. 그러므로 그는 이 거룩한 땅을 그의 거처로 선택한 것이었다. 우리도 살아계신 하나님 앞에서 생활하는 일을 배우지 않으려는가? 이날도, 다음날도 "하나님은 우리를 보시고 준비하셨도다"(창 16:13)라고 느낄 수 있도록 기도하지 않으려는가? 원하오니, 주 여호와께서 우리에게 샘이 되시어, 기쁘고 위로하며 마르지 않는 영원한 생명에 이르기까지 솟아나시옵소서. 인간이 만든 물통은 틈이 생겨 물이 마른다. 그러나 창조자의 샘은 결코 마르는 법이 없다. 이 샘 곁에서 살며 풍성하고 끊임없는 공급을 손 가까이에 두는 자는 행복하다. 주님은 사람들의 확실한 도움이시다. 그 이름은 샤다이(Shaddai), 곧 전능하신 하나님이시다. 우리의 마음은 때때로 그분과 기쁜 교제를 한다. 그를 통하여, 우리의 영혼은 우리의 영광의 남편인 주 예수를 발견한다. 오늘도 "우리는 그 안에서 살며, 일하며 또한 존재하고 있는 것이다"(행 17:28). 그러하니 그와 가장 친밀히 교제하면서 살지 않으려는가? 영광의 주여, 우리가 결코 당신님을 떠나는 일 없이, 살아계신 하나님의 샘 곁에서 살게 하시옵소서.

96. "그러나 나 여호와가 거기 있었느니라"(겔 35:10)

에돔의 임금은 유대 나라가 황폐한 것을 보고, 쉽게 정복할 수 있으리라 생각했었다. 그러나 거기에는 하나의 커다란 어려움이 있었다. 그것은 그들이 전혀 알지 못했던 "주님께서 거기 계셨다"는 사실이었다. 주님께서 거기 계셨음으로 하나님의 백성의 땅은 안전하였다. 원수가 아무리 계략과 계획을 세울지라도, 하나님의 백성은 그들의 계획을 다 알고 대처할 수 있었다. 성도는 하나님의 기업이다. 그리고 하나님은 성도들 가운데 계셔서 그들을 지키시고 보호하신다. 환란의 때나 영적 싸움의 때에 이 확신은 얼마나 우리에게 큰 위로가 되는가! 우리는 끊임없이 어려움을 당한다. 그러나 우리는 항상 보호되고 있다. 사탄은 얼마나 심하게 우리의 믿음에 화살을 쏘고 있는가? 그러나 우리의 믿음은 지옥의 화살의 힘도 두려워하지 않는다. 왜냐하면, 화살은 옆으로 비켜갈 뿐만 아니라, 믿음의 방패에 접촉하는 순간에 소멸되고 만다. "주님께서 거기에 계시기 때문이다." 우리의 선한 일은 사탄의 공격목표이다. 성도의 덕행치고 지옥의 탄환이 목표로 하지 않는 것은 없다. 그것이 밝고 빛나는 소망이든, 또는 따뜻하고 열렬한 사랑, 모든 것을 견디는 인내, 타는 듯한 불같은 열심이든, 모든 선한 것의 대적인 악마는 그것들을 파괴하려고 시험하여 왔다. 오직 "주님께서 거기 있었느니라"는 이유 때문에 우리 가운데는 선하고 사랑할 만한 것이 남아 있는 것이다. 주님께서 우리의 생애를 통하여 함께 하신다면 우리는 우리의 사라져가는 자신감을 두려워할 필요가 없다. 왜냐하면, 그것은 우리가 죽음에 임하였을 때, 우리는 "주님께서 거기 있었느니라"함을 발견하기 때문이다. 큰 물결이 무섭게 뒤덮고, 물이 얼음장같이 차가울지라도 우리는 바닥을 느끼면서도 안전하다는 것을 알 것이다. 우리의 임종시에도, 우리의 발은 만세 반석 위에 서있을 것이다. 사랑하는 자여, 믿음 생활의 처음부터 나중까지 당신이 소멸되지 않는 오직 한 가지 이유는 "주님께서 거기 있었느니라"고 하는 것이다. 영원하신 사랑의 하나님께서 마음을 바꾸시어 그의 선택한 백성을 소멸하도록 내버려 두신다면, 하나님의 교회는 소멸될지 모른다. 그러나 그런 일은 결코 없다. 왜냐하면, 여호와 삼마(Jehovah Shammah), "주님께서 거기 있었느니라"고 기록되어 있기 때문이다.

2월 18일 아침

97. "무슨 연고로 나로 더불어 쟁론하시는지 나로 알게 하옵소서" (욥 10:2)

환란 중에 있는 자여, 아마도 주님께서는 당신의 덕을 성장시키기 위하여 그렇게 하실 것이다. 환란을 통하지 않고는 절대 발견되지 않는 당신의 덕이 있다. 당신의 믿음이 여름에는 도저히 겨울과 같이 위대함을 나타내지 못하는 것을 알지 못하는가? 때때로 사랑은 반딧불처럼 사방이 어두워지지 않으면 빛나지 않는다. 소망은 별과 같은 것이다. 번영의 찬란한 태양이 비치는 데에서는 볼 수가 없다. 오직 환란의 밤에만 발견된다. 환란은 검은 포장지와 같아서 하나님은 그 자녀의 덕이란 보석을 더욱 빛나게 하기 위하여 그 위에 두는 것이다. 당신은 조금 전까지만 해도 무릎을 꿇고 "주여, 내가 믿음을 갖고 있지 않는가? 하여 겁이 납니다. 제가 믿음을 가졌는지에 대해 알려주소서"라고 기도하지 않았는가? 이것은 무의식으로 시험 삼아 기도한 것은 아니지 않는가? 왜냐하면, 환란 없이는 어떻게 당신에게 믿음이 있는지를 알 수 있겠는가? 확실히 하나님께서는 우리의 덕이 발견되어 우리가 그 존재를 증명할 수 있도록 때때로 우리를 시험하신다. 게다가 그것은 단지 발견하는 것만은 아니다. 성화된 시험의 결과로 은혜에 있어서 실제로 성장이 있는 것이다. 하나님은 우리를 더욱 더 좋은 그리스도인이 되게 하기 위하여 종종 우리의 안락함과 특권을 가져가신다. 하나님께서 그의 군사를 훈련하시는 것은 안일과 사치라는 텐트 안에서가 아니라, 바깥으로 내보내 강행군을 시키고 힘든 일에 참여하게 함으로써 하시는 것이다. 그는 병사들에게 개울을 건너고 강을 헤엄치게 하시며 산에 오르게 하여 슬픔의 무거운 모래주머니를 등에 지우고 먼 길을 걷게 하시는 것이다. 주안에 있는 자여, 이제 당신이 왜 환란을 통과하고 있는지를 알게 되었을 것이다. 주님께서는 은혜를 꺼내어 당신을 성장시키려고 하는 게 아닌가? 이것이야말로 주님께서 당신과 쟁론하시는 이유가 아니겠는가?

> *"환란은 약속을 아름답게 하며,*
> *기도에 새로운 생명을 주며,*
> *나를 주의 발 앞에 나아가게 하며,*
> *나를 겸손케 하여 그 자리에 머물게 하도다."*

2월 18일 저녁

98. "아버지여 내가 죄를 지었나이다"(눅 15:18)

그리스도의 귀한 보혈로써 씻김을 받은 자는 이제는 심판자이신 하나님 앞에 범죄자나 죄인으로서 죄의 고백을 할 필요가 없다는 것은 확실하다.

그것은 그들이 더는 죄로 인해 비난받을 일은 없고, "사랑하는 아들로 인하여 받아들이도록"(엡 1:6) 그리스도께서 율법적인 의미에서 영원히 그들의 모든 죄를 제거하였기 때문이다. 그러나 아들이 된 자가 죄를 짓게 되면 날마다 하늘의 아버지 앞에 가서 죄를 고백하며 스스로 죄악을 인정해야 하지 않을까? 나면서부터 인간은 과실을 범하게 되면 땅의 아버지에게 고백할 의무가 있는 것을 가르치고 있다. 그리스도인도 하늘의 아버지에 대하여 그와 같은 의무가 있음을 마음 안에서 하나님의 은혜는 교훈하고 있다. 우리는 날마다 죄를 짓고 있다. 그러나 날마다 용서받지 못하면 평안은 없다. 아버지 하나님에 대하여 죄를 범한 것을, 우리가 예수님의 거룩하게 하시는 능력에 의하여 깨끗함을 받기 위해 곧 아버지 발 앞에 가지고 나가지 않으면 어떤 결과가 될 것인가? 만일 내가 죄 용서함을 구하지 않고, 아버지에게 범한 모든 죄가 씻기지 않으면, 나는 아버지로부터 멀리 떠나있음을 느낄 것이다. 그리고 나는 아버지의 사랑을 의심하는 데까지 이르게 될 것이다. 나는 아버지 임재 앞에서 떨며 기도하기를 두려워하게 될 것이다. 나는 자녀이면서도 아버지에게서 멀리 떠난 방탕한 자식과 같이 될 것이다. 자비로우시며 사랑이 많으신 아버지에 대하여 잘못을 저질렀을 때 자녀는 슬퍼한다. 그와 같은 슬픔을 가지고 내가 그에게 가서 모든 것을 그에게 이야기하고, 내가 용서받은 것을 깨닫기까지 쉬지 않는다면, 나는 아버지에 대한 거룩한 사랑을 느끼게 될 것이다. 그리고 그리스도인으로서 자기의 생애를 구원받은 자로서뿐만 아니라 나의 주 예수 그리스도를 통하여 하나님 안에 있는 평안을 즐거워하는 자가 될 것이다. 범죄자로서 죄의 고백을 하는 것과 자녀로서 죄를 고백하는 것과는 크게 차이가 있다. 아버지 하나님의 가슴은 회개하는 죄인의 고백을 위한 장소이다. 우리는 한번은 깨끗함을 받았다, 그러나 하나님의 자녀로서 우리의 발은 날마다의 걸음으로 더럽혀진 것을 씻어야 할 필요가 있다.

2월 19일 아침

99. "나 주 여호와가 말하노라 그래도 이스라엘 족속이 이와 같이 자기들에게 이루어주기를 내게 구하여야 할지니"(겔 36:27)

기도는 자비의 선구자이다. 성경에 기록된 역사를 생각해보라. 기도가 전달되지 않고 커다란 자비가 이 세상에 온 일이 없다는 것을 알 것이다. 당신은 당신의 개인적 경험에 비추어 볼 때도 이것이 사실임을 알고 있다. 하나님께서는 당신이 구하지 않는 것도 많이 주셨다. 그러나 그래도 역시 큰 기도는 당신에 대한 커다란 자비의 서곡이다. 당신이 십자가의 보혈을 통하여 비로소 평안을 찾았을 때는 당신이 많이 기도하여 당신의 의욕을 물리치고 고뇌로부터 구해 주기를 하나님에게 열심히 간청하고 있을 때였다. 당신의 확신은 기도의 결과였다. 언제이든 간에 당신이 매우 큰 기쁨을 경험한 때에는 그것이 분명히 기도에 결과였다는 것을 느꼈을 것이다. 당신이 아주 고통스러운 문제로부터 구출되고 커다란 위험에서 도움을 받았을 때, 당신은 "내가 구하였을 때 주님께서 내게 답하시고 모든 두려움에서 나를 건지셨도다"(시 34:4)라고 말할 수 있었다. 기도는 언제나 축복의 서문이다. 그것은 축복의 그림자로써 축복에 앞서 오는 것이다. 하나님의 자비의 태양 빛이 우리의 필요를 드러나게 하셨을 때, 그것은 기도의 그림자를 들판 아래 멀리 던진다. 또 다른 예를 들자면, 하나님께서 자비의 산을 쌓을 때 하나님 자신이 그것을 뒤에서 비추시며 우리의 영에 기도의 그림자를 있게 하여 우리를 안심하게 하신다. 만일 우리가 열심히 기도하면, 우리의 간청은 자비의 그림자임을 분명히 알게 된다. 이렇게 기도는 축복과 서로 연결되어 우리에게 그 가치를 보여준다. 만일 우리가 구하지 않고 축복을 얻는다면 우리는 축복을 평범하게 생각할 것이다. 그러나 기도는 우리가 받는 축복을 다이아몬드보다 귀하게 여기게 한다. 우리가 기도로 구하는 것은 참으로 귀한 것인데, 열심히 구하지 않으면 그 귀함을 깨닫지 못하게 된다.

"기도는 검은 구름을 물러가게 하며,

야곱이 본 사닥다리를 오르게 하며,

믿음과 사랑을 훈련하여,

위로부터 내리는 모든 축복을 가져온다네."

2월 19일 저녁

100. "그가 먼저 자기의 형제 시몬을 찾아 말하되"(요 1:41)

이 경우는 영적 생활이 활기에 가득차 있을 때에 일어나는 훌륭한 본보기이다. 사람은 그리스도를 발견하자마자 곧 다른 사람들을 찾기 시작한다. 만일 당신이 복음의 꿀을 혼자서 모두 먹어 버린다면 나는 당신이 참으로 복음의 꿀을 맛보았다고 믿지 않을 것이다. 진실한 은혜는 모든 영적 독선에 종지부를 찍는 것이다. 안드레는 먼저 형 시몬을 찾았고, 그리고 다른 사람들을 찾았다. 우리의 개인적인 첫 노력은 먼저 혈족에서부터 시작하라고 강하게 요구하고 있다. 안드레가 시몬부터 시작한 것은 좋았다. 어떤 그리스도인은 전도지를 집안사람들에게는 주지 않고 다른 관계없는 사람들에게 돌리고 있지 않은가? 마찬가지로 자기 나라에서 필요한 특정한 분야에서 일하는 것을 무시하고 외국에서 일하고 있는 것은 아닌가? 당신이 특정한 지역 전도의 부르심을 받았는지 아닌지는 별도로 하고, 당신은 자신의 가정과 친척 그리고 아는 사람들을 돌보기 위하여 부르심을 받고 있는 것은 확실하다. 당신의 신앙을 먼저 가정에서부터 시작하라. 많은 상인들이 최고의 물품들을 수출한다. 그러나 그리스도인은 그래서는 안된다. 그는 어디를 가든지 자기의 모든 대화에서 그리스도의 최고의 향기를 나타내야 한다. 그러나 그에게 영적인 생활과 긴중에 가장 감미로운 열매가 먼저 자신의 가정에서 나타내도록 특별한 관심을 두도록 하자. 안드레는 형 시몬을 찾아 만났을 때 시몬이 어떻게 유용한 인물이 될지 전혀 알지 못하였다. 기독교 역사를 살펴보면 시몬 베드로는 안드레의 열 배 이상의 영향을 미쳤던 인물이었던 것을 알 수 있다. 그러나 안드레는 베드로를 예수님께로 인도하는 도구로 사용되었다. 당신의 재능은 아주 빈약할 수 있다. 그러나 덕이 있고 봉사하는데 아주 유용한 그리스도인이 될 사람을 주님께로 인도하는 도구가 될 수도 있다. 오 사랑하는 자여, 당신은 자신에게 있는 가능성은 거의 알지 못한다. 당신이 어린아이에게 단지 한 마디의 말을 던졌다고 하자. 그러나 그 아이 안에는 나중에 그리스도의 교회를 흔들만한 그런 위대한 마음이 잠자고 있을지도 모른다. 안드레는 빈약한 재능밖에 없었다. 그러나 그는 베드로를 찾았다. 당신도 가서 그렇게 하지 않겠는가?

2월 20일 아침

101. "비천한 자들을 위로하시는 하나님"(고후 7:6)

누가 하나님과 같이 위로하랴? 친구여, 가난하고 근심에 잠겨 있는 하나님의 자녀에게 가서 아름다운 약속을 그에게 이야기하며 그 귀에 위로의 말을 속삭여라. 그는 귀가 들리지 않는 독사와 같아서 마술사의 소리에는 귀를 기울이지 않을 것이다. 그는 아주 쓴 물을 마시고 있기에, 당신이 아무리 위로해도 당신이 그의 입에서 듣는 것은 한 마디 또는 두 마디의 비탄의 체념 소리일 뿐이다. 하나님께 대한 찬양의 시편, 할렐루야의 외침, 기쁨의 노래들은 도저히 듣지 못한다. 그러나 하나님께서 그 자녀에게 오셔서, 그 자녀의 얼굴을 들어 주시면, 탄식하고 있던 자의 눈은 희망에 빛난다. 당신은 그 괴로워하고 있는 자가 이렇게 노래하는 것을 들으리라.

"주여 당신님께서 계신 곳이 낙원입니다.

당신은 그를 격려할 수가 없었다. 그러나 주님께서는 그것을 하신다. 그는 "위로가 가득하신 하나님"(고후 1:3)이시다. 길르앗에는 향유가 없지만, 하나님에게는 향유가 있다. 지음을 받은 자중에는 의사가 없다. 그러나 창조 주님께서는 여호와 라파(Jehovah-rapha), "너희를 치료 하는 여호와이니라"(출 15:26). 하나님의 감미로운 한 마디가 어떻게 그리스도인을 위한 완전한 노래가 되는지 참으로 놀라운 일이다. 하나님의 한 마디의 말씀은 금 한조각과 같은 것이다. 그리스도인은 금박공으로서 그 약속을 몇 주 동안 두드릴 수 있다. 비천한 그리스도인이여, 당신은 실망하여 앉아 있을 필요가 없다. 위로의 주님께 나아가서 그에게 위로를 구하라. 당신은 가난한 마른 우물이다. 물 펌프가 말라 있을 때에는 먼저 그곳에 마중물을 조금 부어야 한다. 그리하면 많은 물을 얻을 수 있다고 당신은 들은 적이 있을 것이다. 주안에 있는 자여, 그와 같이 당신이 말라 있을 때에는 하나님께 나아가 그의 기쁨을 당신의 마음에 부어 흐르도록 구하라. 그러면 당신의 기쁨은 넘치리라. 땅 위의 친구에게 가지 마라. 당신은 결국 욥의 친구를 얻을 뿐이다. 무엇보다 먼저 "비천한 자를 위로하시는 하나님"께로 나아가라. 그리하면 "내 속이 번민으로 가득 찰 때, 당신의 위로는 나의 영혼을 기쁘게 합니다"라고 말할 수 있을 것이다.

2월 20일 저녁

102. "성령에게 이끌리어 마귀에게 시험을 받으려"(마 4:1)

거룩한 성품일지라도 유혹을 예방하진 못한다. 우리 주 예수님께서도 유혹을 받으셨다. 사탄이 우리를 유혹할 때 그는 불씨를 연료 위에 떨어뜨린다. 그러나 그리스도께는 사탄이 던지는 불씨는 물 위에 던지는 것이었다. 그러나 사탄은 그 사악한 일을 계속하였다. 마귀가 헛된 줄 알면서도 노력을 계속한다면, 우리의 마음이 어떻게 타기 쉬운지를 그가 알 때 얼마나 열심히 일할까? 비록 당신이 성령으로 인하여 아주 높은 수준의 거룩함으로 입혀졌다 하더라도 지옥의 사나운 개는 역시 당신을 향해 짖어댈 것이다. 사람들 가운데 있을 때 우리는 유혹을 받는다. 심지어 은둔 생활 중에서도 같은 시험을 받지 않는 것은 아니다. 예수 그리스도는 인간사회에서 광야로 이끌리어 마귀에게 시험을 받으셨다. 고독에는 매력과 이익이 되는 점도 있다. 그리고 안목의 정욕과 이생의 자랑을 점검하는 데는 유익이 될지 모르지만, 우리가 아무리 은혜 받을 만한 은신처로 간다 해도 마귀는 따라온다. 무서운 생각을 하며 하나님을 훼방하는 유혹을 만나는 것이 세상적인 사람뿐인 줄로 생각하면 안 된다. 영적인 사람에게도 같은 일이 일어난다. 가장 거룩한 장소에서도 가장 어두운 유혹으로 고통당할 수가 있다. 아무리 영이 깨끗하여도, 사탄의 유혹을 당하지 않는다는 보장이 없다. 그리스도께서는 완전히 순결하셨다. 그를 보내신 아버지의 뜻을 행하시는 것이 그의 양식이요 음료였다. 그런데도 그는 유혹을 만났다. 당신의 마음은 예수님에 대한 사랑으로 천사의 불길로 타오르는지 모른다. 그러나 악마는 당신을 라오디게아 교회의 미지근한 상태까지 떨어지게 하려고 할 것이다. 만일 하나님께서 그리스도인에게 언제 갑옷을 옆으로 벗어두는 것을 허락하느냐고 물어본다면, 나는 당신에게 사탄이 유혹하는 것을 단념하는 그때라고 말할 것이다. 옛날 전쟁시대의 기사처럼, 우리는 잠잘 때도 투구를 쓰고 흉배를 붙이고 있지 않으면 안 된다. 왜냐하면 마귀는 우리의 약한 틈을 기회로 삼아 우리를 삼키려 하기 때문이다. 그러나 주님께서는 우리가 항상 경계하도록 지키시고 마침내 사자의 이빨과 곰의 발톱으로부터 피할 수 있도록 해 주신다.

2월 21일 아침

103. "그가 친히 말씀하시기를"(히 13:5)

만일 우리가 믿음으로 이 말씀을 붙잡을 수만 있다면 우리는 모든 것을 정복할 무기를 손에 가지고 있는 것이다. 이 양날 선 칼에 의하여 찍혀지지 않을 의심이 있겠는가? 하나님의 약속의 활에서 나오는 이 화살에 의하여 치명적인 상처로 죽지 않을 두려움이 있겠는가? 인생의 고난과 죽음의 고통, 내적인 부패, 외적인 올무, 위에서 오는 시험과 땅에서 오는 유혹, 이 모든 것들은 우리가 "주님께서 친히 말씀하셨다"라는 산성 아래 우리 자신을 숨긴다면, 말할 것도 없이 가벼운 환란으로 보이지 않겠는가? 그렇다! 우리가 고요한 중에 기쁨에 넘쳐 있을 때나 싸움에 힘을 필요로 할 때 바로 이 말씀 "주님께서 친히 말씀하셨다"는 것이 우리의 매일의 피난처가 되어야 한다. 그리고 이것이 우리에게 성경을 연구하는 것이 참으로 필요하다는 것을 교훈해준다. 성경 안에는 당신의 경우에 꼭 맞는 약속의 말씀들이 있다. 그러나 당신은 그것을 모르기 때문에 그 위로를 받지 못할지도 모른다. 당신은 감옥 안에 있는 죄수와 같다. 그리고 한 줌의 열쇠 꾸러미 중에 한 개로 빗장을 열 수가 있어 당신을 자유롭게 할 수 있는데, 만일 당신이 그것을 찾지 않는다면, 당신은 계속하여 감옥 안에 갇혀 있어야 한다. 자유가 당신의 손 곁에 있는데도 말이다. 성경 안에는 신령한 약 처방이 있지만, 당신이 그것을 연구하여 "주님께서 말씀하셨다"라고 하는 것을 발견하지 않으므로, 당신의 병은 고쳐지지 않는다. 당신은 성경을 읽을 뿐만 아니라, 당신의 기억 속에 하나님의 약속을 풍성하게 저축해둬야 한다. 당신은 위인의 말을 기억하고, 유명한 시인의 시 구절을 암송하고 있을 수 있다. 그러므로 당신은 또한 하나님의 말씀을 당신의 지식 속에 심오하게 저장하므로 어려운 문제나 의심을 타도할 때 그것을 쉽게 인용할 수 있게 해야 하지 않겠는가? "주님께서 말씀하셨다." 이는 모든 지혜의 원천이요, 모든 위로의 솟아나는 샘이다. 그것을 당신 안에 풍성하게 머무르게 하여 "영원한 생명에 이르는 넘이 솟아오르는 샘물"(요 4:14)로 만들어라. 그리하면 당신은 하나님의 생명 안에서 건강하고 힘 있고 행복하게 성장할 것이다.

104. "읽는 것을 깨닫느뇨"(행 8:30)

만일 우리가 하나님의 말씀인 성경을 좀 더 잘 이해하려면 좀 더 다른 사람을 잘 가르치는 자가 되어 "여러 가지 사설에 미혹되는 자"(엡 4:14)가 되지 않아야 한다. 성경의 원저자인 성령님만이 우리의 눈을 여시고 말씀을 올바로 이해하게 하신다. 그러므로 모든 진리에 인도되기 위하여 끊임없이 성경의 교훈을 찾아 성령님의 인도하심을 구해야 한다. 선지자 다니엘은 느부갓네살 왕의 꿈을 해석할 때 어떻게 하였는가? 그는 하나님께서 그의 환상을 열어 주시기를 열심히 기도하였다. 사도 요한은 밧모섬에서 환상을 보고 일곱 인으로 봉한 책을 받았다. 그러나 그것을 열기에 합당한 자, 아니 그것을 조금이라도 보기에 합당한 자는 하나도 보이지 않았다. 그 책은 나중에 승리를 얻는 유다지파의 사자로 인해 열었지만, 그전에 "나는 심히 울었다"(계 5:4)라고 기록되었다. 요한의 눈물은 기도 중에 넘쳐 나온 눈물이지만, 그에게는 봉한 책이 열려지는 거룩한 열쇠였다. 그러므로 다음의 일을 기억하라. 만일 당신이 자신을 위하여 또는 남을 위하여 "모든 영적 지혜와 이해력을 가지고 하나님의 뜻을 깊이 알고자"(골 1:9)한다면 기도가 연구하는데 최고의 수단이라는 것을 말이다. 당신이 하나님께 구할 때 다니엘과 같이 꿈을 이해하고 또 해석할 수가 있다. 그리고 요한과 같이 심히 운 후에 일곱개의 귀한 진리의 봉인이 풀어지는 것을 볼 것이다. 돌은 끈기 있게 망치로 치지 않으면 부서지지 않는다. 그리고 돌을 부수기 원한다면 먼저 무릎을 꿇어야 한다. 끈기 있는 망치의 두드림과 기도의 무릎을 사용하라. 기도와 믿음의 사용으로 인해 돌처럼 굳고 봉한 교훈도 열려져 당신에게 유용한 깨달음을 주고, 부서지지 않는 굳은 교훈은 없는 것이다. 당신은 기도의 지렛대로 어떤 어려운 길도 타개해 나갈 힘이 있다. 사고와 추리는 진리를 붙잡는 강철의 줄과 같은 것이다. 그러나 기도는 지렛대라서 거룩한 신비로운 철로 만든 궤를 뚫고 열어 그 속에 감추어진 보화를 우리에게 얻게 한다.

105. "요셉의 활이 도리어 견강하며 그의 팔이 힘이 있으니 야곱의 전능자의 손을 힘입음이라"(창 49:24)

하나님께서 그의 요셉들에게 주시는 힘은 참된 힘이다. 그것은 헛된 용맹도 아니고, 말뿐인 연기 같은 허세도 아니고 참 하나님의 힘이다. 어떻게 요셉은 유혹을 물리쳤는가? 하나님께서 도우셨기 때문이다. 하나님의 힘이 없었다면, 우리는 아무것도 할 수 없다. 모든 참된 힘은 "야곱의 전능자"에게서 온다. 하나님께서 얼마나 축복되고 친숙한 방법으로 요셉에게 힘을 주셨는지를 보라. "그의 팔이 힘이 있으니 야곱의 전능자의 손을 힘입음이라." 이처럼 하나님은 그 손을 요셉의 손 위에 놓으시고 그 팔을 요셉의 팔위에 놓으신 것이다. 아버지가 그 아들을 교훈함같이 하나님은 그를 두려워하는 자를 교훈하신다. 그는 그 팔을 그들을 위에 놓으신다. 이 얼마나 놀라운 위로인가! "전능자, 영원하시고 무한한 힘을 가지신 하나님"께서 보좌에서 앞으로 구부리시어 그 손을 그 아들의 손 위에 놓으시고 그 팔을 요셉이 팔에 펴시사 그를 강하게 만드신 것이다! 이 힘은 "야곱의 전능자"에게서 오는 약속의 힘이다. 당신이 성경 안에서 야곱의 하나님께서 하신 일을 읽는다면 반드시 하나님이 야곱에게 약속한 언약을 기억하라. 그리스도인은 하나님의 약속을 생각하는 것을 기뻐한다. 모든 힘, 모든 은혜, 모든 축복, 모든 긍휼, 모든 위로, 기타 우리가 가지고 있는 모든 것은 약속을 통하여 우리에게 흐른다. 만일 약속이 없다면 우리는 정말로 지쳐버릴 것이다. 왜냐하면, 빛과 열이 태양에서 오는 것처럼 모든 은혜는 약속에서 온다. 야곱이 보았던 것은 하나님의 천사들이 오르락내리락 하는 사다리뿐이었지만, 그 꼭대기에는 약속의 하나님이 서 계셨다. 주 안에 있는 자여, 당신의 원수인 활 쏘는 자가 당신을 심히 공격하여 당신을 쏘아 당신을 상하게 했을지라도, 당신의 활은 힘에 넘쳐있다. 그러므로 모든 영광을 야곱의 하나님에게 돌리기를 게을리 해서는 안 된다.

2월 22일 저녁

106. "여호와는 노하기를 더디하시며 권능이 크시며"(나 1:3)

"여호와는 노하기를 더디 하시는도다." 긍휼이 이 세상에 임할 때, 날개 있는 군마들을 몰고 온다. 그 전차의 바퀴들은 그 빠른 속력 때문에 빨갛게 달아오르고 있다. 그러나 분노가 올 때 그것은 무거운 발걸음으로 천천히 온다. 왜냐하면, 하나님은 죄인의 죽음을 기뻐하시지 않기 때문이다. 하나님의 긍휼의 지팡이는 그의 펼쳐진 손에 항상 있다. 그의 의의 검은 칼집에 꽂혀 있어서, 인류의 죄 때문에 피를 흘리시고 찢어진 사랑의 손에 의하여 눌려져 있다. 주님께서는 크신 권능을 가지셨기에 "노하기를 더디 하신다." 자기를 스스로 지배하는 힘을 가지신 그는 참으로 위대하시다. 하나님이 자기의 힘을 억제하실 때, 그것은 참 능력인 것이다. 그 전능을 묶는 힘이야말로 전능하심을 능가한다고 할 수 있을 것이다. 마음이 강한 자는 모욕을 오랫동안 참을 수 있고, 올바른 의식이 그의 행동을 요구할 때 악에 대응하여 분노할 수 있다. 정신력이 약한 자는 작은 일에도 당황해 한다. 그러나 강한 정신력을 가진 자는 바위와 같아서 움직이지 않으며, 많은 사람이 공격하고 비참한 악의가 극치에 달하여도 그것을 참고 견딘다. 하나님은 그의 원수를 보시며, 경솔히 일어서지 않으시며 노를 억제하신다. 만일 하나님에게 신성함이 결핍되었다면 벌써 옛적에 하늘 창고가 텅 비게 되리만큼 자기의 모든 우뢰를 내렸을 것이다. 또 그 이전에 이미 그는 놀라운 불을 내려서 이 땅을 폭파시키고 인류는 완전히 소멸되었을 것이다. 그러나 하나님의 힘은 위대하셔서 우리에게 긍휼을 가져다주었다. 사랑하는 자여, 오늘 저녁 당신의 영적 상태는 어떠한가? 겸비한 믿음으로 예수님를 바라보며 "당신은 나의 대리자가 되셨나이다. 당신은 나의 반석, 나의 의지입니다"라고 할 수 있는가? 그렇다면 사랑하는 자여, 하나님의 힘을 두려워 말라. 만약 당신은 믿음으로 말미암아 피난처이신 그리스도에게 피하였으므로, 마치 전사의 방패와 칼이 그의 사랑하는 자를 두려움에 떨게 하지 않듯이 하나님의 권능은 이제는 더 이상 당신을 두려워 떨게 하지 않는다. 오히려 "권능이 크신 자"이신 분이 당신의 아버지요, 친구인 것을 즐거워라.

107. "내가 너를 떠나지 아니하리라"(히 13:5)

하나님의 약속은 한 개인만을 위한 것이 아니다. 하나님께서 누구 한 사람의 성도에게 말씀한 것은 모든 성도에게 말씀하신 것이다. 하나님께서 누군가를 위하여 우물을 여셨다면 그것은 모든 자들에게 마시우게 하기 위함이다. 누구 한 사람의 굶주린 것을 위하여 하나님께서 곡물 창고 문을 열고 음식을 주실 때는, 모든 굶주려 있는 성도들도 와서 그것을 먹을 수 있다. 주 안에 있는 자여, 하나님께서 아브라함에게 말씀하셨든지 모세에게 말씀하셨는지는 문제가 되지 않는다. 하나님의 약속을 받은 자 중의 하나인 당신에게도 그것을 주신 것이다. 당신이 받기에 너무 높은 축복이라는 것은 없고 당신에게 지나치다고 할 큰 은혜도 없다. 당신의 눈을 들어 동과 서, 남과 북을 바라보라. 이것은 모두 당신의 것이다. 가나안 땅을 바라볼 수 있는 산꼭대기에 올라가서 하나님의 약속의 끝을 바라보라. 이것이 모두 다 당신의 영토이다.

당신이 마셔서는 안 되는 생수의 강은 하나도 없다. 그 땅에 젖과 꿀이 흐르고 있으면 그 꿀을 먹고 그 젖을 마셔라. 이것들은 당신의 것이기 때문이다. 담대히 믿으라. 왜냐하면, 주님께서 "나는 결코 너를 떠나지 않으며 너를 버리지 아니하리라"고 말씀하셨기 때문이다. 이 약속에서 하나님은 그의 백성에게 모든 것을 주신다. "나는 결코 너를 떠나지 아니하리라." 그러면 하나님의 존귀한 속성들 가운데 우리에게 주어져서는 안 되는 것은 없다. 하나님께서 전능하신가? 하나님은 그를 신뢰하는 자를 위하여 그 힘을 나타내신다. 하나님께서 사랑이신가? 그러므로 하나님은 그 사랑을 가지고 우리를 긍휼히 여기신다. 하나님의 성품을 형성하고 있는 여러 가지 속성들이 무엇이든 간에 그것들이 가장 충만한 정도까지 다 우리에게 약속된 것이다. 한마디로 요약하자면, 당신의 결핍, 당신의 요구, 당신이 일시적으로나 또는 영구적으로 필요로 하는 것, 생명이나 사망이나, 이 세상 것이나 장래의 것이나, 현재의 것이나 부활의 아침의 것이나 또는 하늘 위의 것이나 이 모든 것이 이 구절 "나는 결코 너를 떠나지 않고, 너를 버리지 아니하리라"는 말씀 중에 포함되어 있지 않은 것은 하나도 없다.

2월 23일 저녁

108. "자기의 십자가를 지고 나를 따르라"(눅 9:23)

믿지 않는 자는 자기의 손으로 십자가를 만들기도 하지만, 당신은 자신의 손으로 만든 십자가를 지는 것이 아니다. 우리의 마음은 자기 스스로 주가 되며 지배자가 되려고 하지만, 당신은 자기 십자가를 선택하는 것도 허락되어 있지 않다. 당신의 십자가는 하나님의 사람으로 말미암아 이미 준비되었고 정해져 있으며, 당신은 그것을 기쁨으로 받아야 한다. 당신은 자신의 표시로서 그리고 당신 자신의 짐으로써 그 십자가를 질 것이다. 그것에 대해 불평을 해서는 안 된다. 이 밤, 예수님께서는 당신의 어깨를 그의 가벼운 명에에 내밀기를 명하신다. 불만으로 그것을 물리치거나 자존심 상해서 거절하거나 실망하여 그것 아래 넘어지거나 두려워하여 도망쳐서는 안 된다. 예수님의 참 제자답게 그것을 메어라. 예수님께서는 십자가를 지셨다. 그는 슬픔의 길을 당신보다 앞서 걸어가셨다. 그보다 더 좋은 안내자를 바랄 수 있겠는가? 그분께서 십자가를 지셨다면, 당신은 어떤 고상한 짐을 원하는가? 십자가의 길은 안전한 길이다. 당신은 그 가시밭길을 걷는 것을 두려워해서는 안 된다. 사랑하는 자여, 십자가는 깃털이나 벨벳으로 된 천으로 만들어져 있지는 않다. 그것은 불순종하는 자에게는 무겁고 괴로운 것이다. 그러나 그것은 철로 만든 십자가는 아니다. 비록 당신의 공포심이 그것을 철의 색깔로 칠하지만, 그것은 나무 십자가이다. 그리고 사람이 질 수 있는 십자가이다. 왜냐하면, 슬픔의 사람, 예수님께서 그것을 처음으로 지셨기 때문이다. 당신의 십자가를 져라. 그러면 성령의 힘으로 당신은 곧 그것을 사랑하게 될 것이다. 모세와 같이 당신도, "그리스도를 위하여 받는 능욕을 애굽의 모든 보화와 교환하는 것"(히 11:26)을 원치 않으리라. 예수님께서 그것을 지신 것을 기억하라. 아름다운 향기가 그 십자가로부터 나오리라. 거기에는 곧 면류관이 함께 한다는 것을 기억하라. 그리고 장차 올 영광의 큰 것을 생각하면 지금 겪는 환란의 고통이 매우 가벼워지리라. 나는 이 밤 당신이 잠들기 전에 당신의 영이 하나님의 뜻에 순종하며 고개를 숙임으로, 내일 아침 당신이 깨어났을 때에 십자가에 달리신 주님의 제자답게 거룩하고, 순종하는 영으로 그날의 십자가를 지고 나아갈 수 있도록 주님께서 도우시기를 구하노라.

2월 24일 아침

109. "때를 따라 비를 내리되 복된 장마비를 내리리라"(겔 34:26)

"때를 따라 비를 내리리라." 이것은 주권자이신 하나님의 자비이다. 왜 나하면 "나는 비를 내리리라"는 말을 할 수 있는 이가 하나님 외에 그 누가 있 겠는가? 구름을 향해 말하고 비를 내릴 것을 명할 수 있는 이는 오직 하나님 한 분뿐이시다. 땅 위에 비를 내리는 이가 누구인가? 식물 위에 비를 부으시 는 이가 누구인가? 그것은 주님이 아니신가? 은혜는 하나님의 선물이요, 사 람이 만드는 것이 아니다. 그것은 필요한 은혜이다. 토지에 비가 내리지 않으 면 무엇을 할 수 있는가? 당신은 흙덩이를 깨고 씨를 뿌린다. 그러나 비가 없 다면 어떻게 될까? 하나님의 축복은 절대적으로 필요하다. 하나님께서 풍성 한 비를 주시고 구원을 내리시기까지는 당신은 헛된 일을 하는 것이다. 또한, 이것은 풍성한 은혜이다. "나는 비를 내리리라" 하셨다. 물 한 방울을 내리리 라가 아니라 비를 흡족히 내리리라고 말씀하셨다. 하나님의 축복을 주실 때는 언제나 넘치도록 많이 주신다. 아, 풍성한 은혜여! 우리는 겸손하기 위하여, 깊은 기도를 위하여, 거룩하여지기 위하여 풍성한 은혜가 필요하다. 열심을 내기 위하여, 이 삶 속에서 우리를 보존하기 위하여, 그리고 마지막에는 "하 늘"에 가기 위하여 풍성한 은혜가 필요한 것이다. 우리는 풍성한 은혜의 비가 없으면 아무것도 할 수가 없다. 더욱 그것은 때에 맞는 은혜다. 나는 "때를 따라 비를 내리리라." 오늘 아침 당신의 때는 어떠한가? 가뭄의 때인가? 그러 면 비를 필요로 하는 때이다. 무거운 검은 구름이 떠돌고 있는 때인가? 그것 도 비를 필요로 하는 때이다. "당신의 힘은 당신의 해와 함께 계속할 것이다" (신 33:25). 여기에도 또한 여러 가지 축복이 있다. "나는 비를 내리리라"라는 표현에서 쓰인 비는 복수형이다. 하나님께서는 여러 종류의 축복을 보내신다. 하나님의 모든 축복은 황금 사슬의 연결고리와 같아서 서로 묶어서 함께 간 다. 하나님께서 회심의 은혜를 주실 때에는 위로의 은혜도 함께 주신다. 하나 님께서는 "축복의 비"를 보내시는 것이다. 쇠잔한 초목인 당신은 오늘 위를 쳐다보고 당신의 잎사귀와 꽃을 열어서 하늘로부터 내려오는 자비로운 비를 받아야 한다.

110. "여호와여 언제까지 긍휼히 여기지 아니하시나이까, 여호와께서 위로하는 말씀으로 대답하시더라"(슥 1:12,13)

환란 때의 부르짖음에 대한 응답은 그 얼마나 아름다운가! 오늘 밤에는 그것을 기뻐하도록 하자. 오 시온이여, 너를 위하여 좋은 것이 예비 되어 있다. 너의 고통의 시간은 곧 지나가고 너의 자녀는 앞으로 나아올 것이며 지금의 포로의 때는 끝이 나리라. 잠시만 인내하며 매를 참으라. 그리고 암흑 중에 있을지라도 하나님을 신뢰하라. 왜냐하면, 하나님의 사랑은 너를 향하여 불타고 있기 때문이다. 하나님은 사람이 상상하는 이상의 깊은 사랑으로 교회를 사랑하신다. 하나님은 무한한 마음으로 교회를 사랑하신다. 그러므로 용기를 가져라. 하나님이 "선한 말로, 위로하는 말씀"을 하시는데 어찌하여 상심하는가? 또한, 선지자는 말하고 있다. "나는 예루살렘을 위하여 시온을 위하여 크게 질투하고 있다"(슥 1:14). 하나님은 교회를 너무나 사랑하시기 때문에 교회가 다른 데로 마음을 옮기는 것을 견딜 수 없게 생각하신다. 교회가 다른 데로 마음을 옮겨 너무나도 큰 고통을 당하기에 하나님은 참으실 수가 없다. 그리고 하나님은 그 원수가 교회를 괴롭히도록 내버려 두지 않으시고 적에 대하여 분노를 발하신다. 하나님께서 그의 교회를 멀리 떠났다고 보여질 때도 하나님의 마음은 여전히 교회를 향하여 따뜻하다. 역사는 우리에게 이렇게 교훈한다. 즉 하나님이 그의 종들을 단련시키기 위하여 몽둥이를 쓰실 때는 마치 하나님의 자녀에게 아픔을 갖다 준 그 몽둥이를 하나님이 미워하시는 것같이 언제나 하나님은 나중에 그 몽둥이를 꺾으신다. "아버지가 그 자녀를 긍휼히 여기심같이 여호와는 그를 두려워하는 자를 긍휼히 여기시다"(시 103:13). 하나님은 우리를 잊으실 수가 없다. 왜냐하면, 하나님은 우리를 때리시기 때문이다. 야단친다는 것은 하나님이 사랑이 부족하다는 것을 의미하지 않는다. 만약 이것이 집합적으로 그의 교회에 대한 사랑이 사실이라면, 우리 각각의 개인에게도 역시 마찬가지로 적용된다. 당신은 하나님이 모른척하며 당신의 곁을 지나치실까 봐 두려워하지만, 그러나 그렇지 않다. 하늘에 있는 별을 세시고 그것들의 이름을 부르시는 하나님께서 그의 자녀들을 절대로 잊으실 리가 없다. 당신이 마치 유일한 피조물인 것처럼 당신의 상황을 세밀하게 알고 계신다. 친구여, 그에게 가까이하라, 그리고 평안을 얻으라.

2월 25일 아침

111. "임박한 진노"(마 3:7)

폭풍우가 지나간 후에 시골 길을 걸으며, 비가 내린 뒤 초목의 신선한 냄새를 맡는 것은 상쾌한 일이다. 빗방울이 햇빛에 반사되어 깨끗한 다이아몬드같이 빛나는 것을 보라. 이것이 그리스도인의 자세이다. 폭풍우가 구주의 머리 위를 지나간 후에 그 땅을 통과하는 것으로 거기에 슬픔의 몇 방울이 떨어질지라도, 그것은 자비의 구름에서 떨어진 것으로써 예수님께서는 그리스도인에게 그것을 그를 멸하기 위한 것이 아니라는 확신으로 용기를 주시는 것이다. 그러나 폭풍이 가까워져 오는 것을 보는 것은 얼마나 두려운 일인가! 폭풍우의 예보가 닥쳐오고, 공중의 새는 날개를 늘어뜨리고, 가축은 두려워서 머리를 숙이고, 하늘은 점점 어두워져 가며 해는 빛을 잃고 하늘은 노하여 얼굴을 찌푸리고 있지 않은가! 열대지방에서 때때로 일어나는 무시무시한 태풍이 다가오는 것을 기다린다는 것이 어찌 두려운 일이 아닌가! 광풍이 불어와 나무를 뿌리째 넘어뜨리며 바위를 굴리며 사람이 사는 동네를 파괴하는 그 무서운 광경을 기다린다는 것은 얼마나 두려운 일인가! 그러나 죄인들이여, 이것이 당신들의 현재의 위치이다. 아직 무더운 비는 오지 않았지만 이제 불의 비가 오려고 한다. 무서운 바람이 당신의 주변에서 부르짖고 있지 않은가? 하나님의 폭풍이 그 두려운 대포를 모으고 있다. 홍수는 아직 긍휼로 말미암아 막혀 있다. 그러나 그 물을 막고 있는 수문이 이제 곧 열리려고 한다. 하나님의 우레와 번개는 아직 창고에 남아 있다. 그러나 보라 폭풍이 임박했다. 하나님께서 진노 중에 오실 그때는 과연 어떻게 되겠는가! 오 죄인이여, 당신은 어디에 머리를 숨기며 어디로 도망치려고 하는가? 원하오니 긍휼의 손이 이제 당신을 그리스도에게 인도하기를 바라노라! 그는 복음을 아무런 대가 없이 당신 앞에 제공하고 있다. 창에 상한 그의 옆구리는 피난처의 바위이다. 당신은 그분이 필요하다. 그분을 믿고, 당신 자신을 그분에게 맡겨라. 그리하면 하나님의 진노는 영원히 지나갈 것이다.

2월 25일 저녁

112. "그러나 요나가 여호와의 낯을 피하려고 일어나 다시스로 도망하려하여 욥바로 내려갔더니"(욘 1:3)

요나는 하나님이 명하시는 대로 말씀을 전하기 위하여 니느웨로 가는 대신에 그것을 싫어하여 거기서 도망쳐서 욥바로 내려갔다. 종종 하나님의 종들이 의무를 이행하지 않고 불순종할 때가 있다. 그러나 그 결과는 과연 어떠한가? 요나는 그 때문에 무엇을 잃었는가? 요나는 하나님의 임재와 하나님의 사랑으로 인한 위로와 기쁨을 상실하였다. 우리가 마음으로부터 주 예수를 위해 봉사할 때 우리의 하나님은 우리와 함께하신다. 그리고 만일 하나님께서 우리와 함께하시면 비록 온 세상이 우리를 대항한다 한들 무슨 상관이 있으랴? 그러나 우리가 불순종하여 자기 뜻대로 일하는 순간, 우리는 마치 선장 없이 대양을 항해하는 배와 같다. 그때 우리는 심히 슬픔에 싸여 신음한다. "오 나의 하나님이여, 어디에 계십니까? 우리는 주님을 섬기기를 꺼리어 주님의 얼굴이 밝게 비침을 모두 잃었습니다. 이 얼마나 어리석은 일입니까? 치러야 할 대가가 너무 큽니다. 나를 주께 충성하는 자로 세우사 복된 주의 임재 안에서 기뻐하는 자가 되게 하시옵소서"라고 말이다. 요나는 그의 모든 마음의 평안을 잃었다. 죄는 믿는 자의 위로를 즉시 파괴한다. 죄는 독성이 강한 뽕나무 같아서 그 잎에서 기쁨과 평안의 생활을 파괴하는 치명적인 독한 진이 흘러 떨어지는 것이다. 요나가 그러한 행동을 하지 않았더라면 위로받았을 일에 모든 것을 잃었다. 그는 하나님의 보호 약속을 간청할 수가 없었다. 왜냐하면, 그는 하나님의 길을 걷지 않았기 때문이다. 그는 "주여, 나는 자신의 의무를 감당하려고 이 어려움에 직면하였습니다. 그러므로 나를 도와주소서"라고 말할 수가 없었다. 그는 자기가 뿌린 씨앗대로 거두고 있었다. 그는 자신의 방법으로 꽉 차 있었다. 그리스도인이여, 모든 파도와 큰 물결이 당신의 머리 위를 뒤덮는 것을 원하지 않는다면 요나와 같이 해서는 안 된다. 즉각적으로 하나님에게 자신을 맡기는 것보다 하나님의 뜻을 피하는 것이 훨씬 더 힘들다는 것을 당신은 결국에 가서 알게 될 것이다. 요나는 시간을 낭비하였다. 왜냐하면, 그는 결국 다시스에 가지 않으면 안 되었기 때문이다. 하나님을 거스르는 것은 매우 힘든 일이다. 그러므로 지금 하나님께 우리 자신을 온전히 맡기지 않으려는가?

2월 26일 아침

113. "구원은 여호와께로서 말미암나이다"(욘 2:9)

구원은 하나님만이 하시는 일이다. "죄와 허물로 죽은"(엡 2:1) 영혼을 살리시며 영혼의 생명을 지키시는 분은 오직 하나님이시다. 주님은 "알파와 오메가이시며 시작과 나중이시다"(계 1:8). "구원은 여호와께로서 말미암는다." 만일 내가 깊이 기도한다면 그것은 하나님께서 나의 기도를 깊게 하신 것이다. 만일 나에게 은혜가 있다면 그것은 하나님의 선물이다. 만일 내가 안정된 생활을 한다면 그것은 하나님께서 그의 손으로 나를 붙들고 계시기 때문이다. 하나님께서 나를 지키시기 위하여 먼저 일을 하신 것이지 내가 노력을 하는 것이 아니다. 내가 가지고 있는 모든 것, 나의 좋은 모든 것, 그것은 다 주께로부터 온 것이다. 나의 범하는 죄는 내 것이지만 나의 하는 올바른 행위는 완전히 모두 주님으로부터 온 것이다. 만일 내가 영의 원수를 물리쳤다면 그것은 주님께서 나에게 힘을 주셨기 때문이다. 내가 사람 앞에서 거룩한 생활을 하였다면 그것은 내가 한 것이 아니고 내 안에 계신 그리스도이시다. 나는 깨끗한가? 나를 깨끗하게 한 것은 나 자신이 아니고 하나님의 성령이 나를 깨끗하게 하신 것이다. 나는 세상의 것에서 떠나 있는가? 나는 나를 깨끗하게 하시기 위한 하나님의 징계로 인해 세상의 것에서 떠나 있는 것이다. 나는 지식에 있어서 성장했는가? 그것은 위대한 교사가 나를 가르치시기 때문이다. 나의 보석은 모두 하늘의 기술에 의해 형성된 것이다. 나에게 부족한 것은 모두 하나님 안에 있다. 그러나 내 안에 있는 것은 죄와 고통뿐이다. "주님만이 나의 반석이시요 나의 구원"(시 62:2, 6)이시다. 나는 하나님의 말씀을 먹고 성장하고 있는가? 말씀은 나의 영혼의 음식이어서 내가 그것을 먹도록 해주시는 이는 하나님이시다. 나는 하늘에서 내려오는 만나로 살고 있는가? 그 만나는 육신을 입으시고 오신 예수 그리스도이시다. 나는 그의 살과 피를 먹고 마시고 있는가? 나는 끊임없이 새 힘을 받고 있는가? 그 힘은 어디서 오는가? 나의 도움은 하늘의 언덕에서 오는 것이다. 예수님 없이 나는 아무것도 할 수 없다. "가지가 줄기에 붙어 있지 않고는 열매를 맺을 수 없는 것 같이"(요 15:4) 나도 주님께 붙어 있지 않으면 아무것도 할 수가 없다. 요나가 바다 깊은 곳에서 배운 것을 오늘 아침 나도 기도의 밀실에서 배우고 싶다. 그것은 "구원은 오직 주님께 있다"는 사실이다.

2월 26일 저녁

114. "문둥병이 과연 그 전신에 퍼졌으면 그 환자를 정하다 할지니 다 희어진 자인즉 정하거니와"(레 13:13)

이 규례는 이상하게 보일지는 모르나 이 안에는 지혜가 들어있다. 병의 독이 밖으로 퍼졌으면 문둥병에 몸이 안전하다는 것을 증명한다. 우리는 여기 특별한 규례에서 상징적인 의미를 보는 것이 좋겠다. 우리도 역시 문둥병 환자이다. 그리고 문둥병에 관한 규례는 우리에게도 해당된다. 사람이 스스로 전적 부패와 상실감과 온 몸이 죄로 더럽혀져 온전한 데가 없다는 것을 알고 자기 안에는 조금의 의도 없다는 것을 인정하고 주님 앞에 죄를 고백할 때, 그는 예수님의 보혈과 하나님의 은혜로 인해 깨끗해진다. 숨어있어 고백이 없는 무감각한 죄, 그것이 바로 문둥병이다. 그러나 죄가 밖으로 드러나고 느껴질 때, 죄는 치명상을 받고 있는 것이다. 죄로 고민하는 영혼에게 주님께서는 긍휼의 눈으로 보신다. 스스로 의롭다고 하는 것처럼 치명적인 것이 없고, 회개보다 나은 희망이 없다. 우리는 자기가 죄 이외에 아무것도 없는 자라는 것을 고백해야 한다. 왜냐하면, 여기까지 이르지 못하는 고백은 모두 참된 것이 아니기 때문이다. 그리고 만일 성령이 우리와 함께 역사하여 우리의 죄를 인식하게 하면 그와 같은 고백을 하는데 아무 어려움을 느끼지 않을 것이다. 자연스럽게 입 밖으로 나올 것이다. 이 저녁에, 이 말씀은 참으로 깨어있는 죄인에게는 어찌 위로가 아니겠는가? 원래의 상황은 매우 비참하여 실망할 수밖에 없는데 여기서는 소망 있는 상태의 표시로 변한다. 옷을 입기 위해서는 우선 입고 있는 옷을 벗어야 하고, 집을 짓기 위해서는 우선 기초공사를 위해 땅을 파지 않으면 안 된다. 그리고 온전한 죄에 대한 자각은 마음속에서 은혜의 역사가 시작되는 최초의 표시 중의 하나이다. 오, 가련한 문둥병의 죄인이여, 온몸에 문둥병이 덮인 자여, 이 구절에 의하여 마음을 다하여 그대로 주님께로 나아오라.

빛이 크고 작음에 상관없이 우리가 감출 수 없는 것을 고백할 때,

주님께서는 전부 면제하여 주신다네.

영혼을 자유롭게 하는 것은 온전한 빈곤뿐이니,

아무리 적은 돈이라도 자기 것이라고 말하는 동안에는

빚을 완전히 면제받을 수 없다네.

2월 27일 아침

115. "여호와는 나의 피난처시라 하고 지존자로 거처를 삼았으므로" (시 91:9)

광야에서의 이스라엘은 끊임없는 변화의 생활을 이어갔다. 구름기둥이 머무는 때마다 장막을 쳤다. 그러나 다음 날 아침 해가 떠오르기 전에 나팔이 울려 퍼지며 언약궤가 전진하기 시작하고, 타는 듯한 더위에 구름 기둥을 따라 산의 좁은 협곡의 길을 통과하며 언덕을 넘으며 메마르고 황폐한 광야를 걷는 것이다. 조금 쉬었는가 하면 명령이 내려 "전진하자 당신들이 쉴 곳은 여기가 아니다. 당신들은 가나안을 향해 여행을 계속해야 한다!"라고 하며 독촉하는 것이었다. 저들은 결코 한 장소에서 오래 머물러 있어서는 안되었다. 우물이 있는 종려나무가 있을지라도 저들은 오래 머물 수가 없었다. 그래서 저희는 하나님을 저들의 집으로, 구름 기둥을 의지하였으며 밤이 되어서는 불 기둥을 가정의 횃불로 생각하였다. 저들은 한 장소에서 다음 장소로 계속하여 전진하지 않으면 안되었다. 저들은 끊임없이 변화를 경험하면서 쉴 틈이 없었으며 "지금은 안전하다. 이 장소에서 거주하자"라고 말할 수가 없었다. 그러나 모세는 "아직도 우리는 끊임없이 변화하고 있으나 주여, 주님께서는 대대로 우리의 거처가 되시나이다"(시 90:1)라고 말하였다 그리스도인은 하나님과의 관계가 조금도 변하는 것이 아니다. 오늘은 부유하고 내일은 가난할 수도 있다. 오늘은 병들어 있고 내일은 건강하게도 되리라. 오늘은 행복해도 내일은 환란을 당할 수도 있다. 그러나 하나님과의 관계는 조금도 변하지 않는다. 어제의 나를 사랑하신 하나님께서는 오늘도 나를 사랑하신다. 나의 움직이지 않는 안식의 장소는 오직 나의 은혜의 하나님이시다. 앞길은 어둡고 희망을 깨지고 기쁨은 사라져버리고 곰팡이가 모든 것을 파괴해도, 내가 하나님 안에 가진 것은 아무것도 잃어버리지 않는다. 주님은 "나의 피할 바위, 나를 구원하실 견고한 산성"(시 71:3)이시다. 나는 세상에서 나그네이다. 그러나 하나님 안에서 언제나 평안히 머물고 있다. 땅에 있는 나는 여기저기 다니는 유랑객이다. 그러나 나는 하나님 안에서 언제나 고요하게 머무를 처소가 있다.

2월 27일 저녁

116. "그의 근본은 상고에 태초에니라"(미 5:2)

주 예수님께서는 그의 백성의 대표로서 보좌 앞에 나아가셨다. 그것은 백성이 시대의 무대에 나타나기 훨씬 이전이었다. 백성을 위하여 그가 아버지 하나님과 언약을 맺어 피를 흘려야 할 자를 위하여 스스로 피를 흘리시고, 고난받은 자, 심한 고통을 받는 자, 죽은 자를 대신하여 고통을 받으시고 돌아가신 일은 아주 오래된 태초부터 정해진 것이었다. 주님께서는 그 머리의 가시관에서 발끝까지 핏방울로 덮였으며 침 뱉음을 받으시며 손과 발에 못으로 박히시고 희롱을 받으셨으며 살이 찢기어 죽음의 고통으로 상하심은 "오래전 태초"부터 정해졌던 것이다. 우리의 보증인으로서 그 자신을 내어 놓으신 것은 오래전 태초 부터였다. 나의 영혼이여, 잠깐 멈추고 이 놀라운 일에 주목해 보라! 너는 예수님에 의해 오래전 태초부터 사랑받아 왔다. 네가 이 세상에 태어날 때 그리스도가 너를 사랑했을 뿐 아니라 사람이 땅 위에 있기 전부터 "그들을 기뻐하셨다"(잠 8:31). 인생들을 종종 그 마음에 두사 영원의 오래

전부터 영원의 미래에 이르기까지 그들에게 애정을 쏟으셨다. 나의 영혼이여, 주님께서 영원의 오래전부터 너의 구원을 위하여 계획하셨는데 그것을 완성시키지 않겠는가? 나를 구원하기 위하여 영원의 오래전부터 나아가셨는데 이제 나를 버리시는 일이 있겠는가? 나를 그의 귀한 보석으로 손에 쥐고 옮기셨는데 이제 와서 나를 그 손에서 내버릴 수 있겠는가? 산이 아직 형성되기 전에, 바다가 아직 있기 전에 나를 선택하셨는데 이제 와서 나를 거절하시겠는가? 아니다, 결코 그리하시지 않으신다! 나는 확신하거니와, 만일 그가 변하지 않는 나의 애인이 아니라면, 그렇게 오랫동안 나에게 사랑을 부을 수가 없다는 것을 말이다. 만일 그가 나에게 이미 지쳐버렸다면 벌써 오래전에 그렇게 하였을 것이다. 만일 그가 지옥같이 깊고 죽음같이 강한 사랑을 가지고 나를 사랑하지 않았다면 그는 벌써 오래전에 나로부터 등을 돌렸을 것이리라. 오, 이 어떠한 기쁨인가? 내가 그의 영원한 빼앗길 수 없는 유업이요, 땅이 있기 전 오래전에 아버지 하나님에 의해 그에게 주신 것을 안다는 것은 얼마나 기쁜 일인가! 오늘 밤, 이 영원한 사랑을 머리맡에 베개로 삼아 잠들 수 있기를 바란다.

2월 28일 아침

117. "나의 소망은 하나님께로부터 오도다"(시 62:5)

이 말씀을 사용할 수 있는 것은 믿는 자의 특권이다. 만일 그가 이 세상에서 어떤 소망을 기대하고 있다면 그것은 실로 헛된 소망이다. 그러나 이 땅 위의 축복이든지 영적 축복이든지 만일 그것이 하나님에 의하여 부족한 것을 채우기 원한다면 그 소망은 절대 헛되지 않는 것이다. 그는 계속하여 믿음의 은행으로부터 항상 자금을 꺼내어 하나님의 자비의 부요함으로 인해 그 필요를 채우게 된다. 내가 이것을 안다면 로스차일드 은행의 모든 것에 돈을 예금하는 것보다 하나님과 거래하기를 원한다. 나의 주님께서는 결코 약속을 어기는 일이 없기 때문이다. 약속을 가지고 보좌에 나간다면 하나님께서 그것은 무시하는 일은 절대로 없다. 그러므로 나는 주님의 문에 나아가서 주님께서 풍성한 은혜의 손으로 문을 열 때까지 기다리기만 하면 된다. 이 시간에도 나는 다시 한번 시도할 것이다. 그래서 우리는 이 세상의 삶 그 이상의 소망을 가지고 있다. 잠시 후에 우리는 죽을 것이다. 그리하면 "나의 소망은 하나님께로부터 온다." 우리가 아파서 침상에 누워 있을 때 하나님께서 그의 천사들을 보내어 우리를 하나님의 품으로 옮기실 것을 기대하지 않는가? 맥박이 약해지고 심장의 박동이 떨어질 때 천사는 우리의 침상 옆에 서서 사랑의 눈을 쏟으며 "나의 사랑하는 영혼이여, 나와 함께 가자"고 속삭이는 때가 올 것이라는 것을 우리는 안다. 우리가 "하늘" 문에 가까이 왔을 때, "나의 아버지께 축복을 받을 자여, 세상 처음부터 너를 위하여 예비하신 하나님 나라를 유업으로 받으라"(마 25:34)는 환영의 소리를 들을 것을 기대한다. 우리는 황금의 거문고와 영광의 면류관을 기대하고 잠시 후 보좌 앞에 빛나는 무리 가운데 들어갈 것을 기대한다. 우리는 영광의 주와 같은 형상을 입을 때가 올 것을 기대하며 갈망하고 있다. 왜냐하면 "그의 계신 그대로 볼 것이라"(요일 3:2)고 기록되어 있기 때문이다. 나의 영혼이여, 만일 이런 것들이 너의 소망이라면, 오직 하나님을 위하여 살라. 너의 필요한 모든 것을 채우며 그의 은혜로 너를 부르시고 구속하시고 선택하신 하나님의 영광을 나타내기를 원하며 또 결심하고 살아가라. 이것이 바로 당신이 가질 장차 올 영광의 소망이다.

2월 28일 저녁

118. "여호와께서 엘리야로 하신 말씀같이 통의 가루가 다하지 아니하고 병의 기름이 없어지지 아니하리라"(왕상 17:16)

하나님의 사랑의 신실성을 보라. 이 여인은 일용할 양식을 얻었다. 그녀는 기근이 닥쳐 그녀 자신과 아이를 양육해야만 했다. 거기다가 선지자 엘리야가 더해졌다. 이렇게 필요한 일용할 양식의 양은 세 배가 되었음에도 음식은 전혀 없어지지 않았다. 그녀는 끊임없이 공급을 받았기 때문이었다. 그녀는 매일 가루를 넣어둔 통을 보았지만 언제나 같은 분량의 가루가 남아 있었다. 사랑하는 친구여, 당신도 날마다 필요한 것을 갖고 있다. 왜냐하면, 그것이 아주 자주 공급되기에, 통의 가루가 언제 없어지게 될지 그리고 병에 기름이 언제 떨어질지 두려움이 있을지 모른다. 그러나 근심해서는 안 된다. 하나님의 말씀에 따르면 그와 같은 일은 일어나지 않는다. 날마다 여러 가지 곤란한 일과 함께 도움이 온다. 당신이 므두셀라보다 오래 살며 당신의 필요가 바다의 모래 같이 많다 할지라도 하나님의 은혜와 긍휼은 당신의 모든 필요를 채우신다. 그리고 당신은 결코 부족함을 느끼는 일은 없을 것이다. 이 과부는 기근 동안에 삼 년간 하늘에는 구름 한 점 볼 수 없었고 하늘의 별은 이 악한 땅 위에 한 방울의 이슬도 내리지 않았다. 기근과 황폐와 죽음이 이 세상을 황량한 광야로 만들었다. 그러나 이 여인은 결국 배고픈 일이 없이 풍족한 공급으로 항상 즐거워하고 있었다. 그래서 당신도 마찬가지이다. 당신은 죄인의 소망이 헛된 것이라는 것을 볼 것이다. 왜냐하면, 그는 자신의 본성의 힘을 의지하고 있기 때문이다. 당신은 교만한 바리새인의 자신감이 흔들리는 것을 볼 것이다. 왜냐하면, 그들은 그의 소망을 모래 위에 쌓았기 때문이다. 당신은 심지어 당신 자신의 계획조차 달라지고 시들어가는 것을 보겠지만, 당신은 자신이 견고한 구원의 바위 위에 있어 보호되고 있음을 발견할 것이다. 당신의 빵과 물의 공급은 그치는 일이 없다. 잉글랜드의 은행을 소유하는 것보다 하나님을 당신이 안내자로 가지는 편이 훨씬 낫다. 당신은 인도의 부요를 다 써 버릴 수도 있지만 하나님의 무한한 부요를 다 써 버릴 수는 결코 없다.

2월 29일 아침

119. "내가 무궁한 사랑으로 너를 사랑하는 고로 인자함으로 너를 인도하였다 하였노라"(렘 31:3)

율법의 우레 소리와 심판의 공포는 우리를 그리스도에게로 인도하는데 사용된다. 그러나 최후의 승리는 사랑으로 인하여 얻어지는 것이다. 탕자는 주리고 목마른 끝에 아버지의 집을 향해 출발했다. 그러나 아버지는 멀리서부터 아들을 알아보고 달려와서 그를 영접했다. 그러므로 탕자가 아버지의 집에 들어설 때 그 아들의 뺨에는 아직도 아버지의 입 맞춘 따스함이 있고 그의 귀에는 환영하는 노래의 여운이 남아 있었다.

"율법과 공포는 오직 사람의 마음을 굳게 할 뿐이나,

피 묻은 구속과 용서는 돌 같은 마음을 녹인다네."

어느 날 밤에 주님께서는 문 앞에 서서 손으로 율법의 철문을 두드렸다. 그때 경첩이 떨어질 만큼 문은 흔들렸다. 그러나 그 안의 사람은 모든 가구를 문 안에 쌓아놓고 하는 말이 "나는 이 분을 안으로 들어오게 하지 않겠다"고 하였다. 주님께서는 일단 물러나셨다가 잠시 후에 다시 돌아오셔서 못자국 있는 손으로 고요하며 부드럽게 문을 두드렸다. 이번에는 문이 흔들리지 않았다. 그러나 이상하게도 문 열기를 완강하게 거절했던 사람이 이번에는 기쁨으로 주님을 영접하였다. "들어오십시오. 당신님의 두드리는 소리를 듣고 나의 마음이 움직였습니다. 나는 당신님의 상한 손의 피 흘린 자국을 문에 남기고 머무르실 곳 없이 돌아가시는 것을 볼 수가 없습니다. 나는 당신님에게 순종합니다. 당신님의 사랑이 나의 마음을 붙잡은 것입니다." 이처럼 사랑은 언제나 승리를 얻는다. 모세의 돌판에 의하여 결코 얻을 수 없는 것을 그리스도의 상처 있는 손이 하시는 것이다. 구원으로 부름 받는 길은 바로 이런 것이다. 나는 실제로 그것을 체험했는가? 찬송 작가의 말처럼, "그는 이끄시고 나는 그의 거룩한 음성을 기뻐하며 순종하였네"라고 말할 수 있는가? 만일 그렇다면, 주님께서 그의 신실함으로 나를 이제부터 어린양의 혼인 잔치에 참석할 그때까지 언제나 이끄소서.

120. "우리가 받은 것은 하나님의 영이니 이는 하나님께서 우리에게 주신 은혜를 알게 하려 하심이라"(고전 2:12)

사랑하는 친구여, 당신의 영혼 속에 성령에 의한 하나님의 영을 받았는가? 성령께서 우리의 마음속에서 역사하심이 필요하다. 그것은 성부 하나님과 성자 하나님의 하시는 모든 일을 성령 하나님께서 우리의 영혼에 계시하지 않으면 아무 가치가 없다는 것에서 분명하게 볼 수 있다. 성령께서 사람의 마음을 움직이지 않는다면 선택의 교리는 그 사람에게 아무 효과가 있을 수 없지 않은가? 성령께서 나를 "어둠에서 놀랄만한 빛 가운데"(벤전 2:9)로 부르시지 않으면 선택이란 나의 의식 속에서 죽은 글자에 불과하다. 부르심으로 인하여 비로소 나는 스스로 선택받았음을 알고, 또한 내가 하나님으로부터 부르심을 받은 줄 앎으로써 내가 영원한 목적 안에서 선택되었다는 것을 깨닫게 된다. 성부 하나님께서는 주 예수 그리스도와 언약을 맺으셨다. 그러나 성령께서 그의 축복을 우리에게 주셔서 우리의 마음을 여시고 그것을 받아들이게 하시지 않으면 그 언약이 나에게서 있어서 무슨 소용이 있겠는가? 그리스도 예수라고 하는 못에 축복이 걸려 있는 것이다. 그러나 우리는 키가 작아서 거기까지 도달하지 못한다. 그래서 성령께서 그 축복을 가지고 내려오셔서 우리에게 전달해 주신 것이다. 이로 인해 비로소 축복은 현실적으로 우리의 것이 된다. 언약의 축복은 하늘의 만나와 같아서 사람들의 손이 닿지 않는 곳에 있다. 그러나 성령은 하늘의 창문을 열어서 생명의 떡을 영적 이스라엘 진영의 주위에 뿌려주는 것이다. 그리스도의 성취하신 일은 포도주를 담은 큰 통의 저장된 포도주 같아서 불신앙 안에서는 우리가 그 포도주를 길어내어 마실 수가 없다. 성령께서는 우리의 마음을 그 귀한 포도주 속에 담그게 하여 우리가 마시우게 한다. 그러나 성령님이 없이는 우리는 죄에 전적으로 죽은 것이요, 아버지 하나님에게 선택되지 않음과 같은 것이요, 성자 예수님을 통해 피로 구속함을 받지 않은 것과 같은 것이다. 우리의 평안을 위해 성령님은 절대적으로 필요하다. 그러면 마음속에서부터 성령님을 향하여 사랑으로 걸으며, 성령님을 근심케 하는 일에 깊이 두려워해야 할 것이다.

3월의 묵상

121. "북풍아 일어나라 남풍아 오라 나의 동산에 불어서 향기를 날리라"(아 4:16)

그 어떠한 것이라도 무관심의 죽음과 같은 적막보다는 나을 것이다. 고난의 북풍이라 할지라도 그것이 나의 은혜의 향기를 내도록 성화될 수 있다면, 우리의 영혼은 그것을 기뻐할 것이다. "그 바람 가운데 주님께서 계시지 않았다"(왕상 19:11)라는 경우를 제외하고는 은혜의 초목 위에 부는 것이 비록 그것이 엄동의 차디찬 바람이라 할지라도 우리는 위축되지 않을 것이다. 이 아가서에서 신부는 무언가 애인의 책망을 받고 자신을 겸손히 내려놓지 않는가? 그녀는 어떠한 방법으로든지 그 사랑하는 자가 은혜로 갚을 것을 간절히 원하지 않는가? 그리고 그가 와야만 하도록 특별한 방식으로 조건을 만들지 않고 있지 않은가? 그녀는 우리와 같이 죽음과 같은 적막감에 아주 지쳐서 자기를 일어서게 할 은혜의 방문을 기대하고 있지 않은가? 그러나 또 그녀는 위로에 넘치는 따스한 남풍, 하나님의 사랑의 미소, 구속주의 임재의 기쁨을 갈망하고 있다. 이것은 또한 우리의 게으른 생활을 세워 일으키는데 충분한 효력을 갖고 있다. 그녀는 둘 중 어느 곳이든지 아니면 둘 다라도 소원하고 있다. 그것은 자기 동산의 향기로 인해 애인을 즐겁게 할 수 있으리라 생각하기 때문이다. 그녀는 아무 생산적인 일 없이 지내기를 원하지 않았다. 우리도 마찬가지다. 예수님께서 우리의 보잘것없는 은혜를 받으신다는 것은 어찌 과분한 일이 아니겠는가? 과연 그런 일이 있겠는가? 사실이라면 꿈같은 이야기다. 우리는 임마누엘의 마음을 기쁘시게 하기 위해서는 환란도 죽음도 감수할 수 있다. 오, 주 예수님의 영광을 나타내기 위해서는 우리의 심장이 가루가 되어도 조금도 괘념치 않을 것이다. 연단되지 못한 은혜는 꽃병 속에 갇혀있는 향기와 같은 것이다. 그러나 위대한 농부의 지혜는 모든 것들을 이용해야 원하는 목적을 이룬다. 그는 환란과 위로도 함께 사용하여 믿음과 소망, 양보와 기쁨의 향기를 뿜어내고 그리고 정원에서 다른 아름다운 꽃들을 피게 하는 것이다. 부디, 우리가 아름다운 경험을 통하여 이 의미를 깨달을 수 있게 되기를 바라마지 않는다.

3월 1일 저녁

122. "그는 보배롭도다"(벧전 2:7)

모든 강물이 바다로 흘러들어 가는 것 같이 모든 기쁨은 우리의 사랑하는 주님께 집중된다. 주님의 눈짓은 햇빛보다 강하고 그 얼굴의 아름다움에 어떤 꽃이 미칠 수 있겠는가? 어떤 향기이든 주님의 입에서 나오는 기운에 비할 수가 없다. 광산에서 파내는 보석, 바다에서 캐는 진주, 그것들은 주님의 보배로우심에 비교할 때 아무것도 아니다. 베드로는 우리에게 예수님의 보배로우심에 대해 말한다. 그러나 그는 주님께서 어떻게 보배로운지에 관해서는 말하지 않으며, 또 말할 수도 없다. 우리 중에 그 어느 누구도 말로 형용할 수 없는 하나님의 선물의 가치에 대해 측량할 수 없다. 말로서는 주 예수님께서 그 백성에게 있어서 어떻게 보배로우신지에 대해 표현할 수가 없다. 그리고 그가 그 백성의 만족과 행복을 위하여 어떻게 없어서는 안 될 분이신지를 충분히 설명할 수가 없다. 주안에 있는 자여, 주님께서 없으실 때 당신은 풍부함 중에 있으면서도 심한 결핍을 느낀 적이 없는가? 햇빛은 빛나고 있었지만, 그리스도께서 그 자신을 숨기실 때, 온 세상은 당신에게 암흑이었고 "광명한 새벽별"(계 22:16)은 사라지고 다른 그 어떤 별도 당신에게 한 줄기의 빛도 비치지 않아 깜깜한 밤이었다. 우리의 주님께서 계시지 않는다면 이 세상은 얼마나 황폐한 광야가 될 것인가! 한번 주님께서 우리로부터 자신을 감추시면 우리 화원의 꽃은 시들고, 감미로운 과실은 부패하고, 새는 그 노래를 그치고, 폭풍은 우리의 소망을 뒤엎을 것이다. 의의 태양이 그 빛을 거둔다면 이 땅 위의 모든 촛불을 모은들 그 빛을 만들 수 있겠는가? 결코, 그렇게 하지 못한다. 그분은 우리 영혼의 어버이요, 빛의 빛이요, 우리의 삶의 생명이다. 사랑하는 자여, 그분이 안 계신다면 당신은 이 세상에서 유혹과 근심을 어떻게 대처해 나갈 수 있겠는가? 아침에 잠 깨어 하루의 싸움에 임하려고 할 때 만일 그분께서 안계시다면 당신은 어떻게 하려는가? 피곤하고 지쳐서 집에 돌아왔을 때 만일 당신이 그리스도와 교제의 문이 닫혀져 있다면 그 밤에 어떻게 할 것인가? 그러나 주 이름을 찬송할지어다! 그분께서는 우리를 잠시라도 떠나지 않으시고 우리가 주님 없이 우리 자신의 운명을 개척하도록 내버려두지 않으신다. 왜냐하면, 예수님께서는 결코 자기 백성을 버리지 않으시기 때문이다. 그러나 그분이 없이는 우리 인생이 어떻게 될 것인지 기억하고 더욱 깊이 주의 보배로우심을 깨달아야 할 것이다.

3월 2일 아침

123. "온 이스라엘 사람들이 각기 보습이나 삽이나 도끼나 괭이를 벼리려면 블레셋 사람들에게 내려갔다"(삼상 13:20)

우리는 블레셋의 악인들과 전쟁을 하는 것이다. 어떤 무기이든지 손에 잡히는 대로 우리는 사용해야 한다. 설교, 훈계, 기도, 구제 어느 것이든 모두 활용해야 하며, 더욱 이때까지 돌아보지 않았던 변변치 않은 재능들도 써야 한다. 괭이, 도끼, 삽 모두 블레셋 사람들을 죽이는 데 사용해야 한다. 거친 땅을 개간하는 데는 거친 도구가 좋은 것이다. 죽이는데 눈에 좋게 할 필요는 없는 것이다. 효과적으로 행하여지면 되는 것이다. 어떤 시간이든지 때가 좋든 나쁘든 간에, 또 어떤 재능이든지 교육을 많이 받았든 받지 못했든지, 순탄하든지 역경이든지 어떤 기회이든 모두 사용해야만 한다. 왜냐하면, 우리의 적은 많고 우리와 같은 편은 적기 때문이다. 우리의 무기는 모두 예리하게 준비돼야 한다. 관찰력, 민첩성, 활동성, 기민성을 길러두지 않으면 안 된다. 다시 말해서 그것들을 주의 사역을 위하여 완전히 적응하도록 해야 한다. 그리스도인으로서, 사역을 지도하는 사람 가운데는 실제적인 상식에 풍부한 자들이 너무 적다. 만일 그렇게 된다면 우리는 원수로부터 배움으로 블레셋 사람들로 하여금 우리들의 무기를 예리하게 하도록 만들어야 한다. 오늘 아침 성령의 도움을 받아 우리의 열심을 강하게 하는데 주목하도록 하자. 로마 카톨릭 교회의 열심을 보라. 저들은 한 사람의 개종자를 얻기 위하여 바다와 육지를 두루 돌아다니고 있다. 그러한 열심은 과연 그들만의 것인가? 이교도에 빠진 사람들을 보라. 저들은 우상을 열심히 섬기기 위하여 그 어떠한 고통도 참아낸다. 그러한 인내와 희생은 과연 그들만의 것인가? 어둠을 주관하는 지도자들을 보라. 그 끈질긴 노력, 뻔뻔스러운 시도, 대담한 계획, 깊은 모략, 그 모든 것에 그들의 세력은 어떠한가? 악마는 그 부끄러운 반역을 도모하기 위해서도 그토록 단합하여 협력하고 일하는데, 우리 예수 믿는 사람들은 하나님을 섬김에 있어 서로 나뉘어 왜 하나로 함께 단합하지 못하는가? 우리도 서로 단결하여 일해야 한다.

오, 사탄의 지독한 끈기를 배워 우리도 선한 사마리아인처럼 우리가 도와야 할 사람을 찾아다녀야 하는 것이다.

124. "모든 성도 중에 지극히 작은 자 보다 더 작은 나에게 이 은혜를 주신 것은 측량할 수 없는 그리스도의 풍성을 이방인에게 전하게 하시고"(엡 3:8)

사도 바울은 복음을 전하는 일을 할 수 있다는 것을 큰 특권으로 생각하였다. 그는 그 일을 고된 일로 생각하지 않고 큰 기쁨으로 이행하였다. 바울은 이처럼 자기의 부르심을 감사히 여겼고 그것의 좋은 결과에 대하여 매우 겸손하였다. 배에 많은 짐을 실을수록 그 배는 더 깊게 물에 잠기게 된다. 태만한 자는 자기 스스로의 힘의 자만심에 빠져들 수 있다. 왜냐하면 그는 최선을 다하지 않기 때문이다. 그러나 열심히 일하는 일꾼들은 곧 자신의 무력함을 깨닫는다. 만일 겸손하게 되기 원하면 힘써서 일하라. 자신이 아무것도 아니라는 것을 알려면 예수님을 위하여 어떤 큰일을 시도해 보라. 살아 계신 하나님을 떠나서는 얼마나 무력한 자임을 느끼려면 "그리스도의 측량할 수 없는 풍성을" 세상에 전하는 커다란 일을 시도해 보아라. 당신은 전에는 결코 알지 못했던 것처럼 당신은 약하고 무가치한 자임을 알게 될 것이다. 사도 바울은 이렇게 자기의 미약함을 알고 그것을 고백하고 있지만, 그의 사역의 주제에 대해서는 당황하는 일이 결코 없었다. 최초의 설교로부터 마지막까지 바울은 그리스도를 전하고 그리스도 이외에는 아무것도 전하지 않았다. 그는 십자가를 높이 쳐들고 피를 흘리신 하나님의 아들 그리스도 예수를 찬양하였다. 당신이 구원의 기쁜 소식을 전할 때 그 모든 노력에 있어서 그의 모범을 배워라. 그리고 "그리스도, 특히 십자가에 못 박히신 그리스도"(고전 2:2)만을 반복하여 당신의 주제로 사용하라. 그리스도인은 사랑스런 봄동산의 꽃과 같아야 한다. 햇빛이 비칠 때 그 꽃들은 황금잔처럼 꽃잎을 벌리며 "당신의 빛으로 우리를 채워주소서!"라고 말하고, 태양이 구름 속에 숨을 때는 그들은 꽃잎을 닫고 머리를 숙인다. 마찬가지로, 그리스도인도 감미로운 예수님의 감화력을 느끼지 않으면 안 된다. 오직 예수님만이 그의 태양이다. 그는 의의 태양에 자신을 맡긴 꽃이 되어야 한다. 오직 그리스도만을 증거하는 것이 "파종하는 자에게 종자요 먹는 자에게는 양식이다"(사 55:10). 그리고 이것은 전도자의 입술에 주어진 숯불이요, 듣는 자의 마음을 여는 근본 열쇠인 것이다.

3월 3일 아침

125. "내가 너를 연단하였으나 은처럼 하지 아니하고 너를 고난의 풀무에서 택하였노라"(사 48:10)

시험 중에 있는 믿는 자여, 이 말씀을 가지고 위로를 받아라. 이 말씀은 격렬하게 타는 불꽃도 누그러지게 하는 부드러운 봄비 같지 않은가? 그렇다, 이 말씀은 열을 통하지 못하게 하는 석면의 갑옷과 같지 않은가? 환란아, 오려면 오라. 하나님께서 나를 택하신 것이다! 가난이여, 너는 내 집 문 앞에까지 올 수 있다. 그러나 하나님께서는 이미 내 집안에 계신다. 하나님께서 나를 택하신 것이다. 질병이여, 너는 나를 습격하리라. 그러나 내게는 신령한 약이 준비되어 있다. 하나님께서 나를 택하신 것이다. 이 눈물의 골짜기에서 어떤 일이 나의 몸에 임할지라도 나는 하나님에게 택함을 받은 것은 알고 있다. 주 안에 있는 자여, 만일 지금 큰 위로를 필요로 하고 있다면 주님께서 당신과 함께 풀무 중에 함께 하고 있다는 것을 기억하라. 당신의 고요한 밤에 지금까지 당신이 본적은 없지만, 항상 당신을 사랑하고 있는 분이 당신 곁에 앉아 계신다. 비록 당신이 깨닫지 못한다 할지라도 그 분은 고난 중에 있는 당신을 위하여 침대를 놓고 베개를 정돈하고 있는 것이다. 당신은 가난하다. 그러나 당신의 사랑스러운 집에 생명과 영광의 주님께서 때때로 방문하신다. 당신을 방문하기 위하여 그는 이 황량한 장소에 오시기를 즐겨하신다. 그는 당신에게 애착을 갖고 계신다. 그의 얼굴을 볼 수는 없어도 당신은 그의 손의 접촉을 느낄 수가 있다. 그의 음성이 들리지 않는가? 사망의 음침한 골짜기에 있어도 "두려워하지 말라 나는 너와 함께 있다 놀라지 말라. 나는 너의 하나님이다"(사 41:10)라고 말씀하신다. 로마 시저의 다음과 같은 유명한 연설이 있다. "두려워하지 말라. 너에게는 시저가 있고 너는 그의 모든 행운을 짊어지고 있다." 그리스도인이여, 두려워하지 말라. 예수님께서 당신과 함께하신다. 불같은 시련 중에도 주의 임재는 당신에게 위로와 안도감을 준다. 그는 자기의 것으로 선택한 자를 결코 버리시는 일이 없다. "두려워 말라 나는 너와 함께 한다"고 하신 이 말씀은 "고난의 풀무" 속에 있는 그의 선택한 자들에게 주신 확실한 약속의 말씀이다. 그러므로 그리스도에게 바짝 매달려 다음과 같이 말하자.

> *"물 가운데든지 불 가운데든지,*
> *만일 주 예수님께서 인도하시면,*
> *나는 그 어디라도 그를 따르리라."*

3월 3일 저녁

126. "하나님의 성령이 비둘기같이 내려 자기 위에 임하심을 보시더니"(마 3:16)

하나님의 영이 교회 머리이신 주 예수님 위에 임하심 같이, 그는 또 주의 몸이 되는 교회를 구성하는 한 사람 한 사람 위에 임하신다. 성령님은 주 예수 위에 임하신 때와 같이 우리 위에 임하시어 때때로 생각할 수 없는 일들이 신속하게 일어난다. 우리가 그것을 완전히 알지 못하는 중에 기대 이상으로 하늘을 향해 앞으로 우리를 추진시킨다. 그러나 거기에는 세상의 성급함은 없다. 비둘기의 날개는 신속하게 움직이지만, 또한 부드럽다. 고요함은 많은 영적인 사역에서 본질적으로 꼭 필요해 보인다. 주님께서는 고요하고 작은 소리 중에 계신다. 그리고 이슬과 같이 침묵 중에 은혜를 내리신다. 비둘기는 옛날부터 순결의 상징이었다. 그리고 성령님도 성결을 본성으로 하신다. 성령님이 임하시는 곳은 어디든지 간에 모든 것이 순수하며 사랑할 만하며 어떤 것이든 풍성하며 죄와 더러움과는 구별되어 있다. 순결한 비둘기가 힘을 가지고 임하는 곳은 어디든지 평화가 지배된다. 비둘기는 하나님의 진노의 홍수가 수그러짐을 보이는 감람나무 가지를 물고 온다. 온화함이란 변화시키는 능력을 가진 신성한 비둘기에 의하여 가져온 결과이다. 그의 깊은 은혜에 감화를 받은 마음은 그때부터 영원히 온유하며 겸허하게 된다. 또 거기에는 당연히 해가 없는 것이다. 독수리나 까마귀는 먹을 것을 찾는다. 비둘기는 자기에게 임하는 해를 참지만, 결코 해를 주는 일은 없다. 우리는 비둘기같이 해를 끼치는 일이 없어야 한다. 비둘기는 사랑의 화신이다. 비둘기의 울음소리는 사랑에 충만하다. 그와 같이 축복 된 성령님의 방문을 받은 영혼은 하나님에 대한 사랑에 충만하며 다른 믿는 형제에 대한 사랑의 충만하며 죄인에 대한 사랑에 충만하다. 더욱 예수님에 대한 사랑으로 충만하다. "깊음 위에 운행하신"(창 1:2) 하나님의 영은 우선 질서와 생명을 낳았다. 그리고 그는 우리의 마음속에서 새로운 생명과 빛을 창조하신다. 축복에 충만한 성령이시여, 우리의 구속 주 예수님 위에 내리심 같이 이제부터 영원토록 우리에게 임하소서.

3월 4일 아침

127. "내 은혜가 네게 족하니"(고후 12:9)

만일 하나님의 성도들 모두가 가난하지도 않고 아무 시련도 없다면, 우리는 하나님의 은혜의 절반도 잘 알 수 없을 것이다. 머리 둘 곳도 없는 방랑자가 "그래도 나는 주님을 의지한다"라고 말하며, 또 그날의 양식조차 여유가 없는 심히 가난한 자가 오히려 영광을 주께 돌리며, 남편을 잃고 고난의 길을 걷는 과부가 그래도 믿음을 그리스도에게 두고 실망하지 않음을 볼 때, 오! 그들이 복음으로부터 얼마나 위대한 빛을 받고 있는지를 알게 될 것이다. 하나님의 은혜는 믿는 자의 빈곤과 실연 중에 입증되며 영광을 받는 것이다. 성도들은 그 어떠한 역경에도 견디며 그들은 "모든 일이 합력하여 유익하게 될 것임"(롬 8:28)을 믿는다. 그리고 아무리 겉으로 보기엔 악하게 보이는 중에도 참된 축복이 언젠가는 넘쳐 나올 것을 믿는다. 그들의 하나님께서 신속하게 환란 중에서 구원하여 주시든지, 아니면 하나님께서 그들을 고난 속에 있도록 허락하시는 동안에 그들을 그 고난 속에서 확실히 붙드실 것을 믿는다. 성도의 인내는 하나님의 은혜의 능력을 증명하는 것이다. 바다 한가운데 등대가 있다고 하자. 물결이 고요한 밤에는 과연 그 등대의 건축이 과연 견고한지 아닌지를 알지 못한다. 풍랑이 심하게 일어난 후에야 비로소 그 등대가 풍랑에 견디는지 알 수 있다. 성령의 역사도 마찬가지다. 만일 풍랑에 둘러싸여 있지 않다면 그것이 진실하고 강한지 알 수 없다. 바람이 불지 않았다면 그것이 얼마나 견고하고 안전한 것인지 알 수 없다. 하나님의 걸작인 인간은 고난 중에 미혹되지 않고 의연히 서는 사람들이다.

"울부짖는 울음 속에서도
승리를 확신하며 태연히 서도다."

하나님의 영광을 나타내려는 자는 많은 시련을 받을 것을 각오하지 않으면 안 된다. 많은 싸움을 하지 않고 주님 앞에 빛나는 자가 될 수 없다. 만일 당신의 길이 험하다면, 당신이 전능하신 하나님의 은혜를 더욱 나타낼 수 있다는 것을 믿고 오히려 그것을 기뻐하라. 하나님이 당신을 버린다고는 꿈에도 생각해서는 안 된다. 그런 생각은 아주 버려야 한다. 지금까지 당신에게 충분하셨던 하나님은 마지막 최후까지 신뢰할 분이시다.

3월 4일 저녁

128. "주의 집의 살찐 것으로 풍족할 것이라"(시 36:8)

시바 여왕은 솔로몬의 식탁이 풍성한데 놀랐다. 그녀는 단 하루의 식탁에 참여한 것으로 놀랐으며 동시에 왕의 식탁에 참여하는 신하들의 많은 숫자에도 놀랐다. 그러나 은혜의 하나님의 초대에 비하면 이것은 아무것도 아니다.

셀 수 없는 많은 하나님의 백성이 날마다 양육되고 있다. 저들은 배고프고 목이 말라서 많은 식욕을 가지고 향연에 참석하지만, 그 중 어떤 한 사람도 만족하지 않고 돌아가는 일은 없다. 사람마다 또한 모든 사람이 만족하고 또 언제나 충분히 만족해한다. 여호와의 식탁에 참여하는 무리는 하늘의 별처럼 셀 수 없지만 그 각 사람에게 충분한 음식이 제공되는 것이다. 한 명의 성도가 얼마만큼의 은혜를 필요로 하는지 생각해 보라. 그 하루의 양이라도 무한하신 주님 외에는 그 누구도 결코 만족하게 할 수가 없다. 그러나 주님께서는 자기의 식탁을 한 사람뿐 아니라 많은 성도를 위하여 하루가 아니고 몇 년이든지, 몇 세대이든지 영원히 준비하고 계신다. 이 구절에서 이야기하는 그 풍성한 식탁에 주목하라. 긍휼의 향연에 참여하는 나그네는 만족을 얻는다. 아니 그들은 충분한 만족을 얻는다. 그것도 보통 음식에 배부른 것이 아니고 기름진 음식으로 하나님의 집의 특별한 음식으로 배부르게 된다. 그리고 그와 같은 음식은 여호와의 날개 그늘 아래서 신뢰하는 모든 이들에게 신실한 약속으로 보증되어 있다. 일찍이 나는 하나님의 은혜의 집의 뒷문에서 남아있는 음식이라도 먹었으면 충분하다고 생각한 때도 있었다. 나는 "개도 주인이 상에서 떨어지는 부스러기를 먹나이다"(마 15:27)라고 말한 수로보니게 여인과 같았다. 그러나 그 어떤 하나님의 자녀라도 남은 음식 부스러기를 받는 자는 하나도 없다. 므비보셋과 같이 저들은 모두 왕의 식탁에서 먹는다. 은혜에 있어서, 우리 모두는 베냐민의 몫을 갖게 되는 것이다. 우리는 다 예상하는 것보다 몇 배가 더 좋은 음식에 참여하는 것이다. 그리고 우리의 필요가 크다 할지라도, 하나님께서 우리에게 주시는 놀라운 은혜의 풍성함에 때때로 매우 놀란다.

3월 5일 아침

129. "우리는 다른 이들과 같이 자지 말고 오직 깨어 근신할지라" (살전 5:6)

그리스도인을 깨우도록 장려하는 방법은 여러 가지다. 그리스도인이 하나님에 관하여 함께 이야기하는 것을 강하게 권면하고 싶다. 존 번연(John Bunyan)의 "천로역정"(*Pilgrim's Progress*)에서 '기독자'(예수 믿는 자)와 '유망자'(소망이 있는 자) 두 사람이 천성을 향해 가는 도중에 서로 대화하는 부분이 있다. 그들은 서로 "졸음이 오지 않도록 유익한 말을 하자"고 하였다. 기독자는 "형제여, 그러면 어디서부터 시작할까"라고 말하였다. 유망자는 "하나님께서 우리에게 시작한 데서부터"라고 대답하였다. 그리고 기독자는 이렇게 노래한다.

> *"성도여 졸음이 오거든 여기에 와서*
> *두 순례자의 말하는 것을 들을지어다.*
> *어떻게 해서든지 저들에게 지혜를 배우라,*
> *졸음이 오는 눈을 뜨도록 하라.*
> *성도의 교제를 올바로 잘하면*
> *지옥의 졸음에도 불구하고, 그들은 깨어있으리라."*

타인을 떠나서 혼자서 여행하는 그리스도인은 졸음이 오기 쉬운 것이다. 믿음의 동행자를 구하여 함께 하여 졸음을 깨며, 새롭게 힘을 얻어 하늘로 가는 길을 빨리 걷도록 하라. 그러나 당신이 하나님에 관하여 "재미있게 의논"(시 55:14) 하듯이 그 대화의 주제는 주 예수여야 하는 것이다. 당신의 눈은 끊임없이 예수님을 바라보고, 당신의 마음으로 그에 대한 생각으로 가득차고, 당신의 입은 그의 존경할 만한 가치에 대해 말하도록 하라. 친구여, 십자가 곁에 가까이 있으라. 그러면 당신은 졸지 않을 것이다. 당신이 가야 할 곳의 값어치를 깊이 마음에 새기도록 힘써라. 만일 천성을 향하여 여행하고 있다고 생각한다면, 당신은 가는 길 도중에 조는 일은 없을 것이다. 뒤에는 지옥이 있고 마귀가 당신 뒤쫓아 온다고 생각한다면 마음을 놓을 수가 있겠는가? 주 안에 있는 자여, 진주 문이 열리고 천사의 노래가 당신이 들어오기를 기다리며 황금 면류관이 당신을 위해 준비되어 있는데 당신은 졸고만 있을 것인가? 거룩한 교제 안에서 "시험에 들지 않도록 깨어 기도하라"(마 26:41).

3월 5일 저녁

130. "나는 네 구원이라 이르소서"(시 35:3)

이 기도는 우리에게 무엇을 교훈하고 있는가? 나는 이것을 저녁기도로 하고 싶다. 그러나 먼저 이 기도가 주는 교훈을 묵상하여 보자. 이 구절은 다 윗이 의심을 품었다는 것을 보여준다. 만일 그가 때때로 의심과 두려움으로 괴로워하지 않았다면 "나는 네 구원이라 이르소서"라고 기도할 필요가 없었 을 것이다. 그러므로 우리는 용기를 갖자. 자기 스스로 믿음이 약함을 불평하 는 것은 비단 나 뿐만은 아니다. 만일 다윗이 의심을 했다면 나는 결코 "나는 의심을 하고 있으므로 이젠 그리스도인이 아니다"라고 결론을 내릴 필요는 없 다. 위의 구절은 나로 하여금 다윗이 의심과 두려움을 갖고 있었을 때 만족하 지 않았다는 것을 생각하게 한다. 반면에 다윗은 확신을 구하기 위해 곧바로 은혜의 보좌로 달려갔다는 것을 말이다. 그는 은혜의 보좌를 순금과 같이 귀 하게 여겼다. 우리도 또한 사랑하는 주님에게 받아들여졌다는 확신을 할 때까 지 기도를 계속해야만 한다. 그의 사랑이 우리의 영혼에 부어지기까지 우리는 기쁨을 가져서는 안 된다. 우리의 신랑이 우리에게서 떠나갈 때 우리의 영혼 은 금식을 해야 한다. 우리는 또한 다윗이 온전한 확신을 얻을 수 있는 장소 를 알고 있었다는 것을 배운다. 그는 기도로 하나님께로 나아가 "나는 네 구 원이라 이르소서"라고 부르짖었다. 만일 우리가 예수님의 사랑을 분명히 알려 고 한다면 혼자서 하나님과의 교제를 위하여 더욱 힘쓰지 않으면 안 된다. 기 도를 그치면 우리의 믿음의 눈은 어두워진다. 많이 기도할수록 "하늘"의 것을 많이 소유하게 되고 기도가 적을수록 믿음의 진보가 늦어지는 것이다. 다윗은 하나님으로부터 확신을 얻지 않으면 결코 만족하지 않았다는 것을 알 수 있다. 주여, "내 영혼에 말씀하소서!" 나에게 말씀하소서! 어떤 것도 영혼 안에서 하나님의 간증이 부족하다면 참 그리스도인을 만족해할 수 없다. 더욱 다윗은 그의 확신이 스스로 분명한 것이 아니라면 쉴 수가 없었다. 주여, 나의 영혼에 말씀하소서. "나는 네 구원이라"는 이 말씀을 다른 모든 성도에게 말씀할지라도 내게 말씀하지 않으면 그것은 아무 의미가 없는 것이다. 주여, 나는 죄를 짓고 당신의 미소를 받을 자격이 없고 나는 감히 당신에게 요청할 용기가 없습니다. 그러나 오, 나의 영혼에게도 "나는 네 구원이라"고 말씀하여 주소서. 나는 당신의 것으로, 당신은 나의 기업이라는 개인적인 끝없는 확실한 의식을 지금 내가 갖게 하소서!

3월 6일 아침

131. "너는 거듭나야 하리라"(요 3:7)

거듭남은 구원의 가장 기초가 되는 주제이다. 그러므로 우리는 자기가 참으로 거듭났는지에 대해 깊이 생각하여 주목해야 한다. 많은 사람이 본인 스스로 거듭난 줄로 생각하고 있어도 실제로 그렇지 않은 사람들이 있기 때문이다. 그리스도인이란 이름이 붙어 있어도 그리스도인이라고 할 수 없다는 것에 주의하라. 기독교 국가에서 태어났다든지 입으로 기독교의 믿음을 고백한다는 것은 아무 것도 아니다. 성령의 능력으로 인해 새롭게 거듭나는 것이 필요하다. 거듭난다는 것은 사람의 말로는 표현할 수 없는 신비스러운 일이다. "바람이 임의로 불매 네가 그 소리를 들어도 어디서 오며 어디로 가는지 알지 못하나니 성령으로 난 사람은 다 이러하니라"(요 3:8). 그럼에도 불구하고 우리는 그 변화를 느끼고 알 수 있다. 즉 거룩한 행실 때문에 알게 되며 은혜의 경험으로 느껴지는 것이다. 이 큰일은 초자연적이다. 그것은 사람이 자기 힘으로 행하는 것이 아니다. 새로운 원칙이 부어져서 그것이 마음 안에서 역사하고 영혼을 새롭게 하며 전인격을 변화시켜 버리는 것이다. 나의 이름이 변하는 것이 아니고 본성이 새롭게 되는 것이다. 나는 이전의 내가 아니고 그리스도 안에서 "새 사람"(고후 5:17)이 되는 것이다. 시체를 씻기고 새 옷을 입히는 일과 그것을 소생케 하는 일은 전혀 다른 것이다. 앞의 일은 사람이 할 수 있는 일이지만, 소생케 하는 것은 하나님만이 하실 수 있는 것이다. 만일 당신이 거듭났다면 이렇게 말하여라. "오, 주 예수여, 영원하신 아버지여, 당신님은 나의 영적 아버지시고, 당신님의 영이 나에게 새롭고 거룩하신 영적인 생명을 불어넣지 않았다면 나는 오늘까지 '죄와 허물로 말미암아 죽었던 자'(엡 2:10)입니다. 나의 영적인 생명은 전부 당신님에게서 얻은 것입니다." "나의 생명은 그리스도와 함께 하나님 안에 감춰져 있느니라"(골 3:3). "사는 것은 이제는 내가 아니고 그리스도께서 내 안에 사신 것이라"(갈 3:20). 주여 원하오니, 우리가 이 중요한 사실에 대하여 확실히 알게 하소서. 왜냐하면, 거듭나지 않는 것은 구원받지 못한 일이요, 죄를 사함 받지 않은 일이요, 하나님도 없고 소망도 없는 일이기 때문입니다.

3월 6일 저녁

132. "사람의 마음의 교만은 멸망의 선봉이요"(잠 18:12)

"장차 올 사건은 그전에 그림자를 던진다"라는 격언은 예로부터 유명하다. 잠언의 저자는 교만한 마음은 흉한 일의 불길한 앞잡이라고 가르치고 있다. 기압계의 수은주를 보면 비가 올 것인지 아닌지를 아는 것처럼, 교만은 멸망의 확실한 징표이다. 그것은 기압계의 수은주보다도 더욱 틀림없는 지표이다. 사람이 높은 말을 탔을 때 파멸은 틀림없이 그를 붙잡는다. 사람이 스스로 자기의 위대함에 빠졌을 때 그의 영광이 사라짐을 다윗의 상심한 마음에서 보라(cf. 삼하 24:10). 또 위대한 바벨론의 건설자 느부갓네살 왕이 땅 위에 기어 다니면서 소같이 풀을 먹으며 마침내 그 손톱은 새의 발톱같이 되고 털은 독수리 털같이 되었던 사실을 보라(cf. 단4:34). 교만은 일찍이 천사를 악마로 떨어뜨렸 듯이 교만한 자를 들짐승으로 만든다. 하나님은 교만한 자를 미워하시며 반드시 그 높은 콧대를 납작하게 꺾으신다. 하나님의 모든 화살은 교만한 마음을 향해 쏘아진다. 오 그리스도인이여, 이 저녁 당신의 마음은 교만해져 있지 않은가? 교만은 죄인의 마음에 들어가지만, 또한 그리스도인의 마음에도 들어갈 수 있다. 그리고 그를 속이며 그가 "나는 부자라 부유하여 부족한 것이 없다"(계 3:19)라고 생각하게 할 수 있다. 당신은 자신의 은혜와 재능을 자랑하고 있는가? 또는 당신은 당신 자신과 당신의 영적 경험에 대해 자랑스러워하는가? 독자여, 그렇다면 조심하라. 멸망이 당신에게 찾아오려고 하고 있다. 당신이 뽐내는 그 자만심은 뿌리째 뽑힐 것이고, 당신의 버섯과 같은 은혜는 타는 듯한 열에 시들 것이다. 그리고 당신의 자기만족은 거름더미 가운데 지푸라기같이 될 것이다. 우리가 깊은 겸손의 영으로 십자가 밑에서 사는 것을 잊는다면 하나님은 우리가 현명하도록 채찍으로 다루시기를 잊지 않으실 것이다. 오, 자기를 스스로 높이는 믿는 자여, 파멸이 당신의 머리 위에 올 것이다. 당신의 영혼이 완전히 파괴될 수는 없지만, 당신의 기쁨과 위로 위에 파멸이 올 것이다. 그러므로 "자랑하는 자는 주 안에서 자랑할 것이라"(고전 1:31).

3월 7일 아침

133. "하나님을 믿으라"(막 11:22)

믿음은 영혼의 발이다. 그것으로 계율을 지키는 길을 걸을 수가 있다. 사람은 걸음을 빠르게 하지만 믿음은 영혼을 운반하는 발이다. 믿음은 하나님을 향한 헌신과 열심 있는 경건의 바퀴를 원활히 운전하게 하는 방법이다. 믿음이 없으면 마차의 바퀴가 제거된 것과 같아서 무겁게 끌어야 한다. 믿음이 있으면 나는 모든 일을 할 수 있다. 그러나 믿음이 없으면 하나님께 봉사하는 데도 마음이 내키지 않고 또 힘도 느끼지 못한다. 하나님을 가장 잘 봉사하는 사람을 보기 원한다면 가장 믿음이 두터운 자를 찾으면 되는 것이다. 적은 믿음이라도 사람을 구원할 것이다. 그러나 그것으로는 하나님을 위하여 큰일은 할 수 없다. 존 번연의 "천로역정"에서 보면, 가련한 '박신자'(믿음이 옅은 자)는 아폴루온, 즉 "파괴자"와 싸울 수 없었다. 그와 싸우기 위해서는 '기독도'(크리스챤)가 필요했다. 또 가련한 박신자는 거인인 '절망자'를 죽일 수가 없었다. '대용자'(큰 용기를 가진 자)의 팔로 그 괴물을 쳐 넘어뜨려 했다. 박신자라도 분명히 "하늘"에 갈 것이다. 그러나 때때로 쓸데없는 데에 마음이 끌려서 있는 보물 이외의 모든 것을 잃는다. 박신자는 말한다. "이것은 험한 길이다. 가시덤불이 있고 아주 위험하다. 내가 가기에는 두렵다." 그러나 믿음이 강한 자는 다음과 같은 약속을 기억한다. "너의 문빗장은 철이요, 놋이 될 것이니 네가 사는 날을 따라서 능력이 있으리로다"(신 33:25). 그리고 그는 담대히 전진한다. 그러나 박신자는 실망과 낙심으로 머물러 서서 눈물을 흘린다. 그러나 믿음이 굳센 자는 "네가 물 가운데를 통과할지라도 나는 너와 함께 한다. 강 가운데를 지날지라도 물이 너를 덮지 못하리라"(사 43:2)고 노래하는 것이다. 그리고 곧장 앞으로 나아가 강을 건너는 것이다. 당신은 평안하고 행복하게 살기를 원하는가? 당신은 종교를 통해 즐거워하는가? 음울한 종교 말고 즐겁고 기쁨의 종교를 갖기를 원하는가? 그러면 하나님을 믿어라. 만일 당신이 어둠을 사랑하고 음울함과 불행 중에 머무는 일에 만족한다면 작은 믿음으로도 충분하다. 그러나 만일 빛을 사랑하고 즐거운 노래를 부르고자 한다면 가장 좋은 선물인 강한 믿음을 열심히 구하라.

3월 7일 저녁

134. "여호와께 피함이 사람을 신뢰함보다 나으니라"(시 118:8)

　　의심의 여지없이, 당신은 보이지 않는 하나님에게만 의지하는 대신에 보이는 것에 의존하려는 유혹을 당하였을 것이다. 그리스도인은 종종 사람에게 도움을 구하여 하나님에 대한 단순한 신뢰를 헛되게 할 때가 있다. 오늘 저녁의 이 구절이 이 세상의 것에 염려하는 하나님의 자녀들에게 적절한 것이라면 나는 잠깐 이 문제를 주제로 토론해 보고 싶다. 당신은 자신의 구원에는 오직 예수에게만 의지한다고 말한다. 그렇다면 왜 마음이 불안한가? 당신은 '큰 근심이 있기 때문'이라고 대답할 것이다. "그러나 너의 짐을 주께 맡겨라"(시 55:22)라고 기록되어 있지 않은가? 또 성경은 "아무것도 염려하지 말고 오직 기도와 감사함으로 아뢰라"(빌 4:6; 벧전 5:7)"라고 말씀하고 있지 않은가? 당신은 물질적인 필요에 있어서 하나님을 신뢰할 수 없는가? "오, 그렇게 하기를 원하는데…"라고 당신은 말할 것이다. 그러나 만일 세상의 필요에서 하나님을 신뢰할 수 없다면 어떻게 당신은 영적인 것에 대하여 감히 하나님을 신뢰한다고 말할 수 있겠는가? 당신은 자기의 영혼의 구속에 대하여는 주께 신뢰할 수 있다면서 그보다도 훨씬 작은 긍휼에 대해서는 주께 신뢰할 수 없다고 말하는가? 하나님은 당신의 필요를 위하여 충분하지 않다고 말하는가? 주님의 모든 충만이 당신의 필요를 채우는데 너무나도 제한이 되어 있다고 말하는가? 모든 비밀을 보시는 하나님의 눈 이외에 다른 눈이 필요한가? 하나님이 약하시다고 말하는가? 하나님의 팔이 피곤하다고 말하는가? 만일 그렇다고 생각한다면 그 어떤 다른 신을 찾아도 소용이 없을 것이다! 그러나 만일 하나님이 무한하시며 전능하시며 신실하시며 진실하시고 전지하시다면 왜 당신은 하나님 외에 다른 데서 자신감을 찾으려고 시간을 낭비하는가? 하나님만이 내 반석이시오, 모든 무게를 지탱하기에 충분한 힘을 가지셨는데, 당신은 왜 땅을 샅샅이 수색하면서 다른 기초를 구하려고 하는가? 그리스도인이여, 당신의 포도주에 물을 부어 희석하면 안 되듯이 당신의 믿음의 황금에 인간적인 신뢰라는 불순물을 섞어서는 안 된다. 하나님만 섬기고 당신의 소망을 그에게만 기대하라. 요나의 박넝쿨을 좋아하지 말고 요나의 하나님에게 안식하라. 모래 기초와 같은 세상적인 의지는 어리석은 자들의 선택으로 내버려 두고, 폭풍을 예견하는 자와 같이 만세 반석 위에 당신의 집을 세워라.

135. "우리가 하나님 나라에 들어가려면 많은 환란을 겪어야 할 것이라"(행 14:22)

하나님의 백성에게는 언제나 환란이 있다. 하나님께서 백성을 선택할 때에 환란을 제외하지는 않으셨다. 하나님의 백성은 "환란의 용광로(사 48:10)" 속에서 선택되었다. 이 세상의 평안과 즐거움을 위하여 선택된 것이 아니다. 질병에 걸리지 않는다든지 죽음의 고통이 없는 것이라든지 그런 것은 절대 약속되지 않았다. 주님께서 그들에게 주신 특권의 헌장을 만들 때 주님은 그들이 받을 기업 중에 징계를 포함시켰다. 그렇기 때문에 시련은 우리 삶의 몫의 한 부분을 차지한다. 그것은 우리에게 예정되어 있고 또 그리스도께서 세상을 떠나시기 전에 우리에게 유언하신 것이다. 모든 별들이 하나님의 손에 의해 지어졌고, 그 궤도도 그분께서 정하신 것이 분명하듯이, 시련도 우리에게 할당돼 있다. 하나님은 시련의 때와 장소와 그것이 우리에게 미치는 강도와 효과를 정해 놓으셨다. 선한 사람은 결코 환란을 피해 가려고 기대해서는 안 된다. 만일 도피하려고 한다면 실망에 빠질 것이다. 왜냐하면 저들의 조상은 다 환란을 당하였기 때문이다. 욥의 인내를 생각해보라. 믿음으로 많은 환란을 참고 '믿음의 조상'이라고 불리게 된 아브라함을 기억하라. 모든 족장들, 선지자들, 사도들 그리고 순교자들의 생애를 잘 살펴보라. 그러면 하나님의 은혜와 긍휼의 그릇으로 지음을 받은 자들은 모두 다 불과 같은 환란을 통과했다는 것을 알 수 있을 것이다. 고난의 십자가는 왕실의 도장으로써 모든 긍휼의 그릇에 새겨지도록 정해졌고 이것은 왕의 영광의 그릇이 확실하게 두드러지게 하기 위함이다. 이처럼 환란은 하나님의 아들들에게 주어진 길이다. 그러나 이것과 함께 그들은 주님께서 그 길을 먼저 걸어가셨다는 것을 알기에 위로받을 수 있다. 주의 임재와 동정은 저들에게 그 길을 가는데 힘을 주고 주님의 은혜가 그들을 붙들며, 그분께서 몸소 보여 주신 모범은 어떻게 그 환란을 견디는지 가르쳐 준다. 그리고 저들이 "하늘"에 도달할 때 그 통과한 많은 환란은 그들에게 보상이 되고도 남음이 있는 것이다.

3월 8일 저녁

136. "그녀가 아들의 이름은 베노니(슬픔의 아들)라고 불렀으나 그 아버지가 그를 베냐민(나의 오른손의 아들)이라 불렀더라"
(창 35:18)

모든 일에는 그 밝은 면과 어두운 면이 있다. 라헬은 자신의 고통과 죽음에 대한 슬픔에 압도되었다. 그러나 야곱은 아내를 잃은 것을 슬퍼하면서도 아이의 탄생에서 자비를 볼 수 있었다. 육체가 시련 때문에 슬퍼하는 동안, 우리의 믿음이 하나님의 신실하심을 신뢰하고 승리를 얻게 된다면 우리에게 좋은 일이다. 삼손의 사자는 꿀을 가져왔다. 우리의 역경도 올바른 생각으로 본다면 그와 같을 것이다. 폭풍이 몰아치는 바다는 물고기로 인해 많은 사람에게 양식을 준다. 야생의 나무에도 아름다운 꽃들이 피고, 폭풍이 치는 바람은 역병을 쓸어내고, 살을 에는 서리는 땅을 부드럽게 만든다. 검은 구름은 비를 만들고 검은 흙은 아름다운 꽃을 자라게 한다. 좋지 않은 광산에도 좋은 광맥이 발견된다. 슬픈 심령은 시련을 당할 때 가장 비관적인 것을 생각하는 이상한 기술을 가지고 있다. 만약 이 세상에 오직 하나의 늪이 있다 해도 그들은 곧 자신의 목까지 빠지도록 그 안에 들어갈 것이다. 광야에 단 한 마리의 사자가 있어도, 그들은 그 부르짖는 소리를 들을 것이다. 우리는 모두 이러한 어리석음에 빠지는 경향을 보인다. 그리고 때때로 야곱과 같이 "이것은 모두 나를 해롭게 함이로다"(창 42:36)라고 부르짖는다. 믿음의 걸음은 모든 근심을 주께 맡기고 최악의 재난 가운데서도 좋은 결과를 기대하는 것이다. 믿음은 기드온의 용사와 같은 것이다. 그것은 부서진 항아리에 마음을 두지 않고 횃불이 더욱 타오르는 것에 기뻐한다. 거친 굴 껍데기에서 믿음은 진귀한 빛나는 진주를 캐내고, 깊은 바다에 있는 동굴에서 값으로 살 수 없는 귀중한 경험의 산호를 캐낸다. 번영의 썰물이 줄어들 때, 믿음은 모래 속에 숨겨진 보물을 발견한다. 그리고 기쁨의 태양이 넘어갈 때 믿음은 별과 같이 하늘에 빛나는 약속을 향하여 소망의 망원경을 돌린다. 죽음이 그 모습을 드러낼 때에도 믿음은 무덤 건너편에 있는 부활의 빛을 주시하며, 우리들의 이미 죽은 베노니를 살아있는 베냐민으로 만든다.

3월 9일 아침

137. "그는 전체가 사랑스럽구나"(아 5:16)

예수님의 비할 데 없는 아름다움은 사람들을 매우 매혹시킨다. 그것은 감탄하게 한다기 보다는 사랑을 일으킨다고 말하는 것이 더 가깝다. 상쾌하다든가, 아름답다든가 하는 말 이상으로 그는 사랑스러우시다. 확실히 하나님의 백성은 이 귀한 말씀을 사용할 수 있다. 그것은 예수님께서 저들의 열렬한 사랑의 대상이요, 그 사랑은 주님의 인격의 본질적인 탁월성과 온전한 그의 매력에 근본을 두고 있기 때문이다. 예수님의 제자들이여, 주님의 입술을 보고 "이것은 참으로 감미로운 것이 아닌가?"라고 말하라. 주님께서 길에서 당신에게 말할 때 당신의 마음은 속에서 불타오르고 있지 않았는가? 임마누엘을 경배하는 자여, 그의 머리를 우러러보고, "그의 생각은 나에게 존귀한 것이 아닌가?"라고 말하라. "레바논의 백향목 같은 숭고한"(아 5:15) 그의 얼굴 앞에서 당신이 겸손하게 머리를 숙일 때 당신의 애정으로 드리는 경배는 감미롭지 않았는가? 그의 모든 생김새는 매력이 있고 그의 전 인격은 향유의 냄새가 풍긴다. 그러므로 처녀들이 사모하지 않았는가? 그의 영광된 몸의 일부분이라도 우리의 주목을 끌지 않는 부분이 있는가? 그 인격의 적은 일부분이라도 우리의 영혼을 끌어당기지 않는 부분이 있는가? 어느 한 기능이라도 당신의 마음을 묶는 강한 줄이 있지 않은가? 우리의 사랑은 그의 사랑의 마음에 인이 쳐져 있을 뿐 아니라 그의 능력의 팔에도 단단히 고정되어 있다. 우리의 사랑이 부어지지 않은 곳은 없다. 우리는 그의 전체에 우리의 불타는 사랑의 달콤한 향유를 바른다. 우리는 그의 전 생애를 보고 익히며 그의 품성을 모두 본받기를 원한다. 그 이외의 모든 사람에게는 무엇인가 흠점을 발견하지만 그분은 모든 것이 완전하시다. 그가 가장 총애하는 성도들까지도 그 옷에는 얼룩이 있고 이마에는 주름이 있다. 그러나 그분에게는 오직 사랑만 있다. 지구의 태양에도 흠이 있고, 아름다운 세계 자체에도 광야가 있다. 아무리 사랑스러운 것이라도 흠이 없는 사랑스러운 것은 없다. 그러나 예수 그리스도는 섞인 것이 하나도 없는 순금이며, 어둠이 없는 빛이요, 흐린 것이 없는 영광이다. "그렇다, 그분은 전체가 사랑스럽다."

3월 9일 저녁

138. "내 안에 거하라"(요 15:4)

그리스도와의 사귐으로 인해 모든 악으로부터 확실한 고침을 받는다. 그것이 쓰디쓴 슬픔이든지, 지나친 육적인 즐거움이든지 간에 주 예수님과의 친밀한 사귐은 앞의 것에서는 고통의 쓴 것을 제하고, 뒤의 것에서는 지나침의 불균형을 제거한다. 그리스도인이여, 예수님과 가까이 살라. 그리하면 당신의 사는 곳이 명예의 산이든지 굴욕의 골짜기든지 그것은 문제가 되지 않는다. 예수님께 가까이 살면, 당신은 하나님의 날개에 덮이고, 당신 밑에는 "영원한 팔"이 있다. 당신에게 거룩한 교제를 방해하는 어떤 것이 있어서는 안 된다. 그것은 사랑하는 예수님과 연합되어 선택된 영혼의 특권이다. 때때로 주님을 방문하는 것으로 만족하지 말고 항상 주와 함께 있기를 구하라. 왜냐하면, 오직 주님의 임재 가운데서 당신이 위로와 평안을 얻을 수 있기 때문이다. 예수님이 우리에게 가끔 방문해 오시는 친구여서는 안 된다. 주님께서 항상 우리와 함께 끊임없이 걸으시는 분이 되어야 한다. 당신 앞에 어려운 길이 가로 놓여 있는가? 오, 하늘의 나그네여, 안내자 없이 출발해서는 안 된다. 당신은 불붙는 용광로를 통과해야 하지 않는가? 사드락, 메삭, 아벳느고와 같이 하나님의 아들이 당신과 함께 가지 않으면 풀무불에 들어가서는 안 된다. 당신은 당신 자신의 부패의 여리고를 함락시켜야 하는가? 그러면 여호수아와 같이 주의 군대장관이 그의 손에 검을 빼 들고서 있는 것을 보기까지는 전투를 시도해서는 안된다. 당신은 많은 유혹이라는 에서를 만나게 되었는가? 얍복강 나루에서 천사를 붙잡고 이기기 전에는 에서를 만나서는 안 된다. 모든 경우에 모든 상황에서 당신은 예수님을 필요로 한다. 그러나 죽음의 철문이 당신을 향하여 열릴 때에 당신은 예수님을 가장 필요로 할 것이다. 당신의 영혼의 남편에게 가까이 몸을 두고 당신의 머리를 그의 가슴에 기대고 그의 감미로운 석류술에 의하여 힘을 얻게 되기를 간구하라. 그러면 당신의 최후는 그에 의하여 "티나 주름잡힌 것이나 다른 어떤 것"(엡 5:27) 하나도 부족한 것 없이 아름다운 상태로 발견 되리라. 당신은 그와 함께 살아왔고 그리고 지금 그와 함께 살고 있다. 그러므로 영원히 그와 함께 있으리라.

3월 10일 아침

139. "내가 형통할 때 말하기를 영영히 요동치 아니하리라 하셨도다"

(시 30:6)

예를 들어 어떤 사람에게 부유함이 주어졌다 하자. 그는 배로 끊임없이 값비싼 물품을 집으로 옮기며 바람과 물결로 하여금 배를 운행하기 위한 종으로 삼고, 땅은 풍족한 산물을 산출하고 기후도 농산물을 경작하기에 안성맞춤이며, 그 계획을 모두 성공해서 사람들 사이에서 성공한 상인으로서 출세하였다고 하자. 그리고 그는 항상 건강하여 남보다 앞서는 안식과 담력을 가진 행운아로서 낙천적인 성격으로 행복한 생활을 하게하며 끊임없이 기분 좋은 콧노래를 부르며 항상 그의 눈은 기쁨으로 빛난다고 하자. 그 결과 이 사람을 평안한 상태로 지내게 하며 또한 땅 위에 생존한 사람 중에서 가장 훌륭한 그리스도인이라고 하자. 이런 일은 다만 하나의 가정에 지나지 않는다. 다윗일지라도 "나는 결코 요동치 아니하리라"고 말하였는데 우리는 다윗보다 더 나은 것도 아니며, 그 절반에도 미치지 못한다. 주안에 있는 자여, 평탄한 길을 걷고 있을 때에는 조심하고 험한 길을 걷고 있다면 하나님께 감사하여라. 만일 하나님이 항상 번영의 요람에 눕히며 행운의 무릎에 앉히고 석고로 만든 기둥에는 어떤 흠도 없고 하늘에는 한 조각의 구름도 떠다니지 않고 인생의 쓴맛을 맛보지 않는다면, 우리는 세상의 환락에 취할 것이다. 우리는 "이렇게 서 있다"고 꿈꿀 줄 모르나 우리는 절벽에 서 있다. 배의 갑판 위에서 자고 있는 사람 같이 언제 떨어질지 모르는 위험에 처해 있다. 그러므로 우리는 환란을 만날 때 하나님을 찬미하라. 인생의 변화무쌍함에 하나님께 감사하라. 재산을 잃은 일에 대하여 하나님의 이름을 찬양하라. 왜냐하면 만일 하나님께서 우리를 징계하시지 않는다면 우리는 너무나도 나태해지기 때문이다. 세상에서 계속 번영을 누린다는 것은 오히려 불같은 시험이다.

"환란은 때때로 가혹하게 보일지라도,
그것은 긍휼로 말미암아 주어진 것이다."

140. "사람은 사는 날이 적고 괴로움이 가득하며"(욥 14:1)

이 밤 잠들기 전에 이 슬픈 사실을 기억한다면, 우리가 이 세상의 것들을 가볍게 대하는데 도움을 줄 것이다. 왜냐하면, 이 말씀은 우리를 이 세상적인 것에서 해방시키기 때문이다. 우리가 고난의 화살 위에 있지 않다는 것을 상기하는 것에는 어떤 즐거움도 없다. 그러나 그것은 우리를 겸손하게 하며 오늘 아침 구절에 시편 작가와 같이 "내가 형통할 때 나는 결코 요동치 아니하리라"(시 30:6)고 자랑하지 않고, 또 우리를 이 땅에서 연연하며 살지 않도록 해준다. 우리는 잠시 후 이 세상에서 하늘의 꽃동산으로 옮겨지게 된다. 우리는 자기 스스로가 약한 그릇이요, 그릇 안에 일시적인 은혜를 담고 있는데 불과하다는 것을 늘 생각하도록 하자. 만일 이 세상의 나무가 모두 사람의 도끼에 찍힌다고 생각하면 함부로 그 위에 둥지를 만들지 않을 것이다. 우리는 이 땅 위의 사람들을 사랑해야 한다. 그러나 그것은 죽음을 전제로 하고, 죽음의 이별을 예상하는 사랑이다. 우리의 친한 친척들도 하늘에서 잠깐 우리에게 맡긴 것이다. 맡긴 주인에게 돌려줄 때가 바로 문 앞에 기다리고 있는지도 모른다. 우리가 소유한 재산에 대해서도 이와 같은 것이다. 재물은 스스로 날개를 가지고 날아가지 않는가? 우리의 건강도 또한 불안정한 것이다. 들판의 가냘픈 꽃들이 영원히 피어있을 것이라고 생각해서는 안 된다. 우리는 약하게 될 때가 있고, 또 질병으로 누울 때도 있다. 그때는 열심히 활동하는 것을 통해서가 아니라 고통을 당하는 일로 인하여 하나님께 영광을 올려드려야 한다. 우리가 예리한 고난의 화살에서 피할 수 있으리라는 소망은 결코 없다. 우리의 짧은 인생에서 슬픔으로부터 지킬 수 있는 날은 그리 많지 않다. 사람의 인생은 쓴 술을 가득 담은 통이다. 그 안에서 기쁨을 찾아내려고 하는 자는 차라리 짠 바닷물에서 꿀을 찾는 편이 나을 것이다. 사랑하는 자여, "당신의 애정을 땅의 것에 매이지 말고 위의 것을 구하라"(골 3:2). 왜냐하면 이 땅에는 벌레가 먹고 "도둑이 구멍을 뚫고 도둑질해 가지만"(마 6:19), "하늘"에서는 모든 기쁨이 영원히 계속되기 때문이다. 우리가 지금 걷고 있는 고난의 길은 우리가 집으로 가는 길, 곧 "하늘"로 돌아가는 길이다. 주여, 이 생각을 많은 지친 머리를 위한 베개로 삼으소서!

3월 11일 아침

141. "죄는 계명으로 말미암아 죄로 심히 죄 되게 하려는 것이다" (롬 7:13)

죄를 하찮게 생각해서는 안 된다. 회개 바로 직후에는 양심이 예민해서 극히 작은 죄라도 두려워한다. 믿기 시작한 지 얼마 되지 않은 신자는 거룩한 소심함이 있어서 하나님의 뜻을 상하게 하지 않았나 하는 경건한 두려움이 있다. 그러나 처음에 순수하게 믿었던 믿음의 싹은 세상의 폭풍에 날아가 버린다. 민감하게 잘 느꼈던 어린 믿음의 싹은 시간이 지남에 따라 수양버들같이 되어 바람 부는 대로 흔들려 곧 세상과 타협한다. 그리스도인이 차츰차츰 죄에 대하여 무감각해진다. 대포가 터지는 소리같이 들렸던 귀가 나중에는 작은 소리도 인식하지 못한다. 처음에는 작은 죄에도 놀랐던 것이 나중에는 "이런 작은 일쯤이야"라고 말하게 된다. 그리고 차츰차츰 큰 죄가 계속되고 점점 죄를 악한 것으로 생각하지 않게 된다. "우리는 공공연하게 죄를 짓지 않았다. 사실 작은 실수는 있었으나 대체로 정당하였다. 때때로, 쌍스러운 말을 언급했지만 대부분은 큰일 날 정도는 아니었다"고 하는 그러한 망측한 추측을 내리게 된다. 이렇게 해서 우리는 죄를 변호한다. 죄에 옷을 입혀서 그것을 덮는다. 또 죄를 고상한 이름으로 부른다. 주 안에 있는 자여, 죄를 가볍게 여기지 않도록 주의하여라. 조심하지 않으면 점점 죄에 깊이 빠져 들어간다. 죄는 작은 것인가? 아니다 죄는 독약이 아닌가? 죽음으로 몰아가는 독일 수 있다.

그런데 죄가 작은 것이라고 생각하는가? 작은 여우라 할지라도 포도원을 황폐시키지 않는가(cf. 아2:15)? 작은 산호 벌레도 군함을 침몰시킬 수 있는 산호 바위를 만들지 않는가? 작은 도끼가 큰 상수리나무를 넘어뜨리지 않는가? 작은 물방울도 오래 계속 떨어지면 바위도 뚫는 것이다. 죄가 아직도 작다고 생각하는가? 죄는 구속주의 머리에 가시관을 씌우고 주의 심장을 찌르지 않았는가? 죄는 주님을 고통에 머무르게 했으며 괴롭히고 슬프게 하지 않았는가? 영원한 저울을 가지고 가장 작은 것이라고 생각한 죄를 측량한다면, 당신은 독사를 두려워하는 것처럼 죄에서 도망해 나오리라. 그리고 아무리 작은 죄의 모양이라도 미워하게 될 것이다. 모든 죄가 구주를 십자가에 못 박았던 것을 보라. 당신은 죄가 "심히 악한 것"이라는 것을 보게 될 것이다.

3월 11일 저녁

142. "너는 찾은 바 된 자라고 일컬어라"(사 62:12)

하나님의 탁월한 은혜가 가장 선명하게 보이는 것은 다만 우리가 단순히 발견된 것이 아니고 우리가 찾아낸 것이 되었다는 데 있다. 사람은 마루 위에 무엇을 떨어뜨려 잃었을 때 그것을 찾는다. 그러나 다만 거저 단순히 찾을 뿐이고 찾아내는 것은 안 한다. 물건을 찾아내는 것은 손실이 매우 큰 경우라서 그때는 인내를 갖고 힘들여 수색할 때의 경우이다. 우리는 진흙 가운데 있었다. 마치 귀중한 황금 조각이 하수도 속으로 떨어져 사람들이 몰려와서 세심하게 더러운 하수도 가운데를 들춰내어 산더미 같은 속에서 마침내 황금 조각을 발견한다. 우리도 그와 같은 것이다. 다른 예를 든다면, 우리는 미로 가운데서 길을 잃었다. 우리는 여기저기 길을 헤매며 긍휼이 복음을 가지고 와도 우리를 곧 발견할 수가 없었다. 긍휼은 우리를 찾아내지 않으면 안 되었다. 우리는 길 잃어버린 양과 같아서 길을 헤매며 미지의 나라에서 방황하여 심지어는 우리의 선한 목자도 우리의 헤매는 길을 따라오는 것조차 불가능해 보였다. 그러나 어떠한 것에서도 정복되지 않은 그 은혜에 영광이 있을지어다! 우리를 찾아내셨다! 어떤 어둠도 더러움도 우리를 가릴 수 없고 우리는 발견되어 집으로 인도되어 졌다. 한없는 사랑에 영광이 있을지어다! 성령하나님은 우리를 회복하셨다. 만일 하나님의 백성 중에서 어떤 사람들의 생애를 문장으로 쓰게 된다면, 그것은 우리를 거룩한 놀람으로 가득 채울 것이다. 하나님께서 저들을 찾아내시기 위하여 쓰시는 방법은 이상할 정도로 놀라운 방법이다. 그 거룩하신 이름을 찬송하리로다! 하나님께서는 그 선택하신 자를 찾아내시기까지 결코 수색을 중단하지 않으신다. 저들은 오늘 찾아서 내일은 버림을 당할 그런 종류의 사람들이 아니다. 하나님의 전능과 예지의 결합에 어떻게 실수가 있겠는가? 저들은 "찾아낸 자"라고 불릴 것이다. 누군가 찾아냄을 받은 자에게 그것은 비교할 것이 없는 은혜이나, 내가 찾아냄을 받았다는 일은 실로 측량 못할 은혜이다. 그것은 하나님의 주권적인 사랑이기 때문이다. 이 밤 우리가 "찾아낸 자"라고 일컬음을 받게 되어 우리의 마음이 경이로움으로 주님에게 찬송을 높이 돌리게 되기를 바란다.

3월 12일 아침

143. "네 이웃을 사랑하라"(마 5:43)

"네 이웃을 사랑하라." 만약 어떤 사람이 큰 부자요, 너는 가난하여 그의 넓은 집 바로 옆에 아주 작은 초막집을 짓고 산다고 하자. 너는 매일 그의 큰 집과 그의 아름다운 옷과 그의 호화로운 잔치를 볼 것이다. 하나님이 그에게 이것들을 주신 것이다. 그러니 그의 부요함을 부러워하든지 그에 대하여 악한 감정을 품어서는 안 된다. 비록 당신의 형편이 좋아질 수 없다 할지라도 당신이 가진 것으로 족하게 여겨라. 당신의 이웃이 당신과 같이 되었으면 좋겠다고 생각해서도 안 된다. 그를 사랑하라. 그리하면 그를 미워할 일은 없을 것이다. 또 그 반대의 경우를 생각해 보자. 네가 부유하고 네 이웃이 가난하게 살고 있다고 하자. 이로 인해 그들을 경멸해서는 안 된다. 오히려 그들을 사랑할 것을 마음에 두라. 세상 사람들은 저들이 당신보다 열등하다고 본다. 그러나 어떤 점이 열등한가? 저들은 너보다 열등하기보다는 동등 이상이다. 왜냐하면, 하나님은 "한 혈통으로 모든 족속을 만드사 온 땅에 거하게 하셨기 때문이다"(행 17:26). 당신의 옷은 저들보다 좋을지 모르지만 그렇다고 저들보다 나은 것은 아니다. 저들은 사람이요 당신도 그 이상은 아니다. 저들이 남루한 옷을 입고 몹시 가난하게 지낸다 할지라도 당신은 그 이웃을 사랑하도록 힘써라. 그러나 당신은 이렇게 말할지 모른다. "내가 저들에게 베풀어도 감사함이 전혀 없고 멸시하기 때문에 저들을 사랑할 수가 없다." 그러므로 영웅적인 사랑이 필요한 것이다. 당신은 사랑의 거친 전투보다도 깃털같이 가벼운 용사가 되고자 하는가? 힘써 싸우는 자가 대승리를 얻을 수 있다. 당신의 사랑의 길이 험할지라도 용감하게 전진하라. 두껍든지 얇든지 간에 당신의 이웃을 사랑하라. 저들의 원망에 덕으로써 대응하라. 어떻게 해도 저들을 기쁘게 할 수 없다면 , 저들을 기쁘게 하는 것이 아니고 주님을 기쁘시게 한다고 생각하라. 비록 저들이 당신의 사랑을 거절할지라도 주님께서는 결코 당신의 사랑을 거절하지 않는다. 당신의 행위가 저들에게 받아들여지지 않을지라도 주님께는 받아들여지는 일이라는 것을 기억하라. 이웃을 사랑하라. 그로 말미암아 당신은 그리스도의 발자취를 따라가는 것이다.

3월 12일 저녁

144. "너는 뉘게 속하였으며"(삼상 30:13)

기독교에 있어서 중립은 없다. 임마누엘 임금의 깃발 아래서 그를 섬기며 그를 위하여 싸우고 있든지 아니면 암흑의 사탄을 따르든지 둘 중의 하나이다. "너는 뉘게 속하였는가?" 친구여, 당신의 대답을 도우리라. 당신은 거듭난 사람인가? 그러면 당신은 그리스도의 것이다. 그러나 거듭나지 않았다면 당신은 그리스도의 것이 아니다. 당신은 누구를 신뢰하고 있는가? 예수님을 믿는 자는 하나님의 자녀이다. 당신은 누구의 일을 하고 있는가? 당신은 확실히 주인을 섬기고 있다. 당신이 섬기는 사람이 당신의 주인이 되기 때문이다. 또 당신은 어떤 친구와 사귀고 있는가? 만일 예수님에게 속하였으면 십자가의 표시가 있는 옷을 입은 자들과 친교를 나눌 것이다. 같은 종류의 사람들이 서로 함께 모이기 마련이다. 당신은 어떤 대화를 좋아하는가? "하늘"의 일인가? 땅 위의 일인가? 당신이 스스로 섬기는 주인에게서 무엇을 배웠는가? 좋은 섬기고 있는 주인에게서 많은 것을 배운다. 만일 당신이 자기의 시간을 예수님에게 바치고 있다면, 베드로와 요한과 같이 "예수님과 함께 있던 자임을 인정한다."(행 4:13)라고 너에 대해 그렇게 말할 것이다. 다시 당신에게 물어보자. "당신은 뉘게 속하였는가?" 오늘 밤 자기 전에 거짓 없이 대답하길 원한다. 만일 그리스도의 것이 아니라면 당신의 봉사는 힘들게 될 것이다. 당신의 잔혹한 주인으로부터 도망하여 사랑의 주님을 섬기라. 그리하면 축복의 생활을 즐길 수 있으리라. 당신이 그리스도의 것이라면, 그에게 순종하라. 그의 말씀을 당신의 계명으로 하여 그의 뜻을 당신의 뜻으로 하라. 당신이 하나님의 사랑하시는 아들의 것이라면, 예수님을 사랑하라. 당신의 마음을 가지고 그를 힘껏 끌어않으라. 당신의 온 영혼을 그분으로 채워라. 왜냐하면, 당신의 하나님이 그의 아들의 것이기 때문이다. 그리고 그분을 온전히 신뢰하라. 그 이외의 곳에서 안식해서는 안 된다. 당신은 왕의 왕께 속한 것이다. 그러므로 그분을 위하여 목숨을 바쳐. 충성심으로부터 마음이 흔들리지 마라. 비록 당신의 몸에 화인이 찍혀있지 않을지라도 당신이 뉘게 속하였는지 모든 사람이 알도록 그런 삶을 살아라.

145. "우리가 어찌하여 여기 앉아서 죽기를 기다리랴"(왕하 7:3)

사랑하는 친구여, 이 책은 주로 믿는 자에 대한 교훈으로 쓰여진 것인데 만일 당신이 아직 구원을 받지 않았다면 나는 진심으로 당신을 동정하여 당신에게 축복이 될 수 있는 말을 주고자 한다. 성경책을 펴서 문둥병자의 이야기를 읽어라. 어떻게 그들의 상태가 당신과 비슷한지 주목하여 보라. 만일 당신이 현재의 위치에 머물러 있으면 당신은 멸망하게 된다. 그러나 예수님에게 가면 멸망하는 일은 없다. '모험이 없으면 얻는 것이 없다'는 옛 속담이 있지만, 당신의 경우엔 모험은 그렇게 큰 것이 아니다. 가만히 실망의 빛을 띠고 앉아 있다면 파멸이 올 때 아무도 당신을 동정할 수가 없다. 그러나 만일 당신이 주께 의지하여 긍휼을 구하면서 죽는다면 -그와 같은 일이 가능하다면- 당신은 모든 사람들의 동정의 대상이 될 것이다. 예수님을 찾기를 거부하는 자는 멸망을 피할 수 없다. 그러나 당신은 주님을 믿고 구원받은 사람이 있다는 것을 알고 있고, 그중 어떤 이는 당신도 잘 알고 있는 사람이다. 그러면 왜 당신은 구원을 받지 못하였는가? 니느웨 사람은 "누가 그것을 알겠는가?"(욘 3:9)라고 물었다. 그와 같은 소망을 가지고 주님의 긍휼을 구하라. 멸망당하는 일은 극히 두려운 일이다. 그러므로 지푸라기 하나라도 움켜쥘 것이 있다면 당신은 자기보존의 본능으로 손을 펼치게 될 것이다. 우리는 당신에게 이때까지 당신 스스로의 불신앙의 편에 서서 이야기했다. 그러나 만일 당신이 주님을 찾는다면 당신이 그분을 발견하게 될 것이라는 것을 나는 지금 확신할 수 있다. 예수님께서는 자기를 찾아온 자를 결코 되돌려 보내시는 일이 없다. 당신이 만일 주님을 신뢰하면 멸망하는 일이 없을 것이다. 불쌍한 문둥병자가 시리아 군대가 후퇴한 뒤에 얻은 보화보다도 훨씬 더 귀중한 보물을 발견하게 되는 것이다. 원하기는 성령께서 곧 당신을 주께 안내하며 당신의 믿음이 헛되지 않게 당신에게 용기를 주기를 바란다. 구원받을 때에는 다른 사람들에게 좋은 소식을 말하라. 침묵을 지켜서는 안 된다. 먼저 교회에 알리고 주의 가족인 형제자매들과 교제를 가져라. 성문을 지키는 자인 목회자에게 당신의 발견을 알리고 좋은 소식을 모든 장소에서 선포하여라. 주님께서 오늘 해가 지기 전에 당신을 구원하시기를 바란다.

3월 13일 저녁

146. "그가 손을 내밀어 방주 속 자기에게로 받아들이고"(창 8:9)

비둘기는 날아다니기에 피곤하여 마침내 자기의 유일한 안식처인 방주로 돌아왔다. 얼마나 힘들게 날고 있었을까? 비둘기는 당장에라도 떨어질 듯하였다. 방주까지 날 수 있을 것 같지 않았다. 그러나 있는 힘을 다해 날았다. 노아는 방주 안에 들이기 위하여 비둘기를 하루 종일 기다렸다. 비둘기는 간신히 방주에 내렸지만, 힘이 없어 떨어질 것만 같았다. 그때 노아는 자기 손을 내밀어 방주 속 자기에게로 받아들였다. "자기에게 받아들였다"고 하는 이 말에 주목하라. 비둘기는 착실하게 날고 있는 것이 아니었다. 두려움에 떨고 있었고, 또 많이 지쳐 있었다. 비둘기는 날 수 있는 만큼 멀리 날았다. 그리고 노아는 손을 내밀어 비둘기를 자기에게로 받아들였다. 이것은 방황한 비둘기에 대한 긍휼의 행동이었고, 방황하고 있는 비둘기에 대해서는 야단치지 않았다. 날아온 모습 그대로 방주 속으로 받아들여졌다. 그것과 같이, 하나님을 구하는 죄인인 당신은 모든 죄를 가진 그 모습 그대로 받아들여진다. "오직 돌아오라!"는 이 두 단어는 하나님의 은혜의 말씀이다. 그 이외의 아무것도 없는가? 전혀 아무것도 없다. "오직 돌아오라"는 이것 이외에는 말이다. 이때 비둘기는 감람나무 가지를 입에 물고 있지 않았다. 간신히 그 먼 방랑에서부터 몸만 돌아온 것뿐이다. 오직 "돌아오라!" 그리고 비둘기는 돌아왔고, 노아는 비둘기를 받아들였다. 방랑하는 자여, 날아라. 낙심하는 자여, 날아라. 당신은 비둘기에 지나지 않지만 또 죄 때문에 까마귀같이 검다고 탄식할지라도 돌아오라. 구주님에게로 날아서 돌아오라. 당신이 돌아오기를 꺼린다면 비참은 더해진다. 당신이 자기의 힘으로 날개를 정돈하고 예수님에게 나아오기에 합당한 자가 되려고 한다면 모두 헛된 것이다. 있는 그대로의 모습으로 예수님에게 돌아오라. "배역한 이스라엘이여, 돌아오라"(렘 3:12). 하나님은 "회개한 이스라엘이여 돌아오라"고 말씀하시지 않으셨다. "배역한 이스라엘"이라고 말씀하셨다. 배신자로서 그 모습 그대로 돌아오라. "돌아오라." 예수님께서는 당신을 기다리신다! 예수님께서는 그의 손을 내밀어 당신의 마음의 진정한 안식처인 그에게로 당신을 받아들이신다.

3월 14일 아침

147. "선 줄로 생각하는 자는 넘어질까 조심하라"(고전 10:12)

은혜를 자만하는 것은 기이한 일이다. 어떤 자는 "나는 깊은 믿음을 갖고 있기 때문에 타락하지 않는다. 믿음이 약한 자는 타락할지 모르지만, 나에게는 그러한 일이 절대로 없다"고 말한다. 또 다른 자는 "나는 불같은 사랑이 있으니 설 수가 있다. 곁길에 빠질 그런 위험은 없다"고 할 것이다. 은혜를 자랑하는 자는 실제로 그 자랑하는 은혜를 거의 갖고 있지 않다. 은혜가 자기를 지탱하고 있다고 생각하는 자는 물줄기가 근원지에서 끊임없이 솟아나지 않으면 개울은 곧 말라 버리는 것을 알아야 한다. 만약 기름이 끊임없이 등불의 심지를 적시지 않으면 등불은 비록 오늘은 크게 비쳐도 내일은 연기가 나고 곧 고약한 냄새를 풍기며 거지게 된다. 자기의 은혜를 자랑하지 말고 그리스도 안에 그 힘의 자랑과 신뢰를 두도록 언제나 조심하라. 그래야만 당신은 타락을 피할 수가 있다. 더욱 많이 기도하라. 거룩한 예배를 위하여 더욱 많은 시간을 가져라. 더욱 열심히 끊임없이 성경을 읽어라. 당신의 생활에 세심한 주의를 하라. 하나님께 더 가까이 가도록 살아라. 최상의 모범을 선택하여 당신의 대화에서 거룩함을 나타내어라. 당신의 마음에 다른 사람의 영혼에 대한 사랑으로 "하늘"의 향기를 풍겨라. 다른 사람이 당신을 보고 당신이 예수님과 함께 있으며 그 교훈을 받은 자라는 것을 알도록 생활하라. 그리고 사랑하는 주님께서 "올라오라"고 말씀하시는 행복한 날이 돌아올 때, "당신은 선한 싸움을 다 싸우고 달려갈 길을 다 가고 믿음을 지켜 이제는 썩지 않는 의의 면류관이 기다리고 있다"(딤후 4:7-8)고 하는 주님의 음성을 당신이 듣고 행복해하기를 바란다. 주안에 있는 친구여, 조심해서 걸어라! 거룩한 두려움과 떨림을 가지고 나아가라! 오직 예수님께만 믿음과 신뢰를 두고 나아가라. 그리고 항상 "약속을 따라 우리를 붙드소서"(시 119:116)라고 기도하라. 그분만이 "당신을 지켜 거침이 없는 자로서 그리고 그 영광 앞에서 흠 없는 자로서 기쁨 중에 세워주시도록"(유 1:24) 해 주시는 것이다.

3월 14일 저녁

148. "내 행위를 조심하여"(시 39:1)

믿음의 순례자여, "마음속에 나는 이곳이나 저것이나 행하리라. 나는 범죄할 일이 없으리라"고 말해서는 안 된다. 당신이 크게 자부할수록 죄를 짓는 위험에서 멀어지는 것은 아니다. 당신이 걷는 길은 언제나 위험이 도사리고 있다. 옷을 더럽히지 않고 길을 가는 것은 거의 불가능하다. 이 세상은 부패함으로 가득 차 있다. 이 세상에서 양손을 더럽히지 않기 위해서는 끊임없이 경계할 필요가 있다. 도둑은 가는 곳마다 기다리며 당신의 보화를 빼앗으려고 한다. 모든 축복에는 유혹이 있고 모든 기쁨에는 올무가 있다. 당신이 "하늘"에 도착한다면 그것은 하나님의 은혜의 기적이요, 전적으로 아버지 하나님의 능력 때문이다. 마음을 놓아서는 안 된다. 양손에 폭탄을 옮기는 사람은 불을 가까이하지 않도록 주의해야 한다. 당신도 마찬가지로 유혹에 빠지지 않도록 주의하지 않으면 안 된다. 당신의 일상생활은 예리한 도구 같아서 그것을 신중히 취급해야 한다. 이 세상에는 그리스도인의 믿음을 양육하는 것은 아무것도 없고 믿음을 파괴하는 것 뿐이다. 하나님께서 당신을 지키시도록 당신은 얼마나 빨리 마음을 모아서 하나님을 바라보는가? 당신은 "나를 붙들어 주소서 그리하면 나는 안전 하리이다"라고 기도해야 한다. 그리고 기도함과 동시에 경계해야 한다. 모든 생각과 말과 행동을 거룩한 질투심을 갖고 보호해야 한다. 필요도 없는 것에 당신 자신을 위험에 내주어서는 안 된다. 그러나 화살이 날아오는 곳으로 가라고 부르심을 받았다면, 결코 방패 없이 가서는 안 된다. 만일 마귀가 방패를 갖지 않은 당신을 발견한다면 그는 자기의 승리의 기회가 온 것을 기뻐하며 곧 화살을 가지고 당신에게 상처를 입혀 땅에 쓰러뜨릴 것이다. 당신은 비록 죽임을 당하는 일은 없으나 상처를 입을 수 있다. '몸을 삼가며 깨어 있으라. 내가 안전하다고 생각하는 그때에 위험이 너를 습격할 것이다.' 그러므로 당신이 걷는 길을 주의하라. 더 힘써 기도하라. 주의하여 깊이 살펴서 실패한 이는 한 사람도 없다. 성령께서 우리가 가는 모든 길에 우리를 보호하사 우리가 항상 주님을 기쁘시게 하는 자가 되기를 바란다!

3월 15일 아침

149. "네가 그리스도 예수 안에 있는 은혜 속에서 강하고"(딤후 2:1)

그리스도께서는 무한한 은혜를 가지셨으며 그것을 내어 주기를 아끼지 않으신다. 저수지의 물이 수도관 속으로 흘러들어 가는 것 같이 그리스도는 은혜를 지신의 백성들에게 흘려보내신다 "우리가 다 그의 충만한 데서 받으니 은혜 위에 은혜더라"(요 1:16). 주님께서는 우리에게 나눠주시기 위하여 은혜를 가지신 것 같다. 그분은 분수에서 나오는 물같이 끊임없이 은혜를 부어

주시지만 거기에 가서 빈 그릇과 마른 입술을 내미는 자만이 채워지는 것이다. 나무가 열매를 맺는 것은 그냥 열매를 큰 가지에 장식해 두는 것이 아니고 필요로 하는 사람에게 주기 위함이다. 그리스도의 향기로운 열매도 그와 같은 것이다. 은혜는 그 역사가 죄를 용서하는 것이든지, 깨끗하게 함과 보존함과 강하게 함이든지 또한 깨우치는 것이든지, 힘을 주고 회복하게 하는 일이든지 모두 그리스도께서는 자유롭게 값없이 주신다. 어떠한 은혜라 할지라도 주님께서 그 백성에게 주시지 않는 것이 없다. 몸에 흐르는 피는 심장에서 흘러나와 몸의 각 기관에 흐르듯이 은혜의 감화는 어린양과 연합된 모든 성도의 기업이다. 여기에 그리스도와 교회의 아름다운 사귐이 있고 둘 다 같은 은혜를 받는 것이다. 그리스도는 그 위에 기름이 부어진 머리와 같고, 같은 기름이 옷깃에 흐르는 듯이 가장 비천한 성도일지라도 머리에서 흘러 떨어지는 고귀한 기름을 같이 받는 것이다. 은혜의 나무의 진액은 줄기에서 가지로 흘러가며 또 줄기 자체도 가지를 기르는 매우 영양이 좋은 진액에 의하여 배양되어 가는 것을 볼 때 이것이 진정한 사귐인 것이다. 우리가 매일 그리스도로부터 은혜를 받아 그것이 그리스도로부터 오는 것을 확인하면서 사귐 중에 주님을 바라보며 사귐의 축복을 기뻐하게 된다. 언약의 주 예수께로 가서, 사람이 자기의 주머니에서 돈을 꺼내는 것 같이 담대히 모든 필요한 것을 주께로부터 받아서 우리의 부요를 매일 사용하도록 하자.

3월 15일 저녁

150. "그가 모든 일을 일심으로 행하여 형통하였더라"(대하 31:21)

이것은 이상한 일이 아니다. 마음을 다하여 일하는 사람이 번영하는 것은 자연계의 법칙이다. 그리고 마음을 다하지 않고 일을 하는 사람이 실패하는 것도 당연한 이치이다. 하나님께서는 게으른 사람들에게 수확을 주시지 않으며 엉겅퀴를 줄 뿐이다. 또 하나님은 감추인 보화를 찾기 위하여 밭을 파지 않는 사람에게 부요를 주는 일을 기뻐하지 않으신다. 번영을 바라는 자가 근면하게 사업에 힘쓰는 일은 널리 인정되어 있다. 종교에 있어서도 마찬가지이다. 당신이 예수님을 위하여 당신의 사역이 번창하기를 원한다면 당신은 마음을 다하여 일해야 한다. 당신이 사업에 힘쓰는 것 같이 당신의 힘, 에너지, 정성, 진지함을 그리스도를 위한 사역에 쏟아 부어라. 왜냐하면, 그것은 사업보다 훨씬 값어치가 있는 일이기 때문이다. 성령께서는 우리의 연약함을 도우신다. 그러나 그는 우리의 게으름을 부추기는 일은 하지 않으신다. 성령은 활동적인 믿는 자를 사랑하신다. 교회에서 가장 필요한 사람은 누구인가? 마음을 다하여 하나님을 위하여 일하는 사람들이다. 주일학교에서 가장 성공적인 교사는 누구인가? 가장 재능이 있는 자인가? 아니다. 그들은 불과 같이 마음이 타고 있는 가장 열심 있는 자들이다. 저들은 구원의 주권아래서 "주가 당당하게 진군함"(시 45:4)을 본다. 굽히지 않고 노력을 하고 있다는 것은 온 마음을 부은 증거이다. 처음에는 실패할지도 모른다. 그러나 열심 있는 일꾼들은 말할 것이다. '그것은 주의 일이다. 어떻게 해서든지 성취해야 한다. 나의 주님께서 나에게 행하라고 명령하셨다. 그리고 나는 주님의 힘으로 인해 그것을 성취한다' 라고 말이다. 주안에 있는 자여, 당신은 이와 같이 모든 일에 마음을 다하여 주님을 섬기고 있는가? 예수님의 열심을 기억하라! 그분께서 어떻게 마음을 다하여 그 일을 하셨는지를 말이다! 그는 "주의 집을 생각하는 열심히 자기를 삼키라"(요 2:17)고 말씀하셨다. 주님께서 피와 땀을 흘리셨을 때, 그의 어깨에 짊어진 짐은 결코 가볍지가 않았다. 그리고 그분께서 마음을 다 쏟아서 그의 백성의 구원을 위하여 하신 노력은 결코 작지가 않았다. 예수님께서 그렇게 열심히 자신을 내어주셨는데, 우리는 과연 이렇듯 미지근해도 좋을까?

3월 16일 아침

151. "대저 나는 주께 객이 되고 거류자가 되나이다"(시 39:12)

　　나는 주님께 몸을 맡겨 객이 된 나그네이지 주님을 떠난 나그네는 아니다. 나면서부터 주님으로부터 멀리하려고 하는 나의 죄악은 주의 은혜로 모두 제거되었고, 이제 주님의 동행자가 되어 이 죄 많은 세상을 외국에 있는 순례자와 같이 여행하고 있다. 우리의 주님께서는 그 자신의 세계에서 나그네이다. 사람은 하나님을 잊고 하나님을 부끄럽게 생각하며 새로운 율법과 다른 전통을 만들어 내어 하나님을 알지 못한다. "하나님의 아들이 백성에게 찾아올 때, 백성들은 그를 받아들이지 않았다"(요 1:11). "그는 세상에 있었고 세상은 그로 말미암아 지은 바 되었지만, 세상은 그를 알지 못하였다"(요 1:10). 예수님께서 자신의 백성으로부터 경멸당하는 것만큼 어떤 이방인도 결코 다른 나라에서 그렇게 취급당하는 일이 없었다. 그러므로 예수님의 생명 안에서 살고 있는 내가 이 세상에서 인정받지 못하는 나그네 일지라도 그리 놀랄 일은 아니다. 예수님께서 이방인으로 여김을 받았던 이 세상에서 나는 시민이 되기를 원하지 않는다. 일찍이 나의 영혼을 이 땅에 얽매였던 줄은 주님의 상하신 손에 의하여 풀어졌고, 지금 나는 이 세상에서 나그네라는 사실을 발견한다. 내가 같이 살고 있는 사람들에게 나의 말이 기이하게 생각되며 나의 태도가 다른 사람과 다르며 나의 행동이 이상하게 보여질 수 있다. 만약 야만인이 우리나라의 점잖빼는 사회에 있다면, 죄인들과 지내는 나보다는 그들의 마음이 더 편할 것이다. 그러나 나는 내 자신의 몫을 기뻐한다. 나는 주님께 객이 된 나그네이기 때문이다. 주님께서는 나와 함께 고통을 나누시고 나와 함께 나그네로 동행하신다. 오, 이렇게 위대하신 친구와 여행하는 것은 얼마나 기쁜 일인가! 하나님께서 길을 걸을 때 말씀하시면 내 마음은 뜨거워진다. 체류자에 불과한 내가 왕의 자리에 앉는 것보다 훨씬 축복에 가득하며 큰 집에 사는 자보다 더 나은 평화를 누린다.

> *"나는 때와 장소를 가리지 않으며,*
> *나의 나라는 이르는 곳마다 있다네.*

하나님께서 그곳에 함께 하시기에

어느 나라이든 평안하고 자유롭다네.

내가 찾는 곳이든지 피하는 곳이든지 상관없이,

내 영혼은 다른 곳에서는 행복을 찾지 못한다네.

그러나 주님께서 나의 안내자가 되시면,

가든지 머무르든지 똑같이 기쁘다네!"

3월 16일 저녁

152. "주의 종으로 고범죄를 짓지 말게 하사"(시 19:13)

이것이 "하나님의 마음에 합한 사람"(행 13:22)의 기도였다. 다윗이 이와 같은 기도를 할 필요가 있었을까? 그렇다면 은혜에 어린아이와 같은 우리들은 얼마나 많은 기도가 필요한가? 이 기도는 "나를 이끌어 붙드소서 그렇지 않으면 나는 죄의 절벽에서 거꾸로 떨어지나이다"라는 뜻이다. 우리의 악한 죄성은 사나운 말과 같이 도망가려는 성향이 있다. 그러나 하나님의 은혜가 우리에게 자갈을 물려 사람에게 해를 끼치는 일이 없도록 붙들어 주신다. 만일 하나님의 섭리와 은혜에 의하여 제지되지 않는다면 우리는 어떻게 되겠는가? 시편 기자의 기도는 최악의 모양을 가진 죄에 대하여 주목하고 있다. 즉 깊은 생각과 자기 고집에서 나오는 죄를 의미한다. 가장 거룩한 사람들까지도 죄를 짓지 않도록 붙들려서 죄로부터 보호받을 필요가 있다. 사도 바울은 가장 거리끼는 죄에 대하여 성도들에게 다음과 같이 엄숙하게 경고하고 있다. "그러므로 땅에 있는 지체를 죽이라. 곧 음란과 부정과 사욕과 악한 정욕과 탐심이니, 탐심은 우상숭배니라"(골 3:5). 성도들에게 이러한 죄를 경고할 필요가 있는가? 실제로 필요하다. 새하얀 옷도 그 순결을 하나님의 은혜에 의하여 보존되지 않으면 검은 점으로 더럽혀진다. 경험을 가진 그리스도인이여, 당신은 그 경험을 자랑해서는 안 된다. 만일 "당신을 지켜 넘어지지 않는 자 되도록 하시는"(유 1:24) 하나님에게서 떠난다면 당신은 순식간에 넘어지는 것이다. 불타는 사랑과 확고한 믿음, 그리고 빛나는 소망을 가진 당신일지라도, "나는 결코 죄를 범하지 않는다"라고 말하면 안 된다. 오히려 "나로 시험을 만나지 않게 하소서"(마 6:13)라고 부르짖으라. 최고의 단계에 속한 사람들의 마음속에도 충분한 연료가 있어서 하나님께서 시험의 불티를 끄지 않으시면 지옥의 불이 그들 속에서 타게 될 것이다. 의인 롯이 술에 취하여 불결한 죄를 범할 줄 누가 예상 했겠는가? 하사엘은 "당신의 개 같은 종이 무엇이관대 이런 큰일을 행하오리이까"?(왕하 8:13)라고 하였다. 우리도 이와 같이 자신의 의를 나타내는 질문을 하기가 쉽다. 그러므로 무한한 지혜가 우리 자신을 과시하는 어리석음을 고쳐 주시기를 바란다.

3월 17일 아침

153. "우리에게 가난한 자들을 기억하도록 부탁하였으니"(갈 2:10)

하나님께서는 왜 많은 그의 자녀들이 가난한 것을 허락하고 계실까? 하나님께서 원하신다면 모든 사람을 부자가 되게 할 수도 있고 황금 자루를 문 앞에 놓아둘 수도 있다. 또 막대한 수입을 매년 줄 수도 있다. 옛날 이스라엘의 진영 주위에 메추라기를 쌓아 올리시고 또 이스라엘을 양육하기 위하여 빵을 하늘에서 내리신 것처럼 하나님의 자녀들의 집 주위에 풍부한 공급을 주실 수 있다. 가난한 것이 저들에게 최선이라고 하나님께서 생각하시지 않는 한 저들을 가난하게 내버려 두실 필요가 없다. "산들의 짐승도 내 것"(시 50:10)이라고 하셨다. 하나님께서는 저들을 양육하실 수 있다. 가장 부유한 자, 위대한 자, 힘 있는 자들에게 그들의 부유함과 힘의 모든 것을 하나님의 자녀들의 발밑으로 가져올 수 있게 하실 수가 있다. 왜냐하면, 모든 사람들의 마음은 하나님의 지배 아래에 있기 때문이다. 그러나 하나님은 그런 일을 하지 않으신다. 반면에 저들이 가난에 고통 받으며 미천한 생활을 경험하도록 허락하셨다. 왜 그러실까? 많은 이유가 있다. 그 하나는 충분히 은혜로운 환경 속에 있는 우리에게 예수님에 대한 사랑을 보일 기회를 주시기 위함이다. 우리는 그리스도에 대하여 찬양하며 그에게 기도 드릴 때 그리스도를 위한 사랑을 표현한다. 그러나 만일 이 세상에 가난한 형제가 없다면 이들에게 구제하는 일을 통하여 우리의 사랑의 표시를 나타낼 수 있는 아름다운 특권을 잃어버리게 된다. 이렇게 우리의 사랑이 말뿐 아니고 행위와 진실로 서 있도록 증명할 수 있게 정해졌다. 우리가 진실로 주님을 사랑한다면 그분께서 사랑하는 자를 또한 돌보아야 할 것이다. 그리스도에게 사랑스러운 자는 우리에게도 사랑스러운 자인 것이다. "내 형제 중에 지극히 작은 자 하나에게 한 것이 곧 내게 한 것이니라"(마 25:40)고 하신 주 예수님의 말씀을 생각하고 주 안에 있는 가난한 자를 돕는 것을 의무라고 생각하기보다는 오히려 특권으로 여겨야 한다. 확실히 이 말씀은 아름다운 보증으로 충분하고 이것은 우리가 다른 사람을 기쁨과 사랑의 마음으로 돕도록 인도하기에 충분히 강한 동기를 부여한다. 우리가 주 안에 있는 친구에게 하는 모든 일은 주께 하는 것과 똑같이 주님께 기쁘게 받아들여진다는 사실을 기억하자!

3월 17일 저녁

154. "화평케 하는 자는 복이 있나니 저희가 하나님의 아들이라 일컬음을 받을 것임이요"(마 5:9)

이것은 산상 복음의 일곱 번째 복이다. 그리고 히브리인의 생각으로는 일곱이라는 숫자는 완전수이다. 주님께서 화평을 만들어 내는 자를 행복의 리스트에서 일곱 번째로 둔 것은 화평을 만들어내는 자가 예수 그리스도 안에서 완전한 사람에 가장 가깝기 때문인지도 모른다. 이 세상에서 즐겁게 받을 수 있는 한, 완전한 축복을 얻으려고 하는 자는 이 일곱 번째의 축복을 얻고 평화를 만드는 자가 되어야 한다. 이 구절이 놓여 있는 곳에도 깊은 의미가 있다. 이 구절의 앞에는 마음이 청결한 자들의 축복에 대하여 "저희가 하나님을 볼 것이다"(마 5:8)라고 하였다. 이것에 따르면 우리는 먼저 청결하게 되어 나중에는 화평케 하는 자가 된다고 해석할 수도 있다. 우리의 화평은 결코 죄를 받아들인다든지 또는 악을 허용한다는 것이 아니다. 우리는 하나님과 그의 거룩함이 반대하는 모든 것에 대하여 조금이라도 마음을 움직여서는 안 된다. 우리의 영혼이 깨끗하게 되어야 비로소 화평을 얻을 수가 있다. 다음 구절도 이유가 있어서 여기에 놓인 것 같이 생각된다. 이 세상에서 우리가 어떻게 화평하든지 오해를 받거나 잘못 나타내질 수 있다. 그러나 놀랄 것은 없다. 평화의 임금조차도 그 평화를 위하여 땅에 불을 던지셨기 때문이다. 그 자신이 인류를 사랑하고 전혀 악함이 없으셨는데 "멸시를 받아 사람에게 버린바 되어 비애의 사람으로 고통을 겪으셨다"(사 53:4)라고 쓰여 있다. 마음이 평안한 자가 원수를 만났을 때에 놀라지 않도록 다음 구절에 "의를 위하여 핍박을 받는 자는 복이 있다. "하늘"이 저희 것임이라"(마 5:10)라고 첨부되어 있다. 이와 같이 "화평케 하는 자는 복이 있다"라고 선언되어 있을 뿐 아니라 그 앞뒤가 축복으로 둘러싸여 있다. 주여, 이 일곱 번째의 행복에 오르는 은혜를 주소서! 우리가 먼저 깨끗하게 되어 그리고 평화를 만드는 자가 되도록 우리의 마음을 깨끗하게 하소서. 그리고 당신을 위하여 우리가 핍박을 받을 때 우리의 평화가 겁을 먹거나 절망에 쫓기는 일이 없도록 우리의 영혼을 강하게 하소서.

3월 18일 아침

155. "너희가 다 믿음으로 말미암아 그리스도 예수 안에서 하나님의

아들이 되었으니"(갈 3:26)

하나님께서 아버지가 되시는 것은 모든 하나님의 자녀에게 공통된 것
이다. 아, 믿음이 적은 자여, 당신은 때때로 이야기하기를 "나에게 큰 믿음을
가진 자의 용기가 있다면 그들과 같이 용감하게 칼을 앞뒤 좌우로 휘두를 수
있을 텐데, 그러나 나는 모든 지푸라기에도 넘어지고 그림자조차도 두려워한
다"고 말이다. 믿음이 적은 자여, 들으라 당신이 말하는 큰 믿음을 가진 자도
하나님의 자녀요, 당신도 하나님의 자녀이다. 큰 믿음 가진 자가 당신 이상으
로 하나님의 자녀라는 것이 아니다. 하나님의 은혜를 풍성하게 받은 바울, 베
드로도 하나님의 가족이고 당신도 또한 하나님의 가족이다. 약한 그리스도인
도 강한 그리스도인과 같이 하나님의 자녀인 것이다.

> *"비록 땅에 오래된 기둥이 꺾어져도*
> *언약의 약속은 굳게 서 있도다.*
> *강한 자도, 약한 자도, 힘없는 자도*
> *이제 예수 안에서 하나가 되도다."*

모든 이름이 같은 가족으로 등록되었다. 어떤 자는 많은 은혜를 가지고
있을지 모른다. 그러나 아버지 하나님께서는 모든 자에 대하여 한결같은 자비
심을 가지고 있다. 혹시 어떤 자는 큰일을 하여 하나님께 많은 영광을 돌릴지
도 모른다. 그러나 하나님 나라에서는 지극히 작은 자라 할지라도 왕의 힘 있
는 용사 가운데 서 있는 하나님의 자녀이다. 이 일은 우리가 하나님께 가까이
나아가서 "우리 아버지여"라고 말할 때 우리에게 힘을 주며 또한 위로를 준
다. 그러나 이렇게 위로가 주어진다고 해서 우리가 적은 믿음으로 만족해도
된다는 것은 아니다. 사도들과 같이 믿음이 깊어지도록 기도해야 한다. 우리
의 믿음이 아무리 약할지라도 그것이 그리스도 안에 있는 진실한 믿음이므로
결국에는 "하늘"에 들어간다. 그러나 이것으로는 이 세상 순례길에서 주님을
영화롭게 할 수가 없으며, 기쁨과 평안 속에서 만족할 수가 없다. 만일 당신

이 그리스도의 영광을 위해 살며 그리스도를 섬기는 일에 행복을 느끼기 원한다면 더욱더 온전히 양자의 영으로 충만하게 채워지도록 간구하여라. "온전한 사랑이 두려움을 내쫓는데 까지"(요일 4:18) 이르러야 하는 것이다.

3월 18일 저녁

156 "아버지께서 나를 사랑하신 것 같이 나도 너희를 사랑하였으니" (요 15:9)

아버지 하나님께서 아들이신 예수를 사랑하신 것과 같은 방법으로 예수님께서는 그의 백성을 사랑하신다. 어느 정도로 사랑하실까? 아버지이신 하나님이 아들인 예수님을 사랑하심에는 그 시작이 없었다. 마치 그와 같이 예수님도 손과 발인 우리를 사랑하신다. "나는 무궁한 사랑으로 너를 사랑한다"(렘 31:3). 당신은 인간의 애정의 시작을 발견할 수가 있다. 그러나 우리를 향한 그리스도의 사랑은 흐르는 시냇물 같고 그 근원은 영원 속에 감추어져 있다. 아버지이신 하나님은 변함없이 예수님을 사랑하신다. 그리스도인이여, 이 말씀을 당신의 위로로 삼아라. 예수 그리스도 안에 안식하는 자에게는 그의 사랑이 변함이 없다. 어제 당신은 산꼭대기 위에서 "그는 나를 사랑하신다"라고 말하였으나, 오늘 당신은 굴욕의 골짜기에 있을 수 있다. 그러나 그는 여전히 당신을 사랑하고 있다. 가장 높은 산꼭대기에서 당신은 감미로운 음악소리와도 같은 주님의 사랑의 속삭이는 소리를 듣는다. 이제 당신은 바다에서, 그 바다 한가운데서 파도와 소용돌이치는 큰 물결이 당신이 머리를 덮고 있어도 그의 마음은 그가 옛적에 선택했던 백성에게 여전히 충실하시다. 아버지 하나님의 아들이신 예수님을 사랑하시는 데는 그 끝이 없으시다. 이와 마찬가지로 아들도 그의 백성을 그와 같이 사랑하신다. 믿는 자여, 당신은 강한 은줄의 끈이 끊어질 것을 두려워할 필요가 없다. 왜냐하면, 그의 당신에 대한 사랑은 결코 중단되는 일이 없기 때문이다. 그리스도는 당신과 함께 무덤까지도 가시고, 다시 일어나셔서 당신을 하늘에까지 인도하시리니 평안하고 안심하라. 더욱 아버지이신 하나님은 아들이신 예수님을 무한히 사랑하시고 그 아들은 측량할 수 없는 사랑을 그의 선택한 자에게 주신다. 그리스도의 온 마음은 그의 백성을 위하여 헌신되어 있다. 그는 "우리를 사랑하사 우리를 위하여 그 자신을 주셨다"(갈 2:20). 그의 사랑은 사람의 지각을 훨씬 능가한다. 정말로 우리는 변함이 없고 귀하신 구주와 함께 있다. 아버지 하나님이 그리스도를 사랑하는 것 같이 우리는 무한한 사랑을 가지고 처음과 끝도 변함이 없이 우리를 사랑하시는 분을 모셨다. 이 진리를 소화해 낼 수 있는 믿는 자들을 위한 풍성한 음식이 여기에 있으니 성령이여, 우리를 인도하사 이 음식 속에서 골수와 기름진 부분을 얻게 하소서!

3월 19일 아침

157 "믿음에 견고하여 져서"(롬 4:20)

주 안에 있는 친구여, 믿음을 소중하게 여기라. 왜냐하면, 오직 당신이 축복을 받는 방법은 믿음을 통해서 얻어지기 때문이다. 우리가 하나님의 축복을 원한다면 그것을 가져오는 것은 믿음뿐이다. 기도라 할지라도 그것이 믿는 자의 열심 있는 기도가 아니면 하나님의 보좌로부터 응답을 받을 수가 없다. 믿음은 영혼과 영광의 주 예수 사이에 있는 하늘의 심부름꾼이다. 이 심부름꾼 없이는 우리의 기도가 올라가지도 않기에 응답받을 수가 없다. 믿음은 하늘과 땅을 연결하는 전깃줄이다. 그 위를 하나님의 사랑의 메시지가 아주 빠른 속도로 전달된다. 우리가 부르기 전에 하나님은 응답하시고 우리가 아직 말하고 있을 때에 하나님은 들으신다. 그러나 그 믿음의 전선줄이 끊기면 어떻게 약속을 받을 수 있겠는가? 우리는 어려움에 처해 있는가? 그러나 믿음으로 말미암아 어려움을 이길 도움을 얻을 수가 있다. 우리는 원수에게 괴로움을 당하고 있는가? 그러나 믿음으로 말미암아 우리의 영혼은 사모하는 피난처로 도망갈 수 있다. 만일 믿음을 제거한다면 하나님을 구할지라도 헛된 일이다. 그리고 영혼과 하늘을 연결하는 길은 닫혀져 있다. 비록 추운 겨울이라 할지라도 믿음은 기도의 말이 전진할 수 있는 길이다. 아무리 폭설이 심할지라도 막힘이 없이 나갈 수 있다. 그러나 그 길을 막는다면 우리는 어떻게 위대한 왕과 통신할 수 있겠는가? 믿음은 우리를 하나님께 연결하여 하나님의 능력을 덧입게 한다. 믿음은 여호와의 전능의 힘을 우리의 편으로 약속한다. 믿음은 하나님의 모든 속성이 우리를 방어하도록 해준다. 믿음은 우리에게 지옥의 군대를 대항하도록 도와주고 적을 넘어 전진하며 승리하게 해준다. 그러나 믿음이 없이 우리는 어떻게 하나님에게 무엇을 받을 수 있을까? "요동하는 바다 물결 같은 자"(약 1:6)는 하나님께 아무것도 받을 수 없지 않은가? 오, 주 안에 있는 자여, 당신의 믿음에 주의하라. 아무리 당신이 가난할지라도 믿음으로 말미암아 당신은 모든 것을 얻을 수가 있다. 그러나 믿음이 없다면 당신은 아무것도 얻을 수 없다. 만약 당신에게 믿음이 있다면, "믿는 자에게는 능치 못할 일이 없느니라"(막 9:23).

158 "룻이 배불리 먹고 남았더라"(룻 2:14)

예수님이 우리에게 떡을 먹을 수 있는 특권을 주실 때에는 언제나 룻과 같이 풍성하고 좋은 음식으로 만족하게 하신다. 예수님께서 주인이실 때는 배고픈 채로 식탁을 떠나는 손님이 한 사람도 없다. 우리의 머리는 그리스도께서 계시하시는 귀중한 진리로 채워진다. 우리의 마음은 애정의 사랑스러운 대상인 그리스도와 함께 만족하여 진다. 우리의 소망도 또한 만족하여 진다. 왜 냐하면, 예수님 외에 하늘에서 사모할 자가 없기 때문에 우리의 소원도 만족 하여 진다. 우리는 "그리스도를 알고, 그에게 발견되는 일"(빌 3:9) 보다 더 나은 소원을 갖고 있지 않기에, 예수님은 우리의 양심에 온전한 평안을 얻을 때 까지 채우신다. 또한 우리의 판단을 그의 확실한 가르침으로 설득될 때까지 채우신다. 그는 우리의 기억을 그가 하셨던 회상으로 채우시며 우리의 상상을 이후에 그가 하실 것에 대한 기대로 채우신다. 룻은 "배불리 먹고 남았다." 우 리도 또한 그렇다. 우리는 그리스도를 깊이 마시고 우리는 그리스도의 모든 것을 다 가진 것처럼 생각한다. 그러나 우리가 최선을 다 할지라도 오히려 더 많은 것이 남아 있다. 우리는 주님의 식탁에 앉아 말했다. "무한하신 분외에 는 나를 만족하게 할 것이 없다. 나는 죄인의 괴수이기 때문에 나의 죄를 씻 기기 위해서는 무한한 공로를 가져야만 한다." 그러나 우리의 죄가 깨끗해져 도 남겨둔 공로가 있다는 것을 발견했다. 거룩한 사랑의 식탁에 앉아 우리들 의 굶주림은 채워졌는데도 영의 양식이 아직 많이 남아 있는 것을 발견했다. 하나님의 말씀에는 우리가 아직 알지 못하는 확실히 달콤한 것들이 있어서 잠 깐은 그것을 그대로 둘 수밖에 없다. 왜냐하면, 예수님이 "내게는 너희에게 아직 말할 것이 많이 있지만 너희가 지금은 그것을 감당하지 못한다"(요 16:12) 라고 그의 제자들에게 말씀하셨기 때문이다. 거기에는 우리가 아직 얻지 못한 은혜가 있고, 우리가 도달하지 못한 그리스도와 보다 가까운 사귐의 장소가 있고, 아직 우리 두 발로 올라가 보지 못한 영적인 교제의 높은 산들이 있다. 모든 사랑의 애찬에는 너무나도 많은 광주리의 부스러기들이 남아 있다. 영광 에 빛나는 보아스의 관대함을 찬양하자.

3월 20일 아침

159 "나의 사랑하는 자"(아 2:8)

이것은 옛날 교회가 가장 기쁠 때 여호와의 기름 부음을 받은 자에게 주었던 높은 칭호였다. 새들이 노래하는 계절이 오고 비둘기가 울 때에도 "나의 사랑하는 자는 내게 속하였고 나는 그에게 속하였구나 그가 백합화 가운데서 양 떼를 먹이는구나"라는 사랑의 노래는 어느 새소리보다도 아름답다. 교회는 아가서 중에서 항상 "나의 사랑하는 자!"라는 아름다운 이름으로 그를 부르고 있다. 긴 겨울의 계절이 되어 우상숭배가 주님의 정원을 시들게 했을 때도 선지자들은 때때로 그 무거운 짐을 잠시 내려놓을 때에 이사야 선지자와 같이 "나는 나의 사랑하는 자를 위하여 그 포도원에 대한 나의 노래를 부르리라"(사 5:1)고 말하였다. 성도들은 아직 그분의 얼굴을 본 적도 없고, 그는 아직 육신으로 오시지도 않으셨으며, 따라서 그들 중에 계시지도 않았으므로 아무도 그의 영광을 보지 못하였다. 그러나 그는 "이스라엘의 위로요"(눅 2:25), 선택받은 모든 자의 소망과 기쁨이요, 지극히 높은 자 앞에서 의로운 모든 자의 "사랑하는 자"였다. 우리는 교회의 여름 중에도 그리스도를 우리 영혼의 가장 사랑하는 자라 부르며 그는 너무나도 귀하신 "만인위에 뛰어나게 아름다우심"(아 5:10)을, "전체가 사랑스럽다"(아 5:16)는 것을 느끼게 한다. 교회가 예수님을 사랑하며 그를 "나의 사랑하는 자"라고 말함은 아주 진실하다. 사도 바울은 온 우주도 교회를 그리스도의 사랑에서 끊을 수가 없다고 말하였고, 핍박이나 곤고함이나 환란이나 위험이나 칼도 그것을 끊을 수 없다고 단언하고 있다. 그는 오히려 기쁨에 넘쳐 자랑하며, "우리를 사랑하시는 이로 말미암아 우리는 이 모든 일에 있어서 이기고도 남음이 있다"(롬 8:37)고 말하는 것이다. 오, 항상 영광 중에 계시는 주여, 우리가 귀하신 주님을 더욱 깊이 알게 되기를 원합니다!

"오직 나의 소유물은 주님의 사랑,
땅 위에나 하늘 아래 나는 주님 외에는 아무것도 없습니다.
오직 간절히 주님께 기도하오니,
날마다 주님께 소원하는 것 이외에는 아무것도 없습니다."

160 "남편 된 자들이여 그리스도께서 교회를 사랑하심 같이
아내를 사랑하라"(엡 5:25)

그리스도께서는 얼마나 훌륭한 모범을 그의 제자들에게 주셨는가! "만일 너희가 나의 가르침을 행하려면 나의 생애를 본받으라"고 말할 수 있는 교사는 거의 없다. 그러나 예수님의 생애는 도덕적으로 완전하기 때문에 그 자신을 교사일 뿐 아니라 거룩함의 본보기라고 하였다. 그리스도인은 그리스도를 모범으로 취하기에 전혀 부족함이 없다. 어떤 상황이라 할지라도 우리는 그리스도에게 있는 은혜를 반영하는 것이 아니라면 결코 만족해서는 안 된다. 그리스도인 남편은 그리스도 예수님의 초상화를 보며 그와 같이 자신의 삶을 그려야 한다. 그리스도는 그의 몸인 교회의 남편인 것처럼 참 그리스도인도 그런 남편이어야 한다. 남편의 사랑은 특별한 것이다. 주 예수님께서는 자신의 교회에 대하여 특별한 애정을 가지시고 소중히 여기신다. 그 애정은 교회 이외의 사람들과 구별되어 있고 특히 교회 위에 부어진다. "나는 저들을 위하여 비옵나니 내가 비옵는 것은 이 세상을 위한 것이 아니고"(요 17:9)라고 하셨다. 선택된 교회는 하늘의 은총을 받으며 또한 그리스도의 보화이며 그의 머리의 면류관이요, 팔의 띠요, 가슴의 흉패요, 그리고 그의 사랑의 중심이요, 골수이다. 남편은 아내를 끊임없는 사랑을 가지고 사랑해야 한다. 왜냐하면, 예수님께서 교회를 그렇게 사랑하셨기 때문에, 그의 애정은 절대 변하지 않는다. 애정의 표현은 변할지도 모르나 그의 애정 그 자체는 변하지 않는 것이다. 남편은 인내 깊은 사랑으로 아내를 사랑해야 한다. 왜냐하면 "아무것도 우리 주 예수 그리스도 안에 있는 하나님의 사랑에서 우리를 끊을 자가 없기 때문이다"(롬 8:39). 진실한 남편은 말뿐이 아니라, 중심에서 불타는 강한 사랑을

가지고 아내를 사랑해야 한다. 오, 사랑하는 친구여, 그리스도는 자신의 사랑을 증명하기 위하여 그분께서 하셨던 일보다 그 무엇을 더 할 수 있었을까? 예수님께서는 신부에 대하여 기쁨이 가득한 사랑을 가졌다. 그는 신부의 애정을 칭찬하고 감미로운 만족으로 그녀를 기뻐하셨다. 믿는 자여, 당신은 예수님의 사랑에 놀라며 감탄한다. 그러나 당신은 진정 그분을 그를 본받고 있는가? 당신의 가정에서 당신의 사랑의 기준과 분량은 "그리스도가 교회를 사랑"하는 만큼 도달하고 있는가?

3월 21일 아침

161. "보라 너희가 다 각각 제 곳으로 흩어지고 나를 혼자 둘 때가 오나니 벌써 왔도다"(요 16:32)

겟세마네에서 슬픔을 함께 한 자는 겨우 몇 명뿐이었다. 제자들의 대부분은 "예수님의 고통"(눅 22:44)의 신비스런 비밀을 알 수 있는 은혜의 자리에까지 나아가지 못했다. 저들은 자기 집에서 유월절 잔치에 열중이었다. 저들은 문자에만 집중하는 많은 사람을 대표하고 복음의 정신에 관해서는 어린아이와 같았다. 열두 사람, 아니, 열한 사람만이 겟세마네에 들어가 대사건을 볼 수 있는 특권을 받았다. 열한 사람 중 여덟 사람은 멀리 떨어진 곳에 남아 있었다. 저들은 예수님과의 사귐을 가지고 있었지만 가장 깊이 사랑받는 사람들이 갖는 친밀성은 없었다. 가장 사랑받는 세 사람만이 주님의 헤아릴 수 없는 슬픔의 베일에 가까이할 수 있었다. 그러나 이들도 베일의 가운데에는 들어갈 수가 없었다. 돌을 던지면 맞을 만한 거리에 남겨져 있었다. 주님께서는 "혼자서 포도즙틀"(사 63:3)을 밟아야 했다. 아무도 주님과 함께할 자는 없었다. 베드로와 세베대의 두 아들은 몇몇 안 되는 훌륭하고 경험 깊은 성도를 대표하는 자요 교부로서 쓰임 받은 인물들이다. 이들은 구속주의 사랑의 넓은 바다 위에 살며 그 물결의 깊이를 겨우 측량할 수 있었다. 어떤 선택된 자들에게는 남을 위하여 또는 미래의 사람들을 강하게 하기 위하여 안으로 들어가 고통을 위해 대제사장의 탄원 소리를 듣게 되는 특별하고도 심한 고통을 경험하는 그런 기회를 갖게 된다. 저들은 주님의 고통에 참여하여 그의 죽음과 비슷한 상태가 된다. 그러나 이 사람들도 구주의 고난의 거룩한 장소에는 들어갈 수가 없었다. "알 수 없는 당신의 고난"은 그리스 정교의 기도서에 나오는 참으로 주목할 만한 표현이다. 주님의 슬픔에는 사람의 지식과 교제가 담지 못하는 깊은 영역이 있는 것이다. 바로 여기에 예수님께서는 오직 혼자 남아 계셨다. 여기에 예수님의 "말로 다 할 수 없는 은사"(고후 9:15)"가 있는 것이다. 아이삭 왓즈(Isaac Watts, 1674-1743)의 다음과 같은 찬송시는 적절하지 않은가?

"주님께서 주시는 측량할 수 없는 기쁨의 모든 것은
측량할 수 없는 고통으로 지불하신 것이라네."

3월 21일 저녁

162. "네가 묘성을 매어 묶을 수 있으며 삼성의 띠를 풀 수 있겠느냐" (욥 38:31)

만일 우리가 자신의 능력을 자랑하고 싶어진다면, 자연의 웅장함은 곧 우리가 얼마나 보잘것없는 존재임을 알려준다. 빛나는 모든 별 가운데 가장 작은 것조차 우리는 움직일 수가 없고, 심지어 아침의 한 줄기의 빛조차 소멸시킬 수가 없다. 우리는 스스로의 능력을 말하지만, 하늘은 그것을 비웃는다. 봄이 되어 멋진 별인 묘성이 기쁨의 빛을 비출 때 우리는 그것의 영향력을 막지 못한다. 또한 삼성이 높이 빛나며 겨울이 될 때 우리는 얼어붙은 띠를 풀

수가 없다. 춘하추동 사계절은 하나님이 정하신 대로 순환하며 인류의 어떤 힘도 그것을 변하게 할 수 없다. 오, 주여, 인간은 무엇입니까? 자연계와 같이 영의 세계에 있어서도 인간의 능력은 모든 면에서 제한되어 있다. 성령께서 그의 기쁨을 영혼에 부을 때 아무도 그 기쁨을 빼앗아 갈 수 없다. 모든 인간의 교활하고 악의에 찬 것도 보혜사의 새 생명의 힘을 멈출 수가 없다. 성령께서 임하시어 교회의 부흥을 일으키실 때 가장 끈질긴 원수가 비웃을지언정 그 선한 일에 저항할 수는 없다. 그것은 마치 묘성이 비추기 시작하여 봄이 돌아올 때 그 봄을 오지 못하도록 막는 것과 같다. 하나님께서 소망하는 것은 반드시 그와 같은 것이다. 그러나 만일 주님께서 그 주권과 공의에 의하여 한 사람의 영혼을 결박하면 누가 그에게 자유를 줄 것인가? 오직 주님만이 사람에게서 영적 죽음의 겨울을 제거하실 수 있다. 그는 삼성의 띠를 풀 수 있다. 오직 그분만이 하실 수 있다는 것이 얼마나 큰 축복인가! 오, 오늘밤 그가 그 이적을 행하시기를 바라노라! 주여, 나의 겨울을 끝내고 나에게 봄을 주소서 내가 아무리 원할지라도 나는 내 영혼을 죽음과 우둔함 가운데서 끌어올릴 수가 없나이다. 그러나 당신은 어떤 일도 하실 수 있습니다. 하늘의 힘과 당신의 사랑이 선명하게 빛남과 당신의 은혜 광선, 당신의 얼굴의 빛을 나는 필요로 합니다. 그것은 나에게 비추는 묘성입니다. 나는 죄와 유혹에 고민하고 있으니, 그것은 나의 겨울입니다. 또 두려운 삼성입니다. 주여, 내 안에서 나를 위하여 기적을 베푸소서, 아멘.

3월 22일 아침

163. "조금 나아가서 얼굴을 땅에 대시고 엎드려 기도하여 가라사대"
(마 26:39)

우리 구주께서 시련의 때에 하신 그의 기도를 통하여, 우리가 배워야 할 것이 몇 가지 있다.

먼저, 그것은 고독한 기도였다. 주님께서는 사랑하는 세 명의 제자도 뒤에 남겨두셨다. 주안에 있는 자여, 그러므로 종종 혼자서 하는 기도를 해라. 시련의 때에는 더욱 그러하다. 가정에서의 기도, 친구들과의 기도, 교회에서의 기도는 귀하기는 하지만 충분하지 않다. 최상의 향료는 당신의 개인적인 예배의 향료 중에 하나님 외에는 듣는 자가 없는 장소에서의 향이다.

또한, 그것은 겸손의 기도였다. 누가는 "예수님께서는 무릎을 꿇고"라고 기록하고 있다. 마태는 "엎드려"라고 표현하였다. 그렇다면 위대하신 주님의 비천한 종인 당신은 어떻게 해야 하겠는가? 당신은 티끌과 재를 머리에 써야 하지 않겠는가? 겸손은 기도에 확실한 발판을 준다. 하나님께서 적당한 때에 우리를 높이는 것 같이 우리가 스스로를 낮추지 않으면 하나님에게 기도가 상달될 소망은 없다.

다음으로, 그것은 자식으로서의 기도였다. 예수님께서는 다음과 같이 크게 부르짖었다. "아바, 아버지여"(막 14:36). 시련의 때에 당신은 하나님의 아들로서 간청하는 일이 어떻게 마음을 든든하게 하는지 알 것이다. 당신은 배반함으로 인해 주체로서의 권리는 상실하였다. 그러나 자녀로서 아버지에게 보호를 구하는 권리는 어떤 것에 의해서도 빼앗기지 않는다. "아버지여 나의 부르짖는 기도를 들어주소서"라고 말하는 것을 두려워 말라.

그리고, 이 기도는 인내의 기도였다. 주님께서는 세 번 기도하셨다. 기도가 응답되기까지는 그쳐서는 안 된다. 처음의 소원이 응답 되지 않았더라도 집요하게 간청하여 드디어 응답되기 까지 애원한 과부와 같이 "기도를 계속해야 한다. 그리고 감사함으로 기도하라"(골 4:2).

마지막으로, 그것은 맡겨드리는 기도였다. "그러나 내 원대로 하지 마옵시고 아버지의 뜻대로 하옵소서"(마 26:39)라고 하셨다. 당신이 양보하면 아버지 하나님께서도 또한 양보하신다. 아버지의 뜻에 모든 것을 맡겨버리면, 하나님께서 최선을 다하신다. 기도로 하나님의 손에 맡겨라. 하나님께서는 언제 어떻게 무엇을 주시며 무엇을 보류할 것인지를 아신다. 그러므로 열심히 집요하게 그리고 더욱 겸손과 신뢰를 가지고 기도하면 반드시 응답을 받으리라.

164. "아버지여 내게 주신 자도 나 있는 곳에 나와 함께 있어"(요 17:24)

오, 죽음이여, 왜 너는 나무에 접촉했는가? 그 늘어진 나뭇가지는 피곤한 자들에게 힘을 주고 있었는데 너는 왜 우리의 기쁨이 되는 훌륭한 자를 빼앗아 갔는가? 만약 도끼질을 해야 한다면 열매를 맺지 못하는 나무에 하는 것은 좋다. 그렇게 하면 너에게 감사했을지 모른다. 그런데 너는 왜 똑바르게 자란 레바논의 백향목을 넘어뜨렸는가? 오, 너의 도끼질을 멈추어라. 의로운 자를 놔두어라. 그러나 그렇게 할 수 없다. 죽음은 나의 친구들 가운데 가장 좋은 자를 넘어뜨렸다. 가장 관대한 자, 가장 기도에 깊은 자, 가장 거룩한 자, 가장 헌신한 자도 죽음이 정해져 있다. 왜 그러한가? 그것은 바로 예수님의 "아버지여 나에게 주신 자들이 나 있는 곳에 함께 있게 하소서"(요 17:24)라는 힘 있는 기도 때문이다. 그것은 그들을 그의 날개에 태우고 "하늘"에까지 운반한다. 믿는 자가 이 땅에서 "하늘"에 올라가는 것은 그리스도의 기도의 응답인 것이다. 어느 나이 든 성도가 이야기하기를 "많은 경우에 예수님과 그의 백성은 기도 중에 서로 잘 당기고 있다"고 하였다. 당신은 무릎을 꿇고 "아버지여 당신의 성도가 나 있는 곳에 함께 있게 하소서"라고 기도한다. 그러나 그리스도께서는 "아버지여 내게 주신 사람들이 나 있는 곳에 함께 있게 하소서"라고 말씀하신다. 이와 같이 제자는 그의 주님과 반대의 기도를 하고 있다. 영혼은 동시에 두 군데 있을 수 없다. 당신의 사랑하는 자가 그리스도와 함께 있지 않다면 당신과 함께 있는 것이다. 자, 어느 탄원의 기도가 이길 것인가? 만일 당신에게 선택하는 것이 허락되어 왕이 그의 보좌에서 일어나서 "여기에 두 사람이 반대의 기도를 하고 있다. 어느 편의 기도에 응답해야 하는가?"라고 묻는다면, 오, 나는 확신한다. 당신은 괴롭지만 일어나서 "예수여 나의 원대로 마옵시고 주의 뜻대로 하옵소서"라고 말할 것이라고 말이다. 그리스도께서 당신의 기도와는 정반대로 "아버지여 나에게 준 사람들이 나 있는 곳에 함께 있게 하옵소서"라고 기도하고 계시다는 것을 알았다면 당신은 사랑하는 사람의 생명을 위한 기도를 그칠 것이다. 주여, 사랑하는 저들은 당신님의 것입니다. 믿음으로 우리가 저들을 당신님에게 가게 하겠습니다.

3월 23일 아침

165. "땀이 핏방울 같이 되어 땅에 떨어지더라"(눅 22:44)

우리 주님께서 유혹과 싸우실 때 일어난 그 정신적 압박감은 주님의 몸을 극도로 긴장시켜 그 모공으로부터 핏방울을 땅에 떨어지게 하였다. 이것은 죄의 무거운 짐이 얼마나 무서운 것인지를 증명해주고, 이것 때문에 구주께서는 피의 큰 땀을 짜내셔야 하지 않았던가! 이것은 또한 그의 강한 사랑의 힘을 보여 준다. 옛날 아이작 암브로스는 상처를 내지 않고 나무에서 떨어지는 나무 진액 덩어리가 항상 가장 질이 좋다는 것을 발견했다. 이 귀중한 녹나무는 툭 툭 쳐서 상처를 내거나, 십자가의 못에 찔릴 때에 아름다운 향기를 뿜어내는데, 최상의 향기를 뿜어낼 때는 건드리지도 않고 못이든지, 그 무엇으로도 상처를 내지 않을 때이다. 이것은 그리스도의 고난이 자발적이었음을 보여준다. 왜냐면 창으로 찌르지 않았는데 피가 자연스럽게 흘러나왔기 때문이다. 창이나 칼을 댈 필요가 없다. 피는 자연스럽게 흘러나왔다. 지배자가 "우물의 물이여, 솟아나라"(민 21:17)고 소리 지를 필요도 없이 자연적으로 진홍 같은 피가 흘러온 것이다. 사람이 큰 고통을 당할 때 분명히 피는 심장으로 모인다. 뺨은 파래지고 어지러워 쓰러질 듯하며 피는 마치 시련 중에 있는 속사람에게 영향을 주는 듯이 안으로 모인다. 그러나 고통 중에 있는 우리의 구주를 보라. 그는 아주 자기 자신을 잊고 너무나도 심한 고통에 그의 피는 그를 돕기 위하여 심장으로 모이는 대신에 밖으로 흘러내려 땅을 적시었다. 그리스도의 고통은 자기를 땅 위에 쏟아 부음으로 인류에게 주신 선물의 완전성을 그려내고 있다. 우리는 주님께서 경험하신 그 싸움이 얼마나 경렬 했는지 볼 수 있지 않는가? 그리고 "당신들은 아직도 죄와 싸워 피 흘리기까지 대항하지 않았다"(히 12:4)라는 음성을 듣지 않는가? 우리에 대해 사도들과 믿음의 대제사장을 보라! 주님께서는 우리의 영혼의 큰 유혹자에게 굴복하시지 않고 오히려 피 흘리기까지 땀을 흘려 싸우시는 것이다.

3월 23일 저녁

166. "내가 너희에게 말하노니 만일 이 사람들이 잠잠하면 돌들이 소리 지르리라"(눅 19:40)

그러나 돌들은 과연 소리를 지를 수가 있었을까? 만일 벙어리의 입을 여시는 분이 명령하신다면 확실히 돌들도 소리 지를 것이다. 만일 돌들이 말을 한다면, 그 돌들은 하나님의 능력 있는 말씀에 의하여 자기들을 지으신 분을 찬양하며 많은 일을 증거 할 것이다. 돌은 자기들을 존재하게 하신 창조주의 지혜와 능력을 찬양할 것이다. 우리도 또한 우리를 새롭게 하시며 돌들로 아브라함의 자손을 일으키시는 분을 찬양해야 하지 않을까? 오래된 암석은 혼돈과 질서를 말하며 하나님의 손으로 지으신 창조의 각본을 단계별로 말할 수가 있다. 그러므로 우리는 하나님의 섭리, 즉 하나님이 오래전에 교회를 위하여 하신 모든 일과 옛적에 하신 하나님의 커다란 업적에 대하여 말할 수 있지 않겠는가? 만일 돌들이 말할 수 있다면 석공에 대하여 말할 것이다. 석공이 어떻게 자기들을 채석장에서 쪼아내어 성전에 맞도록 만들었는지를 말할 것이다. 그렇다면 우리는 우리를 사용하여 하나님의 성전을 짓기 위하여 말씀의 망치로 우리의 마음을 치시는 우리의 영광스러운 석공에 대하여 말할 수 있지 않겠는가? 만일 돌들이 소리 지른다면 자기들을 쪼아 광택이 나게 하여 성전에 알맞게 한 그들의 건축가를 찬미할 것이다. 그러므로 우리는 살아계신 하나님의 성전 중에 우리가 놓여야 할 곳에 놓은 건축가에 대하여 말할 수 있지 않겠는가? 만일 돌들이 부르짖을 수 있다면 돌들은 기념의 방법에 대한 길고 긴 이야기가 있을 것이다. 때때로 큰 돌은 기념비로 주님 앞에 굴려져 있다. 우리 또한 우리를 위하여 하나님께서 하신 커다란 일을 증거 할 수 있다. 그것들은 도움의 돌(율법)과 기억의 기둥인 우리의 에벤에셀이다. 율법이 새겨진 돌은 우리에게 도전하여 부르짖는다. 그러나 무덤의 입구에서 돌을 굴려버린 그리스도 자신이 우리를 위하여 말씀하신다. 돌들은 소리를 지르리라. 그러나 우리는 돌들에게 그렇게 하도록 시키지는 않을 것이다. 오히려 우리 자신의 소리로 그것들을 잠잠케 만들 것이다. 우리는 거룩한 노래를 부르며 지극히 높으신 이의 장엄함을 찬양할 것이다. 우리의 생애를 통하여 야곱으로 말미암아 "이스라엘의 반석인 목자"(창 49:24)라고 불리는 일을 영광스럽게 하리라.

3월 24일 아침

167. "그의 경외하심을 인하여 들으심을 얻었느니라"(히 5:7)

주님께서 성부 하나님으로부터 아주 버림을 당하였다는 두려움에서 속에서 이러한 경외는 얼마나 놀라운 것인가? 그것은 이보다 더 혹독한 시련이었을지도 모르지만, 하나님으로부터 아주 버림받았다는 암시는 확실히 최악의 시련의 하나이다. 사탄은 주님께 말하기를, "보라, 당신의 친구는 어디에도 없다! 당신의 아버지는 당신을 향하여 자비의 마음을 닫았다. 하나님의 사자도 당신을 도우려고 아무도 손을 펴지 않는다. 하늘은 완전히 당신과 교통이 끊어졌으며 당신은 홀로 내버려 있다. 당신이 친하게 여기던 친구는 무슨 가치가 있는가? 마리아의 아들이여, 당신의 형제 야곱, 사랑하던 제자 요한, 담대한 베드로를 보아라. 당신의 고난을 외면하고 졸고 있는 비겁자가 아닌가! 보라, 하늘에도 땅에도 이제 당신의 친구는 하나도 없다. 지옥은 당신을 향해 대적하고 있다. 나는 모든 지옥 같은 굴을 들쑤셨다. 각 곳에 편지를 보내어 모든 어둠의 임금들을 소집하여 오늘 밤 당신을 공격하여 화살 하나도 남기지 않고 쏠 것을 명령하였다. 우리는 모든 지옥의 힘을 가지고 당신을 습격할 것이다. 곁에 아무도 없이 고독한 당신은 어떻게 대응하려는가?" 이러한 극도의 시험 속에서 한 천사가 나타나 주님을 강하게 하였다. "그의 경애하심을 인하여 들으심을 얻을 것이다." 주님께서는 이제 더 이상 혼자가 아니며, 하늘이 그와 함께하였다. 이 때문에 주님께서는 세 번씩이나 제자들에게 오셨는지 모른다.

"그는 마치 사람의 도움을 구하는 것처럼
앞으로 뒤로 세 번씩이나 달렸다네."

주님께서는 참으로 모든 사람이 그를 버렸는지 어떤지 자기 자신이 보고 싶었을 것이다. 그는 제자들이 다 졸고 있는 것을 발견했다. 그러나 저들이 조는 것은 배반해서가 아니라 슬픔 때문이고 마음은 원이었지만 육신이 약하므로 인해 그렇다고 생각하고 약간의 위로를 얻었을지도 모른다. 어찌되었든 주님께서는 "그의 경외심을 인하여 들으심을 얻었다." 예수님은 그의 가장 깊은 시험 가운데서 들으심을 얻었다. 나의 영혼이여, 너 또한 그 들으심을 얻으리라.

3월 24일 저녁

168. "이 때에 예수님께서 성령으로 기뻐하사"(눅 10:21)

구주께서는 "슬픔의 사람"(사 53:3)이셨다. 그러나 생각이 깊은 사람은 그의 가장 깊은 영혼 속에 정련된 무한한 보화와 하늘의 기쁨을 간직하고 있다는 사실을 발견했다. 모든 인류 가운데 우리 주 예수 그리스도와 같이 깊고, 순수하고, 영속적인 평화를 가지신 분은 아무도 없었다. 그는 "그의 동료들보다 더 즐거움의 기름으로 부음을 받으셨다"(시 45:7). 그의 광대한 자비심은 그에게 자연적으로 가장 깊은 기쁨을 주셨음에 틀림없을 것이다. 왜냐하면, 자비심은 기쁨이기 때문이다. 이 기쁨은 때로는 현저하게 외부에 나타나는 일이 있다. 그때에 예수님께서 성령으로 기쁨이 넘쳐 말씀하셨다. "천지의 주재이신 아버지여, 아버지를 찬양하나이다"(눅 10:21). 비록 그의 얼굴은 상하여 그 표정은 땅 위의 행복의 빛을 잃었지만, 그리스도께서는 캄캄한 어둠 속에서도 그의 노래를 가지셨다. 그는 회중 가운데서 하나님께 찬양의 노래를 부르셨고 최후의 상급을 생각하면서 때때로 비할 데 없는 만족과 견줄 수 없는 광채로 여전히 빛났다. 이 점에 있어서 주 예수님께서는 땅 위에 있는 그의 교회의 축복된 그림이다. 이 시간에 교회는 그의 주님과 함께 같은 감정으로 스스로도 가시밭길을 걸을 것을 기대하고 있다. 교회는 많은 환란을 통과하여 영광의 면류관을 향하여 전진하고 있다. 교회의 사명은 십자가를 지는 일이 그 부르심이고 비웃음을 당하고 낯선 자로 여겨지는 것 또한 교회의 몫이다. 그러나 교회는 깊은 기쁨의 우물을 가지고 있다. 아무나 그것을 마실 수는 없고, 그의 참 자녀들만 마실 수가 있다. 우리의 예루살렘 중앙에는 많은 포도주, 기름, 곡식이 숨겨져 있고 하나님의 성도들은 영원히 그것에 의하여 지탱되며 또한 양육을 받고 있다. 그리고 우리의 구주의 경우와 같이, 우리에게도 때로는 깊은 기쁨의 때가 찾아온다. "거기에는 강물이 있고 그 흐름은 하나님의 도성을 기쁘게 한다"(시 46:4). 우리는 비록 유랑하고 있지만 우리는 여전히 왕에게 기뻐한다. 그분 안에서 우리는 말할 수 없는 기쁨을 누리고 그의 이름 안에서 우리는 우리의 깃발을 더 높이 날린다.

169. "유다야 네가 입맞춤으로 인자를 파느냐"(눅 22:48)

원수의 입맞춤은 속이는 것이다. 세상이 웃는 얼굴로 다가올 때 우리는 경계해야 한다. 가능하다면 그것은 우리 주님께 입맞춤으로 배반했듯이 우리에게 같은 일을 행할지도 모른다. 사람이 종교를 공격하고자 할 때에는 반드시 표면적으로는 깊은 경의를 표한다. 이단과 불신앙의 무리들, 번들거리는 얼굴의 위선자들에게 주의하지 않으면 안 된다. 불의한 자들에게는 속기 쉽다는 것을 알고 뱀과 같이 지혜롭게 원수의 계교를 알고 그것을 피하라. "어리석은 청년은 낯선 여자의 입맞춤으로 인해 유혹된다"(잠 7:7). 우리의 영혼이 오늘의 시작부터 끝까지 세상의 "여러 가지 고운 말로 혹하게"(잠 7:21) 하는 말에 흔들리지 않도록 은혜 안에서 훈련이 되어야 한다. 성령이시여, 약한 사람의 아들인 내가 입맞춤으로 인해 팔리는 일이 없도록 지켜주소서!

그러나 만일 내가 "멸망의 아들"(요 17:12) 유다와 같이 똑같은 저주받을 죄를 짓고 있다면 어찌할 것인가? 나는 주 예수님의 이름에 의해 세례를 받았다. 나는 눈에 보이는 주님의 교회의 회원이다. 나는 성찬에 참여한다. 이것들은 모두 나의 입술을 가지고 입을 맞추는 것과 같은 것이다. 이것에 대하여 나는 성실한가? 만일 그렇지 않다면 나는 비천한 배반자이다. 나는 이 세상에서 다른 사람들과 같이 아무렇게나 생활하는데 그래도 주님을 따르는 자라고 말할 수 있는가? 만약 그렇다면 나는 사람들이 종교를 경멸하도록 하고 사람들로 하여금 거룩한 주님의 이름을 더럽히는 것으로 인도하는 것이다. 나의 언행이 이처럼 불일치한다면 나는 유다요 "나지 않은 편이 좋을 뻔"(막 14:21) 하였다. 이 점에서 나는 감히 분명하게 하기를 원하는가? 그렇다면 오, 주여 나를 그렇게 지켜주소서. 주여, 나를 진실하고 참되게 하소서. 나를 모든 거짓의 길에서 보존하소서. 결코, 내가 주님을 배반하는 일이 없게 하소서. 예수님이시여, 나는 주님을 사랑합니다. 나는 종종 주님을 섭섭하게 합니다. 그러나 나의 소원은 죽기까지 주님께 충성하는 일입니다. 오, 하나님 내가 믿음에 관해서는 잘 아는 자같이 말하면서 주님께 입맞춤으로 배반하여 마침내 불못으로 던져지는 일이 없도록 하소서.

3월 25일 저녁

170. "인자"(요 3:13)

주님께서는 얼마나 자주 "인자"(the Son of man)라는 칭호를 쓰셨는가! 주님께서 원하셨다면 자신을 '하나님의 아들, 영존하시는 아버지, 위로자, 평강의 왕'이라고 불릴 수 있게 하셨을 것이다. 그러나 예수님의 겸손을 보라! 주님께서는 즐거이 자신을 "인자"라고 하셨다. 우리는 구주님에게서 겸손을 배우자. 우리는 높은 칭호나 좋은 학벌에 결코 유혹받아서는 안 된다. 그러나 여기에 보다 훌륭한 사상이 담겨 있다. 즉 예수님께서는 사람을 아주 많이 사랑하시며 귀하게 여기시기를 기뻐하셨다. 예수님께서 "인자"이신 것은 인류에 있어서 큰 명예요 또한 큰 위엄을 가장 높이는 것으로 주님은 항상 이 칭호를 쓰시기를 좋아하셨다. 그것은 그가 고귀한 별과 같이 인류의 가슴에 걸고 하나님의 사랑을 아브라함의 자손에게 보이시기 위함이다. 주님께서는 "인자"라는 이 말을 하실 때마다 그는 아담의 자손들의 머리 주위에 빛을 비췄다. 그러나 더욱 귀한 사상이 여기 있다. 즉 예수 그리스도께서는 그가 자기의 백성과 한 몸인 것을 나타내시고 그의 백성에 대한 동정심을 표시하기 위하여 자신을 "인자"라고 부르셨다. 이처럼 주님께서는 자신이 우리가 두려워하지 않고 가까이 할 수 있는 분이심을 알려 주셨다. 우리는 우리의 슬픔과 고민의 모든 것을 그에게 가지고 갈 수 있다. 왜냐하면, 그분께서는 그것을 경험하셔서 알고 계시기 때문이다. 즉 자신이 "인자"로서 고난을 받으심으로 주님은 우리를 도우시며 위로하실 수 있는 것이다. 할렐루야, 복되신 예수님께서 우리의 형제이며 인척이심을 보이시는 그 칭호를 쓰시는 것은 우리에게 있어서 그것은 주의 은혜와 겸손과 사랑을 보이시는 상징이다.

"오, 보라 예수님께서는 자신을
우리의 어린아이와 같은 사랑에 맡기셨도다.
우리와 자유로운 사귐을 통해
주님을 향한 우리의 열심을 확실하게 함이여!
주님의 거룩한 이름은 평범한 단어가 되어
땅 위에서 듣기를 기뻐하시네.
주님 안에는 사람의 사랑이
가까이하지 못할 장엄함이 없다네."

3월 26일 아침

171. "나를 찾거든 이 사람들의 가는 것을 용납하라"(요 18:8)

나의 영혼아, 예수님께서 환란 중에도 오히려 자기의 양을 돌아보신 일에 주목하라! 주권자의 열정을 죽음 앞에서도 강하였다. 주님께서는 자신을 원수의 손에 맡기면서도 그의 제자들이 자유롭게 갈수 있도록 힘 있는 말씀으로 가로막으셨다. 주님께서는 자기 자신을 위하여는 "털 깎는 자 앞에 소리 없는 양같이 입을 열지 않으셨지만"(사 53:7), 자기의 제자들을 위해서는 전능의 용기를 가지고 말씀하셨다. 바로 여기에 사랑이 있으니, 그것은 변함이 없고 자기를 잊은 신실한 사랑이었다. 여기에는 표면에 나타난 것보다 더 깊은 것이 있지 않을까? 이 구절의 말씀 속에서 바로 속죄하는 영혼을 갖게 되지 않는가? 선한 목자는 그의 "양을 위하여 목숨을 버려"(요 10:11) 양이 자유롭게 되기를 구한다. 보증인이 잡혀 있는 한 그가 대신하는 자를 석방할 것을 공의는 요구한다. 이스라엘 사람이 애굽의 종으로 있을 때 "이 사람들을 가게하라"(출 9:1)는 소리가 울린다. 죄와 사탄의 노예로부터 구속된 자는 석방 되어야 한다. 절망의 감옥의 모든 방으로부터 "이 사람들을 가게 하려고 한다"는 소리가 울려 퍼져 낙담자와 비겁자가 해방된다. 사탄은 이미 잘 알고 그 소리를 들을 때 밟고 있었던 자의 목에서 발을 들어 올린다. 죽음이 그것을 들으면 죽은 자를 부활하게 하기 위하여 무덤이 그 문을 연다. 저들은 전진과 거룩함, 승리와 영광의 길로 나아가며, 아무도 그들을 멈추게 할 수 없다. "그 길에는 사자도 없고 어떤 맹수도 길을 막을 수가 없다"(사 35:9). 훌륭한 암사슴 한 마리가 나와 사냥꾼의 주의를 끌기 때문에 가장 겁이 많은 작은 노루와 사슴들은 백합 가운데 서서 완전한 평화 속에서 풀을 뜯고 있다. 천둥 먹구름이 갈보리 십자가 위에 떨어졌다. 그 때문에 시온의 순례자들은 복수의 번개를 맞을 일이 결코 없을 것이다. 나의 영혼이여, 와서 구속주가 너를 위하여 확보한 특권을 기뻐하며 날마다 온 종일 그의 이름을 찬양하라.

3월 26일 저녁

172. "인자도 아버지의 영광으로 거룩한 천사들과 함께 올 때에 그 사람을 부끄러워하리라"(막 8:38)

만일 우리가 예수님의 부끄러움에 참여한다면, 그가 영광 중에 재림할 때에 그를 둘러싸고 있는 그 영광의 광채를 함께 나눌 것이다. 사랑하는 자여, 당신은 그리스도 예수님과 함께 있는가? 당신은 예수님과 생동감 있는 연합으로 밀착되어 있는가? 그렇다면 당신은 오늘 그와 함께 부끄러움에 있는 것이다. 당신은 그의 십자가를 지고 하나님을 위하여 받는 "비방을 받으면서 그와 함께 진영밖에"(히 13:13) 나와 있다. 그리하면 당신은 십자가가 영광의 면류관으로 바뀔 때에도 의심 없이 그와 함께 있을 것이다. 그러나 오늘 저녁 자신을 판단해 보라. 왜냐하면, 당신이 실제에 있어서 그와 함께 있지 않으면 그가 영광 중에 오실 때도 당신은 그와 함께 있지 못할 것이기 때문이다. 만일 당신이 그와의 영적 사귐에서 아프고 어두운 면을 회피한다면, 왕이 "모든 거룩한 천사와 함께 올 때"(마 25:31) 밝고 행복할 수 없을 것이다. 그와 함께 천사들이 온다고 하였는가? 그러나 그는 천사를 끌어올리는 것이 아니고 아브라함의 후손을 끌어올리는 것이다. 나의 영혼이여, 당신이 정말로 그에게 사랑을 입은 자라면 그에게서 멀리 떨어져 있을 리 없다. 그의 영광을 보기 위하여 그 친구들과 이웃이 불려 모아질 때 당신은 멀리 떨어져 있을 것인가? 비록 심판 날이라 해도, 친히 당신을 신부로 택한 그의 친밀한 마음에서 당신이 멀리 떨어져 있을 리가 없다. 그는 당신에게 "나는 당신과 언약을 맺는다. 즉 공의와 공평과 자비를 갖고 언약을 맺는다"(호 2:19)고 말하지 않았는가? 그는 우리와 연합되어 있다고 선언하시지 않았는가? 그의 친구이며 이웃인 천사들이 그와 함께 있다면, 그의 사랑하는 자요, 그의 기쁨의 모두가 되는 자가 그에게 가까이 있고 그의 오른편에 앉아 있는 일은 의심할 여지가 없는 일이다. 여기에 당신을 위한 소망의 새벽별이 있다. 그 찬란한 빛은 당신의 가장 어둡고 황폐한 경험까지도 환하게 비출 것이다.

3월 27일 아침

173. "이에 제자들이 다 예수를 버리고 도망하니라"(마 26:56)

주님께서는 결코 제자들을 버리지 않으셨다. 그러나 제자들은 목숨이 아까워서 주님의 고난이 시작되자 비겁한 두려움으로 주님을 버리고 도망가 버렸다. 이것은 우리에게 귀중한 교훈을 준다. 모든 믿는 자가 만일 마음대로 한다면 어떻게 약하게 되는지 보여주고 있다. 모든 믿는 자는 양에 불과하다. 늑대가 오면 저들은 도망한다. 제자들은 미리 위험에 대하여 경고를 받았고 주님을 버리는 것보다 차라리 죽음을 선택하겠다고 약속했었다. 그러나 저희는 놀라 황급히 도망쳤다. 이것은 남의 일이 아니다. 오늘 아침을 시작하면서 나는 주님을 위하여 어떤 시련도 견디며 절대 충성하겠다고 결심한다. 그러나 조심하지 않으면 나도 사도들과 같이 불신앙에 빠져 주님을 버릴지도 모른다. 약속하는 것과 실행하는 것은 별개의 문제이다. 저들이 예수님의 곁에 대장부답게 서 있었다면 그것은 저들에게 있어서 영원한 명예이었으리라. 그러나 저들은 그 명예로부터 도망쳤다. 나도 또한 저들과 같이 되고 싶지 않다. 열두 군단의 천사를 즉시 부를 수 있는 주님 곁에 가까이 있는 것 외에 어느 다른 안전한 장소가 있을까? 그들은 그들의 정말로 안전한 장소에서 도망쳤다. 오, 하나님이여, 나도 또한 이처럼 어리석은 일을 하지 않도록 지켜주소서. 하나님의 은혜는 비겁한 자를 용맹한 자로 만든다. 꺼져가는 등불도 주의 뜻이라면 제단의 신령한 불이 되어 타오를 수가 있다. 토끼같이 소심했던 사도들이 성령께서 그들에게 임한 이후에는 사자같이 담대하게 변했다. 이처럼 성령은 나의 두려운 영혼을 변화시켜 용감하게 주님을 고백하며 그의 진리의 증인이 되게 하신다. 주님께서는 그의 친구들이 믿음 없음을 보시고 얼마나 괴로워하셨을까! 이것은 주님의 잔에 있는 하나의 쓰디쓴 성분이었다. 그러나 주님은 그것까지도 모두 다 마셨다. 나는 거기에 단 한 방울도 더 넣기를 원하지 않는다. 만일 내가 나의 주님을 버린다면, 나는 다시 "주를 십자가에 못 박아 현저하게 주를 부끄럽게 하는 것이다"(히 6:6). 오, 복되신 성령이여, 원하기는 이러한 수치스러운 결과로부터 나를 지켜주소서.

174. "여자가 가로되 주여 옳소이다 마는 개들도 제 주인의 상에서 떨어지는 부스러기를 먹나이다"(마 15:27)

이 여자는 불행 중에 있었지만, 그리스도의 위대함을 생각함으로 인하여 위로를 얻었다. 주님께서는 자녀의 떡에 대하여 말씀하셨다. 그녀는 말하였다. "주는 은혜의 식탁의 주인이요 관대하신 주인이심을 알고 있습니다. 그리고 주의 식탁에는 확실히 풍성한 떡이 있습니다. 너무나도 풍성해서 자녀들은 부스러기를 개들에게 던져 줄 것입니다. 그래도 자녀들의 먹는 분량은 조금도 줄지 않을 것입니다." 주님께서 산더미 같은 음식을 식탁에 갖고 있으므로 그녀는 자기가 필요한 모든 것이 그에게는 마치 부스러기와 같은 것으로 생각하였다. 그녀가 진정으로 원했던 것은 자기 딸로부터 악귀를 내쫓아 주는 것을 생각해야 한다. 그것은 그녀에게 있어서는 바랄 수 없을 정도로 큰 것이었다. 그러나 그리스도를 매우 높이 평가하고 있었기 때문에 이렇게 말하였다. "그리스도에게 있어서는 작은 일이다. 그저 부스러기를 던져 주는 것에 불과하다." 이것은 위로의 황금 길이다. 너의 위대한 생각은 단지 죄를 제거하여 절망에서 너를 건지는 것이지만, 그리스도의 위대한 생각은 너를 평화의 "하늘"으로 인도하는 것이다. "나의 죄는 많다. 그러나 그 모든 죄를 제거하는 것은 예수님에게는 작은 일이다. 나의 죄의 무거움은 마치 거인의 발이 벌레를 밟아 죽임 같이 나를 밟으려고 하는 것 같다. 그러나 주님에게는 먼지 하나만도 못하다. 주님께서는 벌써 자신의 몸을 나무에 달려 그 저주를 짊어지셨다. 그러므로 완전히 용서를 받게 됨은 나에게 있어서는 무한의 축복이나, 그것을 주시는 예수님에게 있어서는 극히 작은 것에 불과한 것이다." 그 여자는 영혼의 입을 크게 벌리고 예수님께 큰 것을 기대하였다. 그리고 주님께서는 거기에 응답하여 그의 사랑으로 채워주셨다. 사랑하는 자녀, 당신도 그와 같이 하라. 그녀는 "주여 옳소이다"라고 인정하였지만, 그녀는 주께 의지하여 가혹하다고 생각되는 말씀조차도 붙잡아 호소하였다. 그녀는 주님의 위대하심을 믿었고 그래서 주님을 설득하였다. 그녀는 주님을 믿음으로 말미암아 승리를 얻었다. 그녀의 경우는 믿음이 승리하는 것을 보여주는 본보기이다. 만약 우리가 그녀와 같이 승리를 얻고자 한다면 그녀의 방법을 배워야 한다.

175. "지식에 넘치는 그리스도의 사랑"(엡 3:19)

그리스도의 사랑의 아름다움, 그 충만, 그 위대성, 그 진실성은 인간의 이해를 뛰어넘는다. 인간을 향한 그의 비교할 수 없고 견줄 수 없는 사랑을 묘사할 수 있는 언어를 어디에서 찾을 수 있을까? 그것은 너무나도 광대하고 끝이 없어서 마치 제비가 물 위를 스치지만 물 가운데 깊이 날아 들어갈 수 없는 것처럼 모든 말의 표현은 그 표면만 스칠 뿐이지 측량할 수 없는 깊이는 당연히 그 아래 놓여 있다. 어느 시인이 "오, 사랑이여 당신은 측량할 수 없는 깊은 연못"이라고 노래한 것은 참으로 진실하다. 왜냐하면, 그리스도의 사랑은 실제로 측량할 수도, 잴 수도 없어서 아무도 그 심오함을 깨달을 수가 없다. 예수님의 사랑에 대한 바른 이해를 갖기 위하여 우리가 먼저 알아야 하는 것은 그의 처음의 장엄한 영광의 높이와 이 땅 위에 육신의 옷을 입으신 수치감의 깊이다. 그러나 누가 우리에게 그리스도의 영광의 장엄함을 말할 수 있을까? 지극히 높은 천상의 왕좌의 계실 때 그분은 하나님이셨다. 모든 하늘과 그 가운데 있는 만물은 그분께서 지으신 것이고 그 전능한 손은 우주 전체를 붙드시며, 그룹과 스랍의 찬양의 노래는 끊임없이 그를 둘러싸고 전 우주의 합창은 쉬지 않고 그 왕좌에 넘치고 있었다. 그는 모든 피조물을 다스리시며 만유의 주님으로서 영원히 찬양을 받으실 분이다. 누가 그 영광의 높이를 말할 수 있으리오? 다른 한편으로 그가 어떻게 겸비하셨는지를 말할 수 있겠는가? 오직 사람이 되신 일도 주목할 만한 일인데 슬픔의 사람이 되신 일은 더 주목받을 만한 일이다. 하나님의 아들이신 그분께서 피를 흘리며 고난을 받으시고 죽음을 당하셨다. 그 고난은 비교할 수 없으며 수치의 죽음을 견디셔야 했다. 아버지 하나님에게 버림을 당하신 것이다. 이는 아주 깊은 영감을 받은 사람조차도 아주 헤아릴 수 없는 겸비한 사랑의 깊이가 있는 것이다. 그것은 진실로 "사람의 지각을 넘어서는" 사랑이다! 오, 이 사랑으로 말미암아 우리의 마음을 찬양과 감사함으로 채우사 그 사랑의 능력을 실제로 드러낼 수 있게 하소서.

3월 28일 저녁

176. "내가 너희를 향기로 받고"(겔 20:41)

우리의 구속주의 공로는 지극히 높으신 이에게 아름다운 향기이다. 우리가 그리스도의 능동적인 의에 대하여 말하든지 또는 수동적인 의에 대하여 말하든지 거기에는 똑같이 아름다운 향기가 있다. 능동적인 면에서의 향기는 그가 하나님의 율법을 귀하게 여기신 것이다. 그리고 그는 모든 계명을 그의 인격 위에 깔끔하게 만든 귀중한 보석같이 빛나게 했다. 그 순종도 또한 아름다운 향기이다. 원망하지 않고 순종하며 배고프며 목마름을 참으며 추위와 벌거벗음을 견디어 내셨다. 그는 겟세마네에서 피와 땀방울을 흘리셨고 때리는 자들에게 그의 등을 맡기며 그의 머리를 잡아당기는 자들에게 뺨을 향하며 참혹하게 나무에 매달리셨다. 우리 대신에 하나님의 진노를 받으시기 위하여 고통을 당하셔야 했던 것이다. 이것은 지존하신 자 앞에서 향기이다. 그의 행위와 죽음 때문에 그리고 그가 대신 받았던 고통과 순종 때문에 우리의 주 하나님께서는 우리를 용납하신 것이다. 우리의 비천함을 극복하기 위하여 주님 안에는 얼마나 고귀함이 있었을까? 우리의 악한 냄새를 없애기 위하여 얼마나 아름다운 향기가 있었을까? 우리의 죄를 제거하기 위하여 얼마나 위대한 거룩함의 능력이 그의 피 가운데 있었을까? 그의 의는 우리와 같이 받아들여질 수 없는 자를 하나님의 사랑하시는 아들로 인해 받아들이셨다. 아, 그 가운데는 얼마나 큰 영광이 있었을까? 믿는 자여, 우리는 주 안에서 얼마나 확실하고 변할 수 없는 것으로 받아들여졌다. 당신이 예수님 안에서 용납된 일에 결코 의심을 품지 않도록 주의하라. 그리스도 없이 당신은 용납될 수 없다. 그러나 당신이 그의 공로를 받아들일 때 당신은 거절당하지 않는다. 당신의 모든 의심, 두려움, 죄에도 불구하고 여호와의 자비의 눈은 결코 진노를 가지고 보시지 않으신다. 비록 그는 당신 안에 죄를 보지만 그리스도를 통하여 당신을 보기에 벌써 죄는 없는 것이다. 당신은 항상 그리스도 안에서 용납된다. 항상 아버지 하나님의 마음에는 축복받은 자이다. 그러므로 찬양의 소리를 높여라. 이 밤에 구주의 공로의 향기가 벽옥의 보좌 앞에 올라가는 것을 볼 때 당신의 찬양의 향기도 함께 올려라.

3월 29일 아침

177. "그가 아들이시라도 받으신 고난으로 순종을 배워서"(히 5:8)

우리 주 예수님도 고난을 통하여 완전하게 되셨다고 말하고 있다. 그러므로 죄 많고 완전으로부터 아주 먼 거리에 있는 우리도 고난을 통과하도록 부르심을 받았다는 것은 그리 놀랄 일은 아니다. 머리가 되신 분이 가시관을 쓰셨다면, 그 몸의 지체가 편안하고 우아한 몸짓을 하고 있겠는가? 그리스도께서 자신의 피의 바다를 건너가서 면류관을 얻으셨는데, 우리가 은 슬리퍼를 신고 발을 적시지 않고 "하늘"에 걸어갈 수 있겠는가? 아니다, 주님의 경험은 우리에게 고난이 필요하다는 것을 가르치며 참으로 거듭난 하나님의 자녀가 그것을 피하려고 해서는 안 될 것을 가르친다. 그러나 그리스도께서 "고난으로 말미암아 완전케 되셨다"(히 5:9)는 사실 중에 한 가지 매우 위로가 되는 생각이 있다. 그것은 그가 우리에게 온전한 동정심을 가지셨다는 것이다. "이 대제사장은 우리의 연약함을 체휼치 못하시는 이가 아니요"(히 4:15)라고 말씀하셨다. 이 그리스도의 동정심이 우리를 붙드시는 힘이 된다. 옛날 어떤 순교자는 다음과 같이 말하였다. "나는 이 고난의 모든 것을 견딜 수 있다. 그것은 예수님께서 고난 받으셨기 때문이다. 지금도 그는 내 안에서 고난을 받고 계시고 그는 나를 동정하신다. 그러므로 그것은 나를 강하게 해준다." 주안에 있는 자여, 힘들 때마다 언제나 이 말을 생각하라. 당신이 주의 발자취를 따를 때 예수님에 대한 생각이 당신에게 힘을 주도록 하라. 그의 동정 가운데서 아름답게 기운이 나게 하는 것을 발견하라. 그리고 고난은 명예요, 그리스도를 위한 고난은 영광이라는 것을 깊이 깨달아라. 사도들은 주님을 위하여 고난 받는 것이 가치 있는 것으로 알고 기뻐하였다. 주 하나님께서 우리에게 그리스도를 위하여 고난을 받으며 그리스도와 함께 고난을 받는 은혜를 주시는 만큼이나 주님께서는 우리에게 영예를 주신다. 그리스도인의 보석은 그의 고난이다. 하나님의 기름을 부으신 왕들의 옥패를 증명하는 것은 그들의 어려움과 슬픔과 비통함이다. 그러므로 이 명예를 주실 때 그것을 피하지 않고 선택된 것에 대하여 얼굴을 돌이키는 일이 없도록 하자. 슬픔은 우리를 높이고 고난은 우리를 들어 올린다. "만일 그와 함께 고난을 참으면 그와 함께 왕이 되리라"(cf. 딤후 2:12).

3월 29일 저녁

178. "내가 그를 불러도 응답이 없구나"(아 5:6)

청원하는 자가 문에서 기다리는 것 같이 기도도 때로는 응답이 없을 때가 있다. 그러나 마침내 주님께서 오셔서 구하는 자에게 복으로 채워주신다. 주님은 때때로 우리에게 큰 믿음을 주실 때 오래 기다리게 하시는 것으로 시험하신다. 그는 자기 종들의 소리를 못 들은 척 하신다. 저들은 황금 문을 두드린다. 그러나 그 문은 마치 경첩에 녹이 슨 것 같이 조금도 움직이지 않는다. 선지자 예레미야와 같이 저들은 "당신은 스스로 구름으로 덮으사 기도를 통과하지 못하도록 하셨나이다"(애 3:44)라고 부르짖는다. 이처럼 참 성도는 오랫동안 응답을 기다리면서 인내하며 계속하여 기도한다. 그것은 저들의 기도가 열렬하지 않아서가 아니요, 저들이 용납되지 않아서도 아니다. 주권자이시며 거룩하신 뜻대로 주시는 하나님께서 그것을 기뻐하시기 때문이다. 만일 우리가 인내를 이루어내기를 그가 기뻐하신다면 하나님은 자기 백성에 대하여 그가 원하시는 대로 하시지 않겠는가! 구걸하는 자가 그의 응답의 시간, 장소, 형식을 선택할 수는 없다. 그러나 우리는 응답이 오랫동안 걸린다고 기도가 거절된 것으로 판단하는 일이 없도록 주의해야 한다. 하나님의 장기 어음은 예정된 날짜가 되면 반드시 지급된다. 우리는 응답되지 않은 기도를 가지고 사탄으로 하여금 하나님에 대한 우리의 신뢰를 동요하도록 허락해서는 안 된다. 기도가 응답 되지 않는 것은 기도가 아직 상달되지 않아서가 아니다. 하나님께서는 우리의 기도를 서랍에 보관하고 계신다. 그것들은 바람에 불려가는 것이 아니라 주님의 문고 가운데 귀중하게 보관되어 있다. 모든 기도의 기록이 하늘의 법정 안에 등록되어 있는 것이다. 시험 중에 있는 믿는 자여, 당신의 주님은 눈물의 병을 갖고 깨끗하고 귀한 슬픔의 눈물을 보존하고 계신다. 또한 노트를 준비하시고 당신의 깨끗한 부르짖음을 세신다. 예정의 시간에 당신의 소원은 응답되어 당신은 승리를 얻을 것이다. 그러므로 잠시 동안 인내하지 않으려는가? 주님의 때는 당신의 때보다 더 훌륭하지 않은가? 곧 그는 자비의 얼굴을 보이시며 당신의 영혼에 기쁨이 되어 오랫동안 인내 때문에 슬픔에 잠기었던 것을 제거하시는 한편 당신에게 붉은색의 귀한 천으로 만든 옷을 입혀 주실 것이다.

3월 30일 아침

179. "범죄자 중 하나로 헤아림을 입었음이라"(사 53:12)

어찌하여 예수님께서는 자기가 죄인으로 간주되는 것을 허락하셨는가?

이 놀라운 겸손은 많은 설득력 있는 이유에 의하여 뒷받침되어 진다. 그렇게 함으로써 그분은 죄인의 대언자가 되신 것이다. 어떤 종류의 재판에 있어서 변호사와 피고는 동일시되어 법률적으로 둘은 분리되어 질 수 없다. 이제 죄인이 법정에 끌려 나갈 때 예수님은 자신이 친히 거기에 나오신다. 그는 신문에 대답하기 위하여 서신다. 그는 자신의 옆구리 손과 발을 보이며 자기가 대신한 죄인을 위하여 공의의 규탄에 도전하신다. 자신이 흘리신 피를 가지고 항변하며 스스로 죄인이 되셔서 온전히 변호의 임무를 다 하셔서 재판관이 "저들을 보내라 그가 저들을 구속하셨으므로 이제 구덩이에 내려가지 않게 하라"(욥 33:24)라고 선언하게 하신다. 우리 주 예수님께서는 주인의 마음을 자기 편으로 끌어들이기 위하여 범죄자 중의 하나로 헤아림을 받았다. 그러므로 어느 누가 우리와 같은 리스트에 올려있는 분을 두려워하겠는가? 우리는 확실히 두려움 없이 그에게 가서 자기의 죄를 고백할 수가 있다. 우리와 함께 헤아림을 받은 분이 우리에게 죄를 선고할 수 없다. 그가 죄인의 리스트에 올려 있음은 우리가 성도로서 등록되기 위함이 아니겠는가? 그는 거룩하고 거룩한 자 중에 이름이 기록되었고, 우리는 죄인이요 죄 있는 자중에 헤아려졌다. 그는 자기의 이름을 그 거룩한 리스트에서 이쪽의 어두운 기소 명부로 옮겼고, 한편 우리의 이름은 기소 명부에서 삭제되어 받아들여지는 명부에 기록된 것이다. 여기서 예수님과 그 백성 사이에 완전한 위치의 전환이 이루어졌다. 예수님께서는 우리의 모든 불행과 죄를 취하셨고, 우리에게는 그분이 소유할 모든 것이 주어졌다. 그는 우리에게 그의 의, 그의 피 또한 그가 가진 모든 소유물을 우리의 결혼 지참금으로 주셨다. 주안에 있는 자여, 범죄자 중에 하나로 헤아림을 입은 그분과 당신이 연합된 것을 기뻐하라. 또한, 분명히 "예수 안에 있는 새로운 자들과 헤아림 받는 것"(고후 5:17)으로 인하여 당신이 확실하게 구원받은 일을 증거하라.

3월 30일 저녁

180. "우리가 스스로 행위를 조사하고 여호와께로 돌아가자"(애 3:40)

여행 중에 있는 남편을 사랑하는 아내는 그가 돌아오기를 기다린다. 남편과 오래 떨어져 있다는 것은 그녀의 영혼에 있어서 거의 죽음과 같은 것이다. 구주를 사랑하는 영혼에 있어서도 마찬가지이다. 저들은 주님의 얼굴을 보아야 한다. 주님께서 멀리 떠나 그들과 교제를 하지 않는다면 그들에게는 견딜 수 없는 일이다. 사랑하는 아버지를 노엽게 하는 것을 원치 않는 아이들에게 있어서 아버지의 화난 얼굴이나 질책은 그들을 슬프게 한다. 아이들은 아버지의 웃는 얼굴을 볼 때 행복하기 때문이다. 사랑하는 자여, 당신도 전에는 마찬가지였다. 성경의 한 구절, 질책, 고난의 채찍 때문에 당신은 "왜 나에게 화가 나셨는지 알려주소서"라고 부르짖으면서 아버지 하나님 발밑으로 뛰어왔다. 당신은 지금도 그러한가? 그렇지 않으면 당신은 멀리 떨어져서 예수님을 쫓는 일에 만족하고 있는가? 그리스도와의 사귐이 중단되어 있는데도 놀라지 않고 태연하게 지내고 있는가? 당신이 그와 반대의 방향으로 걷고 있기 때문에 사랑하는 분이 점차 멀어져 가는 것을 견딜 수 있는가? 당신의 죄가 당신과 하나님 사이를 분리시키는데 당신은 마음의 평화를 얻을 수 있겠는가? 나는 사랑의 마음으로 당신에게 경고하고 싶다. 당신이 구주의 얼굴을 보지 않아도 만족하며 살 수 있다는 것은 참으로 슬픈 일이다. 우리를 위하여 죽음의 고통을 당하신 구주님에게 거의 사랑을 갖고 있지 않는 일, 우리의 귀하신 주님께 대하여 거의 기쁨을 갖고 있지 않는 일, 하나님의 사랑하시는 아들과 거의 사귀지 않고 있는 일, 이런 것이 얼마나 악한 것인지 깨닫도록 노력해 보지 않으려는가? 스스로의 완악한 마음을 탄식하며 영혼 가운데 참 사순절을 열어라. 슬픔, 그것으로 그쳐서는 안 된다. 당신이 처음으로 구원받은 장소를 기억하라. 지금 즉시, 십자가로 가라. 거기에서, 단지 거기만이 당신의 영혼을 살게 한다. 아무리 강팍하고 아무리 무감각하고 또 죽어 있어도 누더기를 두르고 가난하고 더러워진 상태에 있더라도 다시 십자가로 가라. 십자가를 꽉 붙들고 주의 얼굴을 바라보며 보혈의 샘에 몸을 담그자. 그러면 우리는 처음 사랑으로 돌아갈 것이다. 다시 한번 단순한 믿음과 사랑하는 마음을 회복할 수가 있을 것이다.

181. "그가 채찍에 맞음으로 우리가 나음을 입었도다"(사 53:5)

빌라도는 주님을 로마 병정에게 내어주어서 채찍으로 때리게 하였다. 당시에 로마의 채찍은 가장 잔혹한 고문을 위해 사용되었다. 그것은 황소가죽으로 만들어서 여기저기 뾰족한 뼈가 넣어져 있어서 채찍질할 때마다 뼈의 날카로운 조각들이 무서운 파열상을 입혀서 뼈로부터 육신의 살을 찢어내게 하는 것이다. 구주는 물론 형틀에 묶여져 이처럼 채찍에 맞으신 것이다. 주님께서는 이전에도 채찍에 맞으신 적이 있었다. 그러나 이 로마군사가 한 것이 제일 견디기가 어려웠을 것이다. 나의 영혼이여, 여기에 서서 채찍에 맞으신 구주의 몸을 위하여 울라. 주안에 있는 자여, 예수님께서 당신 앞에서 번민하는 사랑으로서 있다면 당신의 눈물 없이 예수님을 바라볼 수 있을 있는가? 예수님은 순결한 백합처럼 깨끗하고 그분의 피는 진홍색을 띤 장미처럼 붉다. 예수님께서 채찍에 맞음으로 인하여 우리가 축복된 치유를 입은 것을 확실히 느낄 때 우리에게 사랑과 슬픔이 섞여서 마음이 녹아지지 않는가? 우리가 주님을 많이 사랑하고 있다면 확실히 우리는 마음에서 타오르는 사랑을 느껴야 한다.

"보라 인내하시는 예수님께서 어떻게 서 계신지를,

그는 비천하게 모욕당하셨다네.

죄인들이 전능자의 손을 결박하고,

창조주의 얼굴에 침을 뱉었다네.

주님의 관자놀이는 가시들로 깊이 찔렸고,

모든 곳에서 피가 흘러내렸다네.

등에는 매서운 채찍을 맞았는데,

그 채찍은 주님의 마음을 찢었다네."

우리는 기꺼이 방으로 가서 울고 싶다. 그러나 매일 일상생활에 일이 있다. 그러므로 우리는 우선적으로 보혈을 흘리시는 주님의 거룩한 모습을 하루 종일 마음 깊은 곳에 새겨달라고 기도할 것이다. 그리고 저녁에는 주님과의 사귐을 위하여 돌아와서 우리의 죄 때문에 주님께서 너무나도 큰 대가를 치르셨다는 것을 생각하고 탄식할 것이다.

3월 31일 저녁

182. "아야의 딸 리스바가 굵은 베를 가져다가 자기를 위하여 반석 위에 펴고 곡식 베기 시작할 때부터 하늘에서 비가 시체에 쏟아지기까지 그 시체에 낮에는 공중의 새가 앉지 못하게 하고 밤에는 들짐승이 범하지 못하게 한지라"(삼하 21:10)

죽임을 당한 아들에 대한 한 여인의 사랑이 이렇게도 오랫동안 슬픔의 철야를 계속하였다고 한다면, 우리가 귀하신 주님의 고난을 생각하는 것에 어찌 힘쓰지 않을 수가 있을까? 그 여인은 공중의 새를 쫓아 버리는데, 우리는 자기의 마음의 생각을 더럽히며 묵상의 생각을 더럽히는 세상적이고 죄 깊은 생각들을 자신의 마음에서 쫓아내지 않아도 좋을 것인가? 망상과 잡념의 새여, 떠나가라! 희생의 제물을 더럽히지 말라! 그 여인은 여름의 더위와 밤의 이슬과 비를 맞으며 혼자 집 밖에서 지냈다. 졸음은 그 여인의 눈물 담긴 눈에서 떠나가고 그 여인의 가슴은 슬픔으로 가득하였다. 보라, 그 여인이 어떻게 아이들을 사랑하고 있었는지를 말이다. 리스바는 이렇게 견디었는데, 우리는 작은 어려움이나 시험에 불편해 하여도 괜찮은가? 주님과 함께 고난당하지 못할 만큼 우리는 비겁해도 괜찮은가? 그 여인은 여자의 몸이면서도 용기를 내어 들짐승까지 쫓아버렸다. 우리도 예수님을 위하여 모든 원수와 싸울 준비를 하여야 하지 않겠는가? 이 아이들은 그 여인에게 죽임당한 것이 아니고 다른 사람의 손에 죽임을 당하였다. 그럼에도 그 여인은 울면서 지켰다. 그렇다면 우리의 죄로 말미암아 우리의 주님을 십자가에 못 박은 우리는 과연 어떻게 하는 것이 좋겠는가? 우리의 의무는 끝이 없으며 사랑은 타오르며 회개는 철저해야 한다. 예수님과 함께 깨어있는 것이 우리의 의무요, 그의 영예를 지키는 것이 우리의 사명이다. 또한 그의 십자가 곁에 있는 것이 우리의 위로이어야 한다. 더구나 밤에는 소름끼치는 시체가 리스바를 두렵게 하였을 것이다. 그런데 주님의 십자가 밑에 앉아 있는 우리에게는 싫은 것이 아무것도 없고 마음을 끄는 것뿐이다. 임종의 구주는 살아있는 아름다움보다 더한 극치를 이룬다. 주 예수님이시여, 우리는 주님과 함께하는 파수꾼이다. 그리고 주님은 긍휼로 말미암아 자신을 우리에게 나타내신다. 그때 우리는 베옷을 입고 있는 것이 아니라 왕의 궁전에 앉아 있을 것이다.

4월의 묵상

4월 1일 아침

183. "내가 입 맞추기를 원하니 네 사랑이 포도주보다 나음이로구나"
(아 1:2)

며칠간 우리는 구주의 고난에 대하여 생각하였다. 좀 더 이 부분에 대하여 생각해 보기를 원한다. 새달 첫날에 선택된 신부와 같이 뜨거운 사랑을 가지고 주님을 사모하기를 원한다. 이 여인은 오직 그를 향해 달려간다. 서론의 말도 없이 그의 이름을 부르지도 않고 곧 화제의 중심으로 들어간다. 이 여인은 그에 대해서만 말한다. 이 여인의 마음에는 그가 이 세상에서 하나밖에 없는 사람이다. 이 여인의 사랑은 얼마나 담대한가! 죄를 뉘우치고 우는 여자로 하여금 주님의 발을 향유로 바르도록 허락하심은 매우 겸손한 것이요, 온화한 마리아가 주의 발아래 앉아 말씀 듣기를 허락함은 풍성한 사랑이다. 그러나 여기서는 강렬한 사랑의 마음이 더욱 높아지기를 구하며 보다 깊은 사귐에 들어가기를 열망하고 있다. 에스더는 아하수에로왕 앞에 설 때 떨었다. 그러나 신부는 온전한 사랑 안에서 즐거운 자유 가운데 있을 때 두려움을 모른다. 만일 우리가 그 자유의 영을 받고 있다면 우리도 두려움 없이 같은 것을 구할 수 있다. 여기에서 말하는 '입맞춤'이란 것은 믿는 자가 예수님의 사랑을 기쁨으로 받을 때에 종종 나타나는 애정의 표현이라고 생각한다. 우리가 기뻐하는 화해의 입맞춤은 우리가 회심할 때 경험한다. 그것은 벌집에 매달려 있는 꿀과 같이 달다. 또 풍성한 은혜로 말미암아 주님께서 우리를 받아들인 것을 알듯이, 용납의 입맞춤은 아직도 따뜻하게 우리의 이마에 남아있다. 우리는 영의 사귐을 통한 입맞춤을 매일 받으며 또한 날마다 반복되기를 열망한다. 그리고 그것은 이 땅에서 영혼을 취하시는 환영의 입맞춤으로 변하며 최후에는 "하늘"의 기쁨을 채우는 완성의 입맞춤이다. 믿음은 우리의 걸음이지만 친밀한 사귐은 우리의 휴식이 된다. 믿음은 우리가 걷는 것이나, 예수님과의 사귐은 나그네가 목마를 때 물을 마시게 하는 우물과 같다. 오, 우리 영혼의 연인이여, 나를 멸시치 마시고 당신님의 복된 입술을 구하는 우리의 입술 위에 입을 맞춰 주소서. 당신님의 충만한 입술을 우리가 필요로 하는 그 입술 위에 입 맞추소서. 그러면 우리는 즉시 기쁨으로 충만할 것입니다.

4월 1일 저녁

184. "지금이 곧 여호와를 찾을 때니"(호 10:12)

사월(April)이란 말은 라틴어의 "열린다"(aperio)라는 의미의 동사로부터 온 것이라고 한다. 왜냐하면 모든 봉우리와 모든 꽃은 이제 열리려고 하며 우리는 꽃의 계절에 문턱에 있기 때문이다. 친구여, 만일 당신이 아직 구원되어 있지 않다면, 이 만물이 눈뜨는 계절에 당신의 마음이 열려 주님을 받아들일 수 있도록 권고한다. 피어 있는 꽃은 모두 "지금이 여호와를 찾을 때"라고 당신에게 경고하고 있다. 자연을 거스르는 그러한 일을 해서는 안 된다. 당신의 마음에 거룩한 소원의 꽃을 피워라. 당신은 뜨거운 청춘의 피가 당신의 혈관 속에서 약동하고 있는가? 그렇다면 그 에너지를 주님께 드리기를 나는 간청한다. 내가 인생의 초기에 부르심을 받은 것은 나에게 있어서 붓과 종이로는 표현할 수 없는 행복이었다. 그러므로 나는 매일 기쁨으로 주님을 찬양한다. 구원은 값 주고 살 수가 없는 것이다. 구원이 올 때 오게 하라. 오, 인생의 초기에 구원이 온다면 이것은 이중으로 귀한 것이다. 젊은 남녀들이여, 당신은 전성기에 도달하기 전에 세상을 떠날지도 모른다. 그러므로 지금이 주님을 찾을 때이다. 처음으로 늙어가는 느낌이 들 때에, 당신의 보조를 빠르게 하라. 홍통과 발열은 당신에게 가볍게 생각하지 말라는 경고이다. 참으로 당신에게 있어서는 "지금이 주님을 찾을 때이다." 일찍이 아름다웠던 당신의 검은 머리카락에 지금 여러 갈래의 하얀 머리카락이 섞여 보이지 않는가? 연수는 빠른 속도로 달려오고 죽음 또한 빠르게 행진하며 가까이 다가오고 있다. 매년 봄이 찾아올 때마다 당신은 당신의 집을 깨끗이 정리하려는 생각이 일어난다. 사랑하는 자여, 만약 당신이 지금 노년이라면 나는 당신에게 더는 지체하지 말라고 간청하고 애원한다. 지금은 당신에게 은혜의 때이다. 이것에 감사하라. 그러나 그것은 한정된 때요, 시계의 소리와 함께 점점 더 짧아지게 된다. 이 고요한 방 안에서 이달의 첫날밤에 나는 하나님의 종으로서 내 영혼의 가장 깊은 곳에서 당신에게 종이와 잉크를 사용하여 경고한다. "지금은 주님을 찾을 때이다." 그러므로 이 말을 가볍게 여기지 말라. 이것은 당신을 파멸로부터 구원하려는 최후의 부르심이요, 은혜의 입술로부터의 최후의 말일지도 모른다.

4월 2일 아침

185. "한 마디도 대답지 아니하시니"(마 27:14)

예수님은 남을 축복하실 때 결코 말을 아끼지 않으셨는데 자기 자신을 위해서는 한 마디의 변호도 하지 않으셨다. "이 사람의 말하는 것처럼 말한 자는 이때까지 없었습니다"(요 7:46). 그리고 그와 같이 침묵을 지킨 자도 없었다. 이 놀라운 침묵은 그분의 온전한 자기희생을 보이는 것이 아닐까? 그는 자신의 생명을 우리를 위하여 제물로 내놓으신 것이다. 그러므로 그분께서 죽음을 피하려고 변명의 말을 하시겠는가? 그분은 온전히 자기 자신을 내놓으셨기 때문에 자기를 위해서는 아무리 작은 일이라도 하지 않으려고 하신 것이다. 무저항의 원망 없는 희생으로 결박되어 죽임을 당하시려고 하신 것이다. 이 침묵이 변호할 여지가 없는 무죄라는 것을 말해주는 것이 아니겠는가? 그러므로 죄의 모든 무게를 지신 그는 말없이 재판관 앞에 서셨다. 인내 깊은 침묵은 다툼을 좋아하는 이 세상에서는 최상의 대답이 아니겠는가? 조용한 인내는 어떤 끝이 없는 문제 있어서 당당한 웅변보다도 더욱 나은 결정적인 답이 된다. 초대 기독교를 위한 최상의 변증자는 순교자들이었다. 철침은 참고 견딤으로써 많은 쇠를 깨뜨린다. 침묵의 하나님의 어린 양은 우리에게 얼마나 위대한 지혜의 모범을 보이지 않는가? 모인 무리가 다 입을 모아서 하나님을 모독하는 경우에 우리는 그 죄의 불길에서 더 타라고 지푸라기를 던지지 않는 것이 우리의 의무이다. 애매한 것, 허위, 무가치하고 비천한 것은 오래지 않아서 스스로 멸망할 것이다. 그러므로 진실한 자는 고요하게 침묵을 지키는 것이 지혜로운 일이다. 분명히 주님께서는 침묵을 지키심으로 말미암아 예언의 놀랄만한 성취를 가져오셨다. 자기를 위한 장황한 변호는 이사야의 "도살장으로 끌려가는 어린양같이 또한 털 깎는 자 앞에 입을 열지 않는 양같이 침묵하셨다"(사 53:7)라는 예언과 반대가 된다. 침묵을 지킬 힘으로 말미암아 주님께서는 하나님의 참 어린양이라는 것을 결정적으로 증명하셨다. 오늘 아침에 그를 영접하지 않으려는가. 주여, 우리와 함께하셔서 우리의 마음의 침묵 속에서 당신님의 사랑의 음성을 듣게 하소서.

4월 2일 저녁

186. "그가 그 씨를 보게 되며 그 날은 길 것이요 또 그의 손으로 여호와의 뜻을 성취하리로다"(사 53:10)

주를 사랑하는 모든 자여, 오늘 이 구절의 약속이 빨리 성취되기를 탄원하라. 우리의 소원이 하나님의 약속에 기초를 두고 있는 경우에는 기도하기가 쉽다. 약속을 주신 주님께서 어떻게 약속하신 일을 지키는 것에 거절할 수 있겠는가? 변할 수 없는 진실이 거짓에 의하여 품위를 떨어뜨릴 수 없으며 영원한 성실하심을 무시함으로 인해 타락하는 일은 없다. 하나님은 독생자를 축복하지 않을 수가 없다. 그분의 언약이 그것을 묶어 놓았기 때문이다. 성령께서 우리를 독촉하여 예수님에게 구하는 것은 하나님께서 예수님께 주시고자 정하신 것이다. 당신이 그리스도의 나라를 위하여 기도할 때 항상 당신의 눈으로 가까워져 오는 축복의 날의 여명을 보라. 그때 십자가에 못 박히신 분이 사람들이 거절했던 그곳에서 왕관을 받으실 것이다. 기도하면서 사역을 하고 그리스도를 위하여 수고하면서도 거의 이렇다 할 만큼 성과를 올리지 못하는 자여, 용기를 내어라. 항상 그렇지는 않을 것이다. 이미 당신의 눈앞에 좋은 때가 오고 있다. 당신의 눈은 축복에 가득 찬 미래를 볼 수가 없다. 그러나 믿음의 망원경을 빌려서 의욕이라는 당신의 렌즈의 흐린 것을 닦아 버리고 자세히 보라. 그리고 장차 올 영광을 바라보라. 친구여, 이 일을 위하여 당신은 계속 기도하고 있는가? 또 다음 일을 기억하라. 그리스도는 우리에게 "우리들의 일용할 양식을 오늘도 주옵시고"(마 6:11)라고 기도하게 하셨는데, 그보다 먼저 "이름을 거룩하게 하옵시고 나라가 임하옵시며 뜻이 하늘에서 이루어진 것 같이 땅에서도 이루어지이다"(마 6:9-10)라고 기도할 것을 말씀하셨다. 당신은 당신 자신의 죄, 당신의 결핍, 당신의 허물, 당신의 시험에 대하여 기도하는 것으로 제한해서는 안 된다. 반면에 당신의 기도로 하여금 별을 뿌린 사닥다리를 올려서 그리스도 자신에 가깝게 가라. 그리고 당신이 피로 물들인 은혜의 보좌에 가까이 갈 때 "주여 당신님의 아드님의 나라를 확장시키소서"라고 끊임없이 기도하라. 열렬하게 올리는 그런 기도는 당신의 헌신의 영을 높일 것이다. 주의 영광을 촉진하기 위하여 노력하는 것은 당신의 기도의 진실성을 확증한다는 것을 기억하라.

4월 3일 아침

187. "예수님께서는 십자가에 못 박히게 저희에게 넘겨주니라"
(요 19:16)

그분은 밤새도록 고난 중에 있다가 미명의 가야바의 관제를 나와 빌라도에게 보내줬고, 빌라도에게서 헤롯에게, 헤롯에게서 다시 빌라도에게 넘겨졌다. 따라서 주님의 몸은 극도로 약해졌고 어떤 음식도 휴식도 허락되지 않았다. 저들은 피에 주리고 목말랐기 때문에 예수를 죽이기 위하여 십자가를 지게 하고 끌고 나갔다. 아, 마음 아픈 행진이여! 평화의 딸들이 슬피 우는 것도 당연하다. 나의 영혼이여 너도 울라. 귀하신 주님께서 끌려가는 것을 보고 우리는 무엇을 배울 수 있겠는가? 우리는 옛 산양에 의한 예시된 진리를 인식하겠는가? 즉 제사장이 산양을 끌고 와서 그 머리에 손을 얹고 백성의 죄를 고백하고 그것에 의하여 그 죄를 산양에게 전가해서 백성의 죄를 없애는 전통이 있지 않는가? 그리고 미리 정해둔 사람이 산양을 광야로 인도하여 백성의 죄를 지워서 보내는 것이다. 그래서 죄를 찾으려고 해도 이렇게 죄는 행방을 모르게 되는 것이다. 그와 같이 예수님께서도 제사장과 재판관 앞에 끌려나와 그들에 의하여 죄인이라고 선고받았다. 하나님께서 우리의 죄를 예수님께 전가한 것이다. "주는 우리의 모든 죄악을 그 위에 담당시키셨도다"(사 53:6). "하나님이 우리의 죄를 위하여 죄를 알지도 못하시는 분을 죄로 정하셨다"(고후 5:21). 즉 예수님은 우리의 죄를 대신하여 그 어깨에 십자가를 지심으로 말미암아 우리의 죄를 지신 것이다. 대속의 커다란 산양은 이와 같이 관원에 의해 끌려갔다. 사랑하는 자여, 당신은 예수님께서 당신의 죄를 대신하여 짊어지신 것을 확신하는가? 당신이 주님의 어깨의 십자가를 볼 때 그것이 당신의 죄를 대신하는 것으로 생각하는가? 당신의 죄가 사라졌는지 아닌지를 알 수 있는 방법은 오직 하나뿐이다. 당신은 손을 그분의 머리에 두고 당신의 죄를 고백하며 그분에게 맡겼는가? 그렇게 할 때 당신의 죄는 그리스도에게 전가되어 이제는 당신에게서 제거되었다. 그리고 주님께서는 그것을 십자가보다도 중한 짐으로써 어깨에 지신 것이다. 당신은 자신의 구원을 기뻐하기까지 이 그림을 잃지 않도록 해라. 그리고 더욱 당신의 죄악을 짊어지신 사랑의 구속주를 찬양하라.

4월 3일 저녁

188. "우리는 다 양 같아서 그릇 행하여 각기 제 길로 갔거늘 여호와께서는 우리 무리의 죄악을 그에게 담당시키셨도다"(사 53:6)

이것은 하나님의 모든 선택된 백성에게 공통되는 죄의 고백이다. 우리는 모두 다 타락했다. 따라서 저들은 최초의 "하늘"에 들어간 자로부터 최후에 들어가는 자까지 모두 다 한입으로 "우리는 다 양 같아서 그릇 행하여"라고 말하는 것이다. 이 고백은 지금 말한 것 같이 보편적이지만 또한 독특하고 개별적이다. "각기 제 길로 갔거늘," 우리는 다 개인적으로 특별한 죄를 갖고 있다. 모든 사람이 다 죄인이다. 그러나 각자에게는 남에게 없는 특별한 악을 갖고 있다. 진정한 회개의 특징은 그는 다른 회개한 사람들과 자연적으로 친구가 되지만 또한 자기주장으로 돌아간다는 것이다. "각기 제 길로 갔거늘"이라는 것은 각자가 자기에게 준 빛에 대항하여 죄를 범하였다. 다시 말하면 남에게는 인식되지 않은 악을 행하였다는 고백이다. 이 고백은 무조건적이다. 그 힘을 약하게 하는 말과 변명의 말이 하나도 없다. 이 고백은 스스로 의롭다는 하는 모든 청원에 대한 포기이다. 그것은 죄를 양심적으로 의식하고 있는 사람들의 선언이다. 그 죄란 미워하는 죄라든지 변호할 여지가 없는 죄를 의미한다. 그들은 그들이 반항의 무기를 모두 때려 부수고 부르짖는다. "우리는 다 양 같아서 그릇 행하여 각기 제 길로 갔거늘"이라고 말이다. 그러나 이 죄의 고백에서 우리는 비통한 통곡은 듣지 못한다. 왜냐하면, 여기에 계속되는 구절은 이 죄의 고백을 거의 노래와 같이 나타내고 있기 때문이다. "주는 우리 모든 자의 죄악을 그에게 담당시키셨다." 이것은 세 개의 구절 중에서 가장 비통한 구절이지만, 한편으로는 위로가 넘치고 있다. 그리고 이상하게도 불행이 극도로 치닫는 곳에서 자비를 주장한다. 또한, 슬픔이 극도로 치솟는 곳에서 지친 영혼의 휴식을 발견한다. 상함을 받으신 주님께서는 상한 마음을 치유하신다. 보라, 겸손하여 회개하는 자가 오직 십자가상의 그리스도를 바라봄으로써 어떻게 흔들리지 않는 확신을 갖게 되는지를 말이다.

189. "하나님이 죄를 알지도 못하신 이를 우리를 대신하여 죄를 삼으신 것은 우리로 하여금 그 안에서 하나님의 의가 되게 하려 하심이라" (고후 5:21)

슬퍼하는 그리스도인이여, 왜 울고 있는가? 당신은 스스로의 부패성에 대해 탄식하고 있는가? 그러나 당신이 완전하신 주님을 바라보고, 당신은 주님 안에서 완성된 자임을 기억하라. 하나님의 눈으로 보면 당신은 한 번도 죄를 짓지 않은 것처럼 완전하다. 아니 그뿐 아니라 우리의 의가 되시는 주님께서 당신에게 의의 예복을 입히셨다. 그러므로 당신은 사람의 의보다 그 이상의 것, 즉 하나님의 의를 가지고 있는 것이다! 오, 타고난 죄성과 부패로 슬퍼하는 자여, 어떠한 당신의 죄도 당신을 비난하지 않는다는 것을 기억하라. 당신은 죄를 미워하는 것을 아는 것과 동시에 당신의 죄는 이제 당신의 것이 아니라 그것은 그리스도의 머리에 놓여졌다는 것을 안다. 당신은 스스로 서 있는 것이 아니라 그리스도 안에서 서 있는 것이다. 자기의 힘으로 받아들여진 것이 아니라 주 안에서 받아들여진 것이다. 당신은 모든 더러움이 제거되어 보좌 앞에 설 때와 마찬가지로 오늘도 당신의 죄성과 함께 하나님에게 의로서 받아들여진다. 오, 당신에게 간청한다. "그리스도에게 있어서 완전"(cf. 골 2:10)이라는 이 귀중한 사상을 붙잡아라! 왜냐하면, 당신은 그 안에서 완전하기 때문이다. 구주의 옷을 입고 있는 당신은 구주와 같이 거룩하다. "누가 우리를 정죄하리요 그리스도 예수님께서는 죽으시고 또한 부활하사 하나님 보좌 우편에 앉아계셔서 우리를 위하여 간구 하시는 것이다"(롬 8:34). 주 안에 있는 자여, 마음에 기쁨을 가져라. 왜냐하면 "사랑하는 아들로 말미암아 거저 주셨는데"(엡 1:6) 무엇을 두려워하겠는가? 항상 웃음을 머금고 주께 가까이 살며 하늘도성의 외곽에서 살라. 잠시 후 때가 오면 당신은 예수님께서 앉아 계신 곳으로 올리어져 승리의 주님께서 아버지 하나님 우편에 앉으신 것 같이 예수님의 우편에 앉아 함께 통치할 것이다. 이것은 다 하나님께서 "우리의 죄를 위하여 죄를 알지도 못 하시는 분을 죄로 삼으셨기 때문이며, 그것은 우리로 하여 그분 안에서 하나님의 의로 삼기 위하심이다."

4월 4일 저녁

190. "오라 우리가 여호와의 산에 오르며"(사 2:3)

우리의 영혼에 있어서 이 현재의 악의 세상을 떠나서 더욱 숭고하고 보다 나은 것에 오르는 일은 매우 유익한 일이다. 이 세상에 염려와 부의 현혹은 자칫하면 우리 안에 있는 모든 선한 것을 질식하게 만들며 그 때문에 우리는 짜증내며 낙담하고, 또 교만하여지며 육적인 것을 탐하게 된다. 우리가 이것들의 가시와 찔레를 베어내는 것은 좋은 일이다. 왜냐하면, 이런 것들이 있으면 "하늘"의 뿌려진 씨가 좋은 수확을 얻을 수 없기 때문이다. 그것들을 베어 버리고 하나님과 "하늘"의 것들과 사귐을 갖는 것보다 어디에서 좋은 낙을 찾으려고 하는가? 스위스 계곡에 사는 많은 사람들은 병들어 있다. 그것은 공기가 막혀있고 나쁜 공기로 더럽혀 있기 때문이다. 그러나 다른 쪽인 산 위에는 강건한 종족이 살고 있다. 저들은 알프스 산장의 눈으로부터 불어오는 깨끗하고 신선한 공기를 호흡하기 때문이다. 만일 골짜기의 주민들이 때때로 저들이 사는 안개에 갇힌 습지대를 떠나 산으로 올라가 상쾌한 공기를 들이킬 수 있다면 저들에게 좋은 일이다. 나는 이 저녁에 당신을 이러한 등산에 초대한다. 원하기는, 성령께서 우리를 도와서 두려움의 안개, 근심의 독기, 땅의 골짜기에 모여 아프게 하는 모든 공기를 떠나서 기쁨과 축복의 산에 오르게 하시기를 바란다. 부디 성령께서 이 낮은 곳에서 우리를 묶고 있는 줄을 끊어

버리고 우리가 산에 오를 수 있도록 도와주기를 바란다! 우리는 너무나도 종종 바위에 붙어서 쇠줄에 묶여있는 독수리와 같이 앉아있다. 다만 독수리와 다른 것은, 우리는 언젠가 쇠줄을 사랑하게 되어, 만약 실제로 믿음을 시험받게 될 때 오히려 쇠줄이 끊기는 것을 아주 싫어하게 될 것이라는 사실이다. 하나님께서 우리에게 은혜를 베푸사 비록 우리가 육체에서는 쇠줄에서 떠날 수가 없을지라도 영혼은 쇠줄에서 떠나 자유롭게 되기를 바란다. 아브라함이 이삭을 제물로 바치라는 부르심을 받았을 때, 그가 자기 종은 산 아래 남겨두었듯이, 우리도 육체는 산 아래 남겨두고 우리의 영혼은 산꼭대기에 올라갈 수 있도록 하자. 거기서 지극히 높으신 하나님과 교제하며 즐거워 할 수 있게 되기를 바란다.

4월 5일 아침

191. "시몬에게 십자가를 지워 예수를 쫓게 하더라"(눅 23:26)

우리는 십자가를 진 시몬에게서 역대 교회의 사역을 본다. 교회는 예수님을 본받아 십자가를 진다. 주안에 있는 자여, 예수님께서 당신의 고통을 가져가시기 위해 고난 받으신 것이 아님을 기억하라. 예수님께서 십자가를 진 것은 당신이 십자가를 피하게 함이 아니고 오히려 당신으로 하여금 그것을 인내할 수 있게 하기 위한 것이다. 그리스도는 당신을 죄에서 면제한다. 그러나 슬픔에서 면제하는 것은 아니다. 이것을 마음에 두고 고난이 있을 것을 생각해야 한다. 그러나 우리의 경우에 시몬과 같이 자기의 십자가는 아니고 그리스도의 십자가를 지는 것을 기억하고 스스로를 위로하자. 당신이 경건함 때문에 괴롭힘을 당하고 종교 때문에 조롱거리가 될지라도 그것은 당신의 십자가가 아니고 그리스도의 십자가인 것을 기억하라. 주 예수님의 십자가를 진다는 것은 얼마나 기쁜 일인가!

당신은 주님을 뒤따라서 십자가를 옮기고 있는 것이다. 당신에게는 훌륭한 길동무가 있다. 걷는 길에는 주님의 발자취가 표시되어 있다. 주님의 어깨의 피처럼 붉은 자국이 그 무거운 짐 위에 있다. 그것은 주님의 십자가이다. 목자가 그의 양보다 앞서가는 것처럼 주님은 당신을 앞서 가신다. 매일 십자가를 지고 주님을 따르라.

당신은 주님과 함께 이 십자가를 매고 있다는 것을 잊어서는 안 된다. 어떤 사람들의 말로는 시몬은 혼자서 십자가를 짊어지고 있었던 것이 아니고 그 십자가의 한 끝을 매고 있었다고 말한다. 매우 가능한 이야기다. 그리스도는 무거운 부분을 짊어지고 시몬은 가벼운 다른 끝을 진 것이다. 당신의 경우도 확실히 그러하다. 당신은 다만 십자가의 가벼운 쪽을 질뿐이지만, 무거운 쪽은 그리스도께서 짊어지시는 것이다.

더욱 기억하고 싶은 것은 시몬이 십자가를 진 것은 극히 잠깐 사이지만, 그것 때문에 불후의 명예를 얻은 것이다. 우리의 경우 십자가를 진다는 것은 극히 잠시뿐이지만 그 후에는 영원한 영광의 면류관을 받는 것이다. 그러므로 확실히 두려움 없이 십자가를 사모하여 그것이 "영원한 영광을 넘칠 만큼 얻게 될 것을"(고후 4:17) 생각하고 십자가 지는 것을 매우 값지게 생각해야 한다.

4월 5일 저녁

192. "겸손은 존귀의 앞잡이니라"(잠 15:33)

영혼의 겸손은 항상 축복을 가져온다. 만일 자기의 마음을 비우면 하나님은 자기의 사랑으로 우리의 마음을 채워주신다. 그리스도와 밀접한 사귐을 원하는 자는 "내가 돌보는 사람은 이렇다. 즉, 겸손하여 회개하며 나의 말에 떠는 자"(사 66:2)라는 주님의 말씀을 생각하는 것이 좋다. 만일 하늘에 오르려고 한다면 먼저 몸을 굽혀라. 예수님께서는 "올라가기 위하여 내려오셨다"라고 우리에게 말씀하시지 않았던가? 그렇다면 당신도 그렇게 해야 한다. 위로 성장하기를 원한다면 우선 아래로 향하여 뿌리를 펴야 한다. 왜냐하면 하늘의 감미로운 사귐은 오직 겸손한 영만이 가질 수 있기 때문에 하나님은 철저히 겸손한 영에 대하여 어떠한 축복도 거절치 않으신다. "마음이 가난한 자는 복이 있나니, 천국이 그의 것이다"(마 5:3). "하늘"에 있는 부요와 보화는 모두 그의 것이다. 하나님의 모든 보화는 그것을 받음으로써 교만하게 되는 일이 없이 충분히 겸손한 영혼에 선물로 주어지게 된다. 그리고 그렇게 하는 것이 안전하다고 생각하시면 하나님은 우리에게 충만한 분량이 되기까지 축복하신다. 만일 당신이 축복을 얻지 못하면 그것은 축복을 받는 일이 당신에게 있어서 안전한 것이 아니기 때문이다. 하나님 아버지께서 당신의 겸허하지 않고 교만한 영혼에 그의 거룩한 싸움에서 승리를 주셨다면 당신은 그 영광을 자신의 것으로 도둑질한 것과 같다. 그래서 새로운 적을 만날 때 그 미끼가 되어 버릴 것이다. 당신은 당신 자신의 안전을 위하여 낮아져야 한다. 사람이 참으로 겸손하고 사람의 칭찬에 결코 귀를 기울이지 않는다면 하나님은 어떤 일이든지 무제한으로 당신에게 해 주실 것이다. 겸손은 우리에게 은혜를 풍성하게 하시는 하나님의 축복을 받기에 적합한 자로 만들어 주며 또한 우리의 동역자들과 효과적으로 함께 일할 수 있도록 준비시켜 준다. 진정한 겸손은 어떤 화원에도 장식할 수 있는 꽃이다. 이것은 인생의 어떤 요리에도 맛을 내는 소스요, 그것 때문에 모든 경우에 현저하게 개선을 할 수가 있다. 기도에도, 찬양에도, 일하는데도, 고난에도 어떠한 경우에든지, 겸손의 소금은 아무리 사용해도 과다한 법이 절대 없다.

4월 6일 아침

193. "그런즉 우리는 그 능욕을 지고 영문 밖으로 그에게 나아가자"
(히 13:13)

우리 주 예수님께서는 십자가를 지고 고난을 당하기 위하여 영문 밖으로 가셨다. 그리스도인이 세상의 죄와 종교의 영문 밖으로 나가는 이유는 고립된 삶을 사랑하기 때문이 아니라 예수님께서 그와 같이 하셨기에, 그래서 그의 제자들도 주님을 따라가야 하기 때문이다. 그리스도는 "세상에 속하지 않았다"(요 17:14). 그의 삶을 통하여 또는 그 증거에 의하여 주님은 세상과 타협하는 것을 항상 반대하였다. 당신은 예수님처럼 사람에게 애정이 넘치는 분을 발견하지 못한다. 그러나 예수님은 죄인에게서 성별되어 있다. 같은 의미에서 주의 백성은 "주님에게 나아가야 한다." 영문 밖에 머물러 진리의 증인이 되어야 한다. 똑바르고 좁은 길을 걸어갈 각오가 있어야 한다. 그들은 담대하게 움츠리지 않는 사자와 같은 마음을 갖고 먼저 그리스도를 사랑하며 다음으로는 그리스도의 진리를 사랑하고 그리스도와 그 진리를 세상 모든 것보다 더욱 귀한 것으로 여겨야 한다. 백성이 영문 밖으로 나가는 것을 주님께서 원하심은 그들이 성화되게 하기 위함이다. 세상과 타협하고 있는 한 당신은 은혜 가운데 성장할 수 없다. 구별된 삶을 산다는 것은 슬픔의 길이 될 수도 있다. 그러나 그것은 안전으로 가는 빠른 길이다. 그리고 구별된 삶은 당신에게 많은 고통을 주어 날마다 싸움이 있을 수도 있다. 그러나 결국 그것은 행복한 삶이다. 그리스도의 군사에게 있어 그보다 더 좋은 기쁨은 없다. 예수님께서는 그 군사에게 깊은 긍휼로 자신을 나타내시고 힘을 주시기 때문에, 저들은 매일매일 싸움 중에 있으면서도 다른 사람들이 휴식하고 있는 것보다 고요함과 평안을 몸에 배어있음을 느낀다. 거룩함으로 가는 빠른 길은 주님과의 영적인 교제이다. 이렇게 하여 만일 우리가 은혜로 말미암아 충실히 "영문 밖에까지" 그리스도를 따라갈 수 있다면 우리는 면류관을 얻을 소망을 갖게 된다. 영광의 면류관은 성별의 십자가의 삶을 통하여 따라올 것이다. 한때의 치욕은 영원한 명예로 풍성하게 되갚아지며, 이제 잠시 동안의 증거의 때는 "영원히 주와 함께할 때"(살전 4:17)와 비교하면 아무것도 아닌 것이다.

4월 6일 저녁

194. "내가 여호와의 이름으로 저희를 끊으리로다"(시 118:12)

우리 주 예수님께서는 그의 죽음으로 말미암아 우리의 권리의 일부분을 산 것이 아니라 우리 전부를 구속하셨다. 그리스도의 십자가의 고난과 죽음 속에서 그는 우리의 영혼과 육신의 모든 부분을 거룩하게 하시려고 생각하셨다. 즉 그 자신이 유일한 임금으로서 이 삼중의 왕국을 지배하고자 하셨다. 거듭난 사람은 의무는 주 예수 그리스도의 권리를 옹호하는 일이다. 나의 영혼이여, 네가 하나님의 자녀라면 그리스도에게 아직 순종하지 않은 당신의 각 부분을 정복해야 한다. 또 당신의 모든 힘과 감정을 긍휼이 많으신 예수님의 통치의 권위에 순복해야 한다. 당신을 값 주고 산 일로 말미암아 왕이 되신 분이 은혜의 대관식에 의해서도 왕이 되시며 당신의 삶에 절대적인 통치를 하실 때까지 결코 만족해서는 안 된다. 죄는 더 이상 우리의 어떤 부분에도 권리를 갖고 있지 않으므로 하나님의 이름에 의해 죄를 내쫓으려고 할 때, 우리는 이미 승리를 약속한 싸움을 하는 것이다. 오, 나의 육체여, 너는 그리스도의 지체이다. 너는 어둠의 권세에 복종하는 것을 참을 수 있는가? 나의 영혼이여, 그리스도는 너의 죄 때문에 고난을 당하셨고 너를 그의 보배로운 피값으로 구속하셨다. 영혼이여, 너의 기억이 악의 창고가 되며 너의 열정이 죄악의 햇불이 되는 것을 허락할 수 있겠는가? 잘못된 생각으로 삐뚤어진 너의 판단과 죄의 사슬에 묶여버린 너의 의지를 포기할 수 있겠는가? 아니, 나의 영혼이여, 너는 그리스도의 것이요, 죄는 너에게 어떠한 권리를 가지지 못한다. 오 그리스도인이여, 담대하라! 당신은 영적 원수를 절대로 물리칠 수가 없다면서 낙심해서는 안 된다. 당신은 이 원수들을 자신의 힘으로서가 아니라 오직 어린양의 피로 말미암아 정복할 수가 있다. 가장 힘이 약한 원수라 할지라도 당신의 힘으로는 부족하다. "어떻게 저들을 처리할 수 있을까? 저들은 나보다도 훨씬 크고 힘이 세다"라고 말해서는 안 된다. 그러나 강한 자에게 가서 힘을 얻고 겸손히 하나님을 기다려라. 야곱의 전능하신 하나님은 반드시 너를 도우러 오실 것이다. 그러면 당신은 그의 은혜로 말미암아 승리의 노래를 부를 것이다.

195. "인생들아 어느 때까지 나의 영광을 변하여 욕되게 하려는가?"
(시 4:2)

어떤 저명한 저술가는 눈먼 이스라엘이 오랫동안 기다렸던 저들의 왕에게 주었던 명예스러운 슬픈 목록을 다음과 같이 작성하였다.

1. 저들은 그에게 명예의 행렬을 주었다. 거기에는 로마의 군졸, 유대의 제사장을 비롯하여 남녀의 무리가 참석했고, 주님은 자신의 십자가를 지셨다. 이것은 인류의 대적을 물리치기 위하여 오신 주님께 이 세상이 준 업적이었다. 조롱의 부르짖음이 그분에 대한 환호였고 잔혹한 비난이 그에 대한 갈채였다.

2. 저들은 그에게 명예에 축배를 주었다. 아름다운 술을 담은 금잔 대신에 죄인에게 죽음의 고통을 마비시키도록 하는 것을 주님께 드렸지만, 죽음의 고통을 아무 방해 없이 맛보시려는 예수님께서는 이것을 거절하였다. 그 후에 주님께서 "나는 목마르다"(요 19:28)고 부르짖을 때 저들은 신포도주를 해융에 담가 주님의 입에 가져다 대었다. 이것은 그 얼마나 왕의 아들에 대한 비열하고 가증스러운 냉대가 아니었던가.

3. 그에게는 명예의 호위병이 시종하였다. 저들은 주님의 옷을 약탈하여 제비를 뽑아 그것을 나눔으로써 그들의 경의를 보였다. 하늘에 있어 영광 받아야 할 분의 호위병들이 이렇게 야비한 도박꾼이었다.

4. 그의 명예의 보좌는 피에 물들은 나무였다. 반역의 무리들은 그 임금에게 이것보다 편안한 휴식의 장소를 주려고 하지 않았다. 실로 십자가는 주님께 대한 세상의 감정을 잘 나타내고 있다. 세상은 이렇게 말할 것이다. "너 하나님의 아들이여, 만일 우리가 하나님을 붙잡을 수 있다면 이와 같이 당하게 할 것이다."

5. 명예의 칭호는 이름뿐인 "유대인의 왕"이라고 하였지만, 실제로 어리석은 백성은 주님을 분명히 거부하고 그분보다 바나바를 좋아하여 주님을 두 강도 사이의 가장 수치스러운 자리에 배치하고는 소위 "도둑의 왕"이라고 부른 셈이다. 이렇게 그의 영광은 인간들에 의하여 온갖 치욕으로 변하였다. 그러나 그것은 그럼에도 불구하고 성도들과 천사들과 끝이 없는 세계의 눈에는 아직도 기쁘게 하는 것이다.

4월 7일 저녁

196. "하나님이여 나의 구원의 하나님이여 피 흘린 죄에서 나를 건지소서 내 혀가 주의 의를 높이 노래하리이다"(시 51:14)

이 엄숙한 고백에 있어서, 다윗이 분명히 자신의 죄의 이름들을 고백하는 것을 보는 것은 좋은 일이다. 그는 그 죄를 계획함이 없이 죽인 것이라고 말하지 않고 경솔함으로 인해 생긴 불행한 사고가 훌륭한 인간의 죽음을 초래했다고도 말하지 않으며, 피 흘린 죄라는 참 이름을 부르고 있다. 그는 직접 밧세바의 남편을 죽인 것은 아니었다. 그러나 다윗의 마음에는 밧세바의 남편 우리야를 죽이는 일이 계획되어 있었고, 따라서 그는 주님 앞에서 우리야를 죽인 자였다. 하나님 앞에서 거짓 없이 정직하게 고백하는 것을 배워라. 더러운 죄를 그럴듯한 좋은 이름으로 불러서는 안 된다. 어떤 이름으로 부르든지 더러운 것은 역시 더러운 것일 뿐이다. 하나님께서 보시는 것과 동일하게 당신의 죄를 보아라. 그리고 마음을 활짝 열고 그 죄의 진짜 상태를 인정하라. 다윗이 분명하게 자기의 죄의 극악성에 압도된 것에 유의하라. 입술로 말하기는 쉽지만, 죄의 진상을 보고 그것을 참으로 느끼기는 더 어려운 것이다. 시편 51편은 회개의 마음을 찍은 사진이다. 우리도 그런 상한 마음을 구하지 않으려는가? 아무리 말이 훌륭할지라도 만일 우리의 마음이 죄로 인해 지옥에 가는 것이 합당하다는 것을 의식하지 못한다면 용서를 발견할 수가 없을 것이다. 앞의 구절은 열심 있는 기도이다. 그것은 구원의 하나님을 향하여 호소한 것이다. 사죄하는 것은 하나님의 특권이다. 그의 얼굴을 구하는 자를 구원하시는 것은 그의 거룩한 이름에 합당한 일이요 또한 그분의 사역이다. 더욱 좋은 것은 그를 "나의 구원의 하나님"이라고 부르는 일이다. 그렇다. 그의 거룩한 이름을 찬송할지어다! 나는 예수님의 보혈로 말미암아 하나님께로 가는 도중에도 "나의 구원의 하나님" 안에서 기뻐할 수 있다. 시편 저자는 칭찬할만한 서약으로 이렇게 끝맺음을 했다. 만일 하나님이 그를 도와주시면 그는 노래한다. 아니 그보다 더 "소리 높여 노래하리이다"라고 말하는 것이다. 이러한 은혜를 받고 누가 소리를 낮추어서 노래할 것인가? 그러나 그 노래의 주제에 유의하라. 그것은 "당신의 의"를 노래하리라는 것이다. 보배로운 구주께서 성취하신 일에 대하여 우리는 노래하여야 한다. 그리고 죄를 용서하시는 사랑을 가장 잘 아는 자가 가장 소리 높여 노래할 것이다.

4월 8일 아침

197. "푸른 나무에도 이같이 하거든 마른 나무에게는 어떻게

되리요?"(눅 23:31)

    이 암시 깊은 구절에는 여러 가지 해석이 있겠지만, 다음과 같은 깊은 교훈이 있다. "만일 그리스도께서 죄 없는 몸으로서 죄를 대신하여 이러한 고난을 받는다면 마른 나무인 죄인은 진노하신 하나님의 손에 떨어질 때 그가 받는 고난은 어떠할 것인가?" 하나님께서 죄인으로서 예수님을 볼 때 그를 남겨 두지 않았다. 그러한 하나님께서 그리스도 없이 거듭나지 않은 자를 볼 때에도 반드시 저들을 용납하지 않을 것이다. 오, 죄인이여, 예수님께서 원수에게 잡히는 것 같이 당신도 악귀에 의해 정해진 곳으로 끌려갈 것이다. 예수님께서는 하나님으로부터 버림받았다. 우리의 죄를 대신하여 예수님이 죄인이 되어 버림을 받았다면 하물며 당신은 어떻게 되겠는가? "엘리 엘리 라마 사박다니"(막 15:34), 이 얼마나 무서운 비명인가! 그러나 당신이 "나의 하나님 나의 하나님 어찌하여 나를 버리셨나이까"라고 부르짖게 된다면 그때 대답은 이렇지 않겠는가? "너는 나의 모든 권면과 경계를 버렸다. 그러므로 네가 재앙을 만날 때 내가 웃을 것이며 네가 공포에 직면할 때 내가 비웃으리라"(잠 1:25-26). 하나님께서 만일 "그 독생자까지 용납하지 않으셨다"(롬 8:32)면 어찌 당신을 용납하겠는가? 당신은 양심이 모든 공포로 당신을 때릴 때 그 채찍은 단지 불에 타는 젓가락과 같을 것이다. 최대의 부요를 가지고 가장 쾌활하고 자기를 가장 의롭다고 하는 죄인이여, 하나님께서 "오, 칼이여 서서 나를 거역한 자를 공격하라. 저를 치라. 그에게 영원한 고통을 주어라"고 할 때 당신은 과연 어디에 설 것인가? 예수님은 얼굴에 침 뱉음을 당하셨다. 죄인이여, 당신이 받는 치욕은 어떠하겠는가? 우리를 위하여 죽으신 예수님의 머리 위에 받으신 그 많은 슬픔은 한마디로 표현할 수가 없다. 그러므로 당신이 현재의 상태로 죽는다면 어떠한 격류와 고난의 큰 물결이 당신의 영혼에 엄습할 것인지 다 말할 수가 없다. 당신은 그와 같은 죽음을 만날지 모른다. 그것은 바로 지금일지도 모른다. 그리스도의 고난과 그 상처와 그 피로 말미암아 앞으로 오게 될 진노를 초래하지 않도록 하라. 하나님의 아들을 믿어라. 그리하면 당신은 결코 죽지 아니할 것이다.

4월 8일 저녁

198. "내가 사망의 음침한 골짜기로 다닐지라도 해를 두려워하지 않을 것은 주님께서 나와 함께 하심이라"(시 23:4)

성령께서 믿는 자들을 그 외부환경으로부터 얼마나 독립적으로 만드실 수 있는지를 생각해 보라! 밤이 깜깜할 때 얼마나 밝은 빛이 우리의 속에서 빛나고 있는가! 이 세상이 흔들리고 땅의 기둥이 제거될 때도 우리는 얼마나 견고하며 행복하고 안정되며 평화로울 수 있는가! 죽음까지도, 그 무서운 영향력의 모든 것을 가지고도 그리스도인의 마음의 음악을 멈추게 할 능력은 없다. 오히려 더욱 그 음악을 아름답게 하며 더욱 명료하게 하며 더욱 하늘에 닿게 하는 것이다. 그리고 죽음이 해줄 수 있는 가장 친절한 행위는 이 땅의 긴장을 "하늘"의 합창 속에 녹게 하며 이 땅 위의 기쁨을 영원한 축복 속으로 스며들게 하는 것이다! 그래서 복된 성령의 능력이 우리를 위로함으로 말미암아 자신감을 갖도록 하자. 사랑하는 자여, 당신은 빈곤 속에 눌려있는가? 두려워 말라. 성령께서는 당신에게 필요할 때 부자의 부요함보다 더 큰 풍성함을 주실 수 있다. 당신은 조그만 집안에 있는 당신을 위하여 어떠한 기쁨이 저축되어 있는지 모른다. 당신의 집 주위에는 은혜가 만족의 장미를 심을 것이다. 당신은 체력이 점점 쇠퇴해지는 것을 의식하는가? 당신은 병 때문에 오랫동안 침대에 누워 고통을 느끼고 있는가? 오, 너무 슬퍼하지 말라. 당신이 누운 그 침대가 보좌가 될 수도 있는 것이다. 육체를 찌르는 고통의 하나하나가 어떻게 당신의 악한 생각을 태우는 성화의 불이 되고, 또한 그것이 당신의 영혼의 비밀스러운 부분을 비춰주는 영광의 빛이라는 것을 당신은 잘 모를 것이다. 당신의 눈은 점점 흐려져서 잘 보이지 않는다. 그러나 예수님은 당신의 빛이다. 당신의 귀는 들리지 않는다. 그러나 예수님의 이름은 당신의 영혼의 최상의 음악이고 그리고 그의 인격은 당신에게 절실한 기쁨이다. 소크라테스는 "철학자는 음악이 없어도 행복할 수 있다"라고 말하였다. 그리스도인은 밖의 모든 기쁨이 제거되어도 오히려 철학자보다도 행복하다. 나의 하나님이여, 어떤 어려움이 온다 할지라도 나의 마음은 당신 안에서 승리할 것이다. 오, 귀하신 성령이시여, 이 땅의 모든 것이 여기서 나를 실패하게 할지라도 나의 마음은 당신의 능력으로 말미암아 한없이 기뻐할 것입니다

4월 9일 아침

199. "백성과 및 그를 위하여 가슴을 치며 슬피 우는 여자의 큰 무리가 따라오는지라"(눅 23:27)

속죄의 주님을 슬픈 운명으로 몰아넣었던 군중 속에서 통곡하고 울부짖는 사람들도 있었다. 이런 슬픔의 행렬에 과연 어떤 음악이 수반되어야 어울리겠는가? 갈보리에서 십자가를 짊어지신 구주를 생각할 때 나의 영혼은 경건한 부인들과 합세하여 저들과 함께 울고 있는 내 자신을 본다. 왜냐하면, 거기에는 참으로 슬퍼할 이유가 있고, 그것은 이 슬퍼하는 여인들이 인식하는 것보다 더욱 깊은 것이다. 저들이 슬픔에 잠긴 것은 죄 없는 자가 학대받고 선량한 자가 박해를 받아 사랑이 피에 물들고 온유한 자가 죽임을 당하려고 하기 때문이다. 그러나 나의 마음에는 더욱 깊은 슬픔과 쓰디쓴 애통의 이유가 있다. 그것은 나의 죄가 귀하신 분의 어깨를 채찍으로 찢었고, 피 흘리는 이마에 가시관을 씌웠기 때문이다. 나의 죄가 "십자가에 못 박으소서, 십자가에 못 박으소서"라고 부르짖으며 구주의 존귀한 어깨에 십자가를 짊어지게 한 것이다. 주님께서 형장으로 끌려가심은 실로 영원히 슬퍼할 일이다. 그러나 내가 주님을 십자가에 못 박은 것이라고 생각하면 아무리 슬퍼해도 오히려 부

족하다. 메마른 눈물로서 표현할 수 없는 비통함이 있다. 이 여인들이 왜 사랑하며 또한 슬퍼했는지를 추측하는 것은 어렵지가 않다. 그러나 나의 마음에 있는 사랑과 비통함의 이유보다 더 큰 것은 없을 것이다. 나인성의 과부는 그녀의 아들이 다시 살아난 것을 보았다. 그러나 내 자신은 새로운 생명으로 부활하였다. 베드로의 장모는 열병에서 치유함을 받았다. 그러나 나는 더 큰 죄의 역병에서 놓임을 받았다. 막달라 마리아는 일곱 악귀가 내어 쫓김을 받았다. 그러나 나는 한 군단으로부터 놓임을 받았다. 마리아와 마르다는 주의 방문을 받았지만 나는 주와 함께 살고 있다. 주의 모친은 주님을 유숙하게 하였다. 그러나 주님은 내 안에 계셔서 영광의 소망이 되셨다. 이 경건한 여인들보다 더 많은 은혜를 받은 우리는 감사에도 슬픔에도 저들보다 더 깊어지지 않으면 안 된다.

"내 마음은 사랑과 슬픔으로 나누이고,
나의 눈물로 그분의 발을 씻는다네.
마음속에 계속되는 고요함은 한결같으나,
구원하시려 죽음 당하신 그분을 위하여 눈물을 흘린다네."

4월 9일 저녁

200. "주의 온유함이 나를 크게 하셨나이다"(시 18:35)

이 구절은 "주의 선하심이 나를 크게 하셨나이다"라고 번역할 수가 있다. 다윗은 자신의 위대함을 그 자신의 선함에 돌리지 않고 하나님의 선하심으로 돌리며 감사하고 있다. "주의 섭리"라는 다른 번역도 있다. 섭리는 선한 행동에서 나타나는 것에 불과하다. 선은 봉오리요, 섭리는 꽃이다. 선은 종자요 섭리는 수확이다. 어떤 이는 "주의 도움"이라고 번역하지만, 이것은 섭리와 같은 의미가 있다. 섭리는 성도의 강한 친구이며 그것은 주님에 대한 봉사 안에서 성도들을 돕는다. 또 다른 번역은 "주의 공손"이다. 그래서 "주의 공손함은 나를 크게 하였나이다"라고 번역할 수도 있다. "주의 공손"이란 번역에는 포괄적인 의미가 있으며 겸손을 포함하고 있고 지금까지의 여러 가지 다른 개념들을 종합하고 있는 듯하다. 하나님께서 자신을 겸손하게 하심으로 우리로 하여금 큰 자가 되게 하시려는 것이다. 그래서 우리는 전혀 취할 것 없는 작은 자인데, 만일 하나님께서 겸허함이 없이 자신의 위대함을 그대로 나타내신다면 우리는 그의 발에 밟히게 될 것이다. 그러나 하늘을 볼 때도 몸을 굽히시고 천사가 하는 일을 볼 때도 머리를 숙이시고 더군다나 하나님이 눈을 낮추시어 마음이 겸손하여 통회하는 자들을 보시며 그들을 큰 자가 되게 하신다. 이외에도 다른 번역들이 있다. 예를 들면 칠십인역 성경에는 "주의 훈련", 즉 그의 아버지로서 고쳐주심이 "나를 크게 하셨나이다"라고 하였고, 갈대아어 번역은 "주의 말씀이 나를 강하게 하셨나이다"라고 의역하고 있다. 그러나 그 뜻은 모두 다 같다. 다윗은 자신의 모든 위대함을 하늘에 계신 아버지 하나님의 겸허한 선에 돌리고 있다. 이 저녁에 우리가 스스로 면류관을 예수님의 발아래 던지고 "주의 온유가 나를 크게 하셨나이다"라고 부르짖어 이 생각이 마음에 울려 퍼지기를 바란다. 우리 하나님의 온유에 대해 경험한다면 그 얼마나 놀라운 일이겠는가! 그의 교정, 그의 인내, 그의 가르침, 또한 우리를 자신에게 이끄시는 방법은 그 얼마나 온유한가! 믿는 자여, 이 주제에 대해 묵상하라. 감사의 마음으로 겸손한 생각을 깊이 하여 오늘 밤 잠자리에 들기 전에 당신의 마음 안에서 사랑이 다시 불타오르게 하라.

4월 10일 아침

201. "해골이라는 곳에 이르러"(눅 23:33)

위로의 언덕은 해골 혹은 갈보리라고 불리는 언덕이다. 위로의 집은 십자가의 나무로 세워져 있다. 왕의 축복의 궁전은 부서진 바위, 즉 그것은 주님의 옆구리를 찌른 창으로 갈라진 바위 위에 세워져 있다. 성경에 기록된 역사 가운데 갈보리의 비극같이 영혼에 기쁨을 주는 것은 없다.

"죄 많은 이 땅에 동이 트려는 가장 어두운 시간에
천사의 환희보다 더 부드러운 힘으로
마음을 어루만지는 위로함이 어찌 기이하지 않은가?
아, 슬픔에 잠긴 눈이여, 베들레헴의 빛나는 별보다 더 빨리
십자가를 향하여야 하지 않겠는가?"

대낮부터 깜깜한 밤중까지 빛이 비추어 한때 저주받았던 골고다의 나무 그늘아래에는 모든 들꽃들이 아름답게 피어난다. 물 없는 마른 땅에서 하나님의 은혜는 수정같이 맑은 물이 흘러넘치는 샘을 파서 이곳에서 나오는 그 물방울 하나마다 인간의 괴로움을 완화시켜 준다. 싸움의 때를 통과한 당신은 위로를 발견한 곳이 감람산도, 시내산도, 다볼산도 아니고 바로 겟세마네와 골고다 언덕인 것을 고백할 것이다. 겟세마네의 쓴 나물이 때때로 당신의 삶의 고통을 제거하고, 갈보리의 고난은 비교할 수 없는 풍성한 위로를 줄 것이다. 만일 그리스도께서 죽지 않으셨다면 우리는 결코 그리스도의 높이와 그 깊이를 알지 못하였을 것이다. 또한, 아버지 하나님이 아들을 죽음에 내어 주지 않으셨다면 그 깊은 애정을 더듬을 수 없을 것이다. 우리가 매일매일 받는 자비는 모든 사랑의 찬양을 기쁘게 하고 그것은 마치 조개껍질과 같아서 우리가 그것을 귀에 대면 고향의 깊은 물결 소리가 들려오는 것과 같다. 그러나 우리가 바다, 그 자체의 소리를 듣기 원한다면 우리는 날마다의 축복을 생각하는 것이 아니라 십자가 위에서 하신 일을 바라보아야 한다. 사랑을 알기 원하는 자여, 갈보리에 머물러 그곳에서 죽음 당하신 슬픔의 사람을 앙망하여야 한다.

202. "하나님의 사자가 어제 밤에 내 곁에 서서"(행 27:23)

풍랑과 긴 어둠, 거기에다 언제 난파될지 모르는 위험은 깊어가고 배에 있던 모든 사람들은 심히 긴장하며 걱정하고 있었다. 그 중에 오직 한 사람은 태연하였다. 그리고 그의 말로 인해 다른 사람들도 힘을 얻었다. 그 사람은 바로 사도 바울이었다. 그는 "모두 용기를 내시오."(행 27:25)라고 사람들에게 말할 수 있었다. 배에는 경험이 많아 실력 있는 로마의 군인도 있었고 용감하고 노련한 선원들도 있었지만 가련한 유대인의 죄수가 그 누구보다도 침착하였다. 왜냐하면, 그에게는 용기를 주는 보이지 않는 친구가 있었기 때문이었다. 주 예수님은 하늘의 사자를 보내어 충실한 종의 귀에 위로의 말을 속삭였다. 그러므로 바울은 빛나는 얼굴을 하며 평안함 속에 있는 사람같이 말하였다. 만일 우리가 주님을 경외하고 있으면 최악의 사태가 발생할지라도 때에 따라 돕는 은혜를 기대할 수 있다. 하늘의 사자는 풍랑 때문에 우리에게서 멀리 있는 일이 없으며 어둠 때문에 방해받는 일도 없다. 그들은 믿는 자중에 가장 가난한 가족을 방문하는 일에 조금도 굴욕으로 생각하지 않는다. 비록 평소 때에는 천사의 방문이 거의 없을지라도 그는 폭풍의 밤에는 종종 우리를 방문해 주신다. 우리가 어려움 속에 있을 때 친구들도 떠나갈 수 있다. 그러나 천상에 계신 분과의 교제는 더욱 깊어지게 된다. 그리고 야곱의 사다리를 통하여 보좌에서 보내오는 사랑의 말로 인하여 우리는 힘을 얻어, 하나님을 위하여 큰일을 할 수 있도록 힘을 받는 것이다. 사랑하는 친구여, 당신은 지금 어려움 가운데 머물러 있는가? 그렇다면 특별한 도움을 구하라. 예수님은 언약의 사자요, 지금 그의 임재를 열심히 구하면 거절되는 일은 없을 것이다. 바울과 같이 폭풍의 밤에 닻이 소용이 없고 바위가 바로 앞에 다가올 때 하나님의 사자가 곁에 서 있음을 경험한 자는 그 임재가 어떻게 마음에 힘이 되는지 기억하라.

"오, 하나님의 사자여 가까이 계셔서
깜깜한 밤중에도 나의 두려움을 진정시켜 주소서.
성난 풍랑이 크게 울부짖을 때에
주여, 당신님의 임재만이 나의 유일한 위로가 되나이다."

4월 11일 아침

203. "나는 물같이 쏟아졌으며 내 모든 뼈는 어그러졌으며"(시 22:14)

땅이여 하늘이여, 일찍이 이처럼 비참한 광경을 본 일이 있는가? 주님은 몸과 영혼이 약해졌으며 마치 물이 땅에 쏟아지는 것 같이 느꼈다. 십자가를 구멍에 세울 때 못 박히신 주님의 몸은 심히 요동쳤고, 모든 근육은 긴장되었으며, 모든 신경은 고통을 당하였고, 그의 모든 뼈는 어그러졌다. 그 자신의 몸무게 때문에 매 순간 고통은 가중되어 실로 여섯 시간 동안 계속되었다. 그의 모든 감각은 희미해지고 몸은 쇠하여져서 정신을 잃을 정도로 비참한 상태였다. 다니엘은 큰 환상을 보았을 때 이렇게 말하였다. "거기에 나 혼자 남아 있어서 이 큰 환상을 보았으므로 힘이 빠지고 내 얼굴의 빛은 무서울 만큼 변하여 전혀 힘이 없게 되었다"(단 10:8). 보다 크신 예언자 예수님께서 하나님의 진노의 무서운 환상을 보고 그것을 자신의 영혼에 느꼈을 때 그 고통이 어떠하셨겠는가! 우리 같으면 주님과 같은 고통에 도저히 견딜 수 없어 졸도하였을 것이다. 그러나 주님께서는 상함을 받으면서도 칼의 싸늘함을 느끼셨다. 주님은 고난의 잔을 마시고 최후의 한 방울까지 맛보셨다.

"오, 슬픔의 왕이여!
오, 상처 입으신 왕이여!

우리의 모든 고통을 대신 당하셨기에

우리는 주님을 위하여 어떻게 슬퍼하지 않으리오!"

하늘에 오르신 구주의 보좌 앞에 무릎을 꿇을 때, 우리를 위하여 주님께서 어떻게 은혜의 보좌를 예비하셨는지 잘 기억하도록 하자. 우리의 영혼에 주님의 잔을 마시고 암흑과 억압의 때가 언제 올지라도 그로 인해 강건함을 입자. 주님의 육신의 모든 지체가 고통을 당하는 것 같이 영적인 의미에서의 주님의 몸인 교회도 그리해야 할 것이다. 그러나 그 모든 슬픔과 고난으로부터 주님의 몸이 상함이 없이 영광과 능력 가운데 나타나심 같이, 교회 영적인 몸인 교회도 풀무불 가운데를 통과하여 그 불에 그슬린 냄새도 없이 나오게 될 것이다.

4월 11일 저녁

204. "나의 곤고와 환난을 보시고 내 모든 죄를 사하소서"(시 25:18)

우리가 슬픔에 대하여 기도할 때, 그 기도를 자신의 죄에 관한 호소와 연결하는 것은 우리에게 좋은 일이다. 하나님의 손아래서, 우리의 고통이 전적으로 제거되지 않을 때 하나님에 대한 우리의 허물을 기억하라. 슬픔과 죄를 같은 장소에 가지고 가는 것은 좋다. 다윗은 그의 슬픔을 하나님에게 가지고 갔다. 죄의 고백도 하나님에게 가지고 갔다. 우리는 자기의 슬픔을 하나님께 가져가야 한다. 극히 작은 슬픔도 하나님께 가지고 가는 것이 좋다. 하나님은 당신이 머리털까지도 세시는 분이다. 또한, 당신은 큰 슬픔을 하나님께 맡기는 것이 좋다. 그는 바다의 물을 자신의 손안에 붙드시는 분이시다. 당신의 현재의 어려움이 어떤 것이든지 간에 하나님께 가지고 가라. 하나님께서는 기쁨으로 도우신다. 그러나 우리는 자기의 죄도 하나님께 가지고 가야 한다.

우리의 죄를 십자가 밑에 가지고 가라. 주님의 보혈이 떨어져 당신의 죄가 깨끗하여지며 당신을 더럽히는 죄의 힘이 파괴되도록 하라. 특히 이 구절에서 얻는 교훈은 우리가 정직한 마음으로 슬픔과 죄를 주님께 가지고 가야 한다는 것이다. 다윗은 자기의 슬픔에 관해서는 "나의 곤고와 환난을 돌봐주소서"라고 구하였다. 그러나 그다음 "나의 모든 죄를 용서하여 주소서"라고 호소한 말은 실로 더 정확하고 확정적이며 또한 결정적으로 명백한 것임에 유의하라. 환난을 겪는 많은 사람들이 "나의 곤고와 환난을 제거해 주소서 그리고 나의 죄를 보소서"라고 기도한다. 그러나 다윗은 이렇게 부르짖었다. "주여, 나의 곤고와 환난을 위하여 주의 크신 지혜에 대하여 아무것도 뭐라고 할 말이 없습니다. 주여 그것을 주께 맡깁니다. 나의 곤고와 환난은 제거되면 기쁘겠지만, 주의 뜻대로 하여 주소서. 나는 자기의 죄에 대하여 어떻게 하면 좋은지 알고 있습니다. 아무래도 나의 죄를 주께 사함 받아야 하겠습니다. 잠시라도 죄의 저주 아래 있다는 것은 견딜 수 없는 일입니다." 그리스도인은 슬픔의 무게가 죄의 무게보다는 가볍다고 생각한다. 그래서 그 어려움을 계속 견딜 수 있지만 자기의 죄의 무거운 짐을 견딜 수 없다.

4월 12일 아침

205. "내 마음은 밀랍 같아서 내 속에서 녹았으며"(시 22:14)

지존하신 주님께서 참혹하게 영혼이 녹아내리는 것을 경험하셨다. "사람의 마음은 질병의 고통은 견뎌도 마음의 고통을 견디기 어렵다"(잠 18:14). 심각한 의기소침은 모든 시련 중 가장 가혹한 것이고 이에 비하면 다른 시련은 없는 것과 같다. 고난 중에 우리의 구주께서 아버지 하나님께 "나를 떠나지 마소서"(시 71:12)라고 기도하심도 적절한 것이었다. 왜냐하면, 사람은 중압

감 때문에 녹는 것인데 이때야말로 가장 하나님을 필요로 하기 때문이다. 주 안에 있는 자여, 오늘 아침 십자가에 가까이 나아가 겸손하게 영광의 주님을 찬양하라. 주님은 일찍이 우리 가운데 어느 누구보다도 정신적으로 또 심리적으로 낮아져서 고난을 받으셨다. 주님은 진실로 대제사장이 되시기에 합당하게 "우리의 연약함을 체휼하시는 분"(히 4:15)이심을 기억하라. 더욱이 아버지 하나님의 사랑이 멀어졌다는 느낌으로 슬픔을 느끼는 자는 이제 예수님께 가까이 나아가 깊은 사귐으로 들어가라. 결코 실망하지 말라. 주님께서는 우리보다 앞서 이 어두운 밤을 통과하셨다. 우리 영혼은 때때로 기력을 잃고 목마르며 주님의 얼굴의 빛을 보려고 고민하며 애쓴다. 그때야말로 위대한 대제사장이 우리를 동정하고 있다는 이 위대한 사실을 붙잡도록 하자. 우리의 슬픔의 눈물방울들은 주님의 슬픔의 커다란 바다 안에서 잊혀질 것이다. 그때 우리의 사랑은 그 얼마나 높이 올라가겠는가! 오, 조류에 의해 범람하는 바다같이 강하고 깊은 예수님의 사랑이여, 나의 모든 힘을 덮으며 모든 죄를 없애며 모든 염려를 씻어 버리며 이 땅에 붙은 나의 영혼을 높이 들어 올려 주의 보좌의 발 바로 앞까지 올려주소서. 조개껍질같이 아무 덕도 아무 가치도 없고 깨어진 나를 주님의 발아래 눕히시고, 주님의 사람으로 깨끗하게 씻겨주소서. 거기서 나는 주님을 향하여 이렇게 속삭이겠나이다. "주여, 만일 나에게 귀를 기울이시면 나의 마음속에서 주님의 사랑의 큰 물결의 희미한 메아리 소리를 들으실 것입니다. 이 사랑의 큰 물결로 인해 나는 여기에 옮겨져 이제부터 영원토록 주의 발아래 누워있음을 기뻐하겠나이다."

4월 12일 저녁

206. "왕의 동산"(느 3:15)

느헤미야가 왕의 동산에 대해 말하고 있는 것에서 왕들의 왕께서 아담을 위하여 준비한 낙원을 회상하게 된다. 죄는 모든 기쁨이 넘치는 아름다운 동산을 황폐하게 하였다. 인간을 내쫓고 가시와 찔레가 자라나는 땅으로 만들었다. 나의 영혼이여, 이 타락을 기억하라. 왜냐하면, 그것은 바로 당신의 타락이기 때문이다. 큰소리로 울라. 왜냐하면, 사랑의 주님께서 인류의 조상으로 말미암아 무참하게 부끄러움을 받았기 때문이다. 그리고 당신도 그 인류의 한 사람으로 그 줄기에 연결된 가지이기 때문이다. 보라, 일찍이 기쁨의 동산이었던 이 아름다운 땅에 용과 마귀가 얼마나 휘젓고 돌아다니는지를 말이다. 보라, 거기에 한 왕의 동산이 있다. 그것은 왕이 자기의 피땀을 쏟는 겟세마네이다. 새로 거듭난 영혼에게는 거기에 있는 쓴나물이 에덴동산의 있었던 맛있는 과일보다도 훨씬 감미로운 것이다. 겟세마네에서 처음 낙원에 있었던 악한 뱀의 계획은 효력을 잃었다. 저주는 땅에서 거두어지고 약속된 여인의 후손이 그것을 담당하였다. 나의 영혼이여, 주님의 고난을 생각하라. 감람유를 짜는 동산으로 가서 당신의 잃어버린 기업을 찾아주신 당신의 위대한 속죄주를 보라. 그 동산이야말로 동산 가운데 동산인 곳이다. 거기에서 영혼은 죄의 죄됨과 사랑의 능력을 볼 것이다. 이 둘은 다른 모든 것들을 능가한다. 그밖에 또 다른 왕의 동산은 없는가? 있다. 그것은 바로 나의 마음이다. 당신의 마음도 그렇다. 그렇게 되어야 한다. 그곳에 아름다운 꽃들이 피어있는가? 여러 가지 좋은 열매들이 맺혀져 있는가? 왕께서 그 가운데를 걸으며 내 영혼의 나무 숲 안에서 쉬고 계시는가? 나무들은 정리되어 물은 흐르고 악한 여우들은 내쫓겨져 있는가? 주여, 오시옵소서. 그리고 거기에 "하늘"의 바람을 일으켜 당신의 동산의 향기를 먼 곳까지 향내 나게 하소서. 더욱이 교회라는 왕의 동산이 있다는 것을 우리는 잊어버리지 말아야 한다. 오, 주여 거기에 번영을 주사 은혜가 풍성케 하소서. 그 울타리를 새로 세우며 수목을 배양하여 열매 맺게 하소서. 그리고 광대한 광야의 불모의 땅을 주님의 손에 돌아오게 하사 그것을 '왕의 동산' 으로 만드소서.

207. "나의 사랑하는 자는 내 품가운데 몰약 향낭이요"(아 1:13)

　　몰약은 그리스도의 모형으로 선택하기에 아주 적합하다. 그것은 아주 귀하고 향기가 많고 마음을 좋게 하며, 치료의 힘을 갖고 있고 방부소독 작용이 있으며 희생에도 관계가 있기 때문이다. 그러나 그리스도를 왜 "몰약의 향낭"에 비교하여 말할까? 첫째 그것은 풍부함을 의미한다. 양이 적은 것이 아니라 드럼통으로 가득 찬 몰약이다. 그는 작은 가지나 꽃이 아니라 큰 묶음이다. 그리스도에게는 우리의 필요한 모든 것을 채우시는 풍성함이 있다. 그러므로 그 은혜에 참여하는 것을 주저해서는 안 된다. 우리의 사랑하는 주님은 다양함에서도 향기 나는 주머니에 비교된다. 왜냐하면, 그리스도 안에는 필요한 것이 하나만 있는 것이 아니라 "그리스도야말로 하나님의 모든 덕이 육신이 되어 풍성하게 머물고 있는 것"(골 2:9)이기 때문이다. 우리의 모든 필요는 그리스도 안에 풍성하게 있다. 그의 여러 가지 다른 성격을 보고 당신은 그 다양성에 놀랄 것이다. 즉 예언자, 제사장, 왕, 남편, 친구, 목자 등이다. 그의 생애, 죽음, 부활, 승천, 재림 등을 생각해 보아라. 또한, 그가 갖춘 덕성, 온유, 용기, 자기부정, 사랑, 충성, 진실, 정의 등을 보면 귀중한 것을 모두 합친 묶음임을 알 수 있다. 그는 "몰약의 향낭"과 같이 보존되어야 할 분이시다. 바닥에 던져지거나 밟히게 해서는 안 된다. 포장된 몰약이며 상자 안에 보관되어 진 것이다. 우리는 그분을 최상의 가치를 가진 보물로서 두어야 한다. 우리는 그분의 말씀이나 법도를 더 높이며 인정해야 하며 우리가 가진 그분에 관한 생각이나 지식을 마귀에게 뺏기지 않도록 자물쇠로 잠가야 하는 것이다. 더욱이 예수님은 "몰약의 향낭"과 같이 질적인 면에서 특별하다. 그것은 비교할 수 없는 은총을 상징한다. 세상의 기초가 놓이기 전부터 그의 백성을 위하여 성별 되어 있었다. 그분은 그 향기를 그와 친밀한 관계를 갖기 위하여 그와 어떻게 교제할 수 있는지를 아는 사람에게만 준다. 오, 주님의 비밀의 세계에 들어가도록 허락받은 사람들, 주님께서 그 때문에 자신을 성별한 사람들은 복되도다. "나의 사랑하는 자는 나에게 있어서 몰약의 향낭과 같도다"라고 말할 수 있는 사람이야말로 하나님에게 선택된 행복한 사람이다.

4월 13일 저녁

208. "그가 번제물의 머리에 안수할지니 그리하면 열납되어 그를 위하여 속죄가 될 것이라"(레1:4)

주님께서 우리를 위하여 정죄 받은 것을 여기에서는 자신에게 죄를 전가시키는 매우 의미 깊은 행위로 나타내고 있다. 이것은 백성의 장로들에 의하여 행하여졌다. 손을 얹는다는 것은 그냥 접촉하는 일이 아니다. 성경의 다른 곳에 나오는 이 말의 원어는 "주의 노가 나를 심히 누르나이다"(시 88:7)라는 표현과 같이 무겁게 누른다는 의미가 있다. 확실히 이것은 믿음의 속성이고 본질이다. 그것은 우리를 큰 대리자와 그냥 접촉하는 것만이 아니고 우리의 죄의 모든 무거운 짐을 가지고 그에게 맡기는 것을 가르친다. 여호와께서는 이 대리자의 머리에 그의 언약의 백성의 모든 죄를 얹으셨다. 그러나 선택된 각각의 사람들은 개인적으로 이 엄숙한 언약을 비준한다. 그때 은혜에 이끌리어 믿음으로 자기의 손을 "창세로부터 죽임을 당한 어린양"(계 13:8)의 머리에 두는 일을 할 수 있다. 믿는 자여, 죄를 대신 짊어지신 예수님을 통하여 최초의 용서 받음을 경험했을 때의 그 환희의 날을 기억하고 있는가? 진정 그렇다면 당신은 기쁨의 고백을 하며 나와 함께 다음과 같이 말하지 않겠는가? "나의 영혼은 기쁨을 가지고 그 해방의 날을 상기한다. 죄에 고민하여 두려움에 가득 찼지만 나는 나의 대리자 되신 구주를 보고 나의 손을 그에게 얹었다. 오, 처음에는 두려움으로 얹었지만, 점차 용기가 더하여지면서 확신이 생겼다. 그리고 마침내 나의 영혼을 온전히 그분에게 맡겼다. 그리고 지금 나의

죄는 더 이상 내 자신에게 돌려지지 않고 그분에게 온전히 맡겨졌다는 것을
안다는 것은 나에게 끊임없는 기쁨이 된다. 마치 길가에서 상함을 입은 나그
네의 빚과 같이, 예수님께서 선한 사마리아인이 되어 나의 장래의 모든 죄의
대해서도 "그것을 나의 부채로 해도 좋다"라고 말하신 것이다. 이 얼마나 축
복에 가득 찬 발견인가? 그리고 그것은 감사로 가득한 마음에 영원한 위로가
아니겠는가!

> *"셀 수 없는 나의 죄가 그에게 옮겨졌고,*
>
> *더 이상 나에게서는 발견되지 않도다.*
>
> *그분의 속죄하시는 보혈의 흐름 속에 사라져,*
>
> *모든 죄가 없어졌도다."*

4월 14일 아침

209. "나를 보는 자는 다 비웃으며 입술을 비쭉이고
머리를 흔들며 말하되"(시 22:7)

비웃음은 주님께서 당하신 고통의 커다란 부분이었다. 유다는 동산에
서 주님을 조롱하였고, 제사장들과 서기관들은 비웃었으며, 헤롯은 무시하였
고, 종들과 군사들은 우롱하고 야비한 모욕을 퍼부었다. 비웃음은 언제나 감
당하기 어려운 것이다. 우리가 심한 고통 중에 있을 때 무정함과 잔인함은 우
리의 몸을 찌르는 것과 같은 그런 아픔인 것이다. 구주께서 십자가에 못 박혀
우리가 상상할 수 없는 고난을 당하시고, 군중은 일제히 머리를 흔들고 입술
을 삐죽이며 한 가련한 희생자를 두고 경멸하였던 것을 어찌 상상이나 하겠는
가? 십자가의 주님께서는 사람들이 볼 수 없었던 그 어떤 것이 있었음에 틀림
이 없다. 그렇지 않았다면 이렇게 큰 군중이 일치하여 그를 모욕했을 리 없다.

그것은 악이 표면적으로 대승리하는 것처럼 보인 그 순간에 십자가에서 다스리는 선의 승리를 조롱하는 것 외에는 다른 것을 할 수 없었다는 것을 고백하는 것이 아니겠는가? 오, "사람에게 천대를 당하며 미움을 받으신"(사 53:3) 예수여, 왜 이렇게 당신님을 학대한 사람들을 위하여 죽으셨습니까? 바로 여기에 놀랄만한 사랑이 있습니다. 그것은 하나님의 사랑, 측량할 수 없는 사랑입니다. 우리는 거듭나기 이전에는 주님을 경멸하였으며, 거듭난 이후에도 이 세상에 마음을 많이 빼앗기며 살아가고 있습니다. 그런데 주님께서는 우리의 상처를 고치기 위하여 피를 흘리시고 생명을 주시기 위하여 죽으셨습니다. 오, 주님을 우리 마음의 영광스러운 최고의 보좌에 모실 수 있다면 그 얼마나 좋을까요? 이전에 만인이 다 함께 주님을 거절했던 것 같이, 모든 사람들이 전부 주님을 존귀하게 하는 날까지 당신님을 향한 찬양을 육지와 바다에서 울리게 하여 주옵소서.

> *"오, 주권자이시며 선하신 주여,*
> *당신의 모든 피조물이 당신에게 잘못을 범하였나이다.*
> *주를 사랑하지 않음은 주의 사랑을 이해하지 못했기 때문입니다.*
> *은혜를 알지 못하는 사람들이 주님의 자비를 무시하고 헛된 것을 구함은*
> *너무나도 가슴 아픈 일입니다."*

4월 14일 저녁

210. "너희는 의인에게 복이 있으리라 말하라"(사 3:10)

의인은 항상 복이 있다! 만일 예언자가 "의인에게 말하기를, 그가 번영하는 때에 복이 있다"라고 말하였다면 그러한 큰 은혜를 우리는 감사할 것이다. 왜냐하면 번영은 위험을 초래할 수 있기 때문이다. 그것은 부의 유혹으로부터 안전하게 해주는 하늘의 선물이다. 또한, 만일 "그가 박해 받을 때에 복이 있다"라고 기록되어 있다면 우리는 확신을 지속할 수 있는 것을 감사할 것이다. 박해는 견디기가 힘들기 때문이다. 그러나 이 구절에는 특별한 때가 기록되어 있지 않다. 그것을 모든 때인 것을 의미한다. 하나님께서 말씀하시는 이 "있다"라고 하는 말의 의미는 언제나 가장 넓은 의미로 이해되어야 한다. 1월 1일부터 12월 31일까지, 황혼 때부터 새벽 별이 비춰오기까지 모든 상태와 환경 아래에서 의인은 복이 있다. 그는 평안하고 더 이상의 행복은 상상할 수 없다. 그는 예수님의 피와 몸으로 말미암아 풍성하게 양육돼 있기 때문에 그는 그리스도의 전가되어진 의의 옷을 잘 입고 있다. 그리고 가장 좋은 주거처인 하나님 안에서 산다. 또한, 그는 좋은 배우자를 얻어 그의 영혼은 그리스도와 연합된 결혼언약을 맺고 있다. 그에게는 모든 것이 충분히 갖추어져 있다. 주님께서 그의 목자이시기 때문에 또한 언제나 모든 것을 풍성하게 부여받고 있다. "하늘"은 그의 기업이기 때문에 의인은 복이 있다. 하나님께서 가지신 권위로 그분의 입으로 위로의 확신을 말씀하신다. 하나님의 사랑을 입은 자여, 하나님께서 모든 것이 "평안하다"고 선포하시면 비록 일만의 악마가 "불행하다"고 말할지라도 우리는 그것을 비웃을 수가 있다. 피조물이 뭐라고 말하든지 간에 우리는 하나님을 믿는 그 믿음 때문에 하나님께 감사한다. 의인이여, "하나님의 말씀은 항상 복되다"라고 말하라. 그리하면 하나님께 사랑을 입은 자여, 만일 그것을 볼 수 없다 할지라도 당신의 눈을 믿는 대신에 하나님의 말씀을 믿어라. 당신의 눈과 감정이 당신에게 말하는 것보다 하나님의 권위 위에 서서 확신을 가지고 그것을 믿어라. 하나님께 축복된 자는 정말 복된 것이며, 하나님의 입술로 선언하신 것은 가장 확고한 불변의 진리이다.

4월 15일 아침

211. "내 하나님이여 내 하나님이여 어찌 나를 버리셨나이까"(시 22:1)

우리는 여기서 구주께서 슬픔의 밑바닥에 처해 있는 것을 본다. 갈보리처럼 그리스도의 슬픔을 더 잘 드러내는 장소는 없으며, 갈보리의 사건 중에 "내 하나님이여, 내 하나님이여 어찌하여 나를 버리셨나이까?"라고 절규하는 때처럼 고통에 가득 찬 순간은 없었다. 이 순간에 주님의 육체적 연약성은 통과하지 않으면 안 될 치욕과 수치로부터 오는 날카로운 정신적 고통과 결합되었다. 구주의 슬픔을 참기 어려울 정도로 절정에 이르게 한 것은 주님께서 아버지의 임재가 떠난 결과에서 온 것이며, 언어로는 표현할 수 없는 영적인 고통을 겪으신 것이다. 이때는 주님에게 있어 공포의 한 밤중이었다. 주님께서는 고통의 깊은 구덩이로 내려가셨다. 그 어떤 사람도 주님께서 부르짖는 이 말씀을 이해할 수는 없다. 어떤 사람은 우리도 때로는 "나의 하나님이여, 나의 하나님이여, 어찌하여 나를 버리셨나이까?"라고 부르짖는다고 한다. 어떤 때에는 아버지 하나님의 얼굴의 비치심이 구름과 어둠에 덮이는 때가 있다. 그러나 하나님은 결코 우리를 버리지 않으셨음을 기억해야 한다. 우리의 경우는 하나님에게 버림받은 것이라고 잘못 생각할 뿐이지만, 그러나 그리스도께서는 참으로 버림을 당하셨다. 우리는 아버지 하나님의 사랑이 조금 멀어진 것에도 슬퍼하지만, 실제로 아버지 하나님께서 그 얼굴을 돌리신 때에 그 아들의 고통을 어느 누가 추측이나 할 수 있겠는가? 우리의 경우에 있어 부르짖음은 때때로 불신앙에서 온다. 그러나 예수님의 경우 그것은 무서운 사실을 드러내는 것인데, 왜냐하면 하나님께서 잠시 동안 실제로 얼굴을 돌이키셨기 때문이다. 오, 일찍이 하나님의 얼굴의 비치심 안에 살고 있었고, 이제는 어둠 중에 있는 가련하고 고통 중에 있는 믿는 자여, 하나님은 당신을 결코 버리지 않는다는 사실을 기억하라. 어두움에 덮여있을 때에도, 은혜의 비치심 안에 있을 때에도 하나님께서는 동일하게 자비로운 우리의 아버지시다. 우리가 버림을 받았다고 생각하는 것만으로도 이렇게 고통스럽다면, 구주께서 "나의 하나님이여 어찌하여 나를 버리셨나이까?"라고 부르짖을 때의 그 고통이 과연 어떠하였을지 생각해 보라.

212. "그들의 목자가 되시어 영원토록 그들을 인도하소서"(시 28:9)

하나님의 백성은 높아져야 할 필요가 있다. 저들은 원래 몸이 매우 무겁다. 저들은 날개를 갖고 있지 않다. 비록 갖고 있을지라도 그것은 오래된 비둘기의 날개 같아서 하나님의 은혜에 의지하지 않으면 은색의 날개와 금빛의 깃털로 덮인 날개로 하늘 높이 오를 수가 없는 것이다. "불티는 위로 향하여 날아가는"(욥 5:7) 성질을 가지고 있지만, 죄가 깊은 영혼은 아래로 떨어진다. 오, 주여 "영원토록 그들을 인도하소서!" 다윗 자신은 "여호와여 나의 영혼이 주님을 우러러보나이다"(시 25:1)라고 하였다. 그는 여기서 다른 사람들의 영혼도 그와 같이 높아질 필요가 있음을 느꼈다. 당신이 자기를 위하여 이 축복을 구할 때 다른 사람들을 위해서도 그것을 구하는 것을 잊어서는 안 된다. 하나님의 백성이 높아져야 할 세 가지 측면이 있다. 우선 성품에서 높아질 필요가 있다. 오, 주여 저들을 높여 주소서. 당신의 백성이 세상 사람들과 같도록 허락하지 마소서. 세상은 악한 것들로 둘러싸여 있으니, 저들을 그 가운데서 높여 주소서. 세상 사람들은 금과 은을 구하여 스스로 쾌락을 추구하고 육적인 욕망을 채우기를 원한다. 그러나 주여, 당신의 백성을 이 모든 것 위에 더 높여 주소서. 존 번연(John Bunyan)이 언제나 황금을 긁어모으고 있는 사람들을 그와 같이 불렀던 것처럼, 저들로 "오물을 긁는 자"가 되지 않게 하소서. 저들의 마음을 부활하신 주님과 함께 하늘의 기업 위에 고정시켜 주소서. 더구나 믿는 자는 싸움에서 승리를 얻을 필요가 있다. 비록 저들이 싸움에서 넘어질 듯이 보일 때에도, 주여 저들에게 승리를 주소서. 비록 원수의 발이 저들의 목을 잠시 짓밟을 때가 있을지라도 저들을 도와서 성령의 검을 쥐어주시어 마침내 전투에서 승리하게 하소서. 주여, 싸움의 날에 당신의 자녀의 마음을 높여서 저들이 티끌 가운데 앉아 언제까지 계속 탄식하는 일이 없게 하소서. 원수가 저들을 몹시 괴롭게 하여 저들이 애태우는 일이 없게 하소서. 저들이 하나와 같이 핍박을 받을 때에도, 저들은 구원의 하나님의 자비를 노래하게 하소서. 그리고 마지막 날에 주님께서 저들을 높여 주시기를 간구합니다. 저들을 집으로 데리고 감으로 저들을 높여주소서. 저들의 육체를 무덤에서 들어 올려 저들의 영혼을 영광중에 있는 당신님의 영원한 나라에까지 올려주소서.

213. "그리스도의 보배로운 피"(벧전 1:19)

십자가 밑에 서서 보배로운 붉은 피를 흘리시는 주님의 양손과 발과 옆구리를 보라. 그 피가 보배로운 것은 속죄의 효력이 있기 때문이요, 그로 말미암아 백성의 죄는 속량되고 율법의 속박에서 해방되어 하나님과 화목하여 하나가 되었기 때문이다. 또, 그리스도의 보혈은 정결케 하는 힘을 가진다. "하나님의 아들 예수님의 피가 모든 죄에서 우리를 깨끗게 한다"(요일 1:7). "비록 죄가 주홍 같을 지라도 눈과 같이 희게 될 것이다"(사 1:18). 믿는 자는 그리스도의 피로 인하여 청결하게 되어 점도 없고 티도 없이 깨끗하게 될 것이다. 오, 그것은 우리를 깨끗하게 하여 많은 죄악의 오점들을 제거하는 보혈이며, 많은 방법으로 하나님께 거역하는 우리를 "사랑하는 아들로 인하여 하나님 앞에 받아들여지게"(엡 1:6)하는 피로다! 그 피는 또한 믿음을 지속하게 하는 능력을 갖추게 하므로 보배로운 것이다. 그 뿌려진 피 아래서는 파괴의 천사로부터도 안전하다. 하나님께서 우리를 남겨두시는 참 이유는 그 피를 보시기 때문이라는 것을 기억하라. 믿음의 눈이 흐려질 때 바로 여기에 위로가 있다. 그것은 하나님의 눈은 항상 똑같기 때문이다. 또 그리스도의 피의 보배로움은 성화의 능력 때문이다. 죄를 제거하여 의롭게 하는 그 피가 새로운 성품을 소생시키며 또한 죄를 정복하여 앞으로 나아가도록 인도하여 하나님의 명령에 순종하게 한다. 그리스도의 혈관에서 흘러내리는 보혈처럼 성결케 하는 큰 원동력은 없다. 더구나 그리스도의 피가 말로 다할 수 없으리만큼 보배로운 것은 죄를 이기게 하는 힘이 있기 때문이다. "형제들은 어린양의 피로 말미암아 그에게 이겼다"(계 12:1)라고 기록되어 있다. 어떻게 이길 수가 있을까? 예수님의 보배로운 피로 인하여 싸우는 자는 패배를 알지 못하는 무기로 싸우는 것이다. 우리 주 예수님의 거룩한 보혈! 죄는 그 앞에서 멸절되고, 사망도 또한 힘을 상실하며, 그리고 "하늘"의 문이 그 앞에 열려진다. 우리 주 예수님의 거룩한 보혈! 우리가 그 능력을 신뢰하는 한, 우리는 이로 말미암아 승리에 승리를 거듭하며 전진한다.

4월 16일 저녁

214. "그 손이 해가 지도록 내려오지 아니한지라"(출 17:12)

모세의 기도는 매우 힘이 있어서 그의 기도에 모든 것이 달려 있었다. 모세의 탄원은 실제로 싸우고 있는 여호수아 이상으로 적을 격파하였다. 그러나 어느 것이나 다 필요하였다. 그와 같이 영혼의 싸움에서도 힘과 열정, 결단과 헌신, 용기와 강렬한 힘을 합하지 않으면 안 된다. 그렇게 하면 모든 것이 잘된다. 당신은 자신의 죄와 격투하지 않으면 안 된다. 그러나 싸움의 대부분은 골방에 들어가 혼자 하나님과 함께 하지 않으면 안 된다. 기도는 모세의 경우와 같이 주님 앞에 언약의 표를 높이 드는 것이다. 지팡이는 하나님이 모세와 함께 하시는 표시요, 하나님이 이스라엘을 다스리시는 상징이었다. 기도에 힘쓰는 성도여, 하나님의 약속과 서약을 그 앞에 높이 드는 일을 배워라. 주님께서는 스스로 선언하신 일을 거절하는 일이 없으시다. 약속의 지팡이를 높이 들어 당신이 구하는 것을 얻으라. 모세가 지칠 때에는 그의 친구들이 그를 도왔다. 당신의 기도가 약해질 때 언제든지 믿음이 당신의 한 손을 붙들고 거룩한 소망은 또 다른 손을 붙들도록 하라. 그리하면 우리의 구원의 반석, 이스라엘의 돌 위에 앉아 있는 기도는 계속하여 승리를 얻으리라. 기도에서 약해지지 않도록 주의하라. 모세조차도 그것을 느꼈다면 그 어느 누가 피할 수 있겠는가? 공적으로 죄와 싸우는 일은 개인적으로 그것과 싸우며 기도하기보다 훨씬 쉽다. 전장에서 싸우고 있던 여호수아는 피곤하지 않았지만 기도하고 있었던 모세는 피곤해 있었다는 일에 주의하기를 바란다. 일이 영적인 것일수록 혈육으로 말미암아 그것을 계속하는 것이 더욱 어려운 것이다. 그러므로 우리는 특별한 힘을 부르짖어 구해야 하지 않겠는가? 그리고 우리의 약함을 도우시는 하나님의 영이 모세를 도운 것 같이 우리의 손도 "해가 지기까지" 확실하게 계속하여 들고 있기를 바란다. 우리는 우리 인생의 저녁이 끝날 때까지, 그리고 기도와 찬양이 이어지는 나라에서 더욱 빛나는 태양이 비춰 오는 것을 볼 때까지 계속하여 손을 들고 있기를 바란다.

4월 17일 아침

215. "아벨의 피보다 더 나은 것을 말하는 뿌린 피니라"(히 12:24)

사랑하는 자여, 당신은 뿌려진 피로 나아왔는가? 이 질문은 당신이 교리의 지식, 의식의 준수, 또는 어떤 종류의 경험을 했느냐가 아니라 우리 주 예수님의 피에 접근하였는가, 안 하였는가를 묻는 것이다. 예수님의 피는 모든 살아있는 신앙의 생명이다. 만일 당신이 실제로 예수님께 왔다면 우리는 어떻게 올 수 있었는지를 알 것이다. 성령께서 친절하게 당신을 데리고 온 것이다. 당신 자신의 어떤 공로에 의함이 아니고 뿌린 피로 당신이 온 것이다. 죄가 많고 길을 잃어 무력해진 당신이 그 피를 받으려고 접근하였다. 그 피만이 당신의 영원한 소망이다. 당신은 떨며 상한 마음으로 십자가에 온 것이다. 아, 당신이 예수님의 피의 소리를 들었을 때 그것은 얼마나 귀중한 소리였는가? 죄를 회개한 이 땅의 아들들에게는 예수님의 피가 떨어지는 소리는 마치 "하늘"의 음악과 같다. 우리는 죄로 더럽혀져 있다. 그러나 주님은 우리의 눈을 들어 그를 앙망하도록 명하신다. 그리고 그 피흘린 상처를 바라볼 때, 핏방울이 한 방울씩 떨어질 때마다 "다 이루었다, 나는 죄를 멸하고 영원한 의를 가져왔다"고 부르짖는다. 아, 보배로운 피의 감미로운 속삭임이여! 만일 한 번만 뿌린 피에 온다면 당신의 계속해서 거기에 접근하기를 원할 것이다. 거기서 당신의 전 생애가 "예수를 바라보는"(히 12:2) 것이 되어 당신의 모든 행위 하나하나가 "주께로 온다"(벧전 2:4)는 말로 요약하게 될 것이다. 나는 주님께 온 적이 있다가 아니라 항상 주님께로 오고 있다. 만일 당신이 뿌려진 피에 온 적이 있다면, 당신은 매일 거기에 접근할 필요를 항상 느낄 것이다. 매일 거기서 씻기움을 바라지 않는다면, 당신은 결코 한 번도 씻긴 적이 없는 자이다. 믿는 자는 그의 샘이 항상 열려 있는 것을 기뻐하며 그것을 특권으로 느낀다. 과거의 경험은 그리스도인에게 최상의 음식이 아니고, 현재 그리스도에게 오는 일만이 우리에게 기쁨과 위로를 준다. 오늘 아침 우리는 집 문설주에 새 언약의 피를 뿌리고 어린양을 먹고 파멸의 천사가 넘어가는 것을 확인하도록 하자.

4월 17일 저녁

216. "우리가 예수를 뵈옵고자 하나이다"(요 12:21)

이 세상 사람들의 계속된 부르짖음은 "누가 우리에서 어떤 좋은 일을 보여줄까?"라고 원한다. 사람들은 이 땅에서의 위로, 안락함, 희락, 그리고 부요함에서 만족을 구한다. 그러나 죄를 깨달은 죄인은 오직 한 가지 좋은 일을 알고 있다. 그것은 "오, 내가 어찌하면 하나님을 발견할 곳을 알까!"(욥

23:3)라는 것이다. 그가 참으로 그의 죄에 눈을 떴다면 비록 당신이 인도의 황금을 그의 발아래 쌓아 올려도 "그것을 가져가라 나는 그분을 찾기를 원한다!"라고 말할 것이다. 소원을 단 한 가지에 집중한다는 것은 참으로 귀하다. 그가 50가지의 다른 소원을 가졌을 때 그의 마음은 썩은 웅덩이의 물과 같아서 독기와 역병이 발생한다. 그러나 그의 모든 소원이 한 가지로 집중될 때, 그의 마음은 깨끗한 강물 같아서 토지를 비옥하게 하려고 빠르게 흐를 것이다. 그의 모든 소원이 한 가지이고, 그것이 바로 그리스도를 찾는 것이라면 비록 그가 아직 깨닫지 못한다 할지라도 그는 행복한 것이다! 만일 예수님이 그의 영혼의 소원이라면, 하나님의 역사가 그 속에서 이미 시작되었다는 축복된 표시인 것이다. 그런 사람은 결코 단순한 율법에는 만족하지 않을 것이다. 그는 다음과 같이 말할 것이다. "나는 그리스도를 원한다. 나는 오직 그를 소유해야만 한다. 그저 의식만은 나에게 아무 소용이 없다. 나는 그가 필요하다! 내가 목이 말라 죽게 되었는데 당신은 빈 물독을 내게 가져다 주는가? 내게 물을 주시오. 그렇지 않으면 나는 죽을 것이다. 예수님은 내 영혼의 소원이다. 나는 예수님을 보려고 한다!" 친구여, 지금 당신의 마음이 바로 이러한가? 오직 하나의 목적만을 가지고 있으며, 그것이 바로 그리스도인가? 그러면 당신은 "하늘"에서 멀지 않다. 당신은 마음속에 오직 한 가지 소원을 갖고 있고 그 한 가지 소원이란 바로 예수님의 피로 말미암아 당신의 모든 죄가 씻김을 받는 것인가? 당신은 "나는 내가 가진 모든 것을 내버리고 그리스도인이 되려고 한다. 만일 내가 그리스도에게 관심을 갖고 있다고 조금이라도 느낄 수 있다면 나의 소유한 모든 것, 그리고 나의 희망하는 모든 것을 버리겠다고 말할 수 있는가?" 그렇다면 비록 두려움이 닥쳐와도 용기를 내라. 주님께서는 당신을 사랑하신다. 머지않아 당신은 햇빛에 나와서 "그리스도의 자유 안에서 기쁨을 누릴 수 있을 것이다"(갈 5:1).

4월 18일 아침

217. "라합이 붉은 줄을 창문에 매니라"(수 2:21)

라합은 정탐꾼이 그녀에게 약속한 것에 의해 자신의 생명을 보존하려고 하였다. 라합에게는 그 정탐꾼이 이스라엘 하나님의 대표자로 생각되었다. 그녀의 믿음은 단순하고 확실했으며 또한 매우 순종적이었다. (여기까지는 논의는 좋은 말이다. 그런데 이하의 논의에 대해서는 조금 더 생각해 보는 것이 좋을 것이다. 붉은 줄에 대한 일종의 알레고리적 이해에 근거한 논의가 불안하다. 그런 점을 염두에 두면서 읽어야 한다-감수자 주). 붉은 줄을 창문에 매는 것은 매우 작은 일이지만 그녀는 소홀하게 다루지 않았다. 나의 영혼이여, 여기에 너를 위한 귀중한 교훈이 있지 않은가? 너는 모든 것을 주의 뜻에 맡기도록 집중하고 있는가? 비록 그 명령들의 어떤 것들은 그다지 중요하게 생각되지 않더라도 말이다. 또 너는 믿는 자의 두 가지 의식인 세례와 성찬식을 올바로 지키고 있는가? 이 의식을 게을리함은 네게 사랑이 없는 것과 불순종을 나타낸다. 지금 이후로는 모든 것에 있어서 잘못이 없도록 하라. 비록 줄을 맨다는 작은 일 일지라도 하나님의 명령이라면 반드시 실행하도록 하라. 라합의 행위는 더욱 엄숙한 교훈을 준다. 나는 예수님의 보배로운 피를 절대로 신뢰하고 있는가? 나의 신뢰가 절대로 풀리지 않도록 붉은 줄을 단단히 나의 창문에 매었는가? 주님의 피를 보지 않으며 그 피의 축복된 능력과 연관 지어서 모든 것을 보지 않고 어떻게 내 죄의 죽음의 바다와 소망의 예루살렘을 볼 수 있겠는가? 창문에 눈에 잘 띄는 색깔의 줄이 있으면 지나가는 사람은 누구나 거기에 눈을 돌릴 것이다. 마찬가지로 나의 생애가 구속의 능력을 분명히 모든 방관자에게 보인다면 참으로 훌륭한 것이다. 그것을 부끄럽게 여기는가? 사람과 마귀가 이상하게 볼지라도 내버려 두라. 피가 나의 자랑이요, 나의 노래이다. 나의 영혼이여, 너의 믿음이 약하여 붉은 줄을 볼 수 없을지라도 그것을 절대로 지나치지 않는 하나님이 계신다. 여호와, 곧 갚아주시는 하나님께서 그것을 보시고 당신을 지나치지 않으실 것이다. 여리고의 성벽은 완전히 무너지고, 라합의 집은 성벽 위에 있었지만 그것은 무너지지 않고 그대로 서 있었다. 나의 본성은 인간의 성벽 안에 세워져 있지만, 인류 멸망의 때에 나는 안전하게 지켜질 것이다. 나의 영혼이여, 새롭게 붉은 줄을 창문에 매어라. 그리고 평강 안에서 쉼을 얻어라.

4월 18일 저녁

218. "주님께서 말씀하시기를 내가 정녕 은혜를 베풀어"(창 32:12)

야곱이 얍복강의 나루터에 왔을 때 다른 건너편에는 에서가 무장한 부하들을 데리고 다가오고 있었다. 그때 야곱은 열심히 하나님의 보호를 구하였는데, 그의 주요한 이유는 "주님께서 말씀하시기를 내가 정녕 은혜를 베풀어…"라고 말씀하신 데 있다. 오, 이 얼마나 강렬한 탄원인가! 그는 "주님께서 말씀하셨나이다"라고 하신 바로 그 말씀에 의지하여 하나님께 매달렸다. 하나님의 성실하심의 성품은 우리가 매달리는데 가장 멋진 제단의 뿔이다. 그러나 그 성품보다 더 많은 것을 포함하는 약속은 더욱 강한 의뢰인 것이다. "주님께서 일찍이 말씀하시기를 내가 정녕 은혜를 베풀어…"라고 말씀하신 하나님께서 이를 실행하지 않겠는가? "모든 사람은 거짓되다 해도 하나님은 진실하시다"(롬 3:4). 그는 참으로 진실하신 분이 아니신가? 그의 약속의 말씀을 지키시지 않겠는가? 그의 입술에서 나오는 모든 말씀이 굳게 서고 또한 성취되지 않겠는가? 솔로몬은 성전 헌당식에서 다음과 같은 강한 기도를 드렸다. 그는 하나님에게 '아버지 다윗에게 하신 말씀을 기억하여 주시옵소서'라고 탄원하였고, 그 장소에 축복을 주시기를 간구하였다. 사람이 서약서를 쓸 때에는 그 사람의 신용이 문제 된다. 그의 이름을 서명한 자는 때가 되면 그 빚을 갚지 않으면 안 된다. 그렇지 않으면 그는 신용을 잃게 된다. 하나님은 결코 그분의 약속어음을 휴지화하지 않는다. 지극히 높으신 자의 신용은 일찍이 문제되었던 적도 없었고 이후로도 결코 문제 되지 않을 것이다. 그는 때를 엄수하신다. 앞당기는 일도 뒤로 연기하는 일도 없으시다. 하나님의 말씀을 철저히 조사하여 하나님의 백성들의 경험과 비교하면 이 둘은 처음부터 끝까지 일치하고 있음을 발견할 것이다. 많은 백발의 족장들은 여호수아와 함께 "너희의 하나님 여호와께서 너희에게 대하여 말씀하신 모든 선한 말씀이 하나도 틀리지 아니하도다 너희에게 응하여 그 중에 하나도 어김이 없었다"(수 23:14)고 말하고 있다. 당신이 하나님의 약속을 가지고 있다면 "만일"이란 말로 변호할 이유가 없다. 확신을 가지고 선언하며 기도하는 것이 좋다. 주님께서는 스스로의 약속하신 것을 성취하신다. 그렇지 않다면 그 어떤 약속도 주시지 않을 것이다. 하나님께서 단순히 무리를 조용하게 하고 잠시 동안만 소망을 주시려고 약속의 말씀을 주신 것이 아니다. 하나님께서는 말씀하실 때는 바로 그 말씀대로 하실 의도를 가지셨기 때문에 말씀을 주시는 것이다.

4월 19일 아침

219. "이에 성소 휘장이 위로부터 아래까지 찢어져"(마 27:51)

튼튼하고 두터운 휘장이 찢어진다는 것은 보통이 아닌 기적이다. 그것은 단지 힘을 과시하기 위한 것이 아니다. 여기에는 우리에게 가르쳐 주는 많은 교훈이 있다. 옛 율법의 의식은 폐지되었고, 입고 있었던 낡은 옷과 같이 그것은 찢어져 버린 것이다. 예수님께서 돌아가실 때, 희생은 모두 끝이 난 것이다. 왜냐하면, 모든 것이 예수 안에서 성취되었기 때문이다. 그러므로 그 의식의 장소는 이제는 아무 소용이 없게 되었다는 것을 상징하는 것이다. 그리고 휘장이 찢어진 것은 옛 시대에 숨겨져 있었던 모든 것이 드러나게 되었다는 것을 또한 의미한다. 이제 속죄소도 드러나서 하나님의 영광이 그 위에 빛나기 시작하였다. 주님의 죽으심으로 말미암아 하나님께서 우리에게 분명히 계시된 것이다. 왜냐하면 "주 예수가 얼굴에 수건을 쓴 모세와 같지 않기 때문이다"(고후 3:13). 죽지 않을 생명이 이제는 빛으로 나타나 창조 때로부터 숨겨져 있던 것들이 예수님 안에서 나타났다. 매년 행하여 오던 속죄의 의식은 이제 폐지되었다. 이때까지 매년 한 번씩 휘장 안에서 속죄의 피가 뿌려졌는데 이제는 대제사장으로 말미암아 최후의 제사가 드려졌기 때문에 상징적으로 의식을 행하였던 장소는 무너져 버렸다. 이제는 수소나 어린양의 피는 필요 없다. 예수님께서 자신의 피를 가지고 휘장 안으로 들어가셨기 때문이다. 그러므로 그리스도 예수를 믿는 모든 자에게는 하나님께 접근할 수 있는 특권이 주어졌다. 이제는 좁은 틈으로 속죄소를 엿볼 필요가 없다. 성소의 휘장은 위에서 아래까지 찢어져 둘로 갈라졌다. 이제 우리는 담대히 하늘의 은혜의 보좌에 나아갈 수 있게 되었다. 주님의 최후의 부르짖음으로 말미암아 놀랍게도 지성소가 열린 것은 주님의 고난 때문에 "하늘"문이 모든 성도에게 열려진 것의 모형이라고 말한다면 잘못된 것일까? 피를 흘리신 우리의 주님께서는 "하늘"의 열쇠를 가지셨다. 그분께서 열면 아무도 그것을 닫을 수 없다. 그와 함께 "하늘"에 들어가지 않으려는가? 우리의 공통의 적이 주님의 발등상이 되기까지 거기에 그와 함께 머물러 있지 않으려는가?

4월 19일 저녁

220. "아멘 이시오"(계 3:14)

아멘이라는 말은, 지금까지 말한 것을 엄숙하게 긍정하는 말이다. 예수님은 위대한 긍정자이시다. 그분의 모든 약속에 대한 아멘은 영원히 변할 수 없다. 죄인이여, 나는 이 생각을 가지고 당신을 위로하려고 한다. 예수 그리스도께서는 "수고하고 무거운 짐 진 자들아 다 내게로 오라. 내가 너희를 쉬게 하리라"(마 11:28)고 말씀하셨다. 만일 당신이 그에게 온다면 그는 당신의 영혼 가운데 "아멘"이라고 말씀하실 것이다. 그분의 약속은 당신에게 진실한 것이다. 예수님께서는 선지자들을 통하여 주셨던 약속의 말씀들을 다 성취하셨다. "나는 상한 갈대를 꺾는 일이 없다"(사 42:3)고 말씀하셨다. 오, 가련하고, 슬픔에 잠긴 상한 마음이여, 만일 당신이 그에게 간다면 그는 "아멘"이라고 하실 것이다. 그것은 과거의 무수한 경우와 같이 당신의 영혼에도 진실된 것이다. 그리스도인이여, 구주의 입술에서 나온 말씀 중에서 이제껏 단 하나의 말씀도 취소된 적이 없다는 것은 당신에게 있어서 곧 위로가 아닌가? 천지는 없어지더라도 예수님의 말씀은 영원하다. 하나님의 약속을 믿지 않기 때문에 하나님의 말씀에서 오는 위로의 많은 것을 파괴하는 사람들이 있음을 주의하라. 그는 약속을 의심하지는 않지만 약속의 모서리를 자른다. 그래서 약속은 완전히 이뤄지지 않고 단지 부분적으로만 이뤄질 뿐이다. 그러나 예수님의 사역은 "모두가 아멘이요, 예이다"(고후 1:20). 그는 용서하시며 깨끗케 하시는 제사장이요 지금도 제사장으로서 아멘이시다. 그의 백성들을 위하여 그는 통치하시고 다스리시는 왕이시요, 힘 있는 팔로 그들을 지키신다. 그리고 지금도 왕으로서 아멘이시다. 그는 옛적의 선지자요, 장차 올 좋은 것을 예언하셨고, 그의 입술은 지금도 달콤하며 꿀을 떨어뜨린다. 그는 선지자로서 아멘이시다. 그는 자신의 피의 공로에 관하여 아멘이요, 그의 의에 대해서도 아멘이신 것이다. 그의 거룩한 의복은 이 자연이 낡게 한다 할지라도 훌륭하고 아름답게 남아 있을 것이다. 그가 가지고 있는 칭호는 모두 아멘이시다. 당신의 남편으로서 그는 결코 당신에게 이혼을 요구하지 않는다. 그는 당신의 친구로서 당신의 형제보다도 더 가깝고, 당신의 목자로서는 어둠의 죽음의 골짜기에도 함께 하신다. 그는 당신의 도움이요, 구원자이시고, 또한 높은 산성이시며, 당신의 힘의 뿔이요, 확신이며 기쁨이다. 그리고 당신의 모든 것이요, 당신의 아멘이시다.

4월 20일 아침

221. "사망의 세력을 잡은 자 곧 마귀를 없이 하시며"(히 2:14)

하나님의 자녀들이여, 사망을 잡은 마귀의 세력이 소멸하였으므로, 사망은 그 쏘는 것을 잃었다. 그러므로 죽음을 두려워해서는 안 된다. 당신은 구속주의 죽음의 깊은 의미를 깨닫고 확고한 믿음을 가지고 죽음이 방문해 올 때 감당할 수 있도록 성령 하나님에게 은혜를 구하라. 갈보리의 십자가에 가까이 산다면, 당신은 죽음을 생각하는 것을 기쁨으로 여기며 깊은 즐거움을 가지고 그것을 환영할 것이다. 주 안에서 죽는 일은 위대하다. 우리 주 예수님 안에서 자는 것은 언약된 축복이다. 죽음은 추방이 아니고 유배지에서 돌아와 사랑하는 자들이 이미 살고 있는 많은 주택이 있는 고향으로 돌아가는 일이다. 하늘에서 영광을 누리고 있는 영혼과 이 땅에서 싸우고 있는 성도들의 거리는 먼 것 같아 보이지만 사실은 그렇지 않다. 우리는 고향을 멀리 떠나있는 것이 아니고 잠시 동안에 거기에 도달할 수가 있다. 항해의 돛을 달고 영혼은 깊은 바다 위에 떠있다. 그 항해가 언제까지 계속될까? 평화의 항구에 도착하기까지 돛은 얼마나 많이 폭풍에 떠밀려 갈까? 영혼이 폭풍을 알지 못하는 바다에 도달하기까지 몇 번이나 성난 파도에 휩쓸릴까? 그러나 그에 대한 대답은 이렇다. "육체에서 떠나서 그 순간 주와 함께 산다"(고후 5:8). 배가 떠나자마자 곧 그 배는 목적지 항구에 도착한다. 돛을 달자마자 곧 거기에 입항한다. 옛적에 갈릴리 호수에 떠 있었던 배와 같이 그것은 폭풍에 휩쓸리지만, 예수님께서 바다 위로 그들에게 걸어오셔서 말씀하시기를 "나니, 두려워 말라"(요 6:20)하시니, 곧 배가 육지에 닿았다. 죽음의 순간과 영광에 빛나는 영원과의 사이에 긴 기간이 있다고 생각하지 말라. 눈을 이 땅에서 감자마자 하늘에서 열린다. 불병거는 단 한 순간조차도 늦지 않는다. 그러므로 하나님의 자녀들이여, 당신의 주님의 죽으심으로 말미암아 죽음의 저주와 그 쏘는 것은 멸망하였는데 어찌 사망을 두려워할 이유가 있는가? 야곱의 사다리와 같이 발은 어두운 무덤 속에 있을지라도 그 꼭대기는 영원한 영광에 연결된 것이다.

222. "여호와의 싸움을 싸우자"(삼상 18:17)

하나님이 선택한 신성한 군대는 지금도 이 땅에서 싸우고 있고 예수 그리스도는 그 구원의 싸움의 대장이시다. 그는 "보라, 내가 세상 끝날 까지 항상 너희와 함께 있으리라"(마 28:20)고 하셨다. 싸움의 군기를 들어라! 하나님의 백성이여, 지금 그 대열에서 굳게 서라. 사기가 약해져서는 안 된다. 지금 이 세상나라에서의 싸움은 우리에게 불리하다. 그리고 주 예수님의 검을 휘두르지 않으면 이 나라에서 하나님의 교회의 운명은 어떻게 될지 모른다. 그러나 우리는 용기를 내어 대장부답게 싸워야 한다. 적 그리스도는 옛 왕좌를 회복하기 위하여 필사적으로 노력하고 있고, 또 오늘날처럼 프로테스탄트가 위기에 처해 있는 때는 일찍이 없었다. 순교자들은 복음을 위하여 피를 흘리며 박해에도 굴하지 않고 믿음을 지켜왔다. 우리도 오늘날 그 옛 복음을 전하는 담대한 소리와 강한 손을 너무나도 절실히 필요로 한다. 구주께서는 지금도 성령으로 말미암아 이 땅 위에 계신다. 그러므로 용기를 내어 일어나자. 그는 항상 싸움 중에 계신다. 그러므로 싸움의 결과는 의심할 것도 없다. 싸움이 격렬해짐에 따라 주 예수님께서 우리의 위대한 중보자로서 그의 백성을 위하여 강력한 기도를 하고 계시다는 것을 기억한다는 것은 얼마나 만족스러운 일인가! 오 비겁한 관망자여, 발아래 싸움을 보아서는 안 된다. 거기에는 연기에 덮여 있고 군복은 피에 물들어 있기 때문에, 당신은 눈을 들어 구주가 살아계셔서 탄원하고 있음을 보라. 왜냐하면, 그가 중보하실 때 하나님의 경륜은 진행되기 때문이다. 승패의 결과가 모두 우리에게 달려 있듯이 싸우자. 그러나 우리는 언제나 위를 바라보며 모든 것이 그분에게 달려 있다는 것을 알아야 한다. 그리스도인의 순결을 보이는 백합화, 구주의 구속의 장미, 그리고

"노루와 들의 암사슴"(아 2:7)으로 당신에게 부탁한다. 진리를 위하여, 의를 위하여, 당신의 주님의 왕국과 왕관에 박은 보석을 위하여 용감하게 이 거룩한 싸움에 참여하는 예수님을 사랑하는 자들에게 부탁한다. 나아가자! "이것은 당신의 싸움이 아니고 하나님의 싸움이기 때문이다"(대하 20:15).

4월 21일 아침

223. "내가 알기에는 나의 구속자가 살아계시다"(욥 19:25)

욥의 위로의 중심에는 "나를 구속 하실 자"라는 한 단어에 있으며, 또한 그분이 살아 계시다는 사실에 근거하고 있다. 오, 살아계신 주님을 의지하라! 우리는 주님과 친교를 즐거워하기 전에 그분에게 속하여야만 한다. 광산에 매장된 황금이 내게 무슨 소용이 있는가? 내 주머니 속에 금이 있어야 내 필요를 만족시킬 수 있는 것이다. 그래야 내가 필요한 빵을 사서 나의 배고픔을 채우는 것이다. 그러므로 나를 구속하지 못할 자, 나의 피 흘림에 대항하여 싸워주지 못하는 자가 내게 무슨 소용이 있는가? 당신이 믿음에 의하여 "나는 내 자신을 살아계신 주님에게 맡긴다. 그분은 나의 주님이시다"라고 말할 수 있기까지는 결코 만족해서는 안 된다. 우리의 믿음이 적을지라도 주님을 붙잡고 "나의 구속자는 살아계시다"라고 말할 수 있다. 만일 당신이 겨자씨만한 믿음이 있을지라도 그 작은 믿음이 이 말씀을 말할 수 있는 자격이 그대에게 주어진다는 것을 기억하라. 또한 여기에는 욥의 강한 확신을 의미하는 또 하나의 말이 있다. 그것은 "내가 알기는"이라는 말이다. "나는 그렇게 바란다. 나는 그렇게 믿는다"라고 말하기는 쉽다. 예수님을 믿는 우리 중에는 이 이상 더 나아가지 못하는 사람들이 수없이 많다. 그러나 위로의 본질에 도달하기 위해서는 "내가 알기는"이라고 고백할 수 있어야 한다. "만일", "그렇지만", "아마도" 이러한 말들은 확실히 평안과 위로를 죽이게 된다. 의심은 슬픔의 때에 한층 더 슬프게 하여 말벌과 같이 영혼을 모조리 찌른다! 만일 그리스도께서 우리의 주님이 되심을 조금이라도 의심한다면 그것은 죽음의 쓴맛을 섞은 포도주와 같다. 그러나 예수님이 우리의 구속주로 살아계심을 확실히 알면 어둠은 물러가고 밤도 낮과 같이 빛날 것이다. 그리스도가 오시기 이전 시대의 욥은 "내가 알기는"이라고 말할 수 있었다. 그러므로 우리는 결코 그 이하이어서는 안 된다. 확신은 오만이 아니다. 하나님은 우리의 확신이 추측으로 되는 것을 금하신다. 기초가 없는 소망 위에 세우지 않도록 우리의 증거가 옳다는 것을 바로 보도록 하자. 더구나 단지 기초를 얻는 것으로 만족해서는 안 된다. 왜냐하면, 높은 건물 위에서 보면 넓은 시야를 가질 수 있기 때문이다. 살아계신 구속주님께서 바로 "나의 주님"이라는 사실은 말로 표현할 수 없는 기쁨이다.

4월 21일 저녁

224. "그리스도는 예수님께서는 하나님 우편에 계신 자요"(롬 8:34)

일찍이 사람들에게 멸시와 더불어 거절당하신 주님은 이제는 하나님이 사랑하시는 영광 받는 아들로서 보좌에 앉아 계신다. 하나님 우편이란 존엄과 애정의 장소이다. 우리의 주 예수님께서는 그의 백성의 대표이시다. 그가 그의 백성을 위하여 죽으셨을 때 그들은 안식을 얻었다. 또 그가 백성을 위하여 부활하였을 때 그들은 자유를 얻었다. 그가 아버지 보좌 우편에 앉으셨을 때 그의 백성은 사랑과 명예와 존엄을 얻었다. 그리스도께서 높아지심은 그의 모든 백성이 높여지고 받아들여지는 것이며, 소중하게 간직되어지는 것이고 명예롭게 되는 일이다. 그분은 그의 백성의 머리가 되시며 대표자이시다. 하나님의 우편에 앉아계심은 우리의 보증인이 받아들여지고 대표자가 환영받는다는 것이다. 이것은 곧 우리의 영혼이 받아들여진다는 것을 말한다. 오, 믿는 자여, 이 일로 말미암아 당신이 확실히 죄에 대하여 정죄함이 없다는 것을 알라. "누가 우리를 정죄하리요"(롬 8:34), 하나님의 오른편에 앉으신 예수님 안에 있는 사람을 누가 죄에 정죄하겠는가? 오른손은 권능의 장소이다. 그리스도는 하나님의 우편에 계셔서 하늘과 땅의 모든 권세를 가지고 계신다. 이처럼 통솔자의 권능 아래에 있는 사람들과 대항해서 누가 싸우겠는가? 오, 나의 영혼이여, 만약 전능자가 당신을 도우신다면 도대체 무엇이 당신을 파멸시킬 수 있을까? 전능하신 하나님의 방패가 당신을 막아주시면 어떠한 칼이 당신을 공격하겠는가? 안심하라. 만약 예수님께서 당신의 힘센 왕이요, 당신의 원수를 발아래 밟고 죄와 사망과 지옥이 모두 그에 의하여 정복되어 있으며, 그가 당신의 대표자이시라면 당신은 결코 파멸 당하는 일은 없다.

> *"예수님의 높으신 이름은*
> *우리의 대적을 소멸하신다네.*
> *온유하신 예수님은 이제는 진노의 어린양으로서*
> *사자와 같이 싸우신다네.*
> *우리는 예수님의 피로 말미암아*
> *저항하는 모든 지옥의 권세를 깨뜨리고*
> *정복할 때까지 전진하도다."*

4월 22일 아침

225. "하나님은 이 예수를 오른손으로 높이사 임금과 구주를 삼으셨느니라"(행 5:31)

주 예수님은 일찍이 십자가에 못 박혀 죽으시고 장사 되었다가 다시 부활하셨고, 지금은 영광의 보좌에 앉아계신다. 하늘의 가장 빛나는 자리는 당

연히 그의 것이 되었다. 그리스도께서 하늘에서 높임을 받으시고 우리의 대표
자이신 것을 생각하면 기쁘다. 그리스도는 하늘에 오르시어 아버지 하나님 우
편에 앉으사 여호와 하나님으로서 높은 영광을 가지신다. 예수님께서 중보자
로서 하늘에서 가지신 영예는 모든 성도가 물려받게 된다. 그리스도와 그 백
성의 연합은 얼마나 밀접한 관계인지를 생각하는 것은 기쁘다. 우리는 사실
주님과 하나요, 그의 몸의 지체요, 그가 하늘에서 높이우심은 곧 우리가 높임
을 받는 것이다. 그는 영광의 면류관을 가지시고 우리에게도 면류관을 주신
다. 그는 죄를 이기시고 그의 아버지 하나님의 보좌에 앉으셨듯이 우리에게도
영예의 자리를 주실 것이다. 그는 왕좌를 가지시나 혼자 독점하지 않으신다.
그의 오른편에는 화려한 "오빌의 금으로"(시 45:9) 장식한 그의 왕비가 앉아야
한다. 그의 신부 없이 그는 영광을 받을 수 없다. 믿는 자여, 이제 예수님을
우러러보라. 믿음의 눈으로 그의 머리에 많은 왕관을 보라. 그리고 언젠가 그
와 얼굴을 마주 볼 때에 당신도 그와 같이 될 것을 기억하라. 당신은 물론 그
와 같이 위대하고 또 숭엄하지는 않다. 그러나 어느 정도까지는 그의 영광을
받아 축복을 즐기며 같은 위엄을 받는다. 잠시 동안 파묻힌 나무와 같이 지내
는 것에 만족하라. 빈곤의 들판에서 지친 여행을 계속하며 고난의 언덕을 오
를지라도 그것은 잠깐이다. 잠시 후에 당신은 그리스도와 함께 다스릴 것이
다. 왜냐하면 그는 우리들을 제사장 삼으시고, 나라를 다스리는 왕으로 삼으
셨다(계 1:6)고 하기 때문이다. 우리는 그와 영원히 함께 다스릴 것이다. 오, 하
나님의 자녀에게 있어서 이 얼마나 위대한 일인가! 우리는 지금 하늘의 궁정
에서 그리스도를 우리의 영광의 대표자로 가진다. 잠시 후 그는 스스로 이 땅
에 오셔서 우리를 받으셔서 우리와 항상 함께하시며 그의 영광을 보며 그 기
쁨을 나누게 하실 것이다.

4월 22일 저녁

226. "밤에 찾아오는 재앙에 두려워 아니하리로다"(시 91:5)

이 재앙은 과연 무엇일까? 화재로 부르짖는 소리인가, 도둑의 소리인가, 상상의 괴물인가, 아니면 갑작스러운 질병인가, 죽음의 비명인가? 우리는 죽음과 슬픔의 세상에 살고 있기 때문에 타는 태양의 눈부신 빛 아래서 뿐만 아니라 밤중에도 흉한 일을 예상한다. 그러나 당황할 것은 없다. 왜냐하면, 어떤 두려운 일이 일어난다 할지라도 믿는 자는 두려워 할 필요가 없다는 약속이 있기 때문이다. 그런데 왜 우리는 두려워하는가? 우리의 아버지 하나님이 여기 계시고 외로울 때에도 계속 함께하신다. 주님은 전능하신 파수꾼이시며, 졸음이 없는 보호자시요, 충실한 친구이다. 주님의 지시가 없이는 아무 일도 일어나지 않는다. 지옥 그것까지도 주님의 지배 아래에 있기 때문이다. 그분에게 있어서는 어둠도 어둠이 아니다. 그는 그 백성의 불의 벽이 되실 것을 약속하셨다. 그 불의 벽을 누가 허물 수 있겠는가? 세상의 안 믿는 사람들이 두려워하는 것도 무리가 아니다. 저들 위에는 진노의 하나님이 계시며, 저들 속에는 죄의식이 있고, 저들 아래에는 입을 벌린 음부가 기다리고 있기 때문이다. 그러나 예수 안에서 안식하는 우리는 풍성한 은혜로 말미암아 이러한 모든 것에서 구원을 받았다. 만일 우리가 어리석은 공포에 빠진다면 우리는 스스로의 신앙고백을 부끄럽게 하며 다른 사람들에게 경건한 것의 실체를 의심케 하도록 인도하는 것이 된다. 어리석은 불신앙으로 말미암아 성령을 근심케 하는 일이 없도록 경계하지 않으면 안 된다. 음울한 예감이여, 뿌리도 잎도 없는 괜한 걱정은 떠나보내라. 하나님은 은혜를 잊지 않으시고 긍휼을 거절하시는 일이 없다. 영혼에는 밤이 올 수 있지만 그러나 조금도 두려워할 필요가 없다. 왜냐하면, 사랑이신 하나님은 변하지 않으시기 때문이다. 빛의 아들들은 흑암 가운데로 걸을 수도 있다. 그러나 그들은 버려지는 일이 없다. 아니, 위선자들은 할 수 없는 일이지만 그들은 하늘의 아버지를 신뢰함으로 인하여 스스로 양자가 된 것 증명할 수 있다.

"비록 밤이 어둡고 적막할지라도,

그 어둠은 주의 눈에서 나를 숨길 수 없으리.

그분은 결코 피곤치 않으시며,

그 어디에 있든지 그의 백성을 지키시도다."

4월 23일 아침

227. "이 모든 일에 우리를 사랑하시는 이로 말미암아 우리가 넉넉히 이기느니라"(롬 8:37)

우리는 죄 사함받기 위하여 그리스도에게 가며, 그의 죄와 싸우는 능력을 얻기 위하여 종종 율법을 찾기도 한다. 그러나 바울은 다음과 같이 우리를 책망하고 있다. "아, 어리석은 갈라디아 사람들아, 누가 너희를 유혹하던가? 나는 오직 이것을 알려 하노니 너희가 성령을 받음은 율법을 행함으로 되었는가, 그렇지 않으면 듣고 믿음에서 인가? 당신들은 그렇게 어리석은가? 성령으로 시작하였다가 이제는 육으로 마치려는가?"(갈 3:1-3). 당신의 죄를 그리스도의 십자가로 가져오라. 단지 그곳에서만이 "옛 사람"이 못 박히는 것이다. 우리는 주님과 함께 십자가에 못 박혔다. 죄와 싸우는 유일한 무기는 예수님의 옆구리를 찌른 창이다. 만약에 당신이 급한 성격을 극복하려고 한다면, 그것을 어떻게 하는 것이 좋을까? 당신이 그것을 예수님께 가지고 가는 올바른 방법을 실행해 본 적이 없다는 것도 매우 가능한 일이다. 당신은 어떻게 해서 구원을 받았는가? 나는 그분께서 나를 구원해 주실 것을 믿고 그대로 예수님에게 가서 구원을 받았다. 당신의 급한 성격을 고치는데도 이와 같은 방법을 취해야 한다. 이것이 유일한 방법이다. 급한 성격을 가지고 십자가로 가서 예수님에게 이렇게 말해야 한다. "주여, 당신은 나를 이 혈기에서 구원해 주실 것을 믿습니다"라고 말이다. 이 방법이 오직 치명적인 타격을 가하는 일이다. 당신에게 탐욕이 있는가? 또 세상적인 일에 휩쓸려 들어감을 느끼는가? 당신이 스스로 이 악과 싸우려고 생각한다면 그렇게 해도 좋다. 그러나 만일 그것이 항상 빠지기 쉬운 죄라면, 그리스도의 피에 의지하지 않고는 결코 그것으로부터 구원 받을 수가 없다. 그것을 그리스도에게 가지고 가서, 주님께 말하라. "주여, 나는 주님을 믿습니다. 당신은 자기 백성을 죄에서 구원하시기 때문에 예수라고 부릅니다. 주여 이 죄에서 나를 구원해 주소서!" 율법은 이런 죄를 죽음으로 몰아넣는 수단이지, 그리스도 없이는 아무것도 아니다. 당신의 기도, 회개 그리고 눈물을 모두 합해도 그리스도 없이는 아무것도 할 수 없다. 그리스도를 의지하지 않고는, 죄인이든 성도든 간에 아무것도 유익함이 없다. 그것은 당신을 사랑했던 그분을 통해서만이 정복할 수 있다. 우리의 월계수의 가지는 겟세마네의 그분의 감람나무 사이에서 자라나야 한다.

4월 23일 저녁

228. "내가 또 보니 보좌와 네 생물과 장로들 사이에 어린양이 섰는데 일찍 죽임을 당한 것 같더라"(계 5:6)

높이 올리우신 우리 주님께서는 어찌하여 영광중에 상처를 입은 그대로 계시는가? 예수님의 상처는 자신의 영광이요, 보석이요, 신성한 장식이다. 믿는 자의 눈에는 예수님이 아름다움 그 이상이다. 그는 "희게 빛나며 또한 붉어"(아 5:10)라고 기록되어 있다. 그 흰 것은 순결 때문이요 붉은 것은 보혈 때문이다. 우리는 그분을 비교할 데가 없는 순결한 백합화요, 그의 보혈로 말미암은 진홍의 장미꽃으로 본다. 우리는 그분의 지상생애의 모든 순간들에서 그리스도의 아름다움을 볼 수 있지만, 십자가에 달리신 그분의 아름다움은 그 어느 것도 결코 비교할 수 없다. 거기에서 우리는 그분의 완전한 아름다움의 모든 것을 보며, 그분의 모든 덕이 빛나는 것을 보며, 그분의 모든 사랑이 솟아 나오는 것을 보며, 그의 모든 인격이 표현되는 것을 본다. 사랑하는 이여, 예수님의 상처는 우리의 눈에 왕의 모든 화려함과 빛나는 것보다 훨씬 아름답다. 가시관은 왕관 그 이상이다. 그분은 더 이상 갈대로 만든 홀을 가지신 것이 아니고, 금으로 장식한 홀로부터 나오는 빛나는 영광을 가지신 것이다. 죽임을 당하신 어린양으로서, 그분의 온전한 속죄로 우리 영혼에 호소하여 우리의 영혼을 속량시켜 주었다. 이것은 단지 그리스도의 장식이 아니다. 그것은 그의 사랑과 승리의 트로피이다. 그는 "강한 자와 함께 탈취한 것"(사 53:12)을 나눠 가지셨다. 그는 셀 수 없는 많은 무리를 자기의 것으로 구속하였고 여러 상처의 흔적은 싸움의 기념비인 것이다. 만약 그리스도께서 그의 백성을 위하여 고난 받으실 생각을 가지시길 기뻐하신다면, 그의 상처는 우리에게 있어서 얼마나 보배로운 것인가!

> *"그분의 모든 상처 흔적마다*
> *보배로운 향유가 흘러 내려,*
> *죄가 만든 상처를 고치며,*
> *모든 죽음의 병을 치료한다네.*
> *그 상처들은 그분의 은혜를 말하며,*
> *그분의 사랑의 표시로다.*
> *천상의 낙원에서는*
> *우리가 소망하는 기쁨의 보증이로다."*

4월 24일 아침

229. "우리가 이 모든 일을 인하여 이제 견고한 언약을 세워"(느 9:38)

우리들은 하나님과의 언약을 유익하게 하고 새롭게 하는 경우를 많이 경험한다. 우리가 히스기야 왕과 같이 병고침을 받고 몇 년 동안의 생명이 연장되어질 때 그렇게 하고 싶어질 것이다. 어려움에서 구원받아 우리의 기쁨의 싹이 돋아났을 때에 다시 십자가 밑에 가서 우리의 헌신을 새롭게 한다. 특히 우리가 성령을 근심하게 하는 죄를 짓고 또는 하나님의 영광을 가리는 죄를 짓게 될 때에 그렇게 할 것이다. 그때에 우리를 눈보다 더 희게 할 수 있는 보혈을 보면서 다시 우리 자신을 주님께 드리자. 오직 어려움 속에 있을 때에만 새로운 헌신의 마음을 갖는 것이 아니라 번영 속에 있을 때에도 똑같이 해야 한다. 우리가 "무상의 자비"를 받았다면, 확실히 그분께서 우리를 영예롭게 하신 것이고 우리는 하나님을 영화롭게 해야 하는 것이다. 우리의 마음의 보배로운 상자 안에 저장되어 있는 새롭고 고귀한 모든 보석을 꺼내어 우리의 사랑하는 왕좌에 하나님을 앉으시게 하여 왕의 의복과 그 주변을 장식하도록 하자. 우리가 번영 속에 있을 때 하나님을 찬양하는 일을 배운다면 역경은 이미 우리에게 필요 없는 것이 된다. 우리가 입맞춤으로 좋은 모든 것들을 모을 수 있다면 때때로 채찍을 가할 필요는 없는 것이다. 우리는 최근에 생각지도 않은 축복을 받았는가? 주님께서 우리의 발을 넓은 방에 두셨는가? 우리는 하나님의 많은 자비를 찬양하며 노래할 수 있는가? 그러면 오늘 우리의 손을 제단의 뿔에 놓아라. 그리고 "나의 하나님이여, 나를 여기에 매소서 줄로써 영원히 매소서"라고 말하라. 우리가 하나님과의 새로운 약속의 성취를 필요로 하듯이, 우리도 옛 서약이 무효화 되지 않도록 새롭게 기도하자. 우리가 지난 달 주님의 고난으로 인한 묵상을 통해 감사했듯이, 오늘 아침에 주님과 "견고한 언약"을 맺도록 하자.

4월 24일 저녁

230. "지면에는 꽃이 피고 새의 노래할 때가 이르렀는데 반구의 소리가 우리 땅에 들리는 구나"(아 2:12)

봄은 상쾌하다. 길고 침울한 겨울은 봄의 부드러운 따뜻함을 더욱 감사하게 하며 다가올 여름을 생각하면서 현재의 기쁨을 더욱 높여준다. 영적인 침체의 기간을 지난 뒤에 다시 의의 태양의 빛을 바라보게 되는 것은 아주 즐거운 일이다. 그때에 우리 안에 잠자고 있던 은혜는 아름다운 꽃들이 땅에서 돋아난 듯이 눈을 뜨게 된다. 그리고 우리의 마음은 감사의 기쁨으로 뛰논다. 그것은 작은 새들이 노래하는 것보다 훨씬 감미로운 음악이다. 그리고 위로에 가득 찬 평화의 약속이 비둘기의 노래보다도 더 즐겁게 영혼에 들려온다. 지금은 영혼이 주님과 깊은 사랑의 교통을 해야 할 때이다. 지금은 영혼이 나면서부터 가진 더러움을 버리고 옛날의 관계 속에 있던 것들로부터 빠져나와야 할 때이다. 만일, 우리가 순종의 때에 돛을 달지 않으면 책망 받을 것은 당연하다. 만물이 소생하는 때에 아무 일 없이 지내서는 안 된다. 예수님께서 다정하게 우리를 찾아오셔서 일어나라고 호소하시는데, 그것을 거절할 정도로 당신은 어리석은가? 그분께서 부활하심은 우리가 그 뒤를 잇게 하시기 위함이다. 그분은 지금 성령으로 말미암아 우리를 부흥시키고 있어서 우리가 새로운 생명 안에서 하늘에 속한 자로서 그와 친밀히 교제하기 위함이다. 쌀쌀하고 무관심한 겨울과 같은 상태는 이제 끝내도록 하자. 그것은 주님께서 우리 가운데 봄을 창조하실 때 수액이 활력 있게 흐르고 담대히 가지에 꽃들을 피우기 위함이다. 오 주여, 나의 싸늘한 마음에 아직 봄이 오지 않았다면, 기도하오니 주님께서 나의 마음을 봄으로 만드소서. 왜냐하면, 내가 주님에게서 멀리 떠나 살면서 완전히 지쳤기 때문입니다. 길고 침울한 겨울이여, 언제 그 끝이 오려는가? 성령님이여, 오셔서 나의 영혼을 새롭게 하소서. 나를 새롭게 하시고 회복시켜 주시는 자비를 베푸소서. 이 밤, 주의 종을 긍휼히 여기사 나의 영적 생활에 복된 부흥을 주시기를 간절히 기도합니다.

4월 25일 아침

231. "나의 사랑 나의 어여쁜 자야 일어나서 함께 가자"(아 2:10)

나는 사랑하는 자의 소리를 듣는다. 그분은 내게 말한다. 따뜻한 날씨가 땅 위를 덮고 나를 에워싼 자연이 겨울의 휴식에서 깨기 시작할 때에, 주님은 나의 영혼을 영적인 잠에 그대로 내버려 두지 않으신다. 주님께서는 "일어나서 함께 가자"고 명하신다. 나는 이미 오랫동안 이 세상의 잡초들 가운데 누워 있었다. 그러므로 주님께서 이렇게 말하는 것이 당연하다. 주님께서 부활하셨고 나도 주 안에서 부활했는데, 왜 내가 언제까지 이 먼지 같은 것에 미련을 둘 것인가? 나는 수준 낮은 사랑과 욕망과 노력과 향상심에서 떠나 이제는 일어나서 주님과 함께 걸어가기를 원한다. 주님은 다정하게 나에게 "나의 사랑하는 자"라고 부르시며 나를 어여쁜 자로 생각하신다. 이것은 충분히 나의 기운을 솟아오르게 한다. 주님께서 나를 높이시고 나를 아름답다고 생각하시는데, 어찌 내가 사악한 무리의 장막에 거하며 세상 사람들 중에서 마음에 맞는 친구를 사귈 수 있겠는가? 그분은 나에게 "함께 가자"고 하신다. 나는 한 걸음씩 이기주의, 비굴함, 세상의 것, 악한 모든 것으로부터 점점 이끌리어 나온다. 그렇다, 주님을 알지 못하고, 보다 높은 생명의 비밀을 알려고 하지도 않는, 이름뿐인 종교적인 세계로부터 주님은 나를 부르신다. "함께 가자"는 주의 말씀은 조금도 엄한 것이 아니다. 이 허영과 죄의 광야에 이끌려서 더 머물 이유가 어디 있겠는가? 오, 주여 나는 주님과 함께 가기를 원하면서도 가시덤불에 방해되어 이것들로부터 자유롭지 못합니다. 아, 죄를 짓지 않기 위하여 가능하다면 나의 눈도 귀도 마음도 없다면 하고 생각합니다. 이러한 나에게 주님께서는 친히 "함께 가자"고 말씀하신다. 그것은 참으로 감미로운 음률의 소리이다. 주님에게 오는 것은 끝없는 방랑길에서 집으로 돌아오는 것이고, 거친 바다에서 육지에 닿는 것이며, 또 기나긴 노동 후의 휴식이고, 나의 열망하는 목표이며 소망의 절정에 도달하는 일이다. 그러나 주여, 돌멩이가 어떻게 일어설 수가 있을까요? 흙덩이가 어떻게 무서운 구렁텅이서 빠져나올 수가 있을까요? 아, 나를 일으키시어 당신님에게 이끄소서! 당신님의 은혜 안에서만 이것이 가능하기 때문입니다. 성령님을 보내시어 내 안에 거룩한 사랑의 불을 붙여주소서. 그리하시면 나는 일어나 나의 생명과 시간을 뒤에 두고 반드시 당신님에게 갈 수 있으리이다.

4월 25일 저녁

232. "누구든지 내 음성을 듣고 문을 열면 내가 그에게로 들어가" (계 3:20)

오늘 밤, 당신의 소원은 무엇인가? 그것은 하늘의 일에 집중되어 있는가? 영원한 사랑의 숭고한 교훈을 즐기기를 원하는가? 하나님과의 친밀한 사귐 안에서 자유를 구하고 있는가? 당신의 하나님의 그 높이와 깊이, 그 길이와 넓이를 진정 알기 원하는가? 그렇다면 당신은 예수님께로 가까이 나아가야 한다. 당신은 그의 보배로움과 완전함을 분명하게 보아야 한다. 당신은 선지자, 친구, 그리고 왕으로서의 역할을 가지신 그분의 사역과 인격을 보아야 한다. 그리스도를 이해하고 있는 자는 모든 것을 아시는 성령님의 기름부음을 받는다. 그리스도는 하나님의 모든 방을 여는 위대한 열쇠이다. 하나님의 보배로운 창고는 예수님에게 가까이 하는 영혼에게 열려지며 그 모든 보화를 제공한다. 당신은 "그분이 나의 마음속에 계시기를", "나의 마음이 그분께서 영원히 거하시는 장소가 되기를" 바라고 있는가? 사랑하는 자여, 그렇다면 문을 열어라. 그리하면 당신의 영혼 안에 그분이 오시리라. 그분은 오랫동안 문을 두드리고 계신다. 그것은 당신과 함께 먹고, 당신은 그와 더불어 먹기 위해서이다. 그분이 당신과 함께 먹는다는 것은 당신이 그분을 당신의 마음 안으로 초대했기 때문이다. 그리고 당신이 그분과 함께 먹는다는 것은 그가 음식을 준비해 가지고 오시기 때문이다. 당신의 집, 곧 마음을 제공하지 않으면 그는 당신과 사귐을 가질 수 없다. 그리고 당신의 식탁에는 아무것도 없기에 그분께서 음식을 가지고 오시지 않는다면 당신은 그분과 더불어 먹을 수가 없다. 그러므로 그분께서 당신의 영혼으로 들어오시도록 문을 활짝 열어라. 그분께서 당신이 사모하는 사랑을 가지고 오시리라. 또 당신의 가련하고 침울한 영혼으로는 맛볼 수 없는 기쁨을 가지고 오실 것이다. 당신 속에 지금 없는 평안을 그분께서 주실 것이다. 그분은 포도주의 항아리와 감미로운 사랑의 사과를 가지고 와서 당신을 즐겁게 해주실 것이다. 그리고 마침내 당신은 모든 고난을 잊어버리고 넘치는 하나님의 사랑을 찬양할 것이다. 오직 문빗장을 열고 그분을 영접하라. 그분의 원수를 내쫓아라. 당신의 마음의 열쇠를 그분에게 드려라. 그분은 영원히 당신의 마음속에 계실 것이다. 이와 같은 손님을 마음속에 모실 수 있다는 것은 놀라운 사랑이 아닌가!

4월 26일 아침

233. "이것을 행하여 나를 기념하라"(고전 11:24)

이 말씀은 그리스도인이 그리스도를 잊어버리는 일이 있음을 의미하는 것 같다! 만약 우리의 기억 속에 그와같이 말도 되지 않는 무서운 가정이 없다면, 이 친절한 권면은 전혀 필요하지 않을 것이다. 그러나 탄식할 일은 이것이 단순히 하나의 가정이 아니고, 우리가 늘 경험하는 일이요, 가능성이 있을 뿐 아니라 또한 슬픈 사실인 것이다! 생명을 주신 어린양의 피로 구속되어, 영원한 하나님의 독생자의 영원한 사랑으로 사랑받는 자가 자비가 많으신 구주를 잊어버린다는 것은 사실 생각할 수 없는 일이다. 그러나 놀랍게도 그 죄를 눈앞에서 보게 됨을 부정할 수가 없다. 보라, 우리를 절대 잊지 않으시는 분을 잊어버린다는 것이, 우리를 위하여 피 흘리신 분의 일을 잊어버린다는 것이, 생명을 걸고 우리를 사랑해 주신 분을 잊어버린다는 것이 과연 가능한 일인가? 그렇다. 우리의 양심은 고백한다. 그것이 가능할 뿐만 아니라 너무나 슬프게도 우리 모두가 그러한 실수를 저지르고 있다는 것을 말이다. 우리가 주님을 하루 밤의 지낼 곳을 찾는 나그네 같이 취급하고 있으며, 끊임없이 우리의 기억에 머물러 두지 않으면 안 될 분을 잠시 머물 방문객으로 생각하고 있다. 항상 마음에 두고 조금이라도 등한시 할 수 없는 십자가를 망각이라는 발로 더럽히고 있다. 당신의 양심은 그것을 사실이 아니라고 말할 수 있는가? 당신 자신이 예수님을 잊어버리는 것이 쉽다고 생각하지 않는가? 무엇이 당신의 마음을 빼앗아 갔으며, 어찌하여 당신은 애정을 쏟아야 할 분을 본체도 하지 않는가? 당신의 눈을 계속하여 십자가에 고정시켜야 할 때에 이 세상의 일이 당신의 집중력을 빼앗아 간다. 이 세상의 끊임없는 혼잡과 그리고 이 세상의 물건들이 계속하여 주의를 끌기 때문에 영혼이 그리스도에게서 떠나간다. 기억의 독초를 간직하는 반면에 샤론의 장미는 말려 버린다. 우리는 결코 잊지 말아야 할 하늘의 물망초를 마음에 묶어 매어서, 다른 일은 잊을지라도 사랑하는 예수님을 확실하게 붙잡고 있어야 한다.

4월 26일 저녁

234. "깨어있는 자는 복이 있도다"(계 16:15)

"나는 날마다 죽노라"(고전 15:31)고 사도 바울은 말하였다. 이것이 초대 기독교인들의 생활이었다. 저들은 생명을 걸고 어디든지 갔다. 우리는 오늘날 저들과 같이 무서운 박해를 통과하도록 부르심을 받지는 않았다. 만일 그렇다면 주님께서는 시험을 견딜 수 있도록 은혜를 주실 것이다. 그러나 현재의 그리스도인의 삶은 표면적으로는 그렇게 무서운 것으로 보이지 않지만, 초대 그리스도인의 시험보다는 훨씬 쉽게 우리를 넘어뜨린다. 만약 우리가 세상의 냉소에 견디어야 한다면 그것은 그리 어렵지 않다. 세상의 속삭이는 말, 감언이설, 아첨, 위선들이 오히려 더 힘든 것이다. 우리의 위험은 스스로 부자가 되고 교만하고 이 세상의 악을 본받아 따라가며 믿음을 잃어버리는데 까지 이르는 것이다. 만약 이 세상의 부가 시험이 되지 않을지라도 이 세상의 염려는 마음이 쓰이는 강한 적이다. 만약 우리가 우는 사자에게 찢기지 않을지라도 곰에게 밟혀서 목숨을 잃을지도 모른다. 마귀는 그 어느 쪽이든 상관하지 않을 것이다. 마귀는 우리가 그리스도에 대한 사랑을 잃고 주 안에 있는 우리의 확신이 꺾인다면 그 목적을 달성하는 것이다. 나는 그리스도의 교회가 저 환란의 시대보다도 오히려 이 부드러운 비단 같은 시대에 우리의 절개를 더 잃기 쉬운 것 같아 두렵다. 우리는 깨어 있어야 한다. 왜냐하면, 우리는 마치 미술의 나라를 횡단하는 것 같기 때문이다. 예수님에 대한 믿음이 실제적이지 못하고 또한 예수님에 대한 사랑이 불타지 않는다면 우리는 곧 졸음에 빠져서 파멸을 초래하기 쉽기 때문이다. 이 안일한 시대에 많은 사람들은 알곡이 되기보다는 오히려 가라지가 되기 쉽다. 위선자는 아름다운 가면을 쓴다. 그러나 살아계신 하나님의 자녀는 그렇지 않다. 주 안에 있는 자여, 지금 이 시대에는 경계도 열정도 불필요한 것이라고 생각해서는 안 된다. 당신에게 있어서 현재처럼 이것들을 필요로 하는 시대는 없다. 원하기는 전능하시고 영원하신 하나님께서 당신 위에 역사하시도록 부르짖기를 바란다. "우리를 사랑하신 이로 말미암아 우리는 이 모든 일에 대하여 이김을 얻고도 남음이 있도다"(롬 8:37).

4월 27일 아침

235. "하나님 곧 우리 하나님이 우리에게 복을 주시리로다"(시 67:6)

우리가 하나님께서 주시는 영적인 복을 대부분 거의 사용하지 않는다는 것은 놀랄만한 사실이다. 더욱 이상한 것은 우리가 하나님 자신을 활용하지 않고 있는 것이다. 하나님은 "우리 하나님"이신데 우리는 하나님에게 마음을 향하는 일이 적고 구하는 일도 매우 적다는 것이다. 우리가 주님의 손아래에서 그분의 지혜를 구하는 일이 얼마나 드문가? 우리는 얼마나 자주 그분의 인도하심을 구하지 않고 각자의 생각대로 일을 처리하고 있지 않는가? 어려움에 직면할 때 무거운 짐을 주님께 맡기려고 하지 않고 항상 우리 스스로 그 무거운 짐을 지려고 하지 않는가? 우리는 고의로 주의 도우심을 바라지 않는다. 왜냐하면, 주님께서는 언제나 "영혼아, 나는 너의 것이다. 와서 원하는 대로 나를 사용하여라. 너는 나의 창고에 자유롭게 드나들 수 있다. 자주 오면 올수록 나는 더 환영한다"고 말씀하시기 때문이다. 하나님의 부요함을 자유롭게 사용하지 않는 것은 단지 우리의 책임이다. 당신은 그러한 위대한 친구를 찾고 있고 주님은 당신을 환영하신다. 그러므로 날마다 필요한 것을 주님으로부터 꺼내어 사용하라. 당신이 도움을 얻기 위해 갈 수 있는 하나님을 소유하는 한 당신은 결코 부족함을 느끼지 않을 뿐 아니라 당신을 붙드시는 하나님이 있는 한 결코 두려움이나 실망에 빠지는 일은 없다. 당신의 보화의 창고에 가서 필요한 것을 모두 가져오라. 하나님을 당신의 모든 것으로 하는 일을 배우라. 하나님께서는 당신에게 모든 것을 주신다. 그러므로 당신의 하나님을 이용할 것을 권한다. 기도에 있어서 그를 이용하라. 시시때때로 하나님 앞에 가라. 그분은 당신의 하나님이시다. 왜 당신은 이 큰 특권을 사용하지 않는가? 하나님의 보좌에 달려가 필요한 모든 것을 호소하라. 모든 경우에 믿음으로 말미암아 하나님을 끊임없이 사용하라. 만약 어둠의 환경이 당신을 가두어 두면 당신의 하나님을 태양으로서 사용하라. 만약 강한 적이 당신을 침공한다면 여호와를 방패로 삼아라. "그는 그 백성의 해요 방패시라"(시 84:1). 만약 당신이 인생의 미로에서 길을 잃었다면 그를 인도자로 사용하라. 그는 당신의 안내자이시다. 당신이 무엇이든 또 어디에 있든지 하나님은 당신이 구하는 그것이요, 당신이 구하는 그 장소에 계셔서 당신이 필요한 모든 것을 하실 수 있는 분이라는 것을 항상 기억하라.

236. "여호와께서는 영원무궁토록 왕이시니"(시 10:16)

예수 그리스도는 신의 권리를 주장하시는 전제적 왕이 아니시다. 물론 그는 모든 의미에서 참으로 하나님으로부터 기름부음을 받으신 왕이시다! "하나님은 그 뜻을 따라 아들 안에 모든 충만한 덕을 채우사"(골 1:19), 예수님에게 모든 능력과 권위를 주셨다. 인자로서 그분은 교회의 모든 것에 있어서 머리이시며, 또한 생명과 죽음의 열쇠를 가지고 하늘과 땅과 지옥을 지배하신다. 어떤 왕들은 백성들에 의해 왕이라 불리게 됨을 기뻐한다. 그리고 예수 그리스도께서 그의 교회와의 관계에서 그것은 확실하다. 만약 교회 안에서 그분이 왕이 되시는 것에 관해 투표로 묻는다면 모든 믿는 자의 마음은 그분을 왕으로 모실 것이다. 오, 현재 그분을 왕으로 모시고 있는 것보다도 더 빛나도록 그분을 왕으로 모실 수 있다면 얼마나 좋겠는가! 우리는 그리스도의 영광을 나타내기 위하여 그 어떠한 희생도 아끼지 않기를 원한다. 만약 우리가 그의 머리에 더욱 빛나는 왕관을 드려 사람과 천사들 앞에서 그의 영광을 더욱 빛낼 수만 있다면, 우리의 고난은 기쁨이요, 우리의 손실은 유익이 될 것이다. 그렇다! 그분은 우리를 통치하시는 분이시다. 왕이시여, 영원토록 이러하기를 원하나이다! 만세, 왕이신 예수여! 주님을 사랑하는 깨끗한 영혼이여, 가서 그분의 발 앞에서 그를 경배하며, 그의 가시는 길에 당신의 사랑의 백합과 감사의 장미를 뿌리자. "왕관을 드려 그를 만유의 주로 경배하라!" 우리의 주 예수님께서는 정복자의 권리를 가지신 시온의 왕이시다. 그분은 그의 백성의 마음을 공략하며 저들을 잔인하게 종으로 지배하고 있는 대적을 파멸로 이끄셨다. 우리의 구속주는 그 자신의 피의 홍해에서 우리의 죄라는 바로왕을 익사케 하였다. 그분이 우리의 왕이 되심은 당연하지 않은가? 그분은 우리를 율법의 쇠사슬에와 가혹한 저주님으로부터 구출하였다. 우리를 해방시킨 분께서 왕위에 오르는 것이 당연하지 않은가? 우리는 그의 것이니, 그분께서 그의 검과 활로써 적의 손아귀에서 우리를 구하셨도다. 그 누가 그분의 손에서 승리를 빼앗을 것인가? 우리는 당신님의 고귀한 통치를 기뻐하옵나이다. 사랑하는 평강의 왕이시여, 우리의 마음속에서 영원토록 다스리소서!

237. "주의 종에게 하신 말씀을 기억하소서. 주님께서 나로 소망이 있게 하셨나이다"(시 119:49)

당신이 어떠한 특별한 요구가 있다 할지라도 당신은 이것에 적합한 약속을 성경에서 쉽게 발견할 수가 있다. 당신이 가는 길이 험하여서 힘이 빠지고 약해짐을 느끼며 지치는가? 그러면 여기에 당신을 향한 약속의 말씀이 있다. "주는 약한 자에게는 힘을 주신다"(사 40:29). 당신이 이 약속을 다 읽었다면 그것을 가지고 약속을 하신 위대한 분에게 가지고 가서 그 약속의 실행을 요구하라. 당신은 그리스도를 갈망하여 그분과 더 친밀한 교제를 원하는가? 이 약속은 당신에게 별과 같이 빛난다. "의에 주리고 목마른 사람들은 복이 있나니, 저들은 배부를 것이다"(마 5:6). 이 약속을 계속하여 그분의 보좌로 가지고 가라. 다른 것을 탄원하지 말고 끈기 있게 계속해서 하나님에게 가서 "주여 당신은 이처럼 말씀하셨습니다. 말씀대로 하여 주소서"라고 말하라. 당신이 죄 때문에, 불법의 무거운 짐 때문에 고생하고 있는가? 그러면 이 말씀에 귀를 기울여라. "오직 나만이 너의 허물을 소멸한다. 나는 너의 죄를 마음에 두지 않는다"(사 43: 25). 당신에게는 죄의 용서를 구할 자격이 조금도 없지만, 기록된 하나님의 약속에 의지하여 탄원하라. 그리하면 하나님께서 실행하실 것이다. 당신은 최소한 자신을 하나님의 자녀로 생각하고 있었는데 언젠가 버림을 당하여 세상 끝 날에 온전하게 되지 못할까 봐 두려워하는가? 그러면 다음의 은혜의 말씀을 가지고 보좌로 나아가라. "산들은 떠나며 작은 산들은 옮길지라도 나의 인자는 네게서 떠나지 아니하며 화평케 하는 나의 언약은 옮기지 아니하리라"(사 54:10). 만약 당신이 구주의 임재의 기쁨을 잃어버리고 슬픈 마음을 품고 그분을 찾는다면 다음의 약속을 생각하라. "나에게 돌아오라. 나는 너희에게 돌아가리라"(말 3:7). "나는 잠시 너희를 버렸지만 큰 긍휼로서 너희를 모으리라"(사 54:7). 하나님의 말씀으로 당신의 믿음을 채우라. 당신의 두려움과 필요가 어떠하든지 당신의 아버지이신 하나님의 약속 어음을 가지고 믿음의 은행으로 가서 이렇게 말하라. "원하기는 주의 종에게 말씀하신 것을 기억하여 주소서. 주님께서 나로 소망을 갖도록 하셨나이다."

4월 28일 저녁

238. "이스라엘 족속은 이마가 굳고 마음이 강팍하여"(겔 3:7)

여기에 예외는 없는가? 없다. 단 한사람도 그 예외가 없다. 하나님의 총애를 받은 민족에게 이렇게 기록되어 있다. 최선의 민족이 이와 같이 악하다면 최악의 경우는 어떠할까? 나의 마음이여, 이 보편적인 비난 속에서 얼마만큼 당신이 동의하는지 생각해 보라. 그리고 당신은 죄에 대한 당신의 부끄러움을 받아들일 각오를 하라. 먼저, 첫째의 비난은 이마가 굳은 일이다. 즉 이마가 굳어서 교만한 영을 갖고 있으며 거룩한 부끄러움을 알지 못하고 악에 대하여 무감각하다. 나는 회심하기 이전에는 죄를 지어도 양심에 가책을 느끼지 않았고 나의 죄에 대하여 남에게 말을 들어도 오히려 교만하였다. 그리고 죄의 고백을 해도 이것 때문에 굴욕을 느끼는 일도 없었다. 죄인이 하나님의 집에 가서 기도하며 찬양하는 척하는 일은 가장 악질적으로 건방진 무례함을 보여주는 것이 아닌가! 아, 나는 거듭난 이후에도 하나님 앞에서 나의 주님을 의심하여 그의 임재 앞에서 뻔뻔스럽게 투덜대며 예의 없는 태도로 그분을 예배하고, 죄를 짓고도 탄식하며 슬퍼하는 일이 없지 않았는가! 만약 나의 이마가 완악하지 않았다면 나는 좀 더 거룩한 두려움을 갖고 더욱 깊은 회개의 영을 가졌을 것이다. 화있을진저, 나는 이스라엘 족속의 한 사람 같이 이마가 굳다. 둘째 비난은 강퍅한 마음이다. 이점에서도 나는 감히 무죄를 주장할 수가 없다. 일찍이 나는 돌 같은 마음 외에 아무것도 없었다. 그리고 은혜로 인하여 나는 이제 새롭고 부드러운 마음을 갖고 있지만, 이전의 강퍅한 것이 아직도 남아있다. 예수님의 죽음으로 인하여 당연히 받아야 할 영향을 나는 아직 받고 있지 못하며, 친구의 파멸과 이 세상의 악함 또 나에 대한 하나님의 징계, 그리고 나 자신의 실패로 인하여 당연히 마음을 움직여야 하는데 나는 아직도 움직이지 않고 있다. 아! 나는 다시 한 번 더 구주의 고난과 죽음을 되새기면서 나의 마음이 부드럽게 되기를 바란다. 하나님이여, 내 속에 있는 돌 같은 마음, 이 가증스러운 죽음의 몸을 제거할 수 있다면 주의 이름을 찬송하리로다! 이 병은 불치병이 아니다! 구주의 보배로운 보혈은 모든 것에 있어서 유효하다. 그리고 그것은 나를 효과적으로 부드럽게 하여 나의 마음을 마치 불 앞에 있는 양초와 같이 녹인다.

4월 29일 아침

239. "재앙의 날에 주는 나의 피난처이시니다"(렘 17:17)

그리스도인이 길에는 언제나 태양만 비추는 것은 아니다. 때로는 어둠도 있고 폭풍도 있다. 참으로 하나님의 말씀에는 "그 길은 즐거운 길이요, 그 여정은 다 평안하다"(잠 3:17)고 기록되어 있다. 이것은 위대한 진리요, 종교는 사람에게 천상의 기쁨만 아니라 지상의 행복도 주는 것이라고 생각한다. 그러나 "의인의 길은 아침의 돋는 햇빛 같아서 더욱더 빛을 더하여 대낮이 된다"(잠 4:18)고 할지라도 경험에 있어서는 때때로 그 빛이 흐려질 때가 있다. 어느 기간 동안 구름이 믿는 자의 태양을 덮어 믿는 자는 어둠 속을 걸으며 전혀 빛을 보지 못하는 일이 있다. 잠시 동안 하나님의 임재를 기뻐한 많은 사람들이 있다. 그들은 믿는 자가 되었을 때 햇빛을 충분하게 받으며 "쉴만한 물가에 있는 푸른 초장"(시 23:2)을 따라서 걷기도 하였다. 그러나 갑자기 그들은 맑은 하늘이 구름에 덮이는 것을 발견하고 고센 땅 대신에 사막의 광야를 건지 않으면 안 되었다. 단물이 나오는 장소에서 좋지 않은 냇물이 흘러서 그들은 그 쓴 물을 맛보고 "만약 내가 하나님의 자녀라면 이런 일은 결코 일어날 수 없다"고 말한다. 아, 어둠의 길을 걷는 자여, 그런 말을 해서는 안 된다. 훌륭한 하나님의 성도는 쓴 잔을 마시지 않으면 안 된다. 하나님의 가장 사랑하시는 자녀는 십자가를 지지 않으면 안 된다. 그리스도인은 누구나 번영만을 즐거워하는 것이 아니다. 믿는 자는 항상 그의 거문고를 버드나무 가지에 걸어두지는 않는다. 아마 당신이 약하고 소심하였기 때문에 주님께서는 처음에 당신에게 잔잔하고 양지바른 길을 허락하였을 것이다. 주님은 털을 깎은 어린 양에게 강한 바람이 불지 않도록 가라앉히신다. 그러나 지금은 당신이 영적 생활에서 강건하게 되었으므로 하나님의 성장한 자녀로서 성숙하고도 고된 경험에 들어가지 않으면 안 된다. 우리는 자기의 믿음을 단련하고 자기 의존의 부패한 가지를 제거하고 더욱 확실하게 그리스로 안에서 뿌리를 박기 위하여 우리는 바람과 폭풍우를 필요로 한다. 재난의 때가 우리에게 우리의 빛나는 소망의 가치를 나타나게 한다.

4월 29일 저녁

240. "여호와께서는 자기 백성을 기뻐하시며"(시 149:4)

예수님의 사랑은 그 얼마나 크고 넓은 사랑인가! 그의 백성의 관심거리에 그분께서 마음을 쓰지 않는 것이 없고, 그의 백성의 행복에 관해서 그가 중요하지 않게 생각하는 것이 없다. 믿는 자여, 그분은 단순히 당신을 멸망치 않을 자로 생각하고 있을 뿐만 아니라 죽을 자로서도 생각하고 있다. 그것을 부정하며 의심해서는 안 된다. "당신의 머리털까지도 다 세시는 것이다"(마 10:30). "사람의 걸음은 여호와로 말미암아 정해져 있고 주님께서는 그 길을 기뻐하신다"(시 39:23). 이 사랑의 겉옷이 우리들의 모든 근심거리를 덮어주지 않았다면 그것은 우리에게 슬픈 일이 될 것이다. 왜냐하면, 우리들의 사업의 일부가 은혜 깊은 주님의 관심에서 빠져 있다면 어떠한 불행이 우리에게 닥칠지 알 수 없지 않은가! 믿는 자여, 평안한 마음을 가져라. 예수님의 마음은 당신의 극히 작은 일상생활까지 마음을 쓰고 계신다. 그의 따뜻한 사랑의 범위는 이렇게 넓으므로 당신은 모든 일을 그에게 호소해도 좋다. 그는 당신의 모든 불행을 고민하시며 아버지가 아들을 불쌍히 여기듯이 그렇게 당신을 불쌍히 여기신다. 하나님의 아들의 넓은 가슴에는 그의 모든 성도의 일상생활의 관심이 들어있다. 오, 그의 모든 백성의 각양각색의 잡다하고 셀 수 없는 관심거리가 다 기억되어 있고 이해되어져 있지 않은가! 오 그리스도인이여, 당신은 그리스도의 사랑을 다 측량할 수 있는가? 그의 사랑이 당신에게 무엇을 가져왔는지 생각하라. 당신은 의롭다함을 받았으며, 자녀가 되었고, 성화되었으며, 그리고 영원한 생명을 받은 것이다. 그의 선하신 부요함은 측량할 길이 없다. 당신은 결코 그것을 말로 다할 수 없고 그것들을 마음에 그릴 수조차 없을 것이다. 오, 그리스도의 사랑의 넓음이여! 우리는 그와 같은 사랑에 대하여 자신의 마음을 절반이라도 드리는가? 그러한 사랑의 보답으로 차가운 사랑을 보이는 것이 과연 옳은 것인가? 예수님의 놀랄만한 자비와 따뜻한 마음에 우리는 희미한 반응과 마지못해 감사를 드리고 있지는 않는가? 오, 나의 영혼이여, 당신의 수금을 감사로 넘치는 기쁨의 노래에 맞추어라! 기쁨에 넘쳐서 휴식하라. 왜냐하면, 당신은 의지할 곳 없는 유랑객이 아니고 사랑을 입은 하나님의 자녀요, 주님에 의해 마음에 기억되고 공급되어지고 보호하심을 받고 있기 때문이다.

241. "이스라엘 자손이 다 원망하며"(민 14:2)

옛적에 이스라엘 진영에 불평이 있었던 것처럼 지금도 그리스도인들 중에 불평이 있다. 저들에게 채찍이 가해지면 환란의 때를 저주한다. 저들은 질문하기를, "왜 나는 이런 고난을 당할까? 나는 어떤 악한 일을 하였기에 이와 같은 벌을 받을까?"라고 불평하는 자여! 들으라, 왜 하나님 아버지의 권고하심을 원망하는가? 그분께서 당신을 더 가혹하게 취급할 수도 있지 않은가? 당신은 일찍이 얼마나 하나님에게 반항하였는가? 그러나 하나님은 당신을 용서하지 않았는가! 만약 하나님께서 그 지혜로 말미암아 당신을 징계하는 것이 옳다고 생각하신다면 당신은 확실히 불평해서는 안 된다. 결국, 당신은 자기의 죄에 합당한 엄벌을 받고 있지 않은가? 당신 마음속에 있는 부패를 생각해 보라. 그러면 그 부패가 제거되기 위하여 얼마나 많은 채찍이 요구되는지 이해하겠는가? 당신 자신을 저울에 달아서 자신의 금 가운데 얼마나 많은 양의 불순물이 포함되어 있는지 측정해 보아라. 그러면 그 많은 불순물을 정결케 하기 위하여 풀무불이 너무 뜨겁다고 당신은 생각하는가? 당신의 교만하고, 반항적인 정신은 당신의 마음이 전혀 깨끗하지 않다는 것을 증명하고 있는 것이 아닌가? 그 불평의 말은 하나님의 자녀들의 거룩하고 순종적인 성품에 위반되는 것이 아닌가? 그 교정이 필요하지 않을까? 그러나 당신이 만약 그 징계에 대하여 불평한다면 불평하는 자에게는 심한 벌이 내려질 것을 기억하라. 하나님은 처음의 채찍을 인내하며 참지 않는 자녀에게는 언제나 다시 징계를 가하는 것이다. 그러나 다음의 한 가지 일을 기억해라. "그는 마음에서부터 고난당하게 하는 일을 하시지 않으신다"(애 3:33). 그분의 모든 교정은 사랑으로부터 나왔고 당신을 거룩하게 하며 또한 그에게 더욱 가깝게 하기 위함이다. 만약 그 징계가 아버지로부터 온 것을 인정한다면 확실히 그 징계를 그대로 받아들여야 한다. "주는 사랑하는 자를 징계하시고 그가 받아들이시는 아들마다 채찍질하심이라 하였으니 당신이 연단으로써 인내하면, 하나님은 당신을 아들로서 취급하신다"(히 12:6-7). "그들 가운데 어떤 사람들이 원망하다가 멸망시키는 자에게 멸망하였나니 너희는 그들과 같이 원망하지 말라"(고전 10:10).

4월 30일 저녁

242. "하나님이여 주의 생각이 내게 어찌 그리 보배로우신지요" (시 139:17)

하나님의 전지하심은 불신앙인의 생각에는 아무런 위로를 주지 않지만, 하나님의 자녀들에게는 넘치는 위로를 준다. 하나님은 향상 우리의 일을 생각하시며 항상 그의 눈앞에 우리를 두신다. 이것은 우리가 정확하게 원하는 것이다. 왜냐하면, 비록 한순간이라도 하나님 아버지의 눈에 띄지 않는 곳에 사는 것은 우리에게 있어서 두려운 일이기 때문이다. 하나님의 생각은 언제나 온유하며 사랑에 부요하고, 지혜로우시며 사려가 깊고 광범위하기에 셀 수 없는 유익한 것을 우리에게 가져온다. 따라서 그런 것을 생각하는 것은 무엇보다 기쁜 일이다. 주님은 항상 자기 백성의 일을 생각하고 계신다. 그러므로 그분의 선택이 있고 저들의 구원을 가져오는 은혜의 언약은 보증되어 있다. 하나님은 장래에도 항상 저들의 일을 생각하신다. 그러므로 저들은 최후까지 붙들린바 되며 안전하게 최후의 안식에까지 인도함을 받을 것이다. 우리들이 방황할 때도 항상 영원한 파수꾼의 끊임없는 시선이 우리 위에 부어져 있으며, 우리는 목자의 눈에 띄지 않는 곳에서 결코 방황하는 일이 없다. 우리가 슬픔에 잠길 때에도 하나님께서는 끊임없이 우리를 지켜보시며 우리가 겪는 고통의 작은 부분까지도 그의 주의하심 속에 있는 것이다. 우리가 수고할 때도 우리들의 모든 피곤함에 마음을 쓰시며, 그의 성실한 자녀들의 모든 싸움을 그의 책에 기록하신다. 주님의 이런 모든 생각은 우리가 걷는 모든 길에서 우리를 감싸 안으시고, 우리 존재의 가장 깊은 곳까지 통찰하여 주신다. 우리 몸의 조직인 신경, 근육, 판막, 혈관 하나라도 돌보시지 않는 것이 없다. 모든 세밀한 곳까지도 위대하신 하나님께서 살피시고 계신다. 사랑하는 자여, 이 모든 것이 당신에게 있어서 보배로운 일이 아닌가? 그렇다면 그것을 확실하게 붙들어라. 어리석은 철학자에게 미혹되어 비인격적인 신과 독립적으로 존재하여 스스로 지배력을 가진다는 생각에 결코 빠져서는 안 된다. 주님은 살아계셔서 우리들의 일을 생각하신다. 이 진실은 너무나 귀중하기에 쉽게 빼앗겨서는 안된다. 고귀한 사람에게 알려진다는 것은 매우 값진 일이며 그렇게 된다면 자신에게 행운이 열렸다고 생각한다. 그러나 왕의 왕이 되신 분께 나의 존재가 알려진다면 그 얼마나 멋진 일인가! 주님께서 우리를 생각하고 있다면, 모든 것이 좋으며 우리는 영원히 기뻐하리라.

5월의 묵상

243. "뺨은 향기로운 꽃밭 같고 향기를 발하도다"(아 5:13)

보라, 이제 꽃들이 피어나는 오월이 왔다! 삼월의 바람과 사월의 봄비는 그들의 임무를 다하였고, 땅은 그 모든 아름다움으로 단장하고 있다. 오라, 나의 영혼이여, 신령한 옷을 입고 영감의 꽃다발을 모으기 위하여 앞으로 나아가자. 너는 어디로 가야 할지 알고 있다. 그것은 "향기로운 꽃밭"이 있는 곳을 너는 잘 알고 있기 때문이다. 너는 "향기로운 꽃들"의 향기를 때때로 맡고 있기 때문에 곧 너의 사랑하는 자에게 가서 그에게서 모든 사랑과 기쁨을 발견할 것이다. 일찍이 그의 뺨은 용서 없는 채찍으로 맞아 때때로 동정의 눈물에 젖었고 또한 침 뱉음을 받아서 더럽혀졌다. 그러나 그 뺨에 긍휼의 미소를 보는 것은 나의 마음에 향기 진한 꽃과 같이 느껴진다. 당신님은 부끄러움과 침 뱉음 당할 때에 얼굴에 숨기지 않으셨습니다. 오 예수님! 당신님을 찬양하는 것이 나에게 있어서는 무한한 기쁨이옵나이다.

그 두 뺨은 슬픔의 쟁기로 패여져 있고 가시관을 쓴 이마에서 흘러내리는 피 때문에 붉게 물들어 있다. 이와 같은 무한한 사랑의 표시는 최고로 질이 좋은 향료보다도 더 귀하여 나의 영혼은 매료되지 않을 수가 없다. 비록 그의 얼굴 전부를 볼 수 없을지라도 나는 그의 뺨을 보고 싶다. 왜냐하면, 그를 한순간 조금 보는 것조차도 나의 영혼에 무한한 힘을 주며 많은 기쁨을 맛볼 수 있기 때문이다. 예수님 안에서 향기를 얻을 뿐 아니라 향기로운 꽃밭을 발견하여 꽃 하나가 아니라 모든 종류의 향기 좋은 꽃들을 본다. 그분은 나에게 있어서 장미요, 백합이요, 내 마음의 위로요, 나의 치유의 향유이다. 그분께서 나와 함께 있을 때 일 년 내내 그 모두가 오월의 계절이다. 나의 영혼은 그분의 은혜로운 아침 이슬 속에 행복한 얼굴을 씻고, 그의 약속의 새 소리에 귀를 기울여 스스로 위로한다. 영화로우신 주 예수님, 친밀한 사귐의 축복을 진심으로 알게 하소서. 나는 가난하고 가치가 없는 존재임에도 당신님은 나의 빰에 입술을 맞추셨습니다! 오, 원하오니 나도 당신님에게 나의 입술을 맞추어 갚을 수 있게 하소서.

5월 1일 저녁

244. "나는 샤론의 장미이다"(아 2:1)

자연세계에 그 어떤 아름다움이 있다 할지라도 예수 그리스도는 영적 세계에 있어서 그 모든 것보다 비교할 수 없는 아름다움을 갖추고 있다. 꽃 가운데에서 장미는 가장 아름다운 것으로 간주되나, 영혼의 화원에서 예수님의 아름다움은 이 땅의 화원에서 장미의 아름다움보다 무한할 정도로 훨씬 아름답다. 만인 가운데 있어서 그분은 가장 아름다운 것으로 첫 번째 자리를 차지한다. 그분은 태양이요, 그 이외의 것은 모두 별이다. 그분에 비하면 하늘은 오히려 낮으며, 대낮의 빛도 어둡다. 왕은 그 아름다움에 있어서 모든 것 위에 뛰어나기 때문이다. 그분께서는 "나는 샤론의 장미"라고 하였다. 이것은 장미 중에서 가장 최상의 것이고 가장 진귀하다. 예수님은 그냥 장미가 아니라 "샤론의 장미"이시다. 이것은 마치 그가 자신의 이름을 정금이라 부르고 거기에 덧붙여 "오벨의 정금 – 최상의 것 가운데 최상의 것"이라고 부르는 것과 같은 것이다. 그분은 참으로 아름답고 비길 데 없이 가장 아름답다. 그분의 매력에는 다양한 것이 있다. 장미는 눈에 아름답고 그 향기는 상쾌하고 신선하다. 그와 같이 영혼의 모든 감각은 그것이 미각이든 촉각이든, 청각, 시각 또는 영적 감각이든 예수님에게서 그 모든 것의 만족을 발견한다. 그분의 사랑을 회상하는 것조차도 감미롭다. 샤론의 장미의 꽃잎 하나하나를 취하여 그것을 기억의 항아리에 넣어 따로 보관하라. 그러면 그 하나하나의 꽃잎이 언제까지나 향기를 풍기며 방안을 꽃향기로 가득하게 채운다는 것을 알게 될 것이다. 그리스도께서는 가장 잘 훈련된 영혼에게도 최고의 수준까지 만족을 주신다. 향료에 대하여 가장 높은 질의 향을 아는 자도 장미에는 아주 만족한다. 그리고 영혼이 참된 맛의 최고의 정점에까지 도달할 때에도 여전히 그리스도에게 만족할 것이다. 아니, 그때에 오히려 더욱 그리스도의 참된 가치를 인정할 수 있을 것이다. "하늘"에서도 샤론의 장미보다 더 나은 것은 없다. 그분의 아름다움을 충분하게 나타낼 수 있는 그 어떤 표현이나 상징이 있을 수 있을까? 인간의 말 따위나 세상의 그 어느 것으로도 그분을 표현할 수가 없다. 이 땅 위의 가장 훌륭한 아름다움을 다 모은다고 한들 그의 충만한 고귀함을 조금이나마 묘사할 수 있을까? 보배로운 장미여, 나의 마음에 영원토록 피소서!

5월 2일 아침

245. "내가 비옵는 것은 저희를 세상에서 데려가시기를 위함이 아니요"(요 17:15)

모든 믿는 자에게는 하나님께서 정하신 때에 위대하고 축복에 가득 찬 일이 일어난다. 그것은 예수님과 함께 있기 위하여 "하늘"에 가는 일이다. 지금 "믿음의 선한 싸움"(딤전 6:12)을 싸우는 주의 군사들은 잠시 후 싸움을 마치고 주님과 함께하는 기쁨에 들어갈 것이다. 그리스도는 그의 백성이 최후에 그와 함께 있는 일을 기도하셨지만, 저들을 곧바로 데려다가 하늘 위로 옮겨지도록 기도하지는 않으셨다. 그는 하나님의 백성이 이 세상에 머무는 것을 소원하였다. 여행에 피곤한 순례자들은 때때로 "오, 비둘기와 같이 날개를 가졌으면 좋겠다. 그러면 나는 날아서 안식에 들어갈 것이다"(시 55:6)라고 기도하는데, 그리스도는 그와 같이 기도하지 않으셨다. 그리스도께서는 우리를 아버지 하나님의 손에 맡기셨다. 우리는 완전히 익은 곡식과 같이 성숙해질 때 주인의 곳간에 거두어질 것이다. 예수님은 우리가 즉시 죽어서 천상에 옮겨지도록 기도하지 않았다. 왜냐하면, 육체 안에 있는 일이 우리를 위하여 유익이 없을지라도 다른 사람을 위하여 필요하기 때문이었다. 그는 우리가 악으로부터 지켜지기를 원하셨다. 그러나 우리가 충분한 성장을 이루기까지는 영광의 재산을 상속하기를 결코 원하지 않으셨다. 그리스도인은 어떤 어려움에 직면하면 죽고 싶어한다. 그 이유는 "주님과 함께 있고 싶어서"라고 대답한다. 우리는 저들이 주님과 함께 있기 위함이 아니라 차라리 어려움을 제거하기를 원하는 것이 아닌가 생각되기도 한다. 만일 그렇지 않다면 저들은 시련에 직면하지 않을 때에도 죽고 싶어 해야 하는 것이 당연하기 때문이다. 저들이 집에 돌아가기 원하는 것은 구주와 함께 있고 싶어함이 아니고 안식을 위함이다. 만약 우리가 바울과 같이 이 세상을 떠나서 그리스도와 함께 있는 것이 훨씬 바람직하여 이 세상을 떠난다고 하면 옳다. 그러나 단지 어려움에서 도피하고자 하는 것이라면 그것은 이기적인 소원이다. 차라리 주님께서 허락하시기까지 이 땅에 머물러 당신의 삶을 통하여 주님의 영광을 나타내고 증거하기에 힘쓰면서, 그것이 아무리 힘들고 고통스럽고 지친다 할지라도 주님께서 "그것으로 충분하다"고 말씀하실 때까지 기다려야 하지 않겠는가!

5월 2일 저녁

246. "이 사람들은 다 믿음을 따라 죽었으며"(히 11:13)

우리 주님께서 오시기 전에 이미 땅속에서 잠자고 있는 모든 성도들의 묘비명을 살펴보라! 저들이 어떻게 죽었는지 또한 오래 살았는지 아니면 비명의 죽음이 있었는지는 문제가 되지 않는다. 그러나 오직 한 가지 점에 있어서 저들은 일치하고 있다. 그것은 "이 사람들은 다 믿음을 따라 죽었다"라는 가장 가치 있는 기록이다. 저들은 모두 믿음에 따라서 살았다. 믿음은 저들의 위로와 인도하심이었고, 동기와 붙드심이었다. 그리고 살아 있을 때에 주어진 영적인 은혜 안에서 저들은 죽었다. 저들은 오랫동안 감미로운 선율 안에서 생명의 노래를 끝마친 것이었다. 저들은 자기들의 육신과 성공 안에서 쉬면서 죽은 것이 아니었다. 처음에 하나님을 믿었을 때의 믿음에서 떠나지 않고 최후까지 믿음을 따라 걸었다. 죽든지 살든지 믿음 안에 있는 것은 매우 귀한 일이다. 믿음 안에서 죽는 일은 분명히 그 사람의 과거와 관계가 있다. 저들은 옛날에 주신 약속을 믿고 스스로의 죄가 하나님의 은혜로 말미암아 깨끗하게 되었다는 사실을 확신하였다. 또한, 믿음을 따라 죽는 일은 현재와 관계가 있다. 이 모든 성도들은 하나님에게 받아들여진 일을 확신하고 하나님의 사랑의 빛을 기뻐하며 하나님의 성실함 안에서 쉬었다. 믿음을 따라 죽는 일은 미래를 바라보는 일이다. 저들은 메시아가 반드시 오시는 일과 그리고 메시아가 마지막 날에 이 땅위에 나타나실 때 저들은 무덤에서 일어나 주님을 뵈올 것을 확신하면서 "그리스도 안에서 잠들었다"(고전 15:18). 저들에게 있어서 죽음의 고통은 더욱 나은 상태를 위한 해산의 고통에 지나지 않았다. 나의 영혼이여, 이 묘비에 새겨진 글을 읽고 용기를 내어라. 은혜를 통한 너의 인생의 경주는 믿음의 길이며 보이는 것이 너를 격려해 주는 것은 거의 없다. 이 길은 가장 빛나는 사람과 최선의 사랑이 통과한 길이다. 이 모든 일등급의 위대한 별들이 이 땅에서 빛나고 있었을 때 믿음이 항상 저들의 궤도에 있었다. 만약 당신도 그와 같은 궤도를 통과하고 있다면 행복하게 될 것이다. 이 밤, 믿음의 주가 되시고 완성자가 되시는 예수님을 다시 바라보자. 그리고 이제 영광 중에 있는 자들과 같이 보배로운 믿음을 당신에게 주신 주 하나님께 감사하라.

5월 3일 아침

247. "세상에서는 너희가 환난을 당하나"(요 16:33)

믿는 자여, 당신은 왜 그리해야 하는지 그 이유를 묻고 싶은가? 우러러

당신의 하나님 아버지를 보며 그 순결과 거룩함을 바라보라. 당신은 언젠가 그
와 같이 될 것이라는 것을 아는가? 당신은 쉽게 그와 같은 형상이 될 것인가?
당신은 정결케 되기 위하여 "환란의 풀무"(사 48:10) 속에서 연단될 필요가 없는
가? 당신의 부패성을 제거하고 "당신의 하늘 아버지가 온전하심 같이 온전하
게 되는 것"(마 5:48)이 과연 쉬운 일일까? 다음으로 그리스도인이여, 눈을 아래
로 향하라. 발아래 어떠한 원수가 있는지 알고 있는가? 당신은 일찍이 사탄의
종이었다. 어떤 왕이든지 그 신하를 기꺼이 내놓는 자는 없다. 사탄이 당신을
혼자 내버려 둘 것 같은가? 아니, 그는 항상 당신을 목표로 하고 있다. 사탄은
"우는 사자와 같이 삼킬 자를 두루 찾아 헤매고 있다"(벧전 5:8). 그러므로 주안
에 있는 자여, 눈을 발아래로 향할 때에는 어려움을 예상하라. 그리고 당신 주
위를 둘러보아라. 당신은 어디에 있는가? 당신은 원수의 나라에 있어 이방인이
요 나그네인 것이다. 이 세상은 당신의 친구가 아니다. 만일 세상이 당신의 친
구라면 당신은 하나님의 친구가 아니다. 왜냐하면, 세상의 친구는 하나님의 원
수인 것이다. 가는 곳마다 원수와 만나게 될 것을 각오하라. 잘 때에도 전쟁터
에서 쉬고 있다는 것을 생각하라. 걸을 때에도 나무 그늘에 숨어있는 군인이
있다는 것을 기억하고 주의하라. 모기는 그 동네 사는 사람보다도 나그네를 더
괴롭힌다는 속담이 있지만 그와 같이 이 땅 위의 시련은 당신에게 더욱 심할
것이다. 마지막으로 당신 자신의 속을 보고 마음속에 무엇이 있는지 점검해 보
아라. 죄와 자아가 아직도 그 속에 있지 않은가? 아, 만약에 당신을 유혹하는
마귀가 없고, 당신과 싸울 대적도 없고 당신을 미혹하는 세상이 없다 할지라도
당신은 여전히 자기를 괴롭히는 죄악을 발견하게 될 것이다. "마음은 만물보다
거짓되고 심히 부패한 것이라"(렘 17:9)고 기록되어 있기 때문이다. 그러므로 어
려움을 예상하라. 그러나 낙심해서는 안 된다. 하나님은 당신과 함께 하셔서
당신을 도우며 격려하신다. 하나님께서는 "그들이 환란 당할 때에 내가 그와
함께 하여 그를 건지고 영화롭게 하리라"고 말씀하셨다.

248. "큰 도움이시라"(시 46:1)

약속의 축복은 그냥 보기 위해 있는 것이 아니고 실제로 적용하기 위하여 있는 것이다. 주 예수님께서는 우리에게 현재 그것을 사용하라고 주셨다. 믿는 자여, 당신은 그리스도를 당연하게 사용하고 있는가? 어려움에 처해있을 때 당신은 왜 그분에게 모든 슬픔을 말하지 않는가? 그분이 동정하는 마음이 없으며 당신을 위로하지 않으며 건져줄 수 없다고 생각하는가? 아니, 당신은 친구를 찾아다니면서 자신의 사정을 말하지만, 당신의 가장 좋은 친구인 주님의 가슴에 그것을 말하려고 하지 않는다. 당신은 오늘 지은 죄로 인해 무거운 짐을 느끼고 있는가? 그렇다면 여기에 피로 가득한 샘이 있다. 성도여, 그것을 사용하라. 죄의 의식이 다시 떠오르려고 하는가? 예수님의 죄를 사하시는 은혜는 몇 번이고 반복하여 증명된다. 깨끗하게 되기 위하여 곧장 그분에게로 나아가라. 당신은 자기의 연약함에 탄식하며 슬퍼하는가? 그분이 당신의 힘이신데 왜 그에게 의지하지 않는가? 당신은 발가벗겨졌다고 느끼는가? 영혼이여, 여기로 와서 예수님의 의의 옷을 입으라, 서서 보기만 하지 말고 와서 그것을 입으라. 당신 자신의 의를 벗어버리고 두려움도 벗어버려라. 아름답고 흰 세마포를 입으라. 그것은 당신이 입도록 갖추어져 있기 때문이다. 당신은 질병이 있다고 느끼는가? 밤의 기도의 종을 울려서 사랑하며 치료하시는 하나님을 부르라! 그분께서는 당신에게 힘을 주는 보양제를 주실 것이다. 당신은 가난하다. 그러나 당신에게는 "매우 부요한 친척이 있다"(룻 2:1). 그럼에도 당신은 그분에게 가지 않겠다고 하는가? 그분은 당신에게 그와 공동의 상속인이라는 약속을 주어, 그의 모든 풍성함을 당신에게 주려고 하시는데 당신은 이것을 요구하지 않으려는가? 그분의 모든 존재와 소유물이 당신에게 유효한 것이다. 그분께서는 자기의 백성이 그것을 사용하지 않고 장식품으로 두는 것보다 싫어하는 것은 없다. 그분은 우리가 사용하기를 원하신다.

우리가 무거운 짐을 그의 어깨에 얹으면 얹을수록 그는 우리에게 더욱 보배로 우신 분이 되신다. 그러므로 우리는 그분에게 솔직하도록 하자. 우리의 베들레헴이 옛날의 시내산과 같이 되어서는 안 되듯이, 믿음의 후퇴를 하지 말아야 하며, 마음이 완고해지거나 마음이 냉랭해져도 안 된다.

5월 4일 아침

249. "인생이 어찌 신 아닌 것을 자기의 신으로 삼겠나이까 하리이다"
(렘 16:20)

옛날 이스라엘 사람들이 항상 범하였던 한 가지 큰 죄는 우상숭배였다. 그리고 영적 이스라엘인 우리도 곧잘 동일한 어리석음에 빠지는 경향이 있다. 사람들이 만들었던 그 옛 우상들은 거의 사라졌지만, 황금 송아지는 아직도 그대로 서 있으며 교만의 신전도 버림받지 않았다. 여러 모양으로 자아는 하나님의 택한 백성들을 그 지배 아래 두고 굴복시키려 하고 육은 조금만 틈이 생기면 자기의 제단을 쌓으려고 한다. 믿는 자는 때때로 자녀에 대한 맹목적인 사랑으로 죄를 범하게 되기도 한다. 그래서 주님은 우리가 정도 이상으로 자녀 사랑하는 것을 보고 마음 아파하신다. 압살롬이 다윗의 고민의 씨앗이었던 것같이 자녀들은 우리에게 고민의 씨앗이 되고, 또 그들이 없으면 우리들의 집은 적막에 덮이게 된다. 만약 그리스도인들이 베개 안에 가시를 넣은 것처럼 밤마다 잠을 자지 못하게 하려면 자녀들을 아주 많이 사랑하게 하면 된다. "그런 것은 우상이 아니다"라는 것은 실제적인 말이다. 왜냐하면, 우리들의 어리석은 사랑의 대상은 매우 의심스러운 축복이기 때문이다. 거기서 받는 위로는 위험한 것이고, 우리가 어려울 때 그들의 도움은 실제로 아주 적은 것이기 때문이다. 그렇다면 우리는 왜 헛된 것에 마음을 빼앗기는가? 돌 우상을 숭배하는 이교도들을 불쌍하게 보면서 자기 스스로는 황금의 우상을 예배하고 있다. 육신의 욕심으로 섬기는 우상과 나무로 만든 우상과의 차이는 과연 얼마나 될까? 그 근본원칙, 죄, 어리석음은 어떤 경우에도 똑같으며, 또 우리 의 경우에는 많은 빚을 지고 있으면서도 죄를 범하고 있기 때문에 그만큼 죄 가 더 깊은 것이다. 이교도는 거짓 우상 앞에 머리를 숙이지만, 저들은 참된 신을 알지 못한다. 우리는 살아계신 하나님을 버리고 더욱 우상에게 마음을 주는 이중의 죄를 범하고 있다. 주여, 우리 모두를 이 처참한 죄로부터 깨끗 케 하소서!

"내가 알고 있던 가장 좋아하는 우상,

그것이 무엇이든지 나를 도우셔서,

그것을 보좌에서 끌어내려 깨부수어 주시고,

오직 주님만을 경배하게 하소서."

5월 4일 저녁

250. "너희가 거듭난 것이 썩어질 씨로 된 것이 아니요 썩지 아니할 씨로 된 것이니"(벧전 1:23)

베드로는 흩어져 있는 성도들에게 열심을 다하여 "마음으로 뜨겁게"(벧 전 1:22) 서로 사랑할 것을 권고하였다. 그는 그 이유를 율법, 자연 또는 철학에 따라 구하지 않고 하나님께서 자기 백성에게 심어 놓은 숭고한 그분의 성품에 따라 구한 것은 현명한 것이었다. 왕자들의 현명한 가정교사는 그들의 지위와 혈통에 따라 저들에게 왕의 정신과 위엄을 기르도록 노력한다. 그와 같이 베 드로는 하나님의 백성들을 영광의 상속인, 왕의 혈통을 계승한 왕족, 왕의 왕 이신 분의 후손들, 이 땅의 가장 진실한 오랜 귀족으로 보면서 이렇게 말한다. "당신들이 서로 사랑하는 것을 보라. 왜냐하면 그것은 당신들의 고귀한 혈통 때문이다. 즉 당신들은 썩지 않을 씨에서 난 것이다. 그리고 당신들의 가정의 족보 때문이다. 당신들은 만물의 창조주인 하나님께서 주신 훌륭한 가정으로부터 내려왔기 때문이다. 그리고 당신들의 불멸의 운명 때문이다. 비록 육신의 영광이 쇠하여지고 육의 존재가 그치는 때가 있어도 당신은 결코 죽는 일이 없기 때문이다"(cf. 벧전 1:22-25). 우리가 겸비하여 거듭난 성품의 참 권위를 인정하고 거기에 따라 생활한다면 참으로 좋은 것이다. 그리스도인이란 무엇인가? 그리스도인을 왕에 비교한다면 그는 왕의 품위에 더하여 제사장의 성결을 겸비하고 있다. 왕의 존엄은 때때로 그 왕관에 한정되어 있겠지만, 그리스도인에 있어서는 그의 가장 깊은 내적 본성에까지 왕의 존엄이 부어진다. 그리스도인이 다시 영적으로 태어남으로 인해 믿지 않는 친구보다 우수한 것은 멸망해 버릴 짐승 이상인 것과 같다. 확실히 그는 모든 행동에서 있어 이 세상의 많은 사람들과 같이 되어서는 안 된다. 그는 이 세상에서 선택된 자요, 주권자의 은혜에 의하여 불러낸 자, 곧 "선택된 백성"(벧전 2:9)인 것이다. 그러므로 그리스도인은 다른 사람들처럼 먼지 티끌 가운데서 악착스럽게 이 세상을 본받아 생활하는 자가 되어서는 안 된다. 오, 그리스도를 믿는 자여, 당신의 성품의 존엄성과 당신의 장래의 영광을 생각하고 더욱 더 성결을 중요시여겨 "악의 어떤 모양도 취하지 말고 피하라"(살전 5:22).

5월 5일 아침

251. "나는 그들의 하나님이 되고 그들은 나의 백성이 되리라"
(고후 6:16)

"나의 백성"이라는 말은 그 얼마나 달콤한 칭호인가! "너희 하나님"이란 말은 또 얼마나 마음에 격려가 되는 계시인가! "나의 백성"이란 이 두 단어 안에는 얼마나 깊은 의미가 포함되어 있는가! 여기에는 참으로 특별한 의미가 있다. 세계의 모든 것이 하나님의 것이다. 하늘도 주님의 것이다. 그리고 그분은 인간을 통치하신다. 그러나 그분께서 선택하여 그 자신의 것으로 구속한 자들에게는 다른 사람들에게는 사용되지 않은 "나의 백성"이라는 말을 사용하셨다. 이 말 중에는 소유권과 관련된 것이 있다. 특별한 방법으로 "여호와의 분깃은 자기 백성이라 야곱은 그 택하신 기업"이다(신 32:9). 모든 민족들은 그분의 것이며 전 세계가 그의 힘 안에 있지만, 그에게 선택된 자들은 더욱 특수한 의미에서 그분의 소유이다. 왜냐하면, 그분께서는 그의 백성에 대하여 다른 자에게 하지 않은 특별한 일을 하셨기 때문이다. 즉 피로서 저들을 값주고 사셔서 자신에게 가까이 끌어당겨 자기의 커다란 마음을 그들 위에 두시고 영원한 사랑을 주시는 것이다. 그분은 큰물의 흐름에도 소멸될 수 없고 시대의 변동에 의해서도 결코 줄어들 수 없는 그러한 사랑으로 저들을 사랑하시는 것이다. 사랑하는 친구여, 당신은 믿음으로 인하여 당신이 그 숫자 안에 들어 있는 것을 볼 수 있는가? 당신은 하늘을 쳐다보면서 "나의 주여, 나의 하나님이여, 당신은 내가 '아버지'라고 부를 수 있는 그런 친밀한 관계로 인하여 나의 주님이십니다"라고 말할 수 있는가? "당신은 세상에 대하여는 자신을 나타내지 않으시나 나에게 나타나실 때, 나는 기쁨에 가득하여 당신과의 거룩한 사귐 안에서 당신은 나의 주님이십니다"라고 말할 수 있는가? 또 영감으로 쓰여진 책을 읽고 거기에서 자신의 구원의 증거를 발견할 수 있는가? 자기의 이름이 보배로운 피로 말미암아 쓰여져 있는 것을 읽을 수 있는가? 겸비한 믿음을 갖고서 예수님의 옷을 붙잡고 "나의 그리스도"라고 말할 수 있는가? 만약 이것이 가능하다면 하나님께서는 당신과 같은 다른 사람들을 불러 "나의 백성"이라고 말하리라. 만약 하나님이 당신의 하나님이요, 그리스도가 당신의 그리스도라면 주님께서는 특별한 은혜를 당신에게 부어 주신다. 당신은 그의 선택의 대상이요, 그의 사랑하는 아들에 의하여 받아들여졌기 때문이다.

5월 5일 저녁

252. "삼가 말씀에 주의하는 자는 좋은 것을 얻나니 여호와를 의지하는 자가 복이 있느니라"(잠 16:20)

지혜는 사람의 참된 힘이다. 사람은 그분의 인도 아래서 자기가 살고 있는 목적을 가장 잘 감당할 수가 있다. 인생의 여러 가지 일들을 현명하게 처리하는 것은 사람에게 풍성한 기쁨을 주며 그의 재능에 대하여 고상한 역할을 제공한다. 그러므로 그는 가장 깊은 의미에 있어서 유익을 얻는다. 지혜가 없다면 사람은 야생 망아지같이 여기저기 뛰놀며 유용한 힘까지도 낭비하여 버리는 것이다. 지혜는 사람이 길 없는 인생의 광야를 여행할 때에 나아갈 길을 결정하는 나침반이다. 지혜가 없이는 그는 버려진 배와 같고 바람이나 파도에 휩쓸릴 수밖에 없다. 이러한 세상에서 사람은 사려 깊어야 한다. 그렇지 않으면 아무 유익도 없고, 여러 가지 어려운 일을 만나게 된다. 순례자는 세심한 주의를 해서 걷지 않으면 인생의 숲 속의 가시덤불로 인해 발이 심하게 상할 것이다. 도둑이 나오는 광야를 통행하는 자가 안전하게 여행하고자 한다면 현명해야 한다. 만일 위대한 교사인 하나님에게 훈련되어 그분의 인도하심에 순종한다면 우리들은 심지어 어두운 곳에서도 좋은 것을 발견할 것이고, "하늘"의 열매를 맛보며, 이 땅의 작은 숲속에서도 낙원의 노래를 부를 것이다. 그러나 이와 같은 지혜를 우리는 과연 어디에서 얻을 것인가? 많은 사람들이 그것을 꿈꾸어 왔지만 소유할 수는 없었다. 우리는 어디서 그것을 배울 수 있을까? 주님께서 그 비밀을 선언하시기 때문에 그분의 음성에 귀를 기울이자. 그분은 인생에게 어디에 참 지혜가 있는지 계시하였다. 그것은 "주께 의지하는 자는 복이 있도다"라는 말씀 속에 있다. 사물을 지혜롭게 처리하는 참 길은 주님께 의지하는 데 있다. 이것은 인생의 가장 복잡한 미로를 해결해 나가는 확실한 안내자이다. 거기에서 순종하며 영원한 축복을 찾아라. 주님께 의지하는 자는 영감으로 인한 보증된 지혜의 면허장을 갖게 된다. 그는 여기서도 행복하고 나중에 하늘에서는 더욱 행복할 것이다. 주여, 이 고요한 저녁에 나와 함께 화원을 걸으며, 믿음의 지혜를 가르쳐 주소서.

5월 6일 아침

253. "우리가 그 안에 거하고"(요일 4:13)

당신은 영혼이 거주할 집을 원하는가? 당신은 그것의 값이 얼마인지 알고 싶은가? 그것은 교만한 자가 지불하려고 하는 액수보다는 적다. 사실, 그것은 값도 없고 돈도 필요 없다. 당신은 상당한 액수의 집세를 지불하고 싶은가? 당신의 그리스도를 소유하기 위하여 무엇을 하기 원하는가? 그렇다면 당신은 그 집을 소유할 수가 없다. 왜냐하면, 그것은 "값이 없기 때문이다"(사 55:1). 당신은 주님의 집을 무료로 영구히 빌려서 영원히 그분을 사랑하며 오직 주님만 섬김으로써 아무 집세도 지불하지 않으려는 마음은 없는가? 예수님을 소유하여 그 안에 있을 생각은 없는가? 보라, 이 집에는 당신이 원하는 모든 것이 갖추어져 있다. 당신이 일생 동안 써도 다 쓰지 못할 부요로 가득 차 있다. 여기서 당신은 그리스도와의 친밀한 사랑에 들어가서 그분의 사랑을 누릴 수가 있다. 여기에는 당신이 영원히 지낼 만한 음식을 잘 저장한 테이블들이 있다. 그곳에서 피곤하면 당신은 예수님과 함께 쉬며 거기서 "하늘"의 아름다움을 마음대로 바라볼 수가 있다. 당신은 그 집을 갖고 싶지 않은가? 만약 당신이 아직 숙소가 없다면, "내가 그 집을 갖고 싶은데 가져도 좋은가?"라고 말할 것이다. 물론 거기에는 열쇠가 있고 그 열쇠는 "예수께 나아오라"는 것이다. 그러나 당신은 "나는 그런 집에 살기에는 너무 초라하다"라고 말할 것이다. 아무런 걱정할 필요가 없다. 그 안에는 좋은 옷들이 갖추어져 있기 때문이다. 만일 당신이 죄를 범하였다고 느끼며 유죄라고 느낀다면 그 집으로 오라. 집이 너무 훌륭하다고 당신이 생각할지라도 그리스도께서는 서서히 당신을 그 집에 합당한 자로 만드실 것이다. 그분은 당신을 씻겨서 거룩하게 하신다. 그리고 당신은 "우리가 하나님 안에 거하고"라고 노래할 수 있을 것이다. 주안에 있는 자여, 그와 같은 집에 산다는 것은 말할 수 없는 축복이 아닌가! 당신은 영원히 안전한 "견고한 성"(시 71:3)에서 거할 수 있는 커다란 특권을 얻는 것이다. "그 안에 거함"으로 인하여 당신은 완전하고 안전한 집을 소유하는 것이며, 그 집은 영구불변한 것이다. 이 세상이 꿈과 같이 녹아 사라질 때도 우리의 집은 대리석보다 더 단단하고 화강석보다 더 견고하여 아무런 해도 입지 않을 것이다. 그것은 하나님과 같이 독립적으로 존재한다. 왜냐하면, 그것은 "우리가 하나님 안에 거하기" 때문이다.

5월 6일 저녁

254. "나는 나의 싸우는 모든 날 동안을 기다리겠나이다"(욥 14:14)

이 땅 위에서는 잠시 동안 머무르기 때문에 "하늘"은 더욱 신성하게 생각되어진다. 부지런하게 일하는 것처럼 휴식을 감미롭게 하는 것이 없고, 위험한 상태에 직면할 때처럼 안전을 기쁘게 가르치는 것은 없다. 이 땅 위의 고난의 잔은 영광의 황금의 대접 안에서 빛나는 새로운 포도주에 좋은 향을 더해 줄 것이다. 우리들의 찢어진 갑옷과 상한 용모도 하늘에 있어서는 우리들의 승리를 한층 더 빛나게 할 것이다. 그리고 그때 우리들은 이 세상을 이긴 사람들의 보좌로 영접될 것이다. 만약에 잠시 동안 이 땅 위에 머무르지 않았다면 우리는 그리스도와 충분히 사귀는 일은 할 수 없었을 것이다. 왜냐하면, 그리스도께서는 사람들 가운데서 고난의 세례를 받으셨기 때문이다. 만약 그분의 왕국에 참여하기를 원한다면 우리는 그분과 함께 고난의 세례를 받지 않으면 안 된다. 그리스도와의 사귐은 비할 데 없이 보배로운 것이라서 그것을 얻기 위해서는 그 어떤 심한 슬픔도 오히려 가벼운 대가인 것이다. 우리가 이 땅 위에서 잠시 동안 표류하는 또 한 가지 이유는 다른 사람들의 유익을 위함이다. 우리는 자기의 일을 성취하기 까지는 "하늘"에 들어가는 것을 원하지 않을 것이다. 또 우리에게는 죄의 광야에서 헤매이는 영혼에게 빛을 주는 책임이 주어져 있는지도 모른다. 오랫동안 이 땅 위에 머무르는 것은 말할 것도 없이 하나님의 영광을 위해서다. 시련으로 인하여 연단된 성도는 훌륭하게 깎인 다이아몬드처럼 왕관 가운데서 유난히 빛을 발한다. 일꾼에게 있어서 심한 시련 중에 그 일을 다 마치고 한 발자국도 물러서지 않고 잘 견디어 승리하는 것처럼 칭찬받을 만한 것은 없다. 우리들은 하나님의 작품이고 우리들의 고난을 통해서 하나님의 영광이 나타날 것이다. 우리가 신성한 기쁨으로 믿음의 시련을 견디는 일은 예수님의 영광을 위한 것이다. 우리 각 사람이 예수님의 영광을 위하여 자신의 욕망을 버렸으면 좋겠다. 그리고 "만일 내가 먼지 가운데 있는 것이 조금이라도 주님을 높인다고 한다면 나는 더욱 먼지 가운데 있기를 원한다. 만일 이 땅 위에 영원히 사는 것이 내가 주님의 영광을 더욱 높이는 것이라면 이 땅위에 사는 것이 나의 "천국이다"라고 느꼈으면 좋겠다. 우리들의 때는 영원히 하나님의 뜻으로 말미암아 정해져 있다. 자기의 때에 대하여 마음을 요동치 말고 진주문이 열리기까지 인내로 기다리자.

5월 7일 아침

255. "사람이 많이 좇는지라 예수님께서 저희 병을 다 고치시고"
(마 12:15)

얼마나 다양한 병자들이 예수님의 눈 안에 들어왔을까! 그렇지만 예수님은 저들을 혐오하지 않고 인내심으로 한 사람 한 사람의 괴로움을 바라보셨다는 것을 말씀을 통해 알 수 있다. 그의 발밑에는 천차만별의 병자들이 나타나지 않았는가! 심한 병증인 궤양과 고름이 나오는 종기도 있지 않았는가! 그러나 주님은 어떠한 새로운 형태의 악화된 병에도 항상 준비가 되어서 모든 난치병을 고쳐 주셨다. 어떤 방향에서 화살이 날아와도 항상 그 심한 화살촉을 소멸하셨다. 열병의 그 고열, 종기의 아픔, 중풍병의 떨림, 미치광이의 폭행, 문둥병의 더러움, 소경의 어두움도 모두 주의 말씀의 능력을 알고 있어 주님께서 명령하신 즉시 다 물러갔다. 그는 어떤 전장의 장소에서든지 악에 대하여 승리하셨고 갇혔던 사람들을 풀려나게 해주심으로 인하여 존경을 받으셨다. 그는 오셨고, 보셨고, 어느 곳에서나 승리하셨다. 이 아침에도 또한 그렇다. 나의 상태가 어떠하든지 사랑의 의사는 나를 고치실 수 있다. 또 지금 내가 기도 중에 기억하고 있는 다른 사람들의 상태가 어떠하든지 간에 예수님께서는 그들의 죄의 병을 고치실 수 있다는 것에 확신한다. 주님의 그 병고침의 능력을 기억할 때 나의 자녀, 친구, 사랑하는 자의 모든 사람들에게 소망을 가질 수 있다. 내 자신의 일을 생각할 때도 나의 죄와 연약함과의 싸움이 아무리 심할지라도 나는 여전히 용기를 가질 수가 있다. 이 땅 위에 계셨을 때, 병자들을 고쳐주신 예수님은 지금도 여전히 그의 은혜를 나누어 주심으로 사람들 사이에 기적을 행하신다. 지금 즉시 마음을 다하여 예수님께 가지 않으려는가? 이 아침에 예수님께서 어떻게 영혼의 병들을 고치시어 사람들에게 알려지게 되었는지를 생각하고 그에게 찬양을 올려드리자. 그것은 우리의 병을 그 자신의 몸에 짊어지심으로 된 것이다. 그가 채찍에 맞아 상함으로 우리가 나음을 얻은 것이다. 이 땅 위의 교회는 우리의 사랑하는 의사에게 고침 받은 영혼으로 가득하다. 그리고 하늘에 사는 자들도 '그가 저들을 다 고치셨다'고 고백한다. 그러므로 나의 영혼이여, 그의 은혜의 덕을 세상에 전하라. 이것으로 "주의 기념이 되게 하고 또 영원한 표징이 되기에 끊어지는 일이 없을 것이다"(사 55:13).

256. "예수님께서 가라사대 일어나 네 자리를 들고 걸어가라"(요 5:8)

다른 많은 사람들과 같이, 이 환자도 기적이 일어나는 표적을 기다리고 있었다. 피곤해 지친 몸으로 그는 연못을 주시하고 있었으나, 그를 위하여 천사는 오지 않았다. 그래도 그는 그것만이 유일한 기회였으므로 계속하여 기다렸다. 그는 한순간에 그를 고칠 수 있는 분이 가까이 계시다는 것을 알지 못하였다. 많은 사람들이 이와 같은 상태에 있다. 저들은 무엇인가 특별한 감정, 눈부신 인상, 하늘의 환상을 기대한다. 저들은 헛된 것을 기다리고 아무것도 아닌 것을 바라본다. 비록 아주 가끔은 특별한 상징들이 보여지기도 하지만 그런 경우는 드물고 또한 자신의 경우에 이런 것을 볼 수 있는 특별한 권리를 가진 자는 한 사람도 없다. 물이 동할지라도 물속에 들어갈 힘이 없다고 느끼고 있는 자에게는 특히 그렇다. 셀 수 없는 많은 사람들이 수단, 의식, 서약, 결의 등을 의지하고 기다리는데, 그 모든 것이 정말 헛되이 끝난다는 것은 매우 슬픈 일이다. 반면에, 그들은 현재 살아계신 구주를 바라보고 구원을 받으라는 초청을 잊어버리고 있다. 그분은 저들을 단번에 고치실 수 있다. 그런데 저들은 천사나 기적을 기대하는 것을 좋아한다. 하나님을 신뢰하며 맡기는 일은 모든 축복에 확실한 길이고 그는 어떤 전적인 신뢰에도 적합한 분이시다. 그러나 불신앙은 저들에게 따뜻한 사랑의 가슴보다는 냉랭한 베데스다의 광경을 더 좋아한다. 오, 이 밤에 주님께서 이러한 상태에 있는 군중에게 눈을 향하시기를 바란다! 전능한 힘을 믿지 않는 저들의 무례를 용서하여 주시기를 바란다! 저들이 돌아오기를 부드럽게 강요하시는 음성에서, 저들이 실망의 자리에서 일어나 믿음의 힘에 충만하여 자리를 박차고 걸을 수 있게 하소서. 오, 주여 오늘밤 그러한 상태에 있는 모든 사람들을 위한 기도를 들으소서. 이 저녁 조용한 때에 우리의 기도를 들으시고 밤이 새기 전에 저들이 주님을 바라보며 살 수 있기를 바라나이다! 이 글을 읽는 독자여, 이 교훈 중에 당신에게 말하고자 하는 것이 있지 않을까?

257. "고침을 받은 사람이 그가 누구신지 알지 못하니"(요 5:13)

　　행복하고 건강한 사람에게는 세월이 짧다. 그러나 38년이란 세월 동안 질병으로 고생한 이 사람에게 있어서는 인생은 정말로 긴 시간이었을 것이다. 베데스다 못가에 그가 누웠을 때 예수님께서 말씀하시고 그를 고쳤을 때, 그는 자기 몸의 변화를 알고 기뻐하였다. 마찬가지로, 몇 주간 혹은 몇 달 동안 절망으로 꼼짝할 수 없고 구원을 체념하며 탄식하는 죄인에게도 주 예수님께서 능력 있는 말씀을 하시고 또한 믿음 안에서 기쁨과 평화를 주실 때, 그는 반드시 변화된 것을 의식하게 된다. 악이 제거된 것을 스스로 느끼지 못할 리가 없다. 생명을 받았음에도 아직 아무 일도 하지 않고 지낸다는 것은 불가능한 것이며, 몸에 일어난 변화를 인식하지 못할 수가 없다. 그런데 이 병자는 자기를 고쳐 주신 분을 모르고 그 인격의 존귀함도, 그분의 직분도, 또한 그가 오신 사명도 알지 못하였다. 예수님의 보혈의 힘을 느끼는 마음속에서도 그분에 대한 많은 무지가 남아 있다. 예수님에 대한 지식이 없다고 해서 경솔하게 사람을 비난해서는 안 된다. 그러나 영혼을 구원하는 믿음을 보았다면 그 사람은 구원받은 것이라고 믿어야 한다. 성령은 사람에게 하나님의 성품을 주시기 훨씬 전에 먼저 그 사람을 회개하게 한다. 그리고 자기가 알고 있는 것을 믿는 자는 곧 자기의 믿는 것을 한층 더 명확하게 알 것이다. 그러나 무지는 악이다. 왜냐하면, 여기서 이야기하는 이 가련한 남자는 바리새인에게 괴롭힘을 당하였고, 그는 그들에게 제대로 대응할 수가 없었기 때문이다. 반대자에게 답변할 수 있는 것은 좋은 일이지만 주 예수님을 확실히 이해하지 않으면 불가능하다. 그러나 그는 병을 고침 받은 후 곧 그의 연약함에 관해서도 고침을 받았고 곧 예수님은 그를 만나주셨다. 은혜가 깊으신 예수님을 만난 후에야 그는 "자기를 고치신 분은 예수였다"(요 5:15)고 유대인들에게 고백할 수 있었다. 주여, 만약 나를 구원하셨다면 나에게 주님 자신을 보여주소서.

그리하여 내가 주님을 다른 사람들에게 증거 할 수 있게 하소서.

258. "너는 하나님과 화목하고 평안하라"(욥 22:21)

만약에 우리가 바로 "하나님과 화목하고 평화"를 얻으려면, 하나님께서 그 자신을 계시한 것 같이 그분을 알아야 한다. 삼위일체 하나님의 본질과 존재의 일치뿐만 아니라, 그 인격의 복수성도 알아야 한다. 하나님은 "우리의 형상을 따라 사람을 지어"(창 1:26)라고 말씀하셨다. 사람은 자기의 존재의 근원인 "우리"에 대하여 알기까지는 만족해서는 안 된다. 아버지 하나님 알기를 힘쓰라. 깊은 회개 중에 당신의 머리를 그의 가슴에 파고들며 그분의 자녀라고 부를만한 것이 없다고 고백하라. 그분의 사랑의 입맞춤을 받아 그의 영원한 성실하심의 증표인 반지를 당신의 손가락에 끼워라. 그리고 그분의 식탁에 앉아 당신의 마음을 그의 은혜 안에서 즐겁게 하라. 또 더욱 나아가서 하나님의 아들을 깊이 알기를 힘쓰라. 그는 아버지 하나님의 영광의 빛이시지만 말로 다 할 수 없는 은혜의 겸허로 말미암아 우리를 위하여 사람이 되셨다. 그의 본성의 독특한 복합성을 알아라. 그는 영원하신 하나님이시지만 동시에 고난을 받으신 유한한 사람이다. 그분을 따르라. 그분은 신성으로 말미암아 물 위를 걸으셨지만, 또한 인성으로서 피곤하여 우물가에 앉으셨다. 당신이 예수님을 친구로서, 형제로서, 남편으로서 또한 당신의 모든 것으로 깊이 알기까지는 만족해선 안 된다. 성령님에 대하여 잊지 말라. 그의 본성과 성품, 속성과 사역을 분명하게 알기를 힘쓰라. 주님의 영을 보라. 그분은 태초의 혼돈 위에 역사하여 질서를 가져왔다. 그는 이제 혼돈된 당신의 영혼을 찾아오셔서 거룩함의 질서를 창조하신다. 그분을 주님으로서, 영적 생명을 주시는 분, 빛을 비추시는 분, 교훈을 가르치시는 분, 위로하시는 분, 그리고 깨끗하게 하시는 분으로서 보라. 거룩한 능력 안에서 그가 예수님의 머리 위에 임하시는 것을 보라. 그리고 그 후에 예수님의 옷자락이 당신에게도 머무르는 것을 보라. 당신이 참으로 하나님을 안다면 삼위일체 안에서 이런 이성적이고 성경적이고 경험적인 믿음이 당신의 것이 된다. 그리고 그러한 지식만이 실제로 당신에게 참된 평안을 가져다 준다!

5월 9일 아침

259. "하나님은 그리스도 안에서 하늘에 속한 모든 신령한 복으로 우리에게 복 주시되"(엡 1:3)

그리스도는 과거, 현재, 미래의 모든 좋은 것으로 그 백성에게 주신다. 신비스런 과거의 시대에 있어서 주 예수님께서는 아버지 하나님에 의해 최초의 선택된 분이시다. 그리고 주 예수님의 선택 안에서 그는 우리에게 기업을 주셨다. 왜냐하면 "우리는 그 안에 있어서 창세전부터 선택되어 있었기 때문이다"(엡1:4). 영원한 옛적부터 아버지 하나님의 독생자이시며 사랑하는 아들로서 그는 적자의 권리를 가지셨다. 그리고 풍성한 은혜 안에서 우리를 양자로 삼으시고 거듭나게 하셔서 "하나님의 아들의 위치로 끌어올려 우리에게 하나님의 아들이 되는 능력"(요 1:12)을 주셨다. 보증과 서약에 의하여 견고하게 된 영원한 언약은 우리의 것이 되었고 우리에게 강한 위로와 안전을 약속한다. 영원히 변치 않는 예정의 지혜와 전능하신 뜻 안에서 주 예수님의 눈이 끊임없이 우리에게 고정되어 있다. 그러므로 우리 앞에 어떠한 일이 일어날지라도 그분에 의해 구속된 자들에게는 유익이 되지 않는 일이 결코 없다는 것을 확신할 수 있다. 영광의 왕자의 약혼식의 상대는 우리들이다. 그는 우리와 약혼하였다. 머지않아 전 우주에 신성한 결혼식의 피로연이 베풀어질 것이다. 하늘의 하나님께서 놀랄만한 육신을 입고 이 땅에 강림하심과 겸손은 우리를 위한 것이다. 피의 땀과 채찍과 십자가는 영원히 우리의 것이다. 완전한 순종, 성취된 구속, 부활, 승천, 간구로부터 흐르는 기쁜 결과가 무엇이든 간에 이 모든 것들은 그의 은사로 인하여 우리의 것이 되었다. 그분은 지금 흉패에 우리의 이름을 새기고 계시며 보좌 앞에서 그의 권위 있는 탄원으로 우리들 각 사람을 기억하시고 우리를 위하여 간구하시는 것이다. 모든 지배력과 능력으로 통치하시는 그의 주권과 하늘 안에 있는 그의 절대적인 위엄을 그분께서는 자신을 의지하는 자들의 유익을 위하여 사용하신다. 그분은 자신을 낮추신 것이 우리를 위함인 것 같이 현재의 그분의 높은 지위도 또한 우리를 위한 것이다. 환난과 사망의 음침한 골짜기 속에서 우리를 위하여 자신을 주신 그분은 이제 지극히 높은 하늘의 보좌에서 우리를 향한 보상을 제한하지 않으신다.

5월 9일 저녁

260. "우리가 일찍이 일어나서 포도원으로 가서 포도 움이 돋았는지 보자"(아 7:11-12)

교회는 열심히 일하려고 하고 그곳에 주님께서 함께 행동하기를 원한다. 교회는 "나는 갑니다"라고 말하지 않고, "우리는 갑시다"라고 말한다. 예수님께서 우리의 곁에 있을 때 일하는 것이 복이다! 하나님의 포도나무를 가꾸는 일은 우리 백성들의 임무이다. 처음의 조상같이 우리도 그 일을 하기 위하여 주의 동산에 놓여져 있다. 그러므로 일어나서 밭으로 가자. 교회가 진정한 영적 상태에 있을 때 많은 사역을 감당하는 중에도 그리스도와의 친밀한 사귐을 원하는 일에 마음을 두어라. 어떤 사람은 적극적으로 그리스도를 섬기면서 동시에 그리스도와의 사귐은 불가능한 것으로 생각하지만, 그것은 잘못된 생각이다. 말할 것도 없이 밖의 일 때문에 우리 안의 생명의 삶을 소비하고 신랑에게 가서 "그들은 나에게 포도원을 지키게 하였다. 그러나 내 포도원은 내가 지키지 못하였도다"(아 1:6)라고 불만을 표현하기는 쉽다. 그러나 우리 자신의 어리석음과 태만 이외에는 이러한 결과가 나올 이유가 없는 것이다. 믿는 자가 아무것도 안할지라도 아주 분주한 사람과 같이 영적 생명이 없는 자가 되어버리는 경우가 분명히 있다. 마리아는 조용히 앉아 있어서 칭찬을 받은 것이 아니고 예수님의 발아래 앉아 있었기 때문에 칭찬을 받은 것이다. 그리스도인도 예수님과 고요한 사귐을 가진다는 구실로 의무를 게을리 한다면 칭찬할 것이 없다. 칭찬 받는 것은 그저 앉아 있기 때문이 아니고 예수님의 발아래 앉아 있었기 때문이다. 일하는 그것이 악이라고 생각하면 안 된다. 그것은 큰 축복이고 우리에게 은혜 주시는 수단이다. 전도할 수 있도록 허락된 일을 바울은 자기에게 주신 은혜라고 하였다. 그리스도인의 어떤 형태의 봉사든지 그것을 하는 자에게는 개인적으로 축복이 된다. 그리스도와 가장 잘 사귀어 온 자들은 한가한 시간을 많이 가진 수도사나 은둔자들이 아니고 주 예수님을 위하여 쉬지 않고 끈기 있게 수고한 사람들이다. 저들이 수고할 때에 예수님은 그들과 함께하신다. 그래서 그들은 "하나님과 함께 일하는 자"(고후 6:1)들이다. 그러므로 우리는 예수님을 위하여 무엇을 하는지 그분과의 친밀한 사귐을 가지고 그때에만 일을 온전히 할 수 있다는 것을 기억하자.

261. "그러나 이제 그리스도께서 죽은 자 가운데서 다시 살아나사" (고전 15:20)

그리스도교의 전체는 "그리스도께서 죽은 자 가운데서 다시 살아나셨다"는 사실에 기초한다. 왜냐하면 "만일 그리스도께서 다시 살지 않았다면 우리의 전도는 헛되며 너희의 믿음도 헛되고 너희가 여전히 죄 가운데 있을 것이요"(고전 15:14, 17)라고 말씀하고 있기 때문이다. 그리스도의 신성은 그 부활로 말미암아 의심할 여지없이 증명되었다. "저는 성결의 영으로는 죽은 자 가운데서 부활하여 능력으로 하나님의 아들로 인정되었으니"(롬 1:4)라고 기록되어 있기 때문이다. 만약 그가 부활하시지 않았다면 그의 신성에 대해 의심하여도 부당한 것은 아니다. 더구나 그리스도의 주권은 부활에 근거한다. "왜냐하면 그리스도는 산 자와 죽은 자의 주가 되기 위하여 죽었다가 다시 살아나셨기 때문이다"(롬 14:9). 또한 우리가 받은 축복의 약속 중의 하나인 의롭다함도 사망과 무덤을 이기신 그리스도의 승리와 관련된다. 왜냐하면 "주는 우리죄를 위하여 내어줌이 되고 우리를 의롭다 하기 위하여 다시 살아나셨느니라"(롬14:9)고 하였기 때문이다. 또 그뿐만이 아니라 우리의 거듭남도 그의 부활과 관련되어 있다. "하나님은 예수 그리스도를 죽은 자 가운데서 부활하심으로 말미암아 우리를 거듭나게 하사 산 소망이 있게 하시며"(벧전 1:3)라고 하였다. 그리고 우리의 최후의 부활도 확실히 여기에 근거한다. 왜냐하면 "예수를 죽은 자 가운데서 살리신 이의 영이 너희 안에 거하시면 그리스도 예수를 죽은 자 가운데서 살리신 이가 너희 안에 거하시는 그의 영으로 말미암아 너희 죽은 몸도 살리시리라"(롬 8:11)라고 하였기 때문이다. 만일 그리스도께서 부활하시지 않았다면 우리의 부활도 없다. 그러나 그리스도께서 부활하셨다면 그리스도 안에서 잠든 자는 멸망하지 않고 후에 그들의 육체로서 반드시 하나님을 볼 수 있다. 이렇게 부활의 은줄은 믿는 자의 모든 축복에 연결되어서 거듭남으로부터 영원의 영광에까지 이어져 그것들을 서로 함께 연결시킨다. 그러면 이 부활의 빛나는 사실은 얼마나 중요하고 "이제 그리스도가 죽음에서 부활하셨다"는 사실은 얼마나 큰 기쁨인가!

> *"약속은 성취되었고,*
> *구속의 대업이 이루어졌으며,*
> *공의와 긍휼이 화해되었으니,*
> *그것은 하나님께서 그 아들을 부활시키셨기 때문이라네."*

262. "아버지의 독생자의 영광이요 은혜와 진리가 충만하더라"(요 1:14)

믿는 자여, 당신은 그리스도께서 아버지 하나님의 독생자요, 또 "죽은 자 가운데서 맨 처음으로 부활하신 것"(계 1:5)을 증거 할 수 있다. 그리하여 당신은 이렇게 말할 수 있다. "비록 전 세계의 사람들이 그분을 단순히 인간으로 보아도 나에게 있어서 하나님이시다"라고 말이다. 하나님 이외는 할 수 없는 일을 그분은 나를 위하여 해주셨다. 그분께서는 나의 완악한 마음을 정복하시고 돌같이 굳은 마음을 녹이셨고 "놋쇠의 문을 열고 철빗장을 끊어 주셨다"(시 107:16). 나의 슬픔을 웃음으로, 절박함을 기쁨으로 변하게 해주셨다. 죄의 종이었던 나를 인도하여 그분의 소유로 만드시어 나의 마음을 "말할 수 없는 기쁨과 넘치는 영광으로 채우셨다"(벧전 1:8). 나에게 있어서 그는 "하나님 아버지의 독생자이시다" 그 이름을 찬송할지어다! 그리고 그분은 은혜가 충만하시다. 오, 만약 그분에게 은혜가 충만치 않으시다면 나는 결코 구원되어 있지 않을 것이다. 내가 그분의 은혜에서 피하려고 애쓸 때, 그는 나를 이끄시고 마침내 내가 선고당한 범죄자 같이 떨면서 그의 자비의 보좌에 왔을 때 "너의 죄는 많지만 모두 용서함을 받았다"라고 말씀하셨다. 그리고 그분은 진리에 충만하시다. 그분의 약속은 진리로서 하나도 헛된 것이 없다. 나는 증언하거니와, 나의 주인과 같은 분을 가진 종은 없고, 나와 같이 훌륭한 혈족을 가진 형제는 없고, 그리스도가 나의 영혼에 있어서 그 이상의 훌륭한 남편을 가진 아내는 없다. 그리고 나의 구주보다 훌륭한 구주를 발견한 죄인은 없고, 그리스도가 나의 영에 있어서 좋은 위로인 만큼 더 좋은 위로자를 발견한 슬픈 사람은 없다. 나는 그분 이외에는 아무것도 필요치 않다. 그분은 내가 살아 있을 때에는 나의 생명이시요, 죽을 때에는 나의 죽음의 죽음이시다. 내가 가난할 때 그리스도는 나의 부요함이시며, 병들 때에는 나의 침대를 펴주신다. 내가 어둠에 있을 때에 그분은 나의 별이시며 빛나는 태양이시다. 그분은 광야에서는 야영지의 만나이시며, 그리고 가나안에서는 성찬식의 빵으로서 새 곡식이 될 것이다. 예수님은 나에게 있어서 진노가 아니라 온전한 은혜요, 온전한 진리로서 거짓이 전혀 없으시다. 그리고 진리와 은혜에 있어서 그분은 무한히 충만하시다. 나의 영혼이여, 이 밤에 너의 온 힘을 다하여 "독생자"를 찬양하라.

5월 11일 아침

263. "내가 세상 끝날까지 너희와 항상 함께 있으리라"(마 28:20)

영원토록 변함없이 항상 나와 함께 하시는 분이 있다는 것을 안다는 것은 복 되다. 인생의 큰 바다의 물결 속에 하나의 흔들리지 않는 바위가 있음은 매우 복된 일이다. 아, 나의 영혼이여, 너의 애정을 좀이 먹고 녹이 슬고 쇠퇴하는 보물 위에 두지 않고, 너의 마음을 영원히 너에게 신실하신 하나님 위에 두어라. 너의 집을 거짓된 이 세상의 무너지기 쉬운 모래 위에 세우지 말라. 큰 비가 내리고 홍수가 몰아쳐 올지라도 흔들리지 않는 이 바위 위에 두라. 나의 영혼이여, 너에게 명한다. 그 보화를 유일하게 안전한 장롱 안에 두어 너의 보석을 결코 잃어버리지 않는 곳에 저장하여라. 너의 모든 것을 그리스도 안에 두고 모든 애정을 그의 인격에 부어라. 모든 소망을 그의 공로 안에, 모든 신뢰를 그의 구속의 피에, 또한 모든 기쁨을 그의 임재 속에 두어라. 그리하면 네게 손실이 왔을 때도 웃을 수 있고 파괴에도 무시할 수가 있다. 이 세상의 정원에 있는 꽃은 언젠가 다 시들고 검고 차가운 땅 밖에는 아무것도 남지 않는 날이 올 것을 기억하여라. 잠시 후 죽음이 너의 등불을 꺼버린다. 아, 등불이 꺼진 후에 햇빛이 있다는 것은 얼마나 위대한가! 잠시 후 어둠의 홍수가 너와 너의 가진 모든 것을 분리시킨다. 그러므로 너의 곁을 결코 떠나지 않으시는 분에게 너의 마음을 드려라. 큰 물결치는 어두운 죽음의 강을 함께 건너며 안전한 "하늘"의 언덕에 상륙하여 거기서 영원히 너를 그의 곁에 가까이 두시는 분을 신뢰하여라. 고민하며 슬퍼하는 이들이여, 이제 가서 육신의 형제보다도 가까운 친한 친구들에게 당신의 비밀을 털어놓아라. 결코 당신을 떠날 수 없고, 당신에게서 떠나지 않으시며, 더욱 당신을 떠나게 하지 아니하시는 분에게 모든 염려를 맡겨라. "예수 그리스도는 어제나 오늘이나 영원토록 변하는 일이 없다"(히 13:8). "보라 세상 끝날까지 언제나 너희와 함께 있으리라." 누가 나를 버릴지라도 나의 영혼이여, 이 약속으로 살아가기에 충분하지 아니한가?

5월 11일 저녁

264. "오직 강하고 담대하라"(수 1:7)

우리들의 하나님은 그 종들에 대하여 따뜻한 사랑을 가지고 계시며 저들의 마음속 상태에 관심을 가진다. 하나님은 저들이 담대하기를 원하신다. 어떤 사람들은 믿는 자가 의심과 두려움에 고민하는 것을 작은 일로 생각하지만, 하나님은 그렇게 생각하지 않으신다. 이 말씀에서 보듯이, 주님께서 우리가 두려움에 처해 있는 것을 원치 않으신다는 것은 분명하다. 주님께서는 우리가 번민도 의혹도 없고 비겁하게 되는 일이 없기를 원하신다. 우리의 불신앙에 대해서도 우리가 가볍게 생각하는 것처럼 가볍게 생각지 않으신다. 실망에 빠져 있을 때 우리는 중한 병에 걸려 있는 것이며, 이것을 단순히 무시할 것이 아니라 곧 사랑하는 의사에게 가야 한다. 주님은 우리의 근심에 잠긴 얼굴을 보시기를 좋아하지 않으신다. 아하수에로 왕의 법에는 아무도 상복을 입고 왕의 뜰에 들어가는 것을 허락지 않았다. 이것은 왕의 왕이신 분의 법률은 아니다. 왜냐하면, 상복을 입었을지라도 우리는 그 앞에 나아갈 수 있기 때문이다. 그러나 우리 주님께서는 "우리의 근심의 마음을 제거하고 찬송의 옷을 입히는 것"(사61:3)

을 원하신다. 왜냐하면, 기뻐할 많은 이유가 있기 때문이다. 그리스도인은 담대하여야 한다. 그것은 저가 영웅적인 태도로서 시련에 견디어 주님의 영광을 나타내기 위함이다. 만약 저가 두려움에 가득하고 비겁하다면 그것은 그의 하나님을 부끄럽게 하는 것이다. 또 그것은 나쁜 사례가 되는 것이다. 이 의혹과 낙심의 병은 전염병과 같아서 주님의 백성들에게 신속하게 퍼진다. 낙심한 한 사람의 믿는 자는 스무 명의 영혼을 슬프게 한다. 더욱이, 당신에게 용기가 사라지면 사탄은 당신의 손에 눌리지 않는다. 당신의 영혼은 당신의 구주이신 하나님 안에서 즐거워하라. 그러면 "주의 기쁨이 당신의 힘이 되고"(느 8:10), 지옥의 악귀도 당신에게 대항해 올 수 없다. 그러나 비겁한 자는 깃발을 던져 버린다. 더욱이 쾌활한 사람에게는 수고가 가볍게 느껴지며 성공은 쾌활한 자를 기다린다. 마음 깊은 곳으로부터 하나님을 믿고 하나님 안에서 수고하는 자에게는 성공이 보증되어 있다. 소망을 가지고 씨를 뿌리는 자는 기쁨으로 단을 거둔다. 그러므로 사랑하는 친구여, "오직 강하고 담대하라."

5월 12일 아침

265. "그에게 나를 나타내리라"(요 14:21)

주 예수님은 그의 백성을 위하여 특별히 그 자신을 계시하신다. 비록 이 일이 성경에 기록되지 않았다 할지라도 스스로의 체험 속에서 이 진리를 간증할 수 있는 하나님의 자녀들이 많이 있다. 구주이신 예수그리스도께서 글과 말을 가지고 표현할 수 없는 특별한 방법으로 저들에게 그 자신을 나타내신 것이다. 유명한 성도의 전기에서 예수님께서 특별한 방법으로 저들의 영혼에 말씀하시며 그 놀랄만한 인격을 저들 앞에 보이신 많은 실례를 볼 수 있다. 저들의 영혼은 말할 수 없는 행복에 잠겨서 마치 "하늘"에 있는 것 같이 생각되고 저들은 "하늘"에 들어가지는 않았지만, 그 문턱 가까이에 있었던 것이다. 예수님께서 그 자신을 그의 백성에게 나타내실 때 그것은 지상의 "하늘"이요, 태초의 낙원이며, 더없는 행복의 시작이다. 그리스도께서 특별히 그 자신을 나타내는 일은 믿는 자의 마음에 거룩한 영향력을 준다. 그 하나는 겸손이다. 만약에 누가 "나는 이러 이러한 영적인 경험을 하였다. 나는 위대한 인물이다"라고 말한다면 그는 실제로 예수님과는 결코 교제함이 없는 것이다. 왜냐하면, 주님은 "겸손한 자를 돌아보시며 교만한 자를 물리치신다"(시 138:6)고 기록되어 있기 때문이다. 하나님은 저들을 알기 위하여 가까이 하시지도 아니하시며, 따라서 사랑의 말씀을 건네시지도 않는다. 그리스도의 나타나심에 따른 또 다른 결과는 행복이다. 왜냐하면, 하나님이 계신 곳에는 "끝이 없는 기쁨이 있기 때문이다"(시 16:11). 성결도 또한 필연적으로 따라온다. 성결을 갖지 않은 사람은 결코 하나님의 나타나심에 접한 사람이 아니다. 어떤 사람은 자신 있게 말하지만, 그러나 말 뿐이고 행함이 없는 자를 우리가 믿어서는 안 된다. "하나님은 만홀히 여김을 받는 이가 아니시다"(갈 6:7). 하나님께서는 악한 자 위에 그 은혜를 부어주시지 아니하신다. 하나님께서 인격이 온전한 사람을 버리시는 일은 없으나, 악을 행하는 자를 귀하게 여기지 않으시기 때문이다. 위에서 언급한 것과 같이 예수님께 가까이한 자들에게는 이 세 가지 결과, 곧 겸손과 행복, 그리고 성결이 있다. 주 안에 있는 자여, 부디 하나님께서 이것들을 당신에게 주시기를!

5월 12일 저녁

266. "애굽으로 내려가기를 두려워 말라. 내가 거기서 너로 큰 민족을 이루게 하리라. 내가 너와 함께 애굽으로 내려가겠고 정녕 너를 인도하여 다시 올라올 것이며"(창 46:3-4)

야곱은 그의 아버지가 사는 낯익은 땅을 떠나서 알지도 못하는 다른 신을 섬기는 낯선 타향에서 살 것을 생각하고 두려워하였을 것이다. 그것은 전혀 새로운 환경이고 여러 가지로 힘들었을 것이다. 어느 누가 외국의 왕의 신하를 틈에 섞일 때 근심 없이 행동할 수 있을까? 그러나 길은 분명히 그를 위하여 정해져 있었다. 그러므로 야곱의 일행은 갈 결심을 하였다. 이것은 믿는 자들이 종종 직면하는 처지이다. 저들은 지금까지 만나보지 못한 위험과 유혹을 당할 수도 있다. 이런 경우에는 야곱의 예를 본받아 하나님께 기도하여 하나님의 인도하심을 받는 것이 현명하다. 주님의 축복을 기다리며 얻기까지는 행동해서는 안 된다. 그리하면 저들은 야곱과 함께하시는 분을 친구로서 돕는 자로서 갖게 될 것이다. 우리가 가는 곳마다 주님께서 함께하시며, 낮아지심으로 굴욕과 추방까지도 함께하신다고 확신한다면 얼마나 큰 축복이 되겠는가! 큰 바다를 넘어선 우리 아버지 하나님의 사랑은 그 힘에 있어서 태양과 같이 빛난다. 여호와 하나님의 임재를 약속하신 곳에 가는 것을 우리는 주저할 수가 없다. 사망의 음침한 골짜기일지라도 이 확신의 빛남으로 인하여 밝게 된다. 하나님을 믿고 전진한다면, 믿는 자는 야곱과 같은 약속을 가질 것이다. 저들은 인생의 고난에서든지 또는 사망의 골짜기에서든지 다시 인도하심을 받을 것이다. 야곱의 자손은 때가 되었을 때 애굽으로부터 나왔다. 그와 같이 모든 믿음의 사람은 인생의 고난과 사망의 두려움에서 다치지 않고 통과할 것이다. 야곱의 자신감을 훈련하자. "두려워하지 말라"는 말씀은 주님의 명령이며, 그 인도하심에 따라 새로운 바다를 항해하려는 사람들에 대한 주님의 격려의 말씀이다. 하나님의 임재와 보호는 그 어떤 불신앙의 두려움도 허락지 않는다. 우리는 하나님 없이 행동하는 것을 두려워한다. 그러나 하나님께서 가라고 명하실 때 주저한다면 위험할 것이다. 친구여, 앞으로 나아가라. 그리고 결코 두려워하지 말라!

5월 13일 아침

267. "저녁에는 울음이 기숙할지라도 아침에는 기쁨이 오리로다"

(시 30:5)

주 안에 있는 자여, 만약 당신이 환란의 밤에 처해 있다면 아침을 생각하라. 주님께서 오실 것을 생각하고 당신의 마음을 북돋우어 인내하라. 왜냐하면 "보라, 주님께서 구름을 타고 오신다"고 하였기 때문이다. 인내하라! 농부인 주님께서 거두어들이는 때를 기다리는 것이다. 인내하라! "보라, 내가 속히 오리니 보상을 가지고 와서 각각 행한 대로 갚으리라"(계 22:12). 당신은 누가 이 말씀을 주셨는지 알고 있기 때문이다. 만약 당신이 현재 불행한 경우에 처해 있다면 다음의 말을 기억하라.

> *"이 전장에서 며칠이 더 지나가면,*
> *당신은 승리의 면류관을 받으리라."*

당신이 현재 아픈 가시관을 쓰고 있을지라도 머지않아 별과 같은 면류관을 쓰게 될 것이다. 당신의 마음은 근심으로 가득할지도 모른다. 그러나 잠시 후 "하늘"의 기쁨으로 충만할 것이다. 당신의 옷은 지금 먼지투성이로 더럽혀져 있을지도 모른다. 그러나 그 옷들은 잠시 후 하얗게 될 것이다. 잠시 동안만 더 기다려라. 우리가 어려움과 시련을 뒤돌아 볼 때는 그것들이 얼마나 적게 보이는가! 그러나 현재 여기서 볼 때는 그것들은 측량할 수 없을 만큼 크게 보인다. 그러나 우리가 "하늘"에 이르면 모든 것들을 전혀 새로운 관점에서 보게 될 것이다. 그때 통과해 온 시련은 사소하고 잠간의 고생이었던 것임을 보게 될 것이다. 그러므로 담대하게 나아가자. 아무리 밤이 어두울지라도 아침은 반드시 온다. 그것은 지옥의 어두움에 갇혀 있는 자가 상상도 하지 못할 아침이다. 당신은 그래서 미래의 기대에 살고, "하늘"을 예기하면서 지내는 일이 어떠한 것인지 알고 있는가? 이런 확실하고 위로에 가득찬 희망을 가진 믿는 자는 얼마나 행복한가! 지금은 참으로 어두울지 모르나 그러나 잠시 후에는 빛이 온다. 지금은 모두 시련으로 가득할지 모르나 곧 몸에 넘치는 행복이 밀려올 것이다. "밤은 슬픔이 가득할지라도 아침과 함께 기쁨이 온다"면 지금 잠시 받는 환난의 고통이 무슨 상관이 있겠는가?

5월 13일 저녁

268. "여호와는 나의 분깃이시니"(시 119:57)

믿는 자여, 당신이 소유한 것을 보아라. 그리고 다른 사람들의 분깃과 비교해 보아라. 저들의 어떤 자는 땅을 가졌다. 저들은 부유하고 추수로 인하여 더욱 재산은 증가한다. 그러나 당신의 하나님과 비교한다면 그 수확이 무엇인가? 거대한 곡창도 하나님께 비교하면 아무것도 아니다. 하나님은 하늘의 떡으로 당신을 기르지 않는가? 어떤 사람들은 도시에 분깃을 가진다. 저들의 부요는 풍성하고 저들에게 끊임없이 흘러 들어가 그것은 마침내 황금의 보유지가 될 것이다. 그러나 하나님과 비교하면 황금이 무엇인가? 황금을 먹고살 수도 없거니와 당신의 영적 생명은 황금에 의하여 보존되지도 않는다. 황금을 고민하는 양심 위에 두면 그 고통이 줄어드는가? 황금을 낙심되어진 마음에 적용해 보라. 그것이 조금이라도 고독한 탄식을 멈추며 슬픔을 조금이라도 감소시키는가? 그러나 당신은 하나님을 가졌다. 그리고 그 안에서 당신은 황금이나 부로써 살 수 없는 그 이상의 것을 가졌다. 어떤 자들은 많은 사람이 사랑하는 칭찬과 명예를 스스로의 분깃으로 가진다. 그러나 당신 자신에게 물어보라. 당신의 하나님은 이런 것들보다 더 중요하지 않은가? 만약 일만의 나팔이 소리높여 당신을 칭찬한다 할지라도 그것은 당신이 죽음의 강을 건너갈 준비를 해주며 심판을 기다리는 당신을 격려해 줄 수 있는가? 아니다. 인생의 재산을 가지고 해결할 수 없는 슬픔이 있고 그 어떤 부요함을 가지고도 어찌 할 수 없는 임종 시의 깊은 요구가 있는 것이다. 그러나 당신이 하나님을 당신의 분깃으로 소유할 때에는 하나님 이외의 모든 것을 합친 것 보다도 훨씬 더 많은 것을 가진 것이다. 하나님 안에서는 사는 데 있어서나 죽음에 있어서나 모든 필요가 다 채워진다. 하나님을 당신의 분깃으로 소유한다면 당신은 참으로 부자이다. 왜냐하면, 그는 당신의 모두 필요를 공급하시며 위로하며 슬픔을 싸매주며 걸음을 인도하며 어둠의 골짜기라도 당신과 함께하며 마침내 당신을 하늘의 집으로 데리고 가서 영원히 당신을 그와 함께 즐겁게 해주기 때문이다. "나는 충분히 가지고 있다"라고 에서는 말하였다. 이것은 세상 사람들이 이야기하는 최상의 말이다. 그러나 야곱은 "나는 충분한 것보다 더 많은 모든 것을 가지고 있다"라고 대답하였다. 이 말은 육적인 사람의 마음에서는 이해하기 어렵다.

5월 14일 아침

269. "그리스도와 함께 한 후사니"(롬 8:17)

무한한 하늘 아버지의 우주는 바로 그리스도의 것이다. "만물의 상속자"(히 1:2)로서 그리스도는 하나님의 광대한 피조물의 유일한 소유자이시다. 주님께서는 그의 선택된 백성들을 공동 소유자로 삼으셨으므로 당연히 온 피조물은 우리의 것으로 되어있다. 낙원의 순금으로 만든 거리, 진주문, 생명의 강, 초월적인 축복 그리고 말로 다 할 수 없는 영광을 우리들의 영원한 소유로 보배로운 주님께서 우리에게 양도하셨다. 그분은 그 소유의 전부를 그의 백성과 함께 나눈다. 교회의 머리에 왕관을 씌워주시고 그 자신의 교회에 왕국을 주며 그 아들들을 "왕 같은 제사장"(벧전 2:9), 즉 "왕과 제사장"(계 1:6)의 족속으로 부르신다. 그분께서는 우리를 그 영광의 대관식에 참여하게 하려고 스스로 왕관을 버리셨다. 그분은 그 자신의 피로 말미암아 승리를 얻은 모든 자가 영광의 자리를 얻기까지는 그의 보좌에 앉기를 원치 않으신다. 머리에 왕관을 쓰면 온 몸이 그 명예를 얻는다. 보라, 모든 승리한 그리스도인에게 주신 상급이 여기에 있다. 그리스도의 왕좌, 왕관, 홀, 궁전, 보물, 예복, 상속재산은 모두 당신의 것이다. 사람은 질투심, 이기심, 탐욕 때문에 타인이 자기의 이익에 관여하는 것을 허락지 않는다. 그러나 그리스도는 이와 다르게 그 자신의 행복을 그의 백성에게 나눠주심으로 인하여 완성된 것으로 생각한다. "나는 당신에게서 받은 영광을 저들에게 주었나이다"(요 17:22). "내가 이 일들을 말함은 내 기쁨이 너희 안에 있어 충만하게 하기 위함이다"(요 15:11). 아버지의 미소는 그리스도의 백성이 거기에 참여함으로 인하여 그리스도에게 더 감미로운 것이다. 그의 왕국의 영예는 그의 백성들이 영광 안에서 그분과 함께 나타나기 때문에 더 기쁜 것이다. 또한, 그리스도의 승리는 그의 백성이 승리하는 것을 가르치기 때문에 더욱 귀중한 것이 된다. 그리스도는 그의 왕좌에 백성이 함께 앉는 곳이 갖추어 있기에 기뻐하신다. 또한, 그리스도는 그의 옷깃이 그 백성을 덮기 때문에 그 옷 입기를 기뻐하신다. 그분께서는 그 기쁨에 그의 백성들을 불러들이기 때문에 한층 더 즐거워하신다.

5월 14일 저녁

270. "그는 목자같이 양무리를 먹이시며 어린 양을 그 팔로 모아 품에 안으시며"(사 40:11)

이와 같이 은혜에 가득 찬 표현은 누구를 말하고 있는가? 그분은 좋은 목자이시다. 왜 그분께서는 어린양을 그의 가슴에 품고 있는가? 그것은 그가 자비한 마음을 가지고 약한 자를 보면 곧 마음이 움직이기 때문이다. 그의 양무리 중에 작은 자의 한숨과 무지와 연약함이 그의 동정심을 불러일으킨다. 약한 자를 돌아보는 것은 충실한 대제사장으로 해야 할 의무이다. 게다가 그분은 자신의 피로서 그들을 샀기에 그들은 그의 재산이다. 그는 그 자신이 이렇게 높은 가격을 지불한 자를 돌아보는 것이다. 그리고 그분은 각각의 어린양에 대하여 책임을 지고 그 중의 하나라도 잃어버리지 않겠다고 서약을 하신 것이다. 더구나 저들은 모두 그의 영광과 보상의 일부이다. 그러나 "그는 저들을 안고 갈 것이다"라는 구절을 어떻게 이해하면 좋을까? 때로는 그분은 많은 시련에 직면하지 않도록 저들을 안고 가신다. 섭리는 저들을 부드럽게 다룬다. 또한, 그분께서는 때때로 각별히 풍부한 사랑으로 채우시며 저들을 "안고" 가신다. 그래서 저들이 시련에 견디고 믿음에 굳게 설 수 있도록 하신다. 비록 저들의 지식은 깊지 않을지라도, 저들은 아는 것 한도 내에서 커다란 기쁨을 가진다. 그분은 자주 저들에게 주신 단순한 믿음으로 인해 저들을 안고 가신다. 그것은 약속을 그대로 받아들이는 믿음이고, 또한 믿으면서 모든 환란이 올 때마다 예수님에게 달려가는 그런 믿음이다. 그 단순한 일들은 저들에 매우 강한 확신을 주어서 세속적인 곳에서 저들을 옮긴다. "그는 어린양을 그 품에 안고 간다"는 말씀에는 무한한 사랑이 있다. 만약에 그분께서 저들을 아주 많이 사랑하지 않는다면 저들을 가슴에 품고 가겠는가? 여기에 가까움의 부드러움이 있다. 저들은 그와 너무 가깝게 붙어 있어서 더 이상 가까울 수가 없는 것이다. 또한 여기에는 거룩한 친밀함이 있다. 그리스도와 믿음이 약한 자 사이에는 보배로운 사랑의 교류와 완전한 안전이 있다. 그 안에 있는 자를 누가 해롭게 할 수 있을까? 저들에게 해를 주려고 하면 먼저 목자를 해하지 않으면 안 된다. 여기에 온전한 안식과 감미로운 위로가 있다. 확실히, 우리는 이 예수님의 무한한 자비에 대해 충분히 인식하지 못하고 있지 않은가?

5월 15일 아침

271. "믿는 자마다 의롭다 하심을 얻는 이것이니라"(행 13:39)

그리스도를 믿는 자는 곧 의롭게 된다. 믿음은 미래에 의의 열매를 맺어가는 것이 아니고 지금 바로 열매를 맺는 것이다. 의롭다는 것은 믿음의 결과이므로 영혼을 그리스도에게 맡기고 그리스도를 모든 것의 모든 것으로 받아들이는 순간에 주어지는 것이다. 하나님의 보좌 앞에 서는 자는 이제 의롭게 되어 있는가? 그렇다. 우리는 그와 같이 의롭게 되었다. 우리는 흰옷을 입고 다니며 하늘의 거문고 가락에 맞추어 아름다운 음률을 찬양하는 그들과 함께 진실하고 분명하게 의롭게 되었다. 십자가에 달린 강도는 믿음의 눈을 예수님에게 향하는 순간 의롭게 되었다. 다년간 봉사를 했던 노년의 사도 바울이라도 아무런 봉사를 하지 않은 강도보다 더 의롭게 되는 것은 아니다. 우리는 오늘 "사랑하는 아들 안에서 받아들여"(엡 1:6), 오늘 죄를 용서함 받고, 오늘 하나님의 법정에서 무죄라고 선언되고 방면된다. 아, 이것은 진정 영혼이 뛰노는 기쁨이 아닐까! 우리가 "하늘"에 들어가기까지는 즐길 수 없는 몇 가지 유익들이 있지만, 이것은 우리가 즉각적으로 소유하는 것이다. 이것은 우리가 요단강을 건너기까지 결코 먹을 수 없는 그 땅의 곡물이 아니다. 이것은 광야에서의 만나의 한 부분이고, 우리가 여행하는 동안에 하나님께서 날마다 공급해 주시는 식량이다. 우리는 지금 죄사함을 받고, 바로 지금 우리의 죄가 제거되며, 바로 지금 한 번도 죄를 범하지 않은 상태인 것처럼 하나님의 눈에 받아들어지는 것이다. "그러므로 이제 그리스도 예수 안에 있는 자에게는 결코 정죄함이 없다"(롬 8:1). 하나님의 책에는 그의 백성에 대해 정죄하는 것은 이제 없다. 감히 누가 하나님의 백성에게 죄를 물을 자가 있겠는가? 의롭다 함을 받은 하나님의 백성이 된 이상 아무도 모든 땅의 심판주 앞에서 한 점의 더러움이나 주름 잡힘이나 그 어떤 하나의 흠도 없는 것이다. 이 특권이야말로 우리로 하여금 지금 해야 할 의무를 깨우쳐 주며, 또한 바로 지금 우리가 이 세상에 사는 동안 자기의 생애를 사랑하는 예수님을 위해 드릴 수 있게 되기를 바란다.

5월 15일 저녁

272. "온전케 됨"(히 12:23)

　　그리스도인이 필요로 하는 온전함에는 두 가지가 있다. 즉 예수님의 인격에 의한 의롭다함을 받는 완전함과 성령님으로 말미암아 우리 안에서 성취되는 성화의 완성이다. 거듭난 자의 마음에는 현재 아직도 부패함이 남아 있다. 우리의 경험이 바로 그것을 교훈한다. 우리 안에는 아직도 육신의 정욕과 악한 생각들이 있다. 그러나 나는 하나님께서 그 시작하신 일을 완성하실 날이 온다는 것을 알고 기뻐한다. 그분은 나의 영혼을 그리스도 안에서 온전하게 할 뿐 아니라 성령으로 말미암아 온전하게 하여 "티나 주름 잡힌 것이나 이런 것들이 없이 거룩하고 흠이 없게 하려는 것이다"(엡 5:27). 이 불쌍하고 죄 많은 나의 마음이 거룩하여져서 심지어는 하나님의 거룩하심과 같이 되는 것이 진정 사실일까? "오호라 나는 곤고한 사람이로다. 이 사망의 몸에서 누가 나를 건져내랴?"(롬 7:24). 때때로 그렇게 부르짖는 이 영혼이 죄와 사망을 제거하고, 즉 악한 것들이 나의 귀를 괴롭히는 일이 없고, 거룩하지 못한 생각이 나의 평안을 방해하지 않을 수 있을까? 아, 그 행복한 시간이 어서 빨리 오기를! 성화의 일은 내가 요단강을 건널 때 완성될 것이다. 그러나 그 순간까지는 나는 스스로의 완전함을 주장하지 않을 것이다. 나의 영혼은 그때 생명의 불로 최후의 세례를 받을 것이다. 나는 "하늘"으로 인도되어 들어가는 그 최후의 성화를 위하여 죽는 그 때를 기다린다. 천사라 할지라도 그때의 나의 상태보다는 깨끗하지 못할 것이다. 왜냐하면, 나는 이중의 의미에서 "나는 깨끗하다"고 말할 수가 있기 때문이다. 즉 예수님의 피와 성령님의 역사로 말미암아 이중으로 깨끗하다. 오, 우리를 이렇게 하늘 아버지 앞에 서기에 합당하도록 해주신 성령님의 능력을 찬송하리로다! 그러나 미래에 거룩하게 될 소망이 있다고 해서 지금 현재의 불완전에 만족해서는 안 된다. 만약 그렇게 한다고 하면, 우리의 소망은 참된 것이 아니다. 왜냐하면, 좋은 소망은 지금 현재에 있어서도 거룩하게 되는 것이다. 은혜의 사역은 지금 우리 안에서 이루어져야만 한다. 그렇지 않으면 후일에 완성될 수 없다. 그러므로 "성령으로 충만하도록"(엡 5:18) 기도하고,

우리가 의의 열매를 풍성하게 맺을 수 있도록 해야 한다.

273. "우리에게 모든 것을 후히 주사
누리게 하시는 하나님께 두며"(딤전 6:17)

우리의 주 예수님은 항상 주시는 분이시며, 단 한순간이라도 그 손을 떼시는 일은 없다. 은혜를 받는 그릇이 충분히 차오르지 않는 한, 부어지는 기름이 중단되는 일은 없다. 그분은 항상 빛나는 태양이시며, 공급이 끊기지 않는 만나이시다. 또 그분의 찔린 옆구리에서 끊임없이 생명의 시냇물을 흐르게 하는 광야의 반석이시다. 그분의 은혜의 비는 항상 계속해서 내리며, 그분의 풍성한 강물은 항상 흐르고, 그분의 사랑의 샘은 곳곳에 솟아나 계속 넘쳐 흐른다. 그분은 결코 죽지 않는 왕이라서 그 은혜도 결코 끊어지는 일이 없다. 우리는 날마다 그분의 과일을 취하고 날마다 그의 가지는 은혜의 신선한 열매로 우리의 손끝에 드리운다. 일주일 내내 몇 주간 잔치를 벌이며 일 년 내내 즐거운 은혜의 축연이 배풀어진다. 그분으로부터 축복을 받지 못하고 그의 문에서 되돌아간 자가 있는가? 어느 누가 배불리 먹지 못하고 그분의 식탁에서 일어선 자가 있으며, 그분의 사랑하는 품에서 내쫓긴 자가 어느 누구 한 사람이라도 있는가? 그의 은혜는 "아침마다 새롭고 저녁마다 새롭다"(애 3:23). 누가 그분의 은혜의 수량을 알며, 그 깊은 자비심의 목록을 다 셀 수 있겠는가? 시시각각 떨어지는 모래시계의 모래조차도 그 자비의 풍성함을 표현하는데 오히려 늦다. 우리의 시간의 날개는 그분의 친절함의 은과 그 사랑의 황금에 덮여 있다. 영원의 산에서 흘러내리는 강물의 시간은 그분의 은총의 사금을 옮긴다. 셀 수 없는 별들도 그분의 무한한 축복의 극히 일부분을 표현하는데 지나지 않는다. "누가 야곱의 티끌을 능히 계산하며 이스라엘 사분지 일을 능히 계수할까?"(민 23:10). "날마다 우리 짐을 지시는 주님"(시 68:19)과 "인자와 긍휼로 관을 씌우시는 주님"(시 103:4)을 나의 영혼은 어떻게 찬양할 수 있을까? 아, 나의 찬양이 주님의 은혜와 같이 끊임없이 솟아나기를! 아 가련한 나의 혀여, 어찌하여 너는 침묵하고 있는가? 나는 간청하노니, 눈을 떠라. 그렇지 않으면 너는 나의 영광이 아니고 나의 수치이다. "나의 영혼이여 깨어라. 비파야, 수금아 깰지어다. 내가 새벽을 불러 깨우리로다"(시 108:2).

5월 16일 저녁

274. "저가 가로되 '여호와의 말씀이 이 골짜기에 개천을 많이 파라 하셨나이다. 여호와께서 이르시기를 너희가 바람도 보지 못하고 비도 보지 못하되 이 골짜기에 물이 가득하여 너희와 너희 육축과 짐승이 마시리라' 하셨나이다"(왕하 3:16-17)

세 왕들의 군대는 물이 없어서 굶어 죽을 듯이 보였다. 하나님은 물을 주시려고 하였고 이 구절 안에서 선지자는 장차 올 축복을 선포하였다. 이것은 인간의 무력함을 보여주는 실례이다. 많은 용사들은 하늘로부터 물 한방울도 얻을 수 없었고, 땅의 우물에서도 물을 길어 올릴 수가 없었다. 이렇게 주의 백성은 때때로 어려운 난관에 빠질 때가 있다. 저들은 자신의 헛됨을 보고 어디서 도움을 발견할지 찾았다. 여기서 우리는 그 사람들이 믿음으로 하나님의 축복을 받을 준비를 하였음에 주목해야 한다. 저들은 도랑을 파고 귀중한 물을 받아 두려고 하였다. 교회는 여러 가지 활동, 노력, 기도에 의하여 축복을 받을 준비를 해야만 한다. 교회는 못을 만들어야 하고 주님께서는 그것들을 채우실 것이다. 이것은 믿음으로 행하여져야 한다. 즉 축복이 곧 내릴 것을 확신하고 행하는 것이다. 잠시 후 놀라운 방법으로 필요한 은혜가 임했다. 엘리야의 경우와 같이 구름으로부터 큰 비가 내린 것은 아니다. 오히려 고요한 가운데 신비적인 방법으로 못이 채워졌다. 주님께서는 주권자로서 행동하신다. 주님은 우리와 같이 방법과 시간에 얽매이는 것이 없이 주님 자신이 원하시는 대로 인간들에게 행하시는 것이다. 우리는 감사함으로 주님께서 해주시는 것을 받을 뿐 그분에게 지시할 수는 없다. 우리는 또한 그 공급이 놀랄 정도로 풍성한 것에 주목해야 한다. 즉 그것은 모든 각 사람의 필요를 채우기에 풍족했다. 복음의 복에 있어서도 마찬가지이다. 기도의 응답 안에서 하나님의 능력으로 인하여 모든 회중과 온 교회의 필요는 채워진다. 이 모든 것에 더하여 승리는 빠른 속도로 주님의 군사에게 주어질 것이다. 나는 예수님을 위하여 무엇을 하고 있는가? 나는 어떠한 도랑을 파고 있는가? 오, 주여! 나로 하여금 주님께서 주시고자 하는 복을 받기에 준비된 자로 나를 만드소서.

5월 17일 아침

275. "저 안에 거한다 하는 자는 그의 행하시는 대로 자기도 행할지니라"(요일 2:6)

그리스도인은 왜 그리스도를 본받아야 하는가? 저들은 자기 자신을 위하여 그것을 행하여야 한다. 만약 저들이 영혼의 건강을 원하고 죄의 병을 피하며 은혜에 성장하고 활성화되기를 원한다면 예수님을 저들의 모범으로 삼아야 한다. 저들 자신의 행복을 위하여 예수님과의 거룩하고 행복한 사귐을 즐기며 이 세상의 염려와 고난에서 초월하기를 원한다면, 저들은 그리스도께서 행하신 것 같이 행하여야 한다. 모든 행동을 잘하기 위하여 마음에 그리스도의 형상을 지니는 것만큼 좋은 속도로 "하늘"을 향하여 걸어가는데 당신을 도와줄 수 있는 것은 없다. 당신이 가장 행복하고 또 하나님의 자녀인 것을 가장 잘 아는 것은 성령의 힘으로 말미암아 예수님과 함께 그의 발자국과 나란히 걸을 수 있을 때이다. 베드로는 "멀찌기 떨어져 있었기에"(눅 22:54) 위험하고 불안하였다. 다음으로 믿음을 위하여 예수님과 같이 되기를 힘쓰라. 아, 상처 입은 마음이여, 당신은 잔인한 원수의 공격으로 심하게 상처입어 왔다. 그러나 원수가 준 상처는 친구들이 준 상처의 절반도 안 된다. 거룩하고 아름다운 손에 이 상처를 입힌 자는 누구인가? 그는 믿음을 공언하면서 위선의 단검을 사용하는 자들이다. 이들은 양의 가죽을 쓴 이리이며 구실을 만들어 양의 우리 안에 들어가 밖에 있는 사자보다도 양을 더 괴롭히는 자들이다. 유다의 입맞춤처럼 그렇게 날카로운 흉기는 없다. 바른 생각을 갖지 못한 그리스도인들이 빈정대는 비평가나 이단자보다 복음에 더 상처를 입히고 있다. 그러나 특별히 우리 주 그리스도를 위하여 그분을 본받으라. 주 안에 있는 친구여, 당신은 구주를 사랑하는가? 그의 이름은 당신에게 존귀한 이름인가? 그분의 격려는 당신에게 애틋함을 주는가? 또 당신은 이 세상 나라가 예수님의 것이 되기를 소망하는가? 그리고 당신은 그분이 영광 받으시기를 원하는가? 당신의 영혼이 그분 아래에 있기를 갈망하는가? 만약 그렇다면 예수님을 본받으라. "예수님의 편지"(고후 3:3)가 되어서 "모든 사람에게 알려지며 또한 읽혀지는"(고후 3:2) 그리스도의 편지가 되라.

5월 17일 저녁

276. "너는 나의 종이라 내가 너를 택하고"(사 41:9)

우리가 하나님의 은혜를 마음에 받았다면 그 실제적인 결과는 우리를 하나님의 종으로 만든다. 우리는 불충성한 종일 수도 있다. 확실히 우리는 무익한 종이다. 그러나 주님의 이름을 찬송할지로다. 우리는 그의 종이요, 그가 주신 표식을 옷에 달고 있으며, 그의 식탁에서 먹으며, 그의 명령을 쫓고 있다. 우리는 일찍이 죄의 종이었다. 그러나 우리를 해방시킨 분이 우리를 이제는 그의 가족으로 삼으며 그의 뜻에 순종하는 일을 교훈하신다. 우리는 주님께 완전히 순종하지 못하나, 가능하다면 완전히 순종할 수 있기를 원한다. 우리는 하나님께서 "너는 나의 종"이라고 말씀하시는 것을 들으면 다윗과 함께 "나는 주의 종, 주는 나의 올무를 푸셨나이다"(시 116:16)라고 대답할 수 있다. 그러나 주님께서는 우리를 종이라고 부르실 뿐만 아니라, 그의 택한 자라고 부르신다. "내가 너를 택하였다." 우리가 먼저 그를 택한 것이 아니고 그분께서 먼저 우리를 택하였다. 우리가 하나님의 종이라면, 그것이 원래부터 그랬던 것은 아니었다. 이 변화는 주권자이신 분의 은혜로 말미암은 것이다. 주권자의 눈이 우리를 불러내시고 변하지 않는 은혜의 음성으로 "나는 무궁한 사랑으로서 너희를 사랑하노라"(렘 31:3)고 선언하였다. 시간이나 공간이 창조되기 훨씬 이전에 하나님께서는 자기의 마음에 선택한 백성의 이름을 기록하고 저들을 그의 아들의 형상에 맞도록 예정하시고 또 저들을 충만한 그의 사랑, 그의 은혜, 그의 영광의 상속자로 정하여 놓으셨다. 이 얼마나 큰 위로인가! 이와 같이 주님께서는 오랫동안 우리를 사랑하시는데 우리를 버리시는 일이 있을까? 주님은 우리의 완악함을 아시며, 또 마음이 사악하다는 것도 아신다. 그럼에도 불구하고 주님께서는 우리를 선택을 하신 것이다. 오, 우리 구주의 사랑은 잘못된 것이 아니다. 주님은 그의 교회의 일시적인 아름다움에 마음이 끌리다가 이후에 그녀의 불성실함 때문에 그녀를 버리시는 분이 아니시다. 아니, 그분은 영원 전부터 교회를 아내로 삼으시고 "나는 이혼자를 미워한다"(말 2:16)고 하셨다. 영원한 선택은 우리의 감사와 그의 성실하심에 깊은 관계를 가진다. 그 어느 것이나 그 관계를 부인할 수 없다.

5월 18일 아침

277. "그 안에는 신성의 모든 충만이 육체로 거하시고 너희도 그 안에서 충만하여졌으니 그는 모든 정사와 권세의 머리시라"

(골 2:9-10)

그리스도의 신성과 인성의 모든 것이 우리에게 자유롭게 주어진다. 충만해 있는 모든 신적인 특성, 이 놀랄만한 말이 어떤 의미를 포함하고 있는지 간에 이것은 우리를 완전하게 하려고 우리의 것으로 주어졌다. 그리스도께서는 우리에게 신적인 속성을 부여할 수는 없다. 그러나 그분은 할 수 있는 일은 다 하셨다. 그는 자기의 신적인 능력과 신성도 우리의 구원에 도움이 되도록 사용하였다. 그의 전능하심과 전지하심, 그리고 편재성, 불변성, 무오성과 같은 모든 신적 속성들이 우리를 지키기 위하여 결합되었다. 일어나라, 주안에 있는 자여, 그의 거룩한 신성의 모든 것을 구원의 수레에 붙들어 매신 주 예수님을 붙들어라! 그의 은혜는 얼마나 넓은가? 또 그분의 신실하심은 얼마나 확고하였고 그의 불변성은 얼마나 견고하였으며 그 능력은 얼마나 무한하였는가! 그의 지식은 얼마나 무제한으로 넓었을까! 이 모두는 주 예수님에 의하여 구원의 교회의 기둥이 되었으며 그 무한성은 조금도 감소하지 않고 우리의 영구적인 재산으로서 우리에게 주어졌다. 구주의 가슴속의 끝이 없는 커다란 바다와 같은 사랑은 그 최후의 한 방울까지도 우리의 것이다. 전능한 팔의 모든 근육, 장엄한 왕관의 모든 보석, 무한한 신적인 지식, 준엄한 신적인 의, 이 모두는 우리의 것이고 우리를 위하여 사용된다. 하나님의 아들이신 그리스도의 보배로운 성품의 모두는 그로 말미암아 우리가 즐길 수 있도록 아주 풍성하게 주어진다. 그의 지혜는 우리의 인도, 그의 지식은 우리의 교훈, 그의 능력은 우리의 보호, 그의 의는 우리의 보증, 그의 사랑은 우리의 위로, 그의 자비는 우리의 위안, 그의 불변성은 우리의 신뢰이다. 그는 아낌없이 하나님의 산의 심오한 곳을 열어서 그 광산에서 숨겨진 보물들을 파서 캐어가도록 초대하신다. 그분께서는 "모든 것은 다 너희 것이다. 너희는 나의 은총에 만족하고 주의 넘치는 선하심을 즐거워하라"고 말씀하신다. 아, 이렇게 그의 사랑과 능력을 찾기 위하여 확신을 가지고 예수님을 부르며 그분을 붙잡을 수 있다는 것은 얼마나 기쁜 일인가! 우리는 다만 그분께서 이미 충실하게 약속하신 것을 구하는 것이다.

5월 18일 저녁

278. "무릇 징계가 당시에는 즐거워 보이지 않고
슬퍼 보이나 후에는…"(히 12:11)

시련을 받은 그리스도인은 나중에 얼마나 행복하게 될까! 폭풍 후에 오는 고요함과 같이 더 고요하게 느껴지는 것은 없다. 비가 내린 뒤에 빛나는 햇빛을 누가 즐기지 않겠는가? 승리의 잔치는 잘 훈련된 용사들을 위한 것이다. 사자를 죽인 후에 우리는 꿀을 먹는다. 힘든 언덕을 기어서 올라간 후에 우리는 휴식을 취하기 위해 그늘에 앉는다. 굴욕의 골짜기를 통과하고 악귀와 싸운 후에 우리는 생명나무의 치료의 가지를 든 빛나는 천사가 나타나는 것을 본다. 우리들은 슬픔의 바다를 항해하는 배와 같이 그 뒤에 "후에는 일하는 거룩한 빛의 은줄을 남긴다." 일찍이 우리를 괴롭히던 죄 많은 영혼을 지배하고 있었던 무서운 혼란 후에 따라오는 것은 평화, 곧 달콤하고 깊은 평화이다. 그러므로 그리스도인의 그 행복한 상태를 보라! 그는 최선의 것을 최후에 갖는다. 그리고 이 세상에서는 먼저 최악의 것을 받는다. 그러나 그의 최악의 것도 "후에는" 좋은 것이 된다. 땀 흘려 밭을 가는 자에게는 곧 기쁨의 수확이 뒤따라 오는 것이다. 심지어 지금도 그는 손실이 있음으로 부유하게 되고, 거꾸러짐으로 일어나고, 죽음으로 살아나며, 비움으로 채워진다. 만약 이 세상에서의 삶이 슬픈 고통이라 할지라도 이렇게 "평화의 열매"(히 12:11)를 맺는다면 "후에는" 하늘에서 얻게 될 기쁨의 포도주의 풍년은 어떠할까? 그의 어두운 밤이 이 세상의 낮과 같이 빛나고 있다면, 그의 낮은 어떻겠는가? 그의 별빛조차 해보다 빛난다면 그의 해는 어떠하랴? 그가 감옥 안에서도 노래할 수 있다면 그의 "하늘"에서의 노래는 얼마나 감미로울까? 그가 불꽃 가운데에서도 주님을 찬양한다면 영원한 보좌 앞에서 그는 또 그 얼마나 주님을 찬송하게 될 것인가? 만약 지금 악한 것이 그에게 선이 된다면, 넘치는 하나님의 선하심은 그에게 어떠할 것인가? 아, "후에는" 복 될지어다! 어느 누가 그리스도인이 되고 싶지 않겠는가? 누가 "후에 오는" 왕관을 위하여 지금 십자가를 짊어지고자 하지 않을까? 그러나 여기에 인내를 위한 일이 있다. 왜냐하면, 안식과 승리는 현재에는 없고 "후에" 오기 때문이다. 오, 영혼아 기다리며, "인내로써 온전한 일을 하게 하라"(약 1:4).

5월 19일 아침

279. "종들은 말을 타고 방백들은 종처럼 땅에 걸어 다님을 보았다" (전 10:7)

밑에서 올라간 자가 때때로 가장 높은 자리에 앉을 수 있고, 반면에 참으로 위대한 자가 도리어 미천함 속에서 발버둥치는 경우가 있다. 이것은 섭리에 의한 수수께끼이다. 이 수수께끼가 언젠가 풀리는 날이면 의로운 자의 마음을 기쁘게 할 것이다. 그러나 이러한 일은 일상적으로 있는 일이다. 비록 그런 경우에 빠질지라도 우리 중에 아무도 불평해서는 안 된다. 주님께서 이 땅에 계셨을 때 그분은 이 땅의 왕들의 임금이었어도 종들의 심부름꾼으로서 수고와 봉사의 길을 걸으셨다. 그렇다면 그분을 따르는 우리가 낮고 천한 자로서 무시당한다고 해서 놀랄 것도 없지 않은가? 이 세상은 거꾸로 뒤집혀 있어서 앞선 자가 뒤에 서고 뒤에 있는 자가 앞선다. 보라, 사단의 아들들이 이 세상에서 얼마나 주인행세를 하는지를 말이다! 저들은 훌륭한 말을 타고 의기양양해 하고 있지 않은가! 하만이 궁정에서 섬기고 있을 때, 모르드개는 문전에서 서성대고 있었다. 사울이 한 나라의 왕으로서 지배하고 있을 때, 다윗의 산중을 헤매고 있었다. 이세벨이 궁전에서 큰 소리치고 있을 때, 엘리야는 동

5월의 묵상 ✱ 363

굴 속에서 불평하고 있었다. 그러나 누가 이런 교만한 반역자들의 자리를 갖기 원하는 자가 있을까? 반면에 그 누가 학대를 받고 있는 성도들을 부러워하겠는가? 차바퀴가 한번 돌면 가장 낮은 지점은 올라가고 가장 높은 지점은 아래로 내려간다. 그러므로 믿는 자여, 인내하라. 영원은 잠시 동안의 불합리한 것을 조정하는 것이다. 우리의 숭고한 힘이 티끌에서 걷고 있는 동안, 우리의 열정과 죄악의 욕망이 승리케 하는 실수에 빠지지 않도록 조심하자. 은혜가 왕으로 주장하게 하고 우리의 지체는 의의 병기가 되어야 한다. 성령님은 정연한 질서를 사랑한다. 그러므로 성령께서는 우리의 능력과 재능을 적절한 위치와 자리에 두시며, 위대한 왕이신 그리스도와 연결하는 영적 기능을 최상위에 두시는 것이다. 하나님의 경륜은 방해되지 않고 오히려 육체를 복종할 수 있는 은혜를 구하여야 하는 것이다. 우리가 새롭게 지음을 받음은 우리의 열정대로 살기 위함이 아니고, 우리가 왕으로서 그리스도 예수 안에서 영, 혼, 육 삼중의 왕국을 다스려 아버지 하나님의 영광을 나타내기 위함이다.

5월 19일 저녁

280. "엘리야가 죽기를 구하여 가로되"(왕상 19:4)

이것은 정말로 놀랄만한 일이다. 결코 죽는 일이 없이 하나님께서 무한히 좋은 운명으로 정해져 있는 사람, 불병거로 하늘로 올리움을 받아 죽음을 맛보지 않은 사람이 이렇게 기도하였다. "나의 생명을 취하소서, 나는 열조보다 낫지 못하나이다"(왕상 19:4). 여기서 우리는 기억할 만한 증거를 본다. 하나님께서 항상 기도에 응답하신다고 볼 수는 없지만 결과에 있어서는 항상 응답하시는 것과 같이 된다. 하나님은 엘리야에게 그가 구한 것보다도 더 좋은 것을 주셨다. 이렇게 하여 실제로는 그의 기도를 들으시며 기도에 응답하신 것이다. 사자와 같은 마음을 가진 엘리야가 이세벨의 위협을 받아 의기소침하여 죽음을 구한 것은 이상한 일이지만, 우리의 하늘 아버지께서는 풀이 죽어서 그의 종이 말하는 대로 그 목숨을 취하시지 않은 것은 매우 인정 깊은 일이었다. 믿음에 의한 기도의 가르침에는 '기도'의 교리에는 제한이 있다. 우리는 자기의 원하는 것을 하나님께서 다 주실 것이라고 기대하지 않으며, 때때로 소원이 다 허락되는 것도 아니다. 왜냐하면 그것은 우리가 "잘못 구하고"(약 4:3) 있기 때문이다. 만약 우리에게 약속되어 있지 않은 것을 구하거나, 주님께서 우리가 구하는 것과 반대의 마음을 가지시거나, 주님의 뜻에 반대되는 것을 구하거나, 또는 그분의 섭리에 반대되는 것을 구하거나, 단지 자기 자신의 안일함을 위해 구하거나, 그리고 주님의 영광에 주목하지 않는다면 우리가 구하는 것을 받을 것이라고 결코 기대해서는 안 된다. 그러나 우리가 믿음으로 말미암아 조금도 의심하지 않고 구한다면 비록 우리가 요구한 대로 받지 못한다 할지라도 그것과 동등한 것이든지 동등한 것 이상으로 받을 것이다. 어떤 사람이 말하기를 "주님께서는 은으로 지불하지 않는다면 금으로 지불하신다. 만약 금으로 지불하지 않는다면 다이아몬드로 지불하실 것이다"라고 하였다. 만약 그분께서 당신이 구한 것과 똑같은 것을 주시지 않는다면, 그것과 동등한 가치가 있는 것을 주시므로 당신은 매우 만족할 것이다. 그러므로 사랑하는 그리스도인이여, 많이 기도하라. 그리고 이 저녁이 열심으로 간구하는 시간이 되게 하라. 그러나 당신이 무엇을 구할 것인지 주의하라.

5월 20일 아침

281. "주의 기이한 인자를 나타내소서"(시 17:7)

우리가 물질을 베풀면서 마음도 함께 주는 것이 좋은 일인데, 이점에 있어서 우리는 종종 실패하므로 변화하지 않으면 안 된다. 그러나 우리의 주님께서는 그런 일이 없다. 그의 호의는 항상 마음의 사랑으로 행하신다. 그분은 그의 사치스런 식탁에서 차디 찬 고기와 먹던 음식을 우리에게 주시는 일은 없다. 그분께서는 우리의 한조각의 음식도 그의 접시에 담아서 그의 향기로운 사랑의 향료도 같이 발라주신다. 주님께서 훌륭한 은혜의 표적을 우리의 손바닥에 나타내실 때 그의 선물과 함께 따뜻한 손바닥의 기운을 남겨주신다. 그가 주신 만나는 선물만큼이나 귀한 것이다. 그분은 친절하게 우리의 집을 방문하지만 가난한 사람의 좁은 방을 방문하는 엄격한 방문자같이 행동하시지 않으신다. 반대로 우리의 곁에 앉으시며 우리의 가난을 멸시하지도 않으시고 우리의 약함도 비난하지 않으신다. 사랑하는 자여, 그분은 어떤 미소를 지으시며 말씀하실까! 그의 은혜로운 입술에서 나오는 말씀은 얼마나 보배로울까! 얼마나 애정이 깊은 포옹을 우리에게 주실까! 만약 그분께서 우리에게 동전 하나를 주신다면 그는 그 동전에다가 금을 입혀서 주시고 이 값나가는 선물을 금 바구니에 담아서 우리 앞에 내놓으신다. 그분의 모든 선행의 표면에는 보혈이 흐르는 마음의 도장이 찍혀있어서 그의 애정의 진지함을 의심할 수가 없다. 그는 "자유로이 주시고 우리를 꾸짖지 않으신다"(약 1:5). 그분께서 우리를 귀찮은 존재로 보시는 일은 전혀 없으며, 그의 은혜를 받는 자에게 한 번도 냉정한 눈으로 보시는 일이 없다. 오히려 인자하심으로 기뻐하시며 우리를 위하여 그의 생명을 부으시고 따뜻하게 우리를 가슴에 안으신다. 그분의 향료 중에는 그의 마음만이 줄 수 있는 꽃다운 향기가 있다. 그분의 꿀벌 집에는 그의 애정이 섞이지 않고는 낼 수 없는 희귀한 달콤함이 있다. 오, 그것은 참으로 독특한 헌신으로 준비된 귀한 사귐이 아닌가! 우리는 그것의 복됨을 끊임없이 맛보고 알게 되기를 바란다.

5월 20일 저녁

282. "내가 사랑의 줄로 저희를 이끌었고"(호 11:4)

우리의 하늘 아버지께서는 종종 우리를 사랑의 줄로 이끄신다. 그러나 우리는 그분을 향해 달려가기를 얼마나 주저하는가! 그의 부드러운 독촉에 우리는 얼마나 더디게 반응하는가! 그분께서는 우리가 좀 더 단순한 믿음을 갖도록 훈련하기를 원하는데, 우리는 아직 아브라함의 믿음에 도달하지 못하고 있다. 우리는 염려를 하나님께 맡기지 않고 마르다와 같이 많은 염려로 마음에 부담을 가지고 있다. 우리는 빈약한 믿음으로 영혼이 쇠약하여 하나님께서 채우실 것을 약속하는데도 입을 벌리려고 하지 않는다. 이 저녁, 우리가 그분을 신뢰하도록 우리를 이끄시지 않는가? 그분께서 이렇게 말씀하시는 것을 듣지 못하는가? "오라, 나의 자녀여, 나를 신뢰하여라. 휘장은 찢어졌다. 담대히 은혜의 보좌에 나와서 나의 임재 안으로 들어오라. 확신을 가지고 너희 모든 염려를 내게 맡겨라. 염려의 먼지는 털어 버려라. 그리고 아름다운 기쁨의 옷을 입지 않으려는가?" 그러나 이 위로에 가득 찬 은혜의 복된 훈련을 위하여 그분께서 사랑의 음성으로 우리를 불러도 우리는 반응하지 않는다. 또 어떤 때에는 그분과의 더욱 친밀한 사귐으로 우리를 이끄신다. 우리는 하나님의 집의 문 앞 계단에 앉아 있다. 그분께서 우리에게 식사를 함께하기 위하여 연회장의 넓은 입구 안으로 들어오라고 초대하시지만 우리는 그 명예를 거절한다. 우리에게 아직 열려있지 않은 비밀의 방이 있다. 예수님은 그 방에 들어오라고 초대하시지만 우리는 주저하고 있다. 이 얼마나 부끄럽고 냉정한 마음인가! 우리는 사랑스런 주 예수님의 불쌍한 연인이요, 그의 종이 되기에도 합당하지 않다. 하물며 그의 신부가 될 자격이 있겠는가? 그런데도 그분께서는 우리를 높이셔서 그의 뼈 중의 뼈, 살 중의 살로서 빛나는 결혼의 언약으로 우리를 취하셨다. 여기에 사랑이 있다! 그러나 이 사랑은 거절하지 못한다. 우리가 그의 사랑의 부드러운 초대에 순종하지 않으면 그분과의 더욱 친밀한 관계로 이끄시기 위하여 우리에게 고난을 주신다. 그분은 우리와 더욱 가까워지시기 위하여 그 어떤 것도 감수하실 것이다. 이 사랑의 줄을 거절하고 예수님의 징계를 위한 작은 채찍에 우리의 등을 들이댄다면 우리는 그 얼마나 미련한 자녀들이겠는가!

283. "너희가 주의 인자하심을 만일 맛보았으면"(벧전 2:3)

"만일"이라고 가정하는 한, 인류의 모두가 알고 있는 것이라고는 할 수 없다. "만일"이라는 것은 어떤 사람들은 주님께서 은혜가 깊은 분이라는 맛을 알지 못한다는 가능성이 있다는 의미이다. "만일"이므로 이것은 일반적인 자비가 아니고 특별한 자비이다. 그래서 내적 경험으로 우리가 하나님의 자비를 알고 있는지 아닌지를 스스로 물어볼 필요가 있다. 영적인 은총으로 인하여 스스로의 마음을 살필 필요가 없는 것은 하나도 없다. 그러므로 이 일을 열심히 기도로서 탐구하지 않으면 안 된다. "주님께서 은혜 깊은 분이라는 것을 만일 이미 맛을 보았다면", 이 정도로 만족해서는 안 된다. 비록 열심히 거룩한 자기부정을 가지고 있는 믿는 자까지도 마음에 때로는 의문이 떠오를지도 모른다. 그러나 끊임없이 이런 의심을 하는 것은 실제로 악한 것이다. 우리는 믿음의 팔로 구주를 꽉 잡고 "나는 나의 믿는 분이 누구인지를 알고 그가 나의 의탁한 것을 지키실 줄을 확신한다"(딤후 1:12)라고 말해야 한다. 오 주 안에 있는 자여, 당신이 예수님을 의지하고 있다는 것이 완전한 확신으로 오기까지는 결코 마음을 놓아서는 안 된다. 틀림없으신 성령님께서 당신의 영혼과 함께 증거하며 당신이 하나님의 자녀로 증명되기까지는 어떠한 일이 있어도 만족하지 말라. 오, 경솔하게 생각하면 안 된다. '아마', '대략', '만일', '그럴지도 모른다' 는 말과 같은 것으로 인하여 당신의 영혼을 만족시켜서는 안 된다. 영원히 변함없는 진리 위에 집을 세워라. "다윗과 같은 확실한 하나님의 자비"(사 55:3)를 얻고 확실히 취하라. 당신의 닻을 휘장 안에 박으라. 그리고 당신의 영혼이 끊어지지 않는 줄로 그 닻에 매여 있게 하라. 지루한 '만일'을 넘어서 전진하라. 이젠 의혹과 두려움의 광야에 머물러 있어서는 안 된다. 불신앙의 요단을 건너서 평화의 가나안에 들어가라. 거기에는 아직 가나안 인들이 있지만 그 땅에는 끊임없이 "젖과 꿀"(레 20:24)이 흐르고 있다.

284. "애굽에 곡식이 있다"(창 42:2)

기근이 덮쳐서 온 국민을 괴롭혔다. 그리고 야곱과 그의 가족도 매우 곤경 속에 빠져 있어 보였다. 그러나 사랑으로 인해 선택의 대상을 결코 잊을 수 없는 섭리의 하나님은 미리 애굽에 기근이 온다는 것을 경고하여 풍년 시에 곡식을 저장하도록 인도하여 하나님의 백성의 양식을 준비시켰다. 야곱은 애굽에서 구원될 것을 거의 기대하지 않았지만, 그러나 그를 위해 저장된 양식은 애굽에 있었다. 믿는 자여, 모든 것이 당신의 뜻대로 되지 않을지라도 하나님은 당신을 위하여 언제나 준비하고 있다는 것을 생각하고 안심하라. 당신의 슬픔의 목록에는 구원의 제목이 기록되어 있다. 그분께서는 어떻게 하든지 당신을 구원할 것이고 어디서든지 당신을 위하여 공급하실 것이다. 당신의 구원은 전혀 기대하지 않은 곳에서 올지도 모른다. 그러나 당신이 절박한 그때에 반드시 도움은 올 것이고 당신은 주님의 이름을 높일 것이다. 만일 어떤 사람이 당신을 양육하지 않으면 까마귀가 당신을 먹일 것이다. 그리고 땅이 밀을 산출하지 않으면 하늘이 만나를 내릴 것이다. 그러므로 용기를 내라. 그리고 조용히 주 안에서 쉬어라. 만일에 하나님이 원하신다면 태양을 서쪽에서 뜨게 할 수도 있고, 그분은 근심의 근원을 기쁨의 통로로 변하게 하실 수 있다. 애굽의 모든 곡식은 사랑하는 요셉의 통제하에 있었다. 그는 마음대로 곡식 창고를 열기도 하고 닫기도 할 수 있었다. 그와 같이 섭리의 부요는 모두가 우리 주 예수님의 절대적인 힘 안에 있고, 그는 아낌없이 그것을 그의 백성에게 주신다. 요셉은 그의 가족을 위하여 풍성하게 준비하였다. 우리 주 예수님께서도 그와 같이 하나님의 자녀들을 위하여 끊임없이 신실한 마음으로 준비하고 있다. 단지 우리가 해야 할 일은 우리를 위하여 준비되어 있는 도움을 요구하는 일이다. 그러므로 낙심하여 가만히 앉아있지 말고 마음을 떨쳐 일어나야 한다. 기도는 곧 우리를 왕이신 우리의 형제의 임재 안으로 데려간다. 그분의 보좌 앞에 나아가서 우리는 단지 구하고 받으면 된다. 그분에게 저장된 것은 무 곡식이 풍성하게 있다. 그의 마음은 냉정하지 않아서 우리에게 곡식을 나누어 주실 것이다. 주여, 우리의 불신앙을 용서하시고 이 저녁에 주님의 충만함으로부터 풍성하게 받아 "은혜에 은혜를"(요 1:16) 더하여 주소서.

5월 22일 아침

285. "바른 길로 인도하사"(시 107:7)

너무나도 예상치 못한 변화들이 닥쳐오면, 걱정이 많은 믿는 자들은 "왜 이런 일들이 나에게 일어날까?"라고 의문을 가진다. 나는 빛을 구하였으나 어두움이 찾아왔다. 평화를 구하였는데 고난이 찾아왔다. 나는 마음속에 이르기를, "나의 산은 굳게 서 있고 나는 결코 움직이는 일이 없다"고 말한다. "주여, 주님께서 얼굴을 숨기심으로 나는 고난 속에 있습니다." 어제 나는 하나님의 자녀라고 굳게 믿을 수 있었는데, 오늘은 그 확신이 약해지고 나의 소망은 희미하다. 어제의 나는 비스가 산에 올라 먼 전망을 바라보며 상속받을 기업을 확신하며 기뻐하였다. 그런데 오늘 나의 영혼은 소망이 없고 기쁨이 없으며, 두려움은 많아져 번뇌는 심하다. 이것은 나를 위한 하나님의 계획의 일부인가? 이것은 하나님께서 나를 "하늘"으로 인도하는 길인가? 확실히 그렇다. 당신의 믿음이 빛을 잃고 당신의 마음이 어두워지고 소망이 희미해지는 것은 모두가 하나님께서 장래에 당신이 받을 큰 기업을 위해 당신을 준비시키기 위함이다. 이러한 시련은 당신의 믿음을 연단하여 강하게 하기 위함이다. 이것들은 당신을 바위 위로 옮기는 파도이고 또 당신의 배를 빨리 목적지인 항구에 보내기 위한 순풍이다. 다윗의 말에 따르면, 당신에 대해서도 "주는 저들을 그 소망하는 항구에 인도하였다"(시 107:30)라고 말할 수 있는 것이다. 명예이든, 수욕이든, 칭찬이든, 비방이든, 부요, 빈곤, 기쁨, 번뇌, 박해, 평화 이 모든 것들은 당신의 영혼의 생명을 유지시켜 주고 당신의 전진을 돕는 수단이다. 오 주 안에 있는 친구여, 당신의 슬픔이 하나님의 계획 밖에 있는 것이라고 생각해서는 안 된다. 그것은 그분의 계획에서 필요한 부분이다. "우리가 천국에 들어가려면 많은 환란을 겪어야 한다"(행 14:22). 그러므로 "너희가 여러 가지 시험을 당하거든 온전히 기쁘게 여기라"(약 1:2)고 하신 말씀에서 배워라.

> *"아, 두려움에 떠는 나의 영혼을 고요하게 하시고,*
> *주의 지혜롭고 거룩한 뜻을 기다리게 하소서!*
> *주여, 내가 주님의 목적을 깨닫지 못할지라도,*
> *주님께서 다스리시니 모든 것이 선을 이루리로다."*

5월 22일 저녁

286. "나의 사랑하는 자야 너는 어여쁘고"(아 1:16)

모든 관점에서 보아서, 우리의 사랑하는 자는 가장 아름다운 분이시다. 우리의 여러 가지 경험은 하늘 아버지께서 우리에게 예수님이 사랑할만한 분이라는 것을 새로운 입장에서 보게 하시려는 의도이다. 우리의 시련이 우리를 높은 곳에 데리고 가서 평탄한 삶에서는 볼 수 없는 예수님을 더 분명하게 보게 함은 얼마나 유익한 일인가! 우리는 예수님을 산 정상에서 바라보았고, 그분은 강하게 태양과 같은 빛으로 우리에게 비쳤다. 또 심지어 우리는 그분을 "사자굴과 표범의 산"(아 4:8)에서 보아왔지만 그는 조금도 사랑스러움을 잃지 않으셨다. 고통과 고난의 경험 속에서 우리 영혼의 신랑에게 주목하였지만 그분은 "모든 것이 아름다운"(아 4:7) 것 이 외에는 아무것도 없었다. 많은 성도들이 어두컴컴한 감옥에서 그리고 불꽃의 화염 속에서 그분을 우러러보았지만 결코 그를 비난하는 일이 없이 그분의 압도하는 아름다움을 찬양하면서 죽어갔다. 오, 영원히 우리의 아름다운 주 예수님을 바라보는 것은 얼마나 귀하고 즐거운 일인가! 구주의 임무를 하나하나 다 보고 각각 그 모두가 비교할 수 없다는 것을 인식한다는 것은 말로 다 할 수 없는 기쁨이다. 그것은 마치 만화경을 돌려가며 새롭게 비교할 수 없는 은혜의 조합을 맞추어 보는 것과 같지 않을까? 구유에서, 영원 속에서, 십자가에서, 그리고 보좌에서, 동산에서, 또 그분의 왕국에서, 강도 사이에서 또 천사들 가운데서, 그분은 그 어느 곳에서든지 "모든 것에 아름답다"(아 5:16). 그분의 삶 속에서의 하나하나의 행동과 그의 성품의 하나하나의 특징을 주의 깊게 살펴보라. 그분은 왕자의 위엄을 가지심과 동시에 세세한 것에 이르기까지 아름답다는 것을 알 수 있다. 당신이 원하는 대로 그분을 판단할 지라도, 그를 비난할 수는 없을 것이다. 그분을 당신이 원하는 대로 저울에 달아볼지라도, 무게에 부족함이 없음을 발견할 것이다. 영원도 우리의 사랑하는 분에게서 단 하나의 그림자도 발견하지 못하리라. 아니, 차라리 세월과 함께 그분의 숨겨져 있는 영광은 더욱더 상상할 수 없는 빛으로 발산될 것이다. 그분의 말할 수 없는 아름다움이 "하늘"을 사모하는 모든 사람들의 마음에 기쁨으로 뛰는 즐거움으로 더욱더 부어질 것이다.

287. "여호와께서 내게 관계된 것을 완전케 하실지라"(시 138:8)

시편 저자가 여기서 분명하게 말하고 있는 것은 하나님에 대한 신뢰이다. 그는 "나 스스로에 관한 한 충분한 은혜를 갖고 있고, 나의 믿음은 견고하여 흔들리지 않으며 나의 사랑은 따뜻하여 결코 식지 아니하며 나의 결심은 강하여 그 어떤 것에도 흔들리지 않는다"고 말하지 않았다. 아니, 도리어 그는 주님께만 전적으로 의지하였다. 만일 우리가 만세 반석 이외의 것에 신뢰를 둔다면 우리의 신뢰는 꿈보다 더 헛될 것이다. 그것은 우리 위에 떨어져 파멸로 덮혀서 슬픔과 곤욕을 가져올 것이다. 자연의 이치는 모든 것이 때가 이르면 쇠잔하고 그것을 입고 있는 모든 자에게 영원한 혼란으로 빠뜨린다. 시편 저자는 현명하였다. 그는 주님의 일 이외의 것에는 그 어떤 것도 신뢰하지 않았다. 우리 안에 선한 일을 시작하신 이가 주님이시기 때문이다. 그것을 계속하시는 이도 주님이시다. 따라서 만약 그분께서 그것을 끝내지 않으면, 그것은 결코 완성되지 못할 것이다. 만일 우리가 입고 있는 하늘의 의의 옷에 우리의 손으로 한 바늘을 꿰매야 한다면 우리는 잃어버리는 자가 된다. 왜냐하면, 그것은 불가능하기 때문이다. 그러나 주님께서 시작하신 일을 완성하실 것이라고 우리는 확신한다. 그분께서는 지금까지 모든 것을 하셨고, 현재에도 모든 것을 하신다. 또한, 미래에도 모든 것을 성취하실 것이다. 우리의 확신은 우리가 해왔던 일, 그리고 우리가 하려고 결심하는 것에 있는 것이 아니라 주님께서 전적으로 무엇을 하느냐에 관계되어 있다. 불신앙이 뛰어들어 "너는 결코 서 있을 수 없어, 너의 마음속에 있는 악을 봐. 너는 결코 죄를 이길 수 없어, 너를 둘러싼 죄성의 쾌락과 이 세상의 유혹을 생각해 봐. 너는 그것에 유혹되어 미혹을 받을 거야"라고 말한다. 아, 그렇다. 만일 우리가 스스로의 힘에 의지한다면 정말로 멸망할 수밖에 없다. 또 만약 혼자서 풍랑의 바다를 작은 배로 항해하게 된다면 절망에 빠져 항해를 포기할 수밖에 없다. 그러나 하나님께 감사하리로다! 그는 "우리를 위하여 주의 뜻을 성취하시며 우리를 소망의 항구에 데려다 주신다"(시 107:30). 우리가 오직 주님만을 신뢰할 때 결코 지나치는 일이 없고, 또 그분에게 이와 같은 확신을 가질 때 어떤 관심을 가질지라도 결코 지나칠 일은 없다.

5월 23일 저녁

288. "너는 나를 위하여 돈으로 향품을 사지 아니하며"(사 43:24)

성전에 오는 예배자는 하나님의 제단 위에 태울 좋은 향을 제물로써 가지고 오는 것이 관례다. 그러나 이스라엘은 믿음이 식을 때에 인색하게 되어 단지 감사의 말뿐인 제물을 드렸다. 이것은 하나님과 그 집에 대하여 마음이 냉랭해진 증거이다. 친구여, 당신은 이러한 경험을 한 적이 있는가? 오늘 읽은 이 구절의 말씀이 당신의 귀에 거슬리지는 않았는가? 가난한 자라도 만약에 믿음에 부요하다면 제물은 적을지라도 잘 받아들여질 것이다. 그러나 가난한 형제여, 당신은 마땅히 드려야 할 제물을 바치고 있는가? 과부의 적은 렙돈이 성물로 바쳐지지 않았는가? 부유한 그리스도인은 많은 재산이 자기에게 의탁되어 있음을 감사해야 한다. 그러나 동시에 부과되어 있는 큰 책임을 잊어서는 안 된다. 왜냐하면, "많이 주어진 자에게는 많은 것을 요구하기 때문이다"(눅 12:48). 그러나 부유한 독자여, 당신은 자신의 의무를 잊지 않고 받은 이익에 따라서 주님께 바치고 있는가? 예수님께서는 자신의 보혈을 우리를 위하여 주셨다. 우리는 그분에게 무엇을 드릴 수 있을까? 우리는 그분의 것이고, 우리가 갖고 있는 모든 것도 그의 소유이다. 왜냐하면, 우리를 그분의 것으로 사셨기 때문이다. 마치 내 자신이 나의 것인 양 내 뜻대로 행동해도 좋을까? 오, 우리를 더욱 더 거룩하게 하시고 더욱 더 사랑에 풍성하게 하소서! 보배로우신 예수여, 우리가 돈으로 산 향품을 받아주시니 얼마나 감사한지요! 주님의 무한한 사랑에 비하면 어떤 값비싼 헌물도 고귀하다고 할 수 없는데 너무나도 보잘것없는 사랑의 표시를 아주 기쁘게 받아주시지 않는가! 우리의 조잡한 "나를 잊지 마세요"와 사랑의 표시를 마치 본질적으로 보배로운 것 같이 주님께서는 받아 주신다. 우리가 주님께 가지고 가는 것은 사실 어린아이가 어머니에게 가져가는 한줌의 들꽃에 불과한 것이다. 이제 후로는 우리가 사랑의 헌물을 아까워함으로 인하여 다시는 주님께서 책망하시는 음성을 결코 듣지 않게 하소서. 우리는 당신에게 우리의 부요의 첫 열매를 드리며 모든 것의 십분의 일을 드리겠나이다. 그리고 이제 우리는 다음과 같이 고백할 수 있도록 하자 "주의 것을 우리는 주께 봉헌하였나이다"(대상 29:14).

5월 24일 아침

289. "하나님을 찬송하리로다. 저가 내 기도를 물리치지 아니하시고" (시 66:20)

우리가 스스로 기도하는 내용을 정직하게 돌아본다면 하나님께서 기도에 응답하신 것에 오히려 놀라움으로 가득 차게 될 것이다. 어떤 사람들은 바리새인과 같이 자신의 기도가 응답받을 가치가 있다고 생각한다. 그러나 진정한 그리스도인은 깊이 자신을 성찰한다면 그 자신의 기도를 슬퍼하며 만일 가능하다면 과거의 기도를 다시 고쳐서 좀 더 열렬하게 기도하기를 갈망한다. 주안에 있는 믿는 자여, 당신의 기도가 얼마나 냉랭한지를 생각해 보라. 당신은 골방에서 야곱과 같이 기도로 씨름해야 함에도 불구하고, 오히려 당신의 기도는 힘이 없고 그 횟수도 적으며 "나를 축복하지 않으면 당신을 놓아주지 않겠나이다"(창 32:26)라고 부르짖는 그 겸손함과 인내심 있는 믿음의 기도와는 거리가 멀다. 그러나 놀랄 일은 하나님께서 당신의 냉랭한 기도를 들으시는 일이다. 또한 들으실 뿐만 아니라 응답하시는 것이다. 또 당신의 기도 횟수가 얼마나 적은지를 생각해 보아라. 어려움이 닥치면 당신은 은혜의 보좌로 달려간다. 그러나 거기서 구원을 받은 후에는, 당신의 끊임없던 기도는 어디로 가버렸는가? 그러나 당신이 이전과 같이 기도를 끊어버렸어도 하나님께서는 당신을 축복하시는 일을 멈추지 않으신다. 당신이 은혜의 보좌에 가지 않을지라도 하나님은 그곳을 떠나지 않으신다. 그리고 임재하시는 강한 빛은 항상 스랍의 날개 사이에서 보여진다. 아, 우리가 필요하여 급할 때에만 간혹

하는 기도일지라도 하나님께서 그것을 돌보아주신다는 것은 참으로 놀라운 일이다. 스스로 할 수 없을 때에는 하나님께 울부짖으나 은혜를 받은 후에는 곧 등을 돌리며, 필요에 급하면 하나님께 접근하고 자비가 풍성하여 슬픔이 적을 때에는 하나님을 거의 잊어버린 자, 이러한 자의 기도일지라도 들어주시는 하나님은 그 얼마나 고마우신 분인가! 이러한 하나님의 자비로우심이 우리 마음에 새겨져 이제부터는 우리가 "쉬지 말고 기도하며 간구하되 무시로 성령을 힘입어 기도하기를"(엡 6:18) 진정 힘쓰는 자가 되기를 바란다!

5월 24일 저녁

290. "오직 너희는 그리스도 복음에 합당하게 생활하라"(빌 1:27)

여기에 "생활하라"고 말하는 것은 단순히 대화하라는 의미가 아니라 이 세상에 있는 우리의 생활과 행동양식 모두를 의미하고 있다. 성경원어인 헬라어에서 이 단어는 시민으로서의 행동과 특권을 의미한다. 그러므로 새 예루살렘의 시민으로서 우리의 행동은 그리스도의 복음에 합당하도록 명하여져 있다. 그렇다면 이것은 과연 어떤 종류의 생활일까? 첫째로, 복음은 매우 단순하다. 따라서 그리스도인의 습관에 있어서 단순 솔직하지 않으면 안 된다. 태도, 언어, 복장 그리고 행동 모든 것에 있어서 아름다움의 진수인 단순성이 없으면 안 된다. 복음은 또한 뛰어나게 진실하다. 그것은 섞임이 없는 순금이다. 그리스도인의 생활은 진리의 보석이 없으면 그 빛도 가치도 없다. 복음은 무엇이나 두려워하지 않기에, 사람이 좋아하던 그렇지 않던 간에 진리는 담대하게 선포되어야 한다. 그러므로 우리는 복음을 전함에 있어 충실하고 단호하며 굽히지 않아야 한다. 그러나 복음은 또한 온화한 것이다. 그것을 시작하신 분의 "상한 갈대도 꺾지 아니한다"(사 42:3)는 그 마음을 보라. 그리스도인이라고 말하는 어떤 사람들은 가시덤불보다도 더 날카롭다. 저들은 전혀 예수님과 같지 않다. 우리는 온순한 말과 행위로 다른 사람들의 마음을 인도해야 한다. 복음은 또한 사랑이 매우 풍성하다. 그것은 사랑의 하나님께서 멸망해 가는 타락한 인류를 위한 메세지이다. 그리스도께서 제자들에게 말씀하신 최후의 명령은 "너희들도 서로 사랑하라"(요 13:34)는 것이었다. 오, 모든 성도에게 좀 더 진실한 마음의 일치와 사랑이 아쉽다. 그리고 가장 사악하고 부도덕한 사람들에 대해서도 좀 더 부드러운 긍휼의 마음을 갖게 되기를 바란다! 또한 그리스도의 복음이 거룩한 것임을 잊어서는 안 된다. 그것은 결코 죄를 간과하지 않는다. 복음은 죄를 사하지만 오직 속죄에 의해서만 용서받을 수 있다. 만약 우리의 삶이 복음에 합당하기를 원한다면, 우리는 악한 부도덕을 피해야 할 뿐만 아니라 그리스도와의 완전한 일치를 방해하는 어떤 것도 피해야 한다. 그리스도를 위하여, 우리 자신과 또 다른 사람들을 위하여 우리는 날마다 스스로의 생활이 더욱더 복음과 합당하도록 힘써야 하는 것이다.

5월 25일 아침

291. "여호와여 나를 버리지 마소서"(시 38:21)

시련과 유혹의 때에 우리는 종종 하나님께서 우리를 버리시지 않기를 기도한다. 그러나 우리는 언제나 이와 같이 기도할 필요가 있다는 것을 잊어버리기 쉽다. 우리의 생활이 아무리 성화되어 있다 하여도 항상 하나님께 붙들려 있지 않으면 한순간이라도 보전되지 못한다. 우리는 빛 가운데 있을 때나 어둠에 있을 때나, 하나님과 사귐 중에 있을 때나 유혹 중에 있을 때에도 항상 "주여, 나를 버리지 마소서"라고 기도할 필요가 있다. "나를 붙들어 주소서, 그리하면 나는 안전하리이다." 걷기 시작한 어린아이는 항상 어머니의 도움을 필요로 한다. 선장에 의해 버려진 배는 곧 파도에 떠내려간다. 우리는 계속 위에서부터 도움을 받지 않으면 한걸음도 나아가지 못한다. 그러므로 오늘 이렇게 기도하자. "하늘 아버지여, 당신님의 자녀가 원수의 손에 넘어가지 않도록 당신님의 자녀를 버리지 마소서. 은혜로운 목자시여, 당신님의 양이 안전한 우리 가운데서 미혹을 받아 밖으로 나가지 않도록 당신님의 어린양을 버리지 마소서. 위대한 농부이신 아버지여, 당신님의 과실나무가 시들며 마르지 않도록 당신님의 과실나무를 버리지 마소서. 나의 삶의 어떠한 순간에라도 나를 버리지 마소서. 내가 기쁠 때에도 그 기쁨 때문에 마음이 빼앗기지 않도록 해주시고, 내가 슬플 때에도 그 슬픔으로 인하여 주님께 원망하지 않도록 나를 버리지 마소서. 나의 회개의 날에도 내가 죄 용서함의 소망을 잃고 절망에 빠지는 일이 없게 하시며, 또 강한 믿음으로 서 있을 때에도 그 믿음으로 교만하게 되지 않도록, 주여 나를 버리지 마소서. 주님께서 함께 하시지 않으면 나는 약하고, 주님과 함께 있을 때 나는 강합니다. 나의 길은 험난하고 많은 함정이 있기에 주님께서 인도하시지 않으면 한걸음도 나갈 수가 없습니다. 암탉이 결코 자기 병아리를 버리지 않음같이 주님께서 당신님의 날개로 나를 영원히 덮으소서. 그 날개 밑에 내가 피할 곳을 찾게 하소서.""나로부터 멀리 떠나지 마소서. 고난이 가까이 오며 도울 자가 없나이다"(시 22:11). "나의 구원의 하나님이시여, 나를 쫓아내지 마시고 나를 버리지 마소서"(시 27:9).

"오, 영원히 성별된 나의 마음에
당신님의 영원하신 영이 머물게 하시고,
나의 숨긴 영혼으로
순결하고 고귀한 당신님께서 거하실 성전으로 삼으소서."

5월 25일 저녁

292. "곧 그 시로 일어나 예루살렘에 돌아가 보니… 두 사람도 길에서 된 일과 예수님께서 떡을 떼심으로 자기들에게 알려지신 것을 말하더라"

(눅 24:33-35)

      두 제자가 엠마오에 가서 저녁식사로 원기를 회복하고 있었을 때, 길가에서 그들의 마음을 깊이 움직인 신비스런 낯선 사람이 떡을 취하여 떼어주며 자신을 제자들에게 알리고는 자취를 감춰 버렸다. 그들은 해가 저물었기 때문에 그에게 함께 유숙하자고 강권하였던 것이다. 그러나 이제는 더 어두워졌는데도 그들의 사랑이 그 발에 등불이 되고 날개가 되어서 그들은 어둠을 잊고 피곤도 사라졌다. 그리고 즉시 길가에서 부활의 주님께서 그들에게 나타난 그 기쁨의 소식을 전하기 위하여 삼십 리의 길을 되돌아갔다. 그들은 예루살렘에 있는 그리스도인들을 만났다. 그리고 자기들에게 있었던 일을 말하기 전에 여러 가지 기쁨의 소식을 들었다. 이들 초대 그리스도인들은 모두 다 그리스도의 부활을 말하며 주님에 대해 알았던 일들을 전하려는 열정에 불타고 있었다. 그들은 자기들의 경험을 서로 나누었다. 이 저녁에 그들의 모범을 우리의 마음에 깊이 새기자. 우리도 또한 예수님에 대하여 증거하지 않으면 안 된다. 요한이 말하는 무덤의 이야기는 베드로에 의하여 보충될 필요가 있다. 그리고 마리아는 그것에 더 많은 것을 보탤 수 있다. 우리는 그것들을 전부 종합해서 충분한 증언을 갖게 된다. 우리는 각각 특별한 은사들과 각기 다르게 나타나심을 가짐으로써 하나님께서 의도하신 하나의 목적인 그리스도의 몸 전체를 완성하는 일이다. 그러므로 우리는 스스로의 영적 소유를 가지고 사도들의 발 앞에 두어, 하나님께서 우리에게 주신 것을 모든 사람에게 나누어 주어야 한다. 귀중한 진리의 그 어떤 부분도 묻히게 하지 말고 당신이 아는 것을 말하며 본 일을 증거하라. 그것 때문에 고생한다든지, 어두움이나 또는 친구의 불신임을 사는 일들에 결코 마음 쓰지 말라. 일어나서 당신이 해야 할 일터로 가서 하나님께서 당신의 영혼에 보이신 큰일을 증거하라.

5월 26일 아침

293. "네 짐을 여호와께 맡기라 그가 너를 붙드시고"(시 55:22)

걱정하는 것은 비록 그 목적이 정당하다 할지라도 도가 지나치면 죄가 된다. 걱정하지 말라는 교훈은 주님께서 여러 번 반복하여 열심히 말씀하신 것이고 사도들에 의해서도 반복되었다. 이 교훈을 무시하는 자는 허물에 빠지게 되어 있다. 왜냐하면, 걱정의 본질은 우리가 하나님보다 현명하게 생각하며 자기를 하나님 위치에 놓고 하나님께서 우리를 위하여 하시려고 하는 일을 우리가 하나님을 위하여 하는 것같이 되도록 만들기 때문이다. 우리의 일을 하나님께서 잊으실 것이라 상상하여 하나님 대신에 생각하려 하고, 또는 마치 하나님께서 우리의 무거운 짐을 질 수 없다고 생각하든지 아니면 짐을 지기를 원치 않는다고 생각하여 우리가 스스로 무거운 짐을 지고 고생하는 것이다. 주님의 분명한 교훈에 대하여 이와 같은 불순종, 말씀에 대한 불신앙, 그분의 섭리에 뛰어들려는 주제 넘는 일은 모두 죄인 것이다. 그뿐 아니라 걱정은 때때로 죄의 행위로 발전한다. 모든 것을 하나님의 손에 맡기지 않고 자기 스스로 무거운 짐을 지려고 하는 자는 자기의 일을 가볍게 하기 위해 악한 수단이라도 행하려는 유혹에 빠지기 쉽다. 이 죄의 결과는 하나님을 의논의 상대로 하는 일을 저버리고 그 대신에 인간의 지혜를 구하려는 것이다. 이것은 "생수의 구원"(렘 2:13)으로 가지 않고 "터진 웅덩이"로 가는 길이다. 이것은 옛날 이스라엘 민족이 빠졌던 죄이다. 걱정은 하나님의 긍휼을 의심하며 그 결과 하나님에 대한 우리의 사랑을 식어버리게 한다. 우리는 하나님에 대하여 불신을 품게 되어 성령님을 근심케 하며 기도가 막히게 된다. 좋은 지속적인 습관이 깨어지고 생활은 자기중심적이 된다. 이와 같이 하나님께 대한 신뢰는 사라지기 시작하여 하나님을 떠나 방황하게 된다. 그러나 만약에 우리가 하나님의 약속을 단순히 믿고 모든 짐을 주의 손에 맡기며, 하나님께서 우리를 돌보아주시기 때문에 "아무것도 걱정하지 않는다"(빌 4:6)라고 하면 우리는 하나님에게 가까이 걸을 수가 있고 또 많은 유혹에 대항할 수 있는 힘을 받게 된다.

"주님께서는 심지가 견고한 자에게 온전한 평강을 누리게 한다. 이것은 그가 주님을 신뢰하기 때문이다"(사 26:3).

5월 26일 저녁

294. "믿음에 거하라"(행 14:22)

인내한다는 것은 진실한 성도의 간판이라고 할 수 있다. 그리스도인의 생활은 하나님에 의하여 시작되지만 그것은 믿음의 생애를 통하여 계속되는 것이다. 그리스도인은 나폴레옹과 같이 이야기할 수 있다. 나폴레옹은 이렇게 말하였다. "정복이 오늘의 나를 만들었고, 그리고 그것은 나를 유지시킨다." 주님 안에 있는 사랑하는 형제여, 그와 같이 '하나님의 인도로 말미암아 정복이 당신을 오늘과 같이 만들었고, 그리고 그것이 당신을 붙들어야 한다.' 당신의 표어는 "보다 높이!"가 되어야 한다. 싸움의 나팔소리가 그칠 때까지 싸우는 자만이 진정한 정복자이고 최후에 영광의 면류관을 받을 자이다. 그러므로 모든 영적인 원수는 공격의 목표를 우리의 인내에 둔다. 당신이 그리스도인이 되어도 곧 이 세상의 유혹에 넘어져 믿음의 여행을 단념하고 허영의 거리에서 활보하려고 한다면 이 세상은 당신에 대해 반대하지 않는다. 육은 당신을 올무에 빠뜨려 당신이 영광으로 향하여 전진하는 것을 방해하려고 한다. 육은 말하기를, "순례의 길은 힘들다. 이제는 그만두자, 나는 항상 이런 괴로운 생각을 해야 하는가? 조금이라도 환락은 맛보아서는 안되는 것인가? 이 끊임없는 영적싸움에서 적어도 잠시 쉬면 안되겠는가?" 사탄은 당신의 인내를 심히 공격하여 당신의 인내에 그 모든 화살을 향한다. 사탄은 당신이 봉사하는 것을 방해하며 "당신은 아무 소용이 없다"라고 넌지시 이야기하며 "휴식이 필요해"라고 말한다. 그리고 당신을 지치게 하고 괴롭게 하면서 "하나님을 저주하고 죽으라"(욥 2:9)고 속삭인다. 그렇지 않으면 사탄은 당신의 확고부동

함에 대해 공격하여 말하기를 "그렇게 열심히 해서 무슨 유익이 있는가? 다른 사람들같이 조용히 지내든지 잠자는 것도 좋지 않은가? 그리고 다른 처녀들 같이 등불을 끈 채로 지내는 것이 좋지 않은? 혹은 당신의 교리에 관한 신념에 대해 말하기를 "왜 교파의 신조에 관해 고집하는가? 분별있는 자는 좀 더 자유롭고 폭넓게 생각한다. 그들은 옛 경계표를 폐지하고 현 시세를 따른다." 믿는 자여, 그러므로 당신의 방패를 들고 갑주를 입어라. 그리고 강하게 하나님께 소리치며 붙들어라. 그래서 성령님으로 인하여 당신이 최후까지 인내하도록 하라.

5월 27일 아침

295. "므비보셋이 항상 왕의 상에서 먹으므로 예루살렘에 거하니라 그는 두 발이 다 절뚝이더라"(삼하 9:13)

므비보셋은 다윗왕의 식탁에서 그렇게 빛나는 존재가 아니었음에도 항상 다윗왕 곁에서 식사를 하였다. 그것은 왕이 사랑했던 친구인 요나단의 모습을 그 아들에게서 보았기 때문이다. 므비보셋과 같이, 우리도 영광의 왕에게 향하여 "당신은 종을 어떻게 생각하시고 이 죽은 개와 같은 나를 돌보시나이까?"(삼하 9:8)라고 부르짖는다. 그러나 여전히 주 하나님께서는 우리와 친한 교제를 가지시는데 열중한다. 그것은 하나님께서 그의 사랑하는 아들인 예수님의 모습을 우리에게서 보시기 때문이다. 하나님의 백성은 예수님의 덕택으로 인해 귀중하게 여겨진다. 아버지 하나님은 그 독생자에 대한 사랑 때문에 그 아들의 비천한 형제들도 빈곤과 추방으로부터 일으키시어 궁정의 동반자로 고귀한 신분을 주며 왕족으로 대우하신다. 저들이 불구자인 사실도 그 특권을 빼앗지 못하고 절뚝거림도 아들이 되는 자격을 막지 못한다. 절뚝발이도 "발이 들노루 같이 빠른"(삼하 2:18) 아사헬과 함께 상속자가 되기에 부족함이 없다. 우리의 역량이 부족할지라도 우리의 권리에는 아무런 차이가 없다. 왕의 식탁은 절뚝발이의 귀한 피난처이다. 그리고 복음의 잔치에 있어서 우리는 자신의 연약성 안에서 영광을 배운다. 왜냐하면, 그리스도의 능력이 우리 위에 머물기 때문이다. 그러나 비참할 정도의 장애는 가장 사랑하는 성도들도 해칠 수 있다. 다윗의 잔치에 참여하는 므비보셋은 두 발이 모두 절뚝거렸기에 왕이 도시를 떠나 도망갔을 때 쫓아갈 수가 없었고, 그 때문에 그의 종 시바에 의하여 중상모략과 해를 당하게 되었다. 이와 같이 믿음이 약하고 지식이 모자라는 성도들은 매우 큰 약점을 갖게 된다. 저들은 많은 원수들에게 당하기 쉬우며 왕을 어디까지나 쫓아갈 수가 없다. 이 병은 자주 넘어짐으로 인해 일어나는 것이다. 영적인 유아시절의 나쁜 육아법으로 인하여 회심자를 낙심 속으로 빠뜨려 결코 일어서지 못하게 하는 경우도 종종 있다. 또 어떤 때에는 죄 때문에 뼈가 부서지는 때도 있다. 주여, 절뚝발이를 도우사 숫사슴 같이 뛰게 하시며 당신의 식탁의 빵으로 모든 당신의 백성들을 배부르게 하소서.

5월 27일 저녁

296. "이 종이 무엇이관대 왕께서 죽은 개 같은 나를 돌아보시나이까"(삼하 9:8)

므비보셋이 다윗의 친절에 이처럼 겸손하였다면 우리는 은혜의 주님의 임재 앞에서 어떻게 해야 좋을까? 은혜를 많이 받으면 받을수록 우리는 자신의 일에 대해 적게 생각한다. 왜냐하면, 은혜는 빛과 같아서 우리의 더러움을 분명하게 하기 때문이다. 유명한 성도들은 자기 자신을 무엇에 비교할지를 거의 알지 못하였다. 스스로 무가치하다는 것을 저들은 매우 선명하게 의식하고 또한 예리하였다. 신실하였던 루더포드(Rutherford)는 "나는 말라버린 가지, 한 조각의 뼈다귀, 말라버린 뼈, 한 개의 지푸라기도 넘을 수 없는 자"라고 말하였다. 또한 다른 곳에서 그는 "겉으로는 나타나 있지 않아도 나는 유다나 가인이 갖고 있는 악의 모든 것을 갖추고 있다"고 기록하였다. 자연계의 가장 비천한 것도 겸비한 마음의 소유자에게는 자기보다도 훌륭하게 보인다고 말한다. 왜냐하면, 그것들은 결코 죄와 관계된 것이 없기 때문이다. 개는 먹는 것밖에 모르고 사나우며 더러울 수도 있다. 그러나 개는 양심을 더럽히거나 성령님을 거스르는 일은 하지 않는다. 개는 무가치한 동물일지 모르나 조금만 친절하게 대해 주면 주인을 따르며 죽기까지 충성한다. 그러나 우리는 주님의 선하심을 잊고 그의 부르는 소리에 반응하지 않는다. "죽은 개"라는 용어는 가장 경멸적인 뜻의 표현인데, 하나님의 교훈을 받은 믿는 자가 자기혐오를 표현하는데 사용해도 조금도 지나치지 않는 말이다. 저들은 있는 그대로 표현하였으며, 그들이 말한 그대로를 의미하는 것이다. 그들은 스스로를 성소의 저울에 달아서 자신의 실체가 헛된 것임을 깨달았다. 기껏해야 우리는 진흙이요, 살아있는 먼지에 불과하다. 그러나 죄인으로서 본다면 우리는 정말로 괴물이다. 그러한 우리에게 주 예수님께서 그의 마음의 사랑을 모두 쏟아 부으신다는 것은 참으로 하나의 기적으로서 하늘에서 선포해야 할 일이 아닌가! 비록 우리가 먼지와 재에 불과하지만, 우리는 "베푸신 은혜의 능력이 지극히 크심을"(엡 1:19) 찬양해야 하고 또 찬양할 것이다. 주님의 마음이 "하늘"에서 쉼을 찾지 못하겠는가? 그분께서 배우자를 위하여 이 초라한 장막에 오시고, 또 사람들의 자녀들 속에서 신부를 택하실 필요가 있는가? 하늘과 땅이 깨어나 노래하고 모든 영광을 사랑하는 주 예수님께 드리도록 하자.

5월 28일 아침

297. "하나님이 부르신 그들을 또한 의롭다 하시고

의롭다 하신 그들을 또한 영화롭게 하셨느니라"(롬 8:30)

주 안에 있는 자여, 여기에 당신을 위한 보배로운 진리가 있다. 당신은 빈곤하며 고난이 있으며, 또 사람들로부터 인정받지 못하고 있을 수도 있다. 그러나 당신의 부르심과 그로부터 흘러 나오는 결과를 생각하고 특히 오늘 아침 여기에서 말하고 있는 축복된 결과를 생각하고 격려를 받으라. 오늘 당신이 하나님의 자녀인 것이 확실한 만큼 당신의 모든 시련은 곧 끝이 날 것이고 당신은 모든 축복을 풍성하게 받게 될 것이다. 잠시만 더 기다려라. 그러면 당신의 피곤한 머리는 영광의 관을 쓰고 힘든 일에 종사하고 있는 손은 승리의 종려가지를 들게 되리라. 당신의 환란을 탄식하지 말고 잠시 후에는 "죽음도 슬픔도 부르짖음도 아픔도 없게 됨"(계 21:4)을 기뻐하리라. 불수레가 당신의 문 앞에 있고 한순간에 당신을 영광의 장소에 데려갈 것이다. 영원의 노래가 당신의 입술에서 터져 나올 것이다. "하늘" 문이 당신을 위해 열려져 있다. 안식에 들어가지 못 할 것이라고 생각하지 말라. 만일 그분께서 당신을 부르셨다면 아무도 그의 사랑에서 당신을 떠나게 할 수 없다. 역경도 그분에게서 당신을 끊을 수 없다. 박해의 불길도 그 줄을 태울 수 없고, 지옥의 망치도 그분의 사슬을 끊을 수 없다. 당신은 안전하다. 처음에 당신을 부르셨던 소리는 다시 당신을 땅에서 하늘로 불러 죽음의 암흑에서 썩지 않는 영광의 장소로 옮기는 것이다. 안심하라, 당신을 의롭게 하신 자의 마음은 당신에 대한 무한한 사랑으로 맥박이 뛰고 있다. 당신은 잠시 후 영광을 받은 자와 함께 있을 것이다. 거기에 당신이 받을 몫이 있다. 당신은 그 몫을 받기 위한 준비를 하는 동안 잠시 이 땅에 있는 것이고 여기서의 일이 마쳐지면 천사의 날개가 당신을 멀리 평화와 기쁨과 축복의 봉우리로 옮겨 갈 것이다.

"슬픔과 죄의 세상을 멀리 떠난 그곳에서,

영원히 하나님과 함께 거할 것이다."

이렇게 당신은 영원한 안식을 누릴 것이다.

5월 28일 저녁

298. "중심에 회상한 즉 오히려 소망이 있도다"(애 3:21)

기억은 때때로 실망의 노예가 된다. 낙심하고 있는 사람의 마음은 과거의 모든 어두운 생각을 기억하여 현재의 모든 음울한 상태에 집중하기 때문에 거친 삼베 보자기에 싼 기억은 마음에 독초와 쓴 쓸개즙을 섞은 잔이 된다. 그러나 그럴 필요는 조금도 없다. 지혜는 쉽게 그 기억을 위로의 천사로 변화시킬 수 있다. 그 기억은 한편으로 많은 우울한 징조만을 가져오는 생각을 훈련하여 그 대신에 희망어린 표징을 풍성하게 준비한다. 기억은 무쇠의 관을 쓸 필요가 없고 그 이마에 별을 아로새긴 금장식의 리본을 붙이는 것이다. 이것은 선지자 예레미야의 경험이다. 위의 표제에 인용한 전 구절에 의하면 기억은 그에게 심각한 굴욕감을 느끼게 하였다. "내 영혼이 아직도 그것들을 기억하고 낙심이 되도다"(애 3:20). 그러나 이제는 같은 기억이 그에게 생명과 위로를 회복하게 하였다. "그러므로 나는 중심에 회상한즉 오히려 소망이 있도다." 예리한 두 면의 칼날과 같이, 우선 하나의 칼날로써 그의 기억은 그의 교만을 죽이고 다른 칼날로는 그의 절망을 죽였다. 일반적인 원칙으로써 만일 우리가 더욱 지혜롭게 우리의 기억을 훈련한다면 가장 힘든 암흑의 불행 중에 있어도 곧 위로의 등불을 켜는 성냥이 될 수가 있다. 하나님께서 믿는 자에게 기쁨을 회복시키기 위해 이 땅 위에 새로운 것을 창조하실 필요는 없다. 만약 믿는 자들이 기도로써 과거의 검은 재를 완전히 긁어낸다면 그들은 현재를 위한 빛을 발견하리라. 그리고 만약 진리의 책과 은혜의 보좌로 돌아간다면 그들의 등불은 곧 예전과 같이 밝게 빛날 것이다. 우리는 자비심이 많으신 주님을 회상하고 그가 베푸신 은혜를 복습하기 바란다. 긍휼의 생각으로 풍성하게 빛나는 기억의 책을 펴게 되면 우리는 곧 행복하게 될 것이다. 그러므로 기억은 코울리쥐(Coleridge) 경이 말한 것 같이 "가슴 속 기쁨의 샘이다." 그리고 위로자이신 하나님께서 그것을 사용하실 때, 그것은 우리가 알 수 있는 지상 최대의 위로가 될 것이다.

5월 29일 아침

299. "왕은 정의를 사랑하고 악을 미워하시나니"(시 45:7)

"분을 내어도 죄는 지어서는 안 된다"(엡 4:26). 만일 사람이 죄에 대하여 분히 여기지 않는다면 그 사람 속에 선이 있다고 생각될 수가 없다. 진리를 사랑하는 자는 어떤 거짓도 미워할 수밖에 없다. 우리 주님께서는 유혹이 닥쳐왔을 때 얼마나 그것을 미워하셨던가! 그것은 세 번씩이나 다른 모양으로 예수님을 시험하였지만 주님께서는 "사탄아, 물러가라"(마 16:23, 막 8:33, 눅 4:8)는 말씀으로 그것을 물리치셨다. 그분께서는 다른 사람에게 있는 죄를 미워하셨지만, 꾸짖는 말씀보다는 아주 불타오르는 긍휼의 눈물로써 죄에 대한 미움을 보이셨다. 그러나 다음의 말씀처럼 단호하게, 엘리야보다 더 결단성 있게 이야기 하신 적이 있었던가? "외식하는 서기관과 바리새인이여 너희는 화 있을진저! 너희는 과부의 집을 삼키며 칭찬을 받기 위하여 긴 기도를 하는구나." 주님은 이렇게 악을 미워하시며, 그것에게 치명상을 주기 위하여 스스로 피를 흘리시고 악을 죽이시기 위하여 자신이 죽으셨고, 악을 그의 무덤 속에 묻기 위해 자신이 장사되셨으며, 영원히 악을 발아래 밟기 위하여 부활하셨다. 그리스도는 복음 중에 계시고, 복음은 어떤 형태로든지 악에 반대한다. 악은 아름다운 옷을 입고 거룩한 말을 흉내 낸다. 그러나 예수님의 교훈은 성전 안에서의 그의 유명한 채찍과 같이, 악을 성전 안에서 축출하여 그것이 주님의 몸 된 교회 안에 존재하는 것을 참지 않으실 것이다. 그러므로 예수님의 다스림

아래 있는 마음속에서는 그리스도와 사탄과의 싸움이 얼마나 치열하겠는가! 더욱이 우리의 구속주님께서 심판주로 오실 때에는 "저주를 받은 자여 내게서 떠나라"(마 25:41)고 우뢰와 같이 말씀하실 것이다. 이것은 그분의 생애를 통하여 죄에 대한 그의 교훈의 연장이지만, 실제로 죄에 대한 그분의 미움을 나타내실 것이다. 그분께서는 죄인에 대해서는 따뜻한 사랑을 가지신 만큼 죄에 대해서는 불타는 미움을 가지고 계신다. 그분의 의가 완전하신 만큼 그분께서는 모든 종류의 악을 남김없이 파멸시킬 것이다. 오, 영광스런 정의의 투사이시자 또한 악의 파괴자이신 하나님, 곧 당신의 하나님께서는 "당신의 친구들보다 뛰어나게 당신에게 즐거움의 기름을 부으실 것이다"(시 45:7).

5월 29일 저녁

300. "이 여리고 성을 누구든지 일어나서 건축하는 자는 여호와 앞에서 저주를 받을 것이라"(수 6:26)

여리고 성을 재건하는 자가 저주를 받는다면, 우리 중에 잘못된 종교를 회복하고자 일을 하는 사람은 과연 얼마나 심각한 저주를 받겠는가? 우리의 조상들이 살던 시대에는 옳지 못한 거대한 성벽이 조상들의 믿음의 힘, 그들의 노력과 인내, 그리고 복음의 나팔소리에 무너지고 말았다. 지금 그 옛날의 토대 위에 저주받을 종교적인 조직을 재건하려는 자들이 있다. 오 주여, 그들의 옳지 못한 계획을 뒤집어엎으시고 그들이 쌓아올린 돌을 전부 무너뜨리소서. 불경스러운 정신을 조장하는 경향을 가진 모든 그릇된 일을 완전히 깨끗하게 하는 일은 우리에게 주어진 중대한 임무가 되어야 한다. 그러면 우리는 먼저 우리 자신의 집을 깨끗하게 하고, 또한 모든 수단을 다하여 교회나 세계 안에서 급속하게 확산되는 죄에 반대할 것을 찾아야 한다. 이것은 골방에서의 열심 있는 기도와 공적인 곳에서 단호한 간증을 통해서 이루어질 수가 있다.

잘못된 가르침을 믿으려는 경향이 있는 사람들에게 우리는 재판장과 같은 담대함으로 경고하지 않으면 안 된다. 젊은 사람들에게 복음의 진리를 교훈하여 과거에 있었던 종교의 악한 행위들을 저들에게 알려주어야 한다. 우리는 빛이 더욱더 이 세상에 번져 나가도록 도와야 한다. 왜냐하면, 거짓 선생들은 올빼미와 같이 빛을 싫어하기 때문이다. 우리는 예수님을 위하여 그리고 복음을 위하여 최선을 다하고 있는가? 그렇지 않으면 우리의 태만 때문에 적들에게 틈을 주게 될 것이다. 우리는 성경을 보급하기 위해 무엇을 하고 있는가? 우리는 보다 건전한 복음의 책들을 널리 세상에 공급하고 있는가? 루터(Martin Luther)는 일찍이 "악마는 복음의 펜을 미워한다"라고 말하였다. 의심할 여지 없이 그는 그만한 이유를 갖고 있다. 왜냐하면, 성령의 축복을 받은 좋은 저술가는 악마의 왕국에 대하여 커다란 손해를 주기 때문이다. 만약 오늘 밤 이 글을 읽는 수많은 사람이 이 저주받을 여리고 성의 재건을 방해하기 위해 최선을 다한다면 주님의 영광은 이 세상에 빠르게 퍼질 것이다. 독자여, 당신은 무엇을 할 수 있는가? 그리고 무엇을 할 것인가?

5월 30일 아침

301. "우리를 위하여 여우 곧 포도원을 허는 작은 여우를 잡으라"
(아 2:15)

작은 가시가 큰 고통을 주며 작은 구름이 태양을 가리우는 일이 있다. "작은 여우가 포도원을 헐고" 작은 죄가 온유한 마음에 해를 준다. 작은 죄가 영혼 속에 파고 들어가 그리스도를 미워하는 마음으로 채워서 그리스도가 우리와 친밀한 사귐을 갖지 못하게 한다. 큰 죄는 그리스도인을 파괴하지는 못하지만 작은 죄는 그를 비참하게 한다. 예수님께서는 자기 백성들이 깨닫는 모든 죄를 다 버리지 않으면 그들과 함께 걷지 않으신다. 그분께서는 "만약 내 계명을 지키면 너희가 나의 사랑 안에 있는 것이다. 그것은 내가 내 아버지의 계명을 지키고 그 사랑 안에 있는 것과 같다"(요 15:10)고 말씀하셨다. 어떤 그리스도인은 구주의 임재를 거의 경험하지 못하고 있다. 어떻게 이런 일이 일어날까? 확실히 연약한 어린아이가 아버지와 떠나있다는 것은 틀림없는 고통이다. 당신은 하나님의 자녀로서 그의 얼굴을 보지 않고 만족할 수 있는가? 뭐라고? 오, 당신은 그리스도의 신부이면서 그분과 함께 있지 않고도 진정 만족할 수 있단 말인가? 확실히 당신은 가련한 상태에 빠져있다. 왜냐하면, 그리스도의 정결한 신부라면 남편이 가버렸을 때 비둘기와 같이 탄식하며 슬퍼하기 때문이다. 그러므로 당신은 그리스도께서 왜 떠나가셨는지를 생각해 보라. 그리스도는 당신의 죄라는 벽 뒤에 숨으셨다. 그 벽은 큰 돌과 같이 쉽게 작은 돌들로 쌓여있을 수 있다. 바다는 한 방울의 물의 집합으로 구성되어 있듯이 바위는 모래알들의 집합에 의한 것이다. 당신을 그리스도로부터 갈라놓은 바다는 당신의 작은 죄의 집합으로 가득 차 있을지도 모른다. 그리고 당신의 약한 배를 거의 파선시킬 수 있는 암초는 당신의 작은 죄라는 산호벌레가 매일 일하여 쌓여진 것인지도 모른다. 만약 당신이 그리스도와 함께 살고, 함께 걸으며, 그리스도를 바라보며 사귀기를 원한다면, "포도가 무성하게 열린 우리의 포도원을 망치는 작은 여우"(아 2:15)를 주의하라. 예수님께서는 함께 여우를 잡으러 가자고 당신에게 말씀하신다. 그분은 확실히 삼손과 같아서 단번에 그리고 쉽게 여우들을 잡을 것이다. 그분과 함께 사냥을 떠나자.

5월 30일 저녁

302. "다시는 우리가 죄에게 종 노릇 하지 아니하려 함이니"(롬 6:6)

그리스도인이여, 당신은 죄를 어떻게 하려는가? 당신은 이미 높은 가격의 대가를 치르지 않았는가? 화상을 입은 아이여, 또 불장난을 하고 싶은가? 당신은 사자의 입에 물린 적이 있었는데 다시 사자의 굴속에 들어가려고 하는가? 당신은 교활한 뱀에게 물린 것으로 충분하지 않은가? 그 뱀은 당신의 모든 혈관에 독을 넣었는데 그래도 당신은 뱀의 구멍에서 놀며 다시 독사의 구멍에 손을 넣으려고 하는가? 오, 그런 미친듯한 어리석은 짓은 하지 마라! 죄가 한 번이라도 당신에게 진정 기쁨을 준 일이 있는가? 거기서 당신은 참으로 만족을 발견하였는가? 만약 발견하였다면 다시 옛날의 노예로 돌아가 쇠사슬에 매여도 좋다. 그러나 죄는 결코 당신에게 약속한 것은 주지 않고 거짓말로 당신을 미혹할 뿐이다. 그러므로 다시 교활한 사냥꾼의 올무에 걸리지 않도록 주의하라. 자유의 몸이 되어도 옛날의 그 포로 되었던 경험을 기억하고 다시는 그물에 걸리는 일을 하지 말라! 그것은 영원한 사랑의 계획에 어긋난다. 영원한 사랑을 계획하신 분은 당신의 순결과 성결에 눈을 주목하고 계신다. 그러므로 주님의 기대에 어긋나는 일을 해서는 안 된다. 또 다른 생각이 당신을 죄로부터 제한하도록 해야 한다. 그리스도인은 죄를 결코 쉽게 생각할 수 없다. 그들은 자기가 행한 악에 대해 커다란 대가를 지불하지 않으면 안 된다. 허물은 마음의 평화를 파괴하고 예수님과의 사귐을 흐리게 하며 기도를 방해하여 영혼에 어두움을 가져온다. 그러므로 죄의 종이 되면 안되는 것이다. 여기에는 또 다른 더욱 큰 이유가 있다. 당신이 "죄의 종이 될 때마다 당신은 주님을 다시 십자가에 못 박는 일이 되는 것이다"(히 6:6). 이와 같은 생각을 당신은 견딜 수 있는가? 오, 만약 당신이 오늘 어떤 특별한 죄에 빠져 있다면, 더 이상 그곳에 깊이 빠지지 않도록 주님께서 오늘 저녁에 나를 통하여 당신에게 경고할 수도 있다. 예수님께로 돌아오라. 그분께서는 당신에게 사랑을 쏟는 것을 잊지 않으시며, 그분의 은혜는 변함이 없다. 눈물과 회개로써 그분의 발밑으로 나아오라. 그분은 다시 한 번 더 당신을 마음속에 받아들일 것이다. 당신은 다시 만세 반석 위에 놓일 것이며, 그분께서 당신의 가는 길을 인도하실 것이다.

303. "왕도 기드론 시내를 건너가니"(삼하 15:23)

다윗은 반역한 아들 압살롬에게 쫓기게 되어 슬픔 중에 신하와 함께 음울한 시내를 건넜다. 하나님의 뜻을 구하였던 다윗은 어려움이 제거된 것이 아니라 도리어 그의 삶은 환란으로 가득하였다. 그리고 그는 주님의 기름부음을 받은 자요, 동시에 주님의 고난을 짊어진 자였다. 그러면 우리는 어떻게 고난으로부터 피하기를 기대할 수 있겠는가? 슬픔의 문 앞에서 가장 높은 자들이 그들의 머리에 재를 뒤집어쓰고 앉아있는데, 우리는 생각지 않은 이상한 일들이 우리에게 일어났다고 불평해야 할까? 왕의 왕도 즐겁고 훌륭한 길을 걸으신 것은 아니었다. 그분은 예루살렘의 오물이 흐르는 기드론의 더러운 물을 건너신 것이다. 하나님은 죄가 없는 아들을 오직 한분 가지셨지만, 채찍을 가하지 않아도 되는 자녀는 아무도 없다. 예수님께서 모든 점에 있어서 우리와 같이 시험 받으셨다는 것을 믿는 것은 우리에게 아주 큰 기쁨이다. 오늘 아침 우리가 건너야 할 기드론은 무엇인가? 불신의 친구인가? 사별의 슬픔인가? 중상하는 비판인가? 암흑의 전조인가? 우리의 왕은 이 모든 것을 건너셨다. 그것이 육체의 고통, 빈곤, 박해 또는 모욕인가? 우리의 왕은 우리를 앞서 이 모든 것의 기드론을 건너셨다. "우리의 모든 고난에 주도 고난을 당하셨다"(사 63:9). 우리의 시련이 특별하다는 생각은 단번에 그리고 영원히 버려야 한다. 왜냐하면, 모든 성도의 머리이신 주님께서는 그분의 경험으로 인하여 우리가 특별하다고 생각하는 그 슬픔을 아시기 때문이다. 모든 시온의 백성들은 애통하는 무리의 머리가 되시고 대장이 되시는 임마누엘 임금에게 가담해야 한다. 다윗은 임시적으로 낮은 신분으로 내려갔지만 잠시 후에는 승리를 얻어 도성으로 돌아왔으며, 또 다윗의 주님께서는 승리를 얻어 무덤에서 다시 살아나셨다. 그러므로 우리도 용기를 내야하는 것이다. 왜냐하면, 우리도 또한 언젠가 승리를 얻을 것이기 때문이다. 지금 잠시 동안 죄와 슬픔의 더러운 개울을 건너야 하지만, 곧 기쁨에 넘치는 구원의 우물에서 물을 끌어 올릴 것이다. 십자가의 군병들이여, 부디 용기를 가져라! 우리의 왕께서도 기드론을 건너 승리를 얻었으며, 곧 당신에게도 같은 승리가 주어질 것이다.

5월 31일 저녁

304. "주는 네 모든 병을 고치시며"(시 103:3)

이 구절은 우리를 겸손하게 한다. 우리는 많든지 적든지 다 죄라는 병 아래서 고통스러워 한다. 우리가 우리들의 병을 고치시며 또 기쁨으로 고치시는 위대한 의사를 갖고 있다는 것을 아는 것이 얼마나 큰 위로가 되는가! 오늘 밤, 이것에 대하여 잠시 동안 생각해 보자. 그분의 고치심은 매우 신속하고 그를 한번 보기만 해도 힘을 얻는다. 그분의 고치심은 놀랄만하고 그는 병의 근원을 끊는다. 그러므로 그분의 고치심은 확실하다. 그분은 결코 실패하는 일이 없으며, 병은 결코 재발하지 않는다. 그리스도께서 고치시면 병이 도지는 일이 결코 없다. 그분께서는 환자에게 일시적인 치료를 하지 않고 그들을 새롭게 만든다. 그는 또한 사람들에게 새 마음을 주시며 그들 속에 정직한 영을 주신다. 그분은 모든 병을 치료하는데 매우 숙달되어 계신다. 일반적으로 의사는 우리의 모든 고통과 아픔에 대해 거의 조금밖에 알지 못하나, 보통은 각각의 전문 분야가 있어서 한 가지의 병에 대하여 특별하게 잘 연구하고 있다. 그러나 예수 그리스도께서는 사람들의 모든 분야에 속속들이 잘 알고 계신다. 그분은 어떤 죄인에 대해서도 그 상태를 잘 아시고 치료하기에 결코 힘들었던 적이 없으시다. 그분은 매우 복잡하고 특별한 병들을 취급하셔야 했다. 그러나 그가 한번 힐끗 봄으로도 어떤 치료를 해야 좋을지를 아셨다. 그분은 유일한 만능의사이시며, 그가 주는 약은 모든 경우에 병을 고칠 수 있는 유일한 것이다. 우리 영혼의 고질병이 어떠한 것이든지, 우리는 단번에 의사이신 그분께 상의해야만 한다. 예수님께서 고치지 못할 마음의 비탄은 없는 것이다. "그의 피가 모든 죄에서 깨끗케 하신다"(요일 1:7). 만약 그분이 잠시 손을 대는 것만으로도 셀 수 없는 많은 사람들을 모든 질병에서 고치시는 것을 생각한다면, 우리는 기쁨으로 우리 자신을 그의 손에 맡길 것이다. 우리가 그분에게 맡기면 죄가 죽는다. 우리가 그분을 사랑하면 은혜가 산다. 우리가 그분을 소망하면 은혜는 더 강하게 된다. 우리가 그분을 눈앞에서 보게 되면, 은혜는 영원히 온전하게 된다.

6월의 묵상

305. "저녁이 되며 아침이 되니 이는 첫째 날이니라"(창 1:5)

심지어 태초부터 그리하였던 것인가? 첫째 날에 빛과 어둠이 시간의 영역을 나누었는가? 그렇다면 우리의 환경이 변하고 번영의 시간인 낮에서 역경의 밤으로 옮겼다 해도 그리 놀랄 것은 없다. 나의 영혼에도 항상 대낮의 빛만이 있지는 않다. 때로는 이전에 있었던 기쁨이 사라진 것을 탄식하며 밤의 어둠 속에서 사랑하는 예수님을 찾지 않으면 안 될 때도 있다. 나만이 그렇다고도 할 수 없다. 왜냐하면, 주님께 사랑을 입은 모든 사람은 누구나 심판과 긍휼, 시련과 구원, 탄식과 기쁨이 섞인 노래를 부르지 않으면 안 되기 때문이다. 영적인 세계나 자연 세계에서 낮과 밤이 끊일 새가 없고, 우리가 "거기에는 밤이 없다"(계 21:25)라고 기록되어 있는 나라에 도착하기까지는 이 상태가 계속되는 것이 하나님의 섭리의 하나이다. 하늘의 아버지께서 정하신 모든 것이 지혜롭고 선하다. 그렇다면 나의 영혼이여, 어떻게 하는 것이 최선일까? 먼저 하나님께서 정하신 질서에 만족하는 법을 배우고, 욥과 같이 주님의 손에서 오는 선악 간에 기쁨으로 받으라. 다음에 "아침과 저녁이 변하는 것을 기뻐하도록"(시 65:8) 배우라. 기쁨의 태양이 떠오를 때도 저녁의 어둠이 다가올 때도 주님을 찬양하라. 해가 뜰 때에도 해가 질 때에도 거기에는 아름다움이 있다. 아름다움을 노래하며 주님께 영광을 돌려라. 꾀꼬리와 같이 쉬지 말고 항상 노래하라. 밤도 낮과 같이 필요하다는 것을 믿으라. 슬픔의 밤에 오히려 은혜의 이슬은 더 많이 내린다. 탄식의 밤에 약속의 별은 찬란하게 비친다. 어떠한 변화에도 낙심치 말고 당신의 일을 계속하라. 만약 낮에 당신의 표어가 "일하라"는 것이라면 밤에는 그것을 "지켜라"로 바꾸어라. 모든 시간에는 각각의 할 일이 있다. 주님께서 돌연히 영광중에 나타나시기 전까지 주의 종으로서 당신의 일을 계속하라. 나의 영혼이여, 당신은 나이가 들어가면서 죽음의 저녁이 가까이 오고 있다. 그러나 그것을 두려워 말라. 그것은 하루의 일부분이며 "주는 종일 그를 지키도다"(신 33:12)라고 기록되어 있기 때문이다.

6월 1일 저녁

306. "여호와는 그 광야로 에덴 같게 하셨나니"(사 51:3)

나는 황량한 광야, 사하라 사막과 같이 거대하고 무서운 사막의 환상을 본다. 나의 눈길을 끄는 것은 아무것도 없고 오직 메마르고 뜨거운 모래가 널려 있는 것을 볼 뿐이다. 그리고 그 모래 위에는 이 무정하고 거친 땅에 길을 가다가 헤매다 고통 속에 죽은 가련한 사람들의 무수한 뼈가 흩어져 있다. 이 얼마나 처참한 광경인가! 이 얼마나 무서운 광경인가! 끝없는 모래 바다, 샘 하나 없고 세상에서 버려진 사람들의 위로도 없는 무덤이 아닌가! 그러나 바로 여기에 놀라운 것이 있다! 그 불타는 모래로부터 돌연히 푸른 나무가 싹터 나오는 것을 본다. 그리고 자라면서 봉우리가 달려 꽃을 피웠다. 그것은 장미였다. 그 옆에 하나의 백합꽃이 품위 있게 머리를 숙인다. 이것은 과연 기적 중의 기적이 아닌가! 그 꽃들의 향기가 널리 퍼짐에 따라 광야는 비옥한 들로 변하고 그 주위에는 여기저기에 꽃으로 가득 찬다. 레바논의 영광이 나타나고 갈멜과 샤론의 아름다움을 나타내었다. 그곳은 이제 사하라와 같은 사막이 아니고 낙원이다. 이제 더는 그곳을 죽음의 음침한 골짜기라고 불러서는 안 된다. 왜냐하면, 해골이 태양 아래 널려 있던 곳에 보라 이제 부활이 선포되었기 때문이다. 죽은 자가 일어나고 그 힘센 팔은 영원한 생명으로 충만하게 되었다. 예수님께서는 바로 그 처음에 피어난 나무요, 그분의 임재로 인하여 모든 것이 새롭게 되었다. 그보다 더 기적 같은 일은 각 사람의 개인적인 구원이다. 사랑하는 독자여, 내가 멀리 저쪽에서 본 즉 당신은 포대기에 싸여 있지 않은 더러운 갓난아이였는데 자기의 피로 더럽혀져 들짐승의 밥이 되도록 내버려져 있었다. 그런데 하나의 보석이 하나님의 손에 의하여 당신의 가슴에 던져졌다. 그 때문에 당신은 긍휼함을 받고 하나님의 섭리에 돌보아져 자신의 더러운 것이 씻겨지고 깨끗하게 되었다. 이제 하늘의 가족의 한 사람으로 입양되어 당신의 이마에는 아름다운 사랑의 도장이 찍히고 당신의 손에는 충실이라는 반지가 끼워져 있다. 당신은 일찍이 버림받은 고아였는데 이제는 하나님의 황태자가 되었다. 광야를 변하게 하여 동산이 되게 하며 황폐한 마음에 기쁨의 노래를 부르게 만드는 무한한 능력과 은혜에 더 높이 가치를 두자.

6월 2일 아침

307. "육체의 소욕은 성령을 거스리고 성령의 소욕은 육체를 거스리나니"(갈 5:17)

모든 믿는 자의 마음에는 옛사람과 새 사람 사이에 끊임없는 싸움이 있다. (이는 스펄전이 이전 주해하던 방식에 근거하여 말하는 것이다. 정확한 주해에 의하면 그리스도인에게는 옛사람은 이미 죽었고, 새 사람 안에는 영을 따르는 소욕과 육체, 즉 부패한 인간성을 따르려는 것 사이의 끊임없는 싸움이 있다고 표현해야 할 것이다. - 감수자 주). 옛사람은 매우 활동적이어서 기회가 생기면 거듭난 자에게 대항하여 모든 종류의 강력한 무기를 가지고 공격을 하려고 시도한다. 한편, 새 사람은 그러한 적에게 저항하며 격퇴하려고 조금도 방심하지 않는다. 우리 안에 있는 은혜는 악을 내쫓기 위하여 기도하며, 믿음, 소망, 사랑을 사용한다. 그것은 "하나님의 전신 갑주"(엡 6:1)를 몸에 입고 열심을 다하여 싸운다. 우리가 이 세상에 있는 동안, 이 둘의 서로 반대되는 성질은 결코 싸움을 멈추지 않을 것이다. 번연(John Bunyan)의 『천로역정』에 보면 '기독도'와 '아폴리온'의 싸움은 세 시간이나 계속되는데, 크리스챤 자신에 대한 싸움은 좁은 문에서부터 요단강에 이르기까지 평생 끊임없이 계속되는 것이다. 적은 우리 안의 아주 견고한 요새에 숨어 있기에 우리가 육체를 갖고 있는 한, 이 적을 내어 쫓을 수가 없다. 비록 우리는 이 적으로 말미암아 어려움에 빠지고 때때로 아픈 투쟁을 하지만 우리는 전능하신 도우시는 분, 구원의 대장이신 예수님을 소유하고 있다. 그는 항상 우리와 함께 하시며 최후에는 우리가 "그로 말미암아 이기고도 남음이 있는 자"(롬 8:37)가 될 것이라는 확신을 주신다. 이와 같은 도움이 있는 한, 새로 거듭난 우리의 본성은 적에 대하여 훨씬 우세하다. 오늘, 당신은 적과 싸우고 있는가? 사탄과 세상과 육이 모두 당신에게 대항해 오고 있는가? 실망하거나 당황하지 말고 싸워라! 왜냐하면, 하나님께서 당신과 함께 하시기 때문이다. "여호와 닛시"(출 17:15)가 당신의 깃발이고, "여호와 라파"가 당신의 상처를 고쳐주시는 것이다. 두려워 말라, 당신은 기필코 승리한다. 누가 전능자에게 대적할 수 있겠는가? 싸움을 계속하고 오직 "예수를 바라보라"(히 12:2). 비록 그 싸움이 길고 험할지라도 승리는 위대한 것이며 약속된 보상은 영광스러운 것이다.

"강함에서 강함으로 나아가며,

맞붙어 싸우고 기도하라,

모든 어둠의 권세를 밟아서 쳐부수고,

빛나는 승리를 거두라!"

6월 2일 저녁

308. "선한 선생님이여"(막 10:17)

복음서에서 어떤 청년이 주님께 대하여 이 칭호를 쓰고 있다면, 내가 주님께 대하여 말할 때 이 칭호는 더욱 어울리지 않겠는가! 그분은 실제로 이 중적인 의미에서 나의 선생님이시다. 즉 그 분께서는 나를 다스리시는 선생님이시오, 또한 나를 가르치시는 선생님이시다. 나는 그분을 위하여 심부름하기 위해 달려가며 또 그분의 발아래 앉는 것을 기뻐한다. 나는 그의 종이요, 또 그의 제자이다. 그리고 내가 이 이중의 자격을 가진 것이 나에게는 가장 큰 명예이다. 그분께서 만약 나에게 왜 "선하다"라는 말을 붙여서 부르느냐고 묻는다면, 나는 곧 대답할 수 있다. "하나님 한 분 외에는 선한 이가 없다"(마 19:17)고 기록되어 있으며, 그분은 바로 그 하나님이시며 하나님의 선한 것은 모두 그 안에서 빛나고 있기 때문이다. 나의 경험에 있어서, 그분께서 선하시고 실제로 너무나도 선하시며 나의 가진 모든 선은 그를 통하여 나에게 온 것임을 알고 있다. 내가 죄로 인해 (영적으로) 죽어 있을 때 그분께서는 나에게 잘해 주셨다. 즉, 성령의 힘으로 그분은 나를 살리신 것이다. 그분은 나의 모든 필요, 시련, 싸움, 슬픔을 친절하게 해결해주셨다. 그분보다 더 좋은 선한 선생은 결코 없다. 왜냐하면, 그분의 봉사는 자유로운 마음으로 하시는 것이며, 또한 사랑으로 다스리시기 때문이다. 나는 착한 종으로서 그분의 천분의 일 만큼이라도 힘쓸 수 있으면 좋겠다고 생각한다. 그분께서 선생으로서 나에게 가르치실 때 그의 선은 말로 다 표현할 수가 없다. 그분의 교리는 신성하고, 그의 태도는 은혜로우며, 그의 영은 부드러움 그 자체이시다. 그분의 가르침에는 조금도 잘못된 것이 섞여 있지 않다. 그분께서 주시는 황금의 진리는 순수하며 그의 모든 교훈은 선으로 인도되며 제자들의 덕성을 계발할 뿐만 아니라 저들을 성화시킨다. 천사들도 그분의 발아래서 '선한 선생'으로 경배하며 그에게 충성을 서약하기를 기뻐한다. 옛날의 성도들도 그분이 '선한 선생'인 것을 증거하며, 모두 다 "오 주님이시여, 우리는 당신의 종이니이다"라고 노래하기를 기뻐하였다. 나의 이 부족한 증거도 확실히 같은 마음이다. 내가 이 증거를 친구와 이웃 사람들에게 말하는 것은 그들도 가능하다면 나의 증거로 말미암아 나의 주 예수님을 그들의 선생으로 구하기를 원하기 때문이다. 오, 진정으로 그렇게 되기를 바란다! 그들은 결코 이 현명한 선택에 있어 후회하지 않을 것이다. 만약 그들이 예수님의 가벼운 멍에를 같이 짊어진다면, 그들은 결코 떠나기를 원치 않을 그와 같은 존귀한 섬김 속에 있는 자신을 발견하게 될 것이다. 은혜의 학교에 그와 같은 선한 선생님이 계시다는 사실에 기뻐하라!

6월 3일 아침

309. "이 모든 사람은 토기장이가 되어 수풀과 산울 가운데 거하는
자로서 거기서 왕과 함께 거주하면서 왕의 일을 하였더라"(대상 4:23)

    토기를 만드는 사람의 직업은 최상급은 아니다. 쓰는 재료는 진흙에 불과하다. 그러나 왕에게 토기를 만드는 사람이 필요하였기에 저들은 왕의 일에 종사하였다. 우리도 어쩌면 주님께서 쓰시는 가장 비천한 부분을 맡았는지도 모른다. 그러나 우리의 왕을 위하여 무엇을 한다는 것은 매우 큰 특권이다. 그러므로 "비록 토기 가운데 엎드릴지라도 그 날개를 은으로 입히고 그 깃을 황금으로 입힌 비둘기 같이"(시 68:13) 되기를 원하면서 우리는 부름의 장소에 머물 것이다. 오늘 아침의 이 구절은 "수풀과 산울 가운데 거하는 자"에 대해 말하고 있다. 저들은 전원에서 산울타리를 만들고 도랑을 파는 거친 일을 해야 한다. 저들은 도시에 살기를 원하며 품위 있는 생활과 사교 생활을 사모할지도 모른다. 그러나 정해진 장소를 떠나려고 하지 않았다. 왜냐하면, 그들은 왕의 일을 하고 있었기 때문이다. 우리의 사는 곳은 정해져 있다. 일시적인 기분으로 그 위치를 변경할 수 없다. 우리가 거주하는 그 곳에서 주위 사람들에게 축복의 통로가 됨으로써 주님을 섬기는 일을 찾는다. 이 토기를 만드는 사람과 정원을 가꾸는 사람은 왕을 친구로 한다. 왜냐하면, 저들은 "왕과 함께 살기" 때문이다. 비록 저들이 산울타리를 만드는 수풀에서 노동하며 살더라도 저들은 왕과 함께 거기에 산다. 정당하고 은혜로운 직업이라면 그것이 아무리 천할지라도 우리가 주님과 사귀는 것을 방해할 수가 없다. 빈민굴, 양육원, 공장, 감옥소를 방문할 때도 우리는 주님과 함께 간다. 우리의 모든 믿음의 활동에서 우리는 예수님과의 사귐을 기대할 수 있다. 또한, 우리가 주의

일을 하고 있을 때 주님의 미소를 기대하게 된다. 주의 일꾼으로서 사람에게 알려지지 않고 최하층의 비참하고 더러운 가운데서 일하는 자여, 즐거워하라. 왜냐하면, 보석이 퇴비 위에서 발견되며, 하늘의 보화가 질그릇에 담기며, 잡초가 아름다운 꽃으로 변하는 것은 오래 전에 이미 시작된 것이기 때문이다. 당신은 왕의 일을 받들며 그분과 함께 살라. 그러면 왕께서 그분의 역사를 기록할 때 당신의 이름도 거기에 기록될 것이다.

6월 3일 저녁

310. "자기를 낮추시고"(빌 2:8)

예수님께서는 우리에게 겸손을 교훈하신 위대한 교사이시다. 우리는 날마다 그분에게서 배울 필요가 있다. 주님께서 친히 수건을 가지고 제자들의 발을 씻기지 않았는가! 그리스도를 따르는 자여, 당신은 자신을 낮추지 않으려는가? 종 가운데 종이 되신 그분을 보라. 확실히 당신은 전혀 교만할 수가 없지 않은가! "자기를 낮추셨다"는 이 한마디는 그분의 생애의 요약이 아닌가? 이 땅에 계실 때 그는 명예스러운 옷을 하나씩 벗어서 마침내 맨몸으로 십자가에 못 박히셨다. 거기서 자기의 가장 깊은 곳을 내어주시고 피를 쏟아내시어서 우리를 위하여 자기를 주시며 마침내 무일푼이 되시어 다른 사람의 무덤에 누이셨다. 우리의 사랑하는 구속주님께서는 그 자신을 얼마나 낮추셨는가! 그런데 어찌 우리가 교만할 수 있겠는가? 십자가 밑에 서서 당신을 깨끗하게 하신 그분의 붉은 피를 한 방울 한 방울 세어 보라. 그분이 쓰신 가시관을 보라. 채찍에 맞아 붉은 피가 흐르는 그분의 두 어깨를 보라. 무서운 못에 박힌 손과 발, 조롱과 멸시, 모욕에 맡기신 그분을 보라. 그 속의 슬픔의 고통과 심한 고민과 비통함이 그분의 육체 위에 뚜렷하게 나타나고 있음을 주목하라. 그분께서 "나의 하나님이여, 나의 하나님이여, 어찌하여 나를 버리셨나이까?"(마

27:46)라고 절규하는 소리를 들어보라. 그런데도 당신이 그분의 십자가 앞에 몸을 던지지 않는다면, 당신은 아직 십자가를 본 적이 없는 것이다. 만약 당신이 예수님 앞에서 겸손하지 않다면, 당신은 아직 그분을 알지 못하는 것이다. 당신은 아주 잃어버린 자이므로 하나님의 독생자의 희생 외에는 그 어떤 것도 당신을 구해줄 수가 없다는 것을 깊이 생각하라. 그리고 예수님께서 당신을 위하여 몸을 낮추셨으므로 당신도 그의 발아래서 낮게 고개를 숙여라. 우리에 대한 그리스도의 놀랄만한 사랑을 의식하는 것이 우리가 자신의 죄를 의식할 때보다 더욱 우리를 겸손하게 한다. 주님께서 우리에게 갈보리에 대해 묵상하게 하시기를 바란다. 그러면 우리의 태도도 더는 거만한 체하는 교만을 취하지 않을 것이다. 더욱 많이 용서를 받은 자이기 때문에 더욱 많이 사랑하는 자의 겸손한 자리를 취할 것이다. 십자가 밑에 교만은 그 설 자리가 없다. 우리는 거기에 앉아서 교훈을 배우며, 일어나서 그것을 행동으로 옮기자.

6월 4일 아침

311. "우리 구주 하나님의 자비와 사람 사랑하심을 나타내실 때에"
(딛 3:4)

구주께서 그의 사랑하는 백성과 친하게 사귀는 것을 보는 것은 얼마나 아름다운 일인가! 성령의 인도함을 받아 이 기쁨의 기름진 땅에 인도되는 것처럼 마음을 즐겁게 하는 것은 없다. 잠시 동안 속죄주의 사랑의 역사를 생각하여 보자. 수없이 많은 황홀하게 하는 사랑의 행동이 상기 될 것이다. 그것들의 모두가 의도하는 것은 우리의 마음을 그리스도에게 짜 넣어서 새롭게 영혼의 생각과 감정을 예수님의 마음에 합하게 하는 일이다. 우리가 이 놀랄만한 사랑을 묵상하고 교회의 남편인 영광의 임금께서 그 많은 부요를 교회에 주시는 것을 안다면, 우리의 영혼은 기쁨에 넘쳐 어찌할 바를 모를 것이다.

이와 같은 사랑의 무게를 견딜 수 있는 사람이 있겠는가? 때때로 성령께서 기뻐주시는 극히 적은 부분조차도 우리의 심령이 수용하기에 훨씬 넘친다. 그렇다면, 모든 은혜가 주어질 때의 기쁨은 어떠하겠는가! 장차 올 세상에서, 영혼이 구주의 모든 선물을 아는 지식과 그 속량하는 지혜와 그것 위에 더 깊이 생각하고 이해할 수 있게 될 때에 우리는 지금보다 더욱 깊이 예수님과의 교제를 가질 것이다. 그러나 그와 같은 사귐의 즐거움을 누가 상상할 수 있을까? 그것은 일찍이 사람의 마음이 알지 못했던 것의 하나임에 틀림없다. 그러나 하나님께서는 그를 사랑하는 자를 위하여 그것을 준비하고 있는 것이다. 아, 우리가 요셉의 창고를 열어서 우리를 위하여 쌓아둔 부요를 보는 기쁨이란 과연 어떠할 것인가! 이때 우리는 사랑으로 압도될 것이다. 믿음으로 말미암아 우리는 지금 "거울로 보는 것 같이"(고전 13:12) 몽롱하게 하나님의 무한한 보물의 반영된 이미지를 보고 있다. 그러나 우리가 눈으로 실제로 하늘의 것을 보게 될 때 우리의 영혼에 가득 차는 그 사귐의 강물은 얼마나 깊은 것일까! 그때까지 사랑에 가득찬 우리의 주님되신 예수 그리스도를 위한 최대의 감사의 노래는 우리의 마음속에 저장되어 있을 것이다. 우리를 향한 주님의 사랑은 놀랄 만한 것이며 인간의 사랑을 훨씬 초월하는 것이다.

6월 4일 저녁

312. "주는 영광 가운데서 올리우셨다"(딤전 3:16)

우리는 사랑하는 주님께서 육신의 몸을 입고 이 세상에 계셨을 때 굴욕과 더불어 고통스럽고 괴로운 시간을 보내신 것을 보았다. 왜냐하면 "그는 멸시를 받아서 사람에게 싫어 버린 바 되었으며 간고를 많이 겪었으며 질고를 아는 자라"(사 53:3)고 기록되어 있기 때문이다. 샛별과 같이 빛나는 그분께서 일상생활의 옷으로 슬픔의 베옷을 입으신 것이었다. 치욕과 비난이 그분의 옷이었다. 그러나 이제 그가 십자가 위에서 피를 흘리시고 모든 어둠의 권세를 이기심으로 우리의 믿음은 그분께서 "에돔의 홍의를 입으시고"(사 63:1) 승리의 빛에 싸여서 돌아오시는 것을 본다. 그분께서 구름에 싸여서 사람의 눈 밖으로 올리워져 하늘에 오르실 때 천사들의 눈에 그 모습은 얼마나 영광스러워 보였을까! 이제 그분은 이 땅이 만들어지기 전에 하나님과 함께 가지셨던 그 영광을 입고 계시며, 그리고 한 가지 또 다른 영광이 더해져 있는 것이다. 그 것은 그분께서 죄와 사망과 지옥과 싸워서 얻은 영광이다. 승리자로서 그는 빛나는 왕관을 쓰신다. 소리 높여 불려지는 그 노래를 들어라! 그것은 새롭고 더욱 감미로운 노래이다. "찬송하리로다 죽임을 당하신 어린양"(계 5:12)이시여, "그는 보혈로 말미암아 우리를 사서 하나님께 드리셨다"(계 5:9). 그는 결코 넘어지지 않는 중보자로서 영광을 두르시고, 패배를 알지 못하는 왕으로서 영광을 두르시며, 모든 적을 무찌르신 정복자로서 영광을 두르시고 모든 일에서 만민에게 마음의 충성을 얻은 주님으로서 영광을 입으셨다. 예수님께서는 "하늘"의 화려한 모든 영광을 입으시고 천천만만의 천사들의 수종을 받으신다. 당신이 모든 것을 총동원하여 상상할지라도 그분의 위대함을 모두 이해할수는 없다. 그러나 그분께서 모든 거룩한 천사들과 함께 그 큰 힘을 가지고 하늘로부터 오실 때에는 더욱 깊은 계시가 주어질 것이다. "그때 그는 그의 영광의 보좌에 앉으신다"(마 25:31). 오, 그 영광의 찬란함이여! 그것은 그의 백성의 마음을 기쁘게 하실 것이다. 그러나 이것이 우리의 마지막 찬양이 아니며, 그는 영원히 찬양을 받으실 것이다. "오 하나님이여, 당신의 보좌는 세세토록 있도다!"(시 45:6). 친구여, 그때에 그리스도의 영광을 기뻐하기를 진정 소망한다면, 지금 당신의 눈에 그분이 진정 영광스러워야만 하는 것이다. 과연 당신에게 그분이 그러한가?

6월 5일 아침

313. "여호와께서 그를 닫아 넣으시니라"(창 7:16)

노아는 하나님의 사랑의 손에 의하여 이 세상의 모든 것에서 떠나서 방주에 들어갔다. 하나님의 선택의 문은 우리와 악인들이 사는 세계를 분리한다. (이 문장과 이하의 말은 그 자체로는 은혜스럽고 의미 있는 말이다. 그러나 이런 말들이 창세기 7:16과는 별 상관이 없다. 가끔 나타나는 이런 알레고리적 해석에 너무 치우치지 않도록 해야 할 것이다. - 출판자 주). 우리의 "주 예수가 이 세상에 속하지 않았던 것 같이 우리도 이 세상에 속한 것이 아니다"(요 17:14). 세상의 많은 사람들이 추구하고 있는 죄와 환락에 우리는 이제 들어갈 수 없다. 또 허영의 거리에서 어둠의 자녀들과 놀 수도 없다. 왜냐하면, 하늘 아버지께서 우리를 닫아 넣으셨기 때문이다. 노아는 그의 하나님과 함께 닫아 넣어졌다. "방주 안에 들어오라"(창 7:1)고 말한 것이 주님의 초대였다. 이로 말미암아 주님께서는 자신이 방주 안에서 노아와 그의 가족과 함께 하실 것이라는 의향을 분명하게 보여주셨다. 그러므로 모든 선택된 자는 하나님 안에 살며 하나님은 그들 안에서 사신다. 이와 같이 아버지와 아들과 성령의 사귐 안에 들어간 자는 복되다. 하나님께서 "내 백성이어, 너희 방에 들어가 너의 문을 닫고 분노가 지나기까지 잠시 숨어 있어라"는 은혜의 초대에 결코 무관심해서는 안 된다. 하나님께서는 노아에게 재난이 미치지 않도록 그를 닫아 넣었다. 홍수는 그를 하늘 쪽으로 떠 올리고 바람은 그가 가는 길로 보내졌다. 방주밖에는 멸망이 있을 뿐이었다. 그러나 방주 안에는 안식과 평화가 가득하였다. 그리스도 없이는 우리는 멸망한다. 그러나 그리스도 예수 안에는 온전한 평안이 있다. 노아는 완전히 닫아 넣어졌기에 방주 안에서 나오고자 하는 욕망조차 일어나지 않았다. 이와 같이 그리스도 예수 안에 있는 자는 영원히 주 안에 있다. 저들은 영원히 밖에 나올 수가 없다. 왜냐하면, 영원히 변할 수 없는 진실에 그를 닫아 넣었기 때문이다. 악마 같은 악한 적들도 저들을 끌어내올 수 없다. 다윗의 집의 임금께서 그것을 "닫은 이상 아무도 그것을 열 수 없다"(계 3:7). 그리고 마지막 날에 집의 주인으로서 그가 서서 문을 닫으면, 단지 입으로만 믿음을 고백한 자들이 문을 두드리면서 "주여, 주여, 문을 우리에게 열어주소서"라고 부르짖을지라도 아무 소용이 없을 것이다. 왜냐하면, 지혜로운 처녀들을 닫아 넣은 그 문은 어리석은 처녀들에게는 영원히 열려지지 않기 때문이다. 주여, 당신의 은혜로 말미암아 나를 닫아 넣으소서.

6월 5일 저녁

314. "사랑하지 아니하는 자는 하나님을 알지 못하나니"(요일 4:8)

그리스도인의 특별한 특징은 그리스도의 사랑에 확신을 갖고 거기에 대한 보답으로 자기의 애정을 그리스도에게 바치는 일이다. 우선 첫째로 믿음은 영혼으로 하여금 사도와 함께 "그리스도는 나를 사랑하사 나를 위하여 자기 자신을 바치셨다"(갈 2:20)고 말함으로써 믿음의 도장으로 그 사람에게 인을 친다. 다음으로 사랑은 거기에 서명을 하고 마음의 보답으로 그리스도에 대한 감사와 사랑을 감싸 넣는다. "우리가 서로 사랑하는 것은 하나님이 먼저 우리를 사랑하여 주셨기 때문이다"(요일 4:19). 기독교의 영웅시대라고 하는 초대교회에서는 이 이중의 표시가 모든 믿는 자에게 분명하게 보여졌다. 저들은 그리스도의 사랑을 알고 있었다. 그리고 마치 의지할 수 있음을 확인한 지팡이에 사람이 의지하듯이 저들은 그리스도의 사랑 안에서 안식하였다. 저들이 주님께 대하여 느낀 사랑은 그들의 영혼의 밀실 속에 숨어있는 고요한 감정이 아니었다. 저들은 일주일 중 첫날에 모여 십자가에 못 박히신 그리스도 예수를 높이며 찬양하였을 때 저들의 개인적인 모임에서만 그 사랑을 말한 것은 아니었다. 도리어 그것은 모든 것을 태워버리는 강렬한 열정이었고 저들의 모든 행동에 나타나 저들의 일상의 대화중에서도 말하였으며, 저들의 눈빛 중에서도 엿볼 수 있었고 보통 때에도 또렷이 볼 수가 있었다. 예수님에 대한 사랑은 저들의 존재의 중심을 불태운 불꽃이었다. 그러므로 그 불꽃은 저들의 외부에도 드러나 빛나는 것이었다. 왕이신 예수님의 영광에 대한 열정은 모든 진실한 그리스도인의 증거요 표시였다. 그리스도의 사랑에 대한 신뢰가 있었기에 저들은 수많은 모험을 하였고, 그리스도를 사랑하고 있었기에 저들은 수많은 일을 감당하였다. 이 일은 지금도 마찬가지이다. 하나님의 자녀는 사랑에 의하여 그들의 속에 있는 힘이 지배되고 있으며, 그것은 "그리스도의 사랑이 저들을 권고하고 있기 때문이다"(고후 5:14). 저들은 하나님의 사랑이 자신들 위에 부어져 있음을 기뻐한다. 저들은 그것이 저들에게 주어져 있는 성령님으로 인하여 마음에 부어져 있는 것을 느끼고 감사에 충만하여 순수하고 뜨거운 마음으로 구주를 사랑한다. 친구여, 당신은 주님을 사랑하는가? 이 밤 잠들기 전에 이 중대한 물음에 대하여 정직하게 대답하라!

6월 6일 아침

315. "나는 미천하나이다"(욥 40:4)

불쌍하고 잃어버린 바된 죄인이여, 여기에 당신을 위한 격려의 말이 있다. 당신은 미천하기에 하나님께로 나아올 수 없다고 생각하고 있다. 그러나 일찍이 이 땅 위에 살았던 성도 중에 어느 누구도 자기가 미천한 자라고 느끼지 않은 사람은 한 사람도 없었다. 욥도, 이사야도, 그리고 바울도 모두 "나는 참으로 미천하나이다"라고 말하지 않을 수 없었다. 그렇다면 불쌍한 죄인이여, 당신은 그와 같은 고백을 하는 것이 부끄러운가? 만약 하나님의 은혜가 믿는 자로부터 모든 죄를 제거하지 않는다면 어떻게 당신이 스스로 그것을 제거하기를 바랄 수 있는가? 그의 백성이 미천한데도 하나님께서 여전히 저들을 사랑하고 계시다면, 당신은 자신이 미천하다고 해서 하나님으로부터 사랑을 받지 못한다고 생각하겠는가? 이 세상의 사회에서 버림을 받은 자여, 주 예수님을 믿으라! 예수님께서는 당신을 부르신다. 당신의 있는 모습 그대로 부르신다.

"의인이 아니라네, 의인이 아니라네,
죄인들이여, 그대를 예수님께서 부르신다네."

그러므로 이제 이렇게 말하라. "죄인을 위하여 죽으신 예수여, 죄인인 나에게 주의 보혈을 부으소서." 만약 당신이 죄를 고백하면 당신은 용서받을 것이다. 만약 지금 당신의 마음속에서부터 "나는 미천합니다, 나를 씻기소서"라고 말한다면, 당신은 이제 씻기워져 깨끗함을 얻는다. 만약 성령님께서 당신 마음으로부터 "내 모습 이대로, 공로 없는 이 죄인을 피로 구속하여 주소서. 오, 나를 부르시는 하나님의 어린양, 예수님께 지금 나아가나이다!"라고 울며 고백하게 하신다면, 당신은 오늘 아침에 이것을 읽고 모든 죄를 사함받고 일어설 것이다. 비록 인간이 머리에서 범하는 모든 죄와 함께 오늘 아침에 깨었다 할지라도, 오늘 밤에는 "사랑하는 예수에게 용납되어"(엡 1:6) 평안히 잠들 수 있을 것이다. 일찍이 당신은 죄의 옷을 입고 낮으되어 있었지만, 이제는 의의 옷을 입고 천사와 같이 성결하게 될 것이다. 왜냐하면, "지금은"이라는 말에 주목하라. "지금은 은혜 받을만한 때요. 보라, 지금은 구원의 날이로다"(고후 6:2). 만약 당신이 불경건한 자를 의롭게 여기시는 분을 믿는다면 당신은 구원을 받게 될 것이다. 오, 가장 미천한 자를 받아들이시는 그분 안에서 구원에 이르는 믿음을 성령께서 당신에게 주시기를 바란다!

6월 6일 저녁

316. "저희가 이스라엘인이냐 나도 그러하며"(고후 11:22)

여기에는 개인적인 주장이 있다. 그리고 이것은 증명을 요구하는 주장이다. 사도는 그의 주장이 논쟁의 여지가 없는 명백한 것임을 알고 있었다.

그러나 하나님의 이스라엘에 속해 있다고 주장하면서 실은 그렇지 않은 사람들이 많이 있다. 만약 우리가 확신을 가지고 "나도 이스라엘인이다"라고 선언하려고 한다면, 하나님의 임재 앞에서 우리의 마음을 살핀 후에 오직 그것을 말하도록 하자. 그러나 만약 우리가 예수님을 따르고 있다는 증거를 줄 수 있다면, 그리고 마음으로부터 "나는 전적으로 주님을 의지하며, 오직 주만 의지하며, 단순히 의지하며, 지금도 주께 의지하며, 영원히 주님을 의지한다"라고 말할 수 있다면, 하나님께서 인정하시는 성도들의 지위가 우리의 것이 되어 저들의 모든 특권을 소유하게 되는 것이다. 우리는 이스라엘 중에 가장 작은 자, "모든 성도 중에 가장 적은 자"(엡 3:8) 일지도 모른다. 그러나 하나님의 긍휼은 덕이 많은 성도나 지식이 많은 성도에게만 주어지는 것이 아니고 보통 성도들에게도 주어지는 것이므로 우리는 이렇게 탄원하며 말한다. "저들이 이스라엘 인가? 나도 그러하다. 그러므로 약속은 나의 것이요, 은혜도 나의 것이요, 영광도 나의 것이 될 것이다"라고 말이다. 이 올바른 주장은 우리에게 말할 수 없는 위로를 가져다준다. 하나님의 백성이 하나님께 속한 자인 것을 기뻐할 때 만약 "나도 그러하다"라고 말할 수 있다면, 그것은 얼마나 행복한 일인가! 저들이 용서받고 의롭게 되어 "사랑하는 독생자로 말미암아 용납되어"(엡 1:6) 있음을 말할 때 "하나님의 은혜로 말미암아 나도 그러하도다"라고 대답할 수 있다면, 이 어찌 기쁨이 아니겠는가! 그러나 이 주장에는 즐거움과 특권이 있을 뿐만 아니라 조건과 의무도 따른다. 우리는 맑을 때뿐만 아니라 비가 올 때에도 하나님의 백성과 함께 나누어야 한다. 저희가 그리스도인이기 때문에 경멸되고 멸시받고 있다는 것을 들을 때, 우리는 담대히 앞으로 나아가 "나도 그리스도인입니다"라고 말해야 한다. 저희가 그리스도를 위하여 시간과 재능과 마음을 다 바쳐 일하고 있는 것을 볼 때에 우리는 "나도 그러하다"라고 말할 수 있어야 한다. 오, 우리의 감사를 헌신을 통하여 증명하자. 그리고 특권을 주장하는 자로서 이것과 연결하여 기쁨으로 의무를 다하는 자가 되도록 살자.

317. "여호와를 사랑하는 너희여 악을 미워하라"(시 97:10)

당신은 "악을 미워할" 충분한 이유를 갖고 있다. 당신에게 이미 악이 어떠한 해악을 가져다주었는지 생각해 보라! 아, 이 세상의 악한 죄가 얼마나 당신의 마음에 들어왔는가! 죄는 당신이 구주의 아름다움을 볼 수 없도록 당신의 눈을 멀게 하였고, 속죄주의 부드러운 초대를 들을 수 없도록 당신을 귀머거리로 만들었다. 죄는 당신의 발을 죽음의 길을 향해 가도록 하고 당신의 존재인 마음의 샘에 독을 흘려 넣었다. 그것은 당신의 마음을 부패하게 하여 "마음은 만물보다 거짓되어 심히 악에 물들여 있다"(렘 17:9)라고 기록하고 있다. 아, 하나님의 은혜가 간섭하지 않아서 만약 악이 마음대로 당신을 희롱하였다면, 대체 당신은 어떤 존재가 되어 있을까! 당신은 다른 사람과 같이 진노의 자식이요, "많은 사람과 함께 악을 행하고 있었을 것이다"(출 23:2). 우리의 모두는 그러하였다. 그러나 바울은 우리에게 "너희는 주 예수 그리스도의 이름에 의하여 또한 하나님의 영에 의하여 씻기워져 깨끗하여지고 의롭게 된 것이다"라고 말하고 있다. 우리가 과거를 돌아보며 악으로 가득했던 참혹한 때를 생각해보면 실제로 악을 미워할 이유가 충분하다. 악이 우리에게 주었던 해악들이 이렇게 심하였다. 그래서 만약 전능하신 분의 사랑이 간섭하지 않고 우리를 구속해 내지 않았다면 당신의 영혼은 당연히 잃어버렸을 것이다. 현재도 악은 우리의 강적이요, 항상 우리를 해하려고 하고 멸망에 빠지게 하려고 엿보고 있다. 그러므로 주 안에 있는 자여, 고난을 원하지 않는다면 "악을 미워하라." 만약 당신이 가는 길에 가시덤불을 심으며, 베개에 죽음의 바늘을 심기를 원한다면 당신은 악을 미워하지 않아도 된다. 그러나 당신이 행복한 삶을 보내며 평화롭게 죽기를 원한다면 거룩한 길을 걸으며 심지어 마지막 순간에 이르기까지 악을 미워하라. 만약 당신이 진실로 구주를 사랑하며 그분을 경배하려면 '악을 미워하라.' 악을 사랑하는 그리스도인을 고치는 길은 주 예수님과 친밀한 사귐에 들어가는 것 외에는 없다. 그분과 더불어 함께 살라. 그리고 죄가 있는 곳에는 평화가 없다.

"주의 말씀에 의하여 나의 발걸음을 정돈하시며,

나의 마음을 진실케 하시고,

죄로 하여금 지배하지 못하게 하시어

주여, 나의 양심을 깨끗케 보존하소서."

6월 7일 저녁

318. "열심을 내라"(계 3:19)

만일 당신이 영혼들이 회심하는 것을 보기 원한다면, 만일 당신이 "이 세상 나라는 우리 주의 나라가 되었다"(계 11:15)고 부르짖는 것을 듣기 원한다면, 만일 당신이 면류관을 구주의 머리에 씌워 그분의 보좌가 높여지기를 원한다면, 열심을 내어라. 왜냐하면, 하나님의 통치 아래서 이 세상 사람들이 회심하는 길은 교회가 열심을 내어야 하기 때문이다. 모든 그리스도와 같은 성품은 여러 가지로 역사를 하지만 먼저 열심이 우선 되어야 한다. 분별, 지식, 인내 및 용기는 각각 그 역할을 갖는다. 그러나 열심이 선두에 서지 않으면 안 된다. 당신의 지식은 유용하고 당신의 재능도 소홀히 여길 것은 아니다. 그러나 중요한 역할을 하는 것은 당신의 지식도, 재능도 아니고 당신의 열심이다. 이 열심은 성령의 열매이다. 열심은 영혼에 있어서 성령의 계속되는 역사에서 그 활력을 끌어낸다. 만약 우리의 속사람의 생명이 쇠하여지면, 만약 우리의 심장이 하나님 앞에서 천천히 뛰고 있다면, 우리는 열심이란 것을 알지 못할 것이다. 그러나 만약 우리 속의 모든 것이 강건하고 활발하다면, 우리는 그리스도의 왕국이 오는 것을 보고, 뜻이 하늘에서와 같이 이 땅에도 이뤄지는 것을 보려 하는 사랑의 열정에 불타지 않을 수가 없다. 깊은 감사의 생각이 또한 그리스도인의 열심을 기른다. 우리가 구출되었던 깊은 구덩이의 구멍을 바라보면, 왜 우리가 하나님을 위하여 우리의 생애를 보내야 하는지에 대한 충분한 이유를 발견한다. 그리고 열심은 또한 영원한 미래를 생각함으로 자극되어 진다. 그는 눈물에 젖은 눈으로 지옥의 불꽃을 내려다보고는 잠을 제대로 잘 수가 없다. 마음을 들어 하늘의 영광을 쳐다보고는 마음을 분발하지 않을 수 없다. 그는 할 일이 너무나도 많은 데 시간은 극히 얼마 안 되는 것을 느낀다. 그러므로 그는 자기 가진 모든 것을 주님을 위하여 바친다. 열심은 또한 그리스도의 모범을 기억함으로써 항상 강하게 된다. 그리스도는 겉옷을 입으심 같이 열심을 입으셨다. 의무의 수레바퀴는 얼마나 빠르게 그분과 함께 전진하였는가! 그분은 쉴 줄을 모르셨다. 우리도 이와 같은 열심을 나타냄으로써 그분의 제자인 것을 증명하도록 하자.

6월 8일 아침

319. "죽임을 당한 자가 많았으니 이 싸움이 하나님께로 말미암았음이라"(대상 5:22)

주 예수님의 깃발 아래서 싸우는 군사여, 이 구절을 거룩한 기쁨을 가지고 살펴보라. 왜냐하면, 전쟁이 하나님의 싸움이라면 확실한 승리를 가져오기 때문이다. 르우벤과 갓과 므낫세의 반지파는 간신히 45,000명의 싸울 수 있는 자들을 모집하였는데, 하갈인과의 싸움에서 저들은 100,000명을 죽였다. 왜냐하면, "저희가 싸움에 있어서 하나님을 부르고 하나님을 신뢰하였으므로 하나님은 그 소원을 들어주셨기 때문이다"(대상 5:20). 하나님께서는 사람을 구원하는데 수의 많고 적음에 의하지 않는다. 우리는 수가 아무리 적을지라도 여호와의 이름으로 나아가면 되는 것이다. 왜냐하면, 만군의 주님께서 우리의 대장으로서 함께 하시기 때문이다. 저들은 창과 검과 활을 소홀히 하지는 않았다. 그러나 그 무기들에 의존하지 않았다. 우리는 모든 적당한 수단을 써야 하지만 신뢰는 오직 주님께만 두어야 한다. 왜냐하면, 주님은 하나님 백성의 검이요 방패가 되시기 때문이다. 저들이 대성공을 거둔 주요한 이유는 "싸움이 하나님께로 말미암은 것"이었기 때문이다. 사랑하는 자여, 당신이 안과 밖의 죄와 싸우며 교리이거나 혹은 실제적인 오류와 싸우며 높은 곳이나 혹은 깊은 곳의 영적인 악과 싸우며 악마와 그 졸개들과 싸울 때, 당신은 주님의 싸움을 싸우고 있는 것이다. 그리고 하나님께서 패배하지 않는 한 당신은 패전을 두려워할 필요가 없다. 적이 숫자에 있어서 훨씬 많다 하여도 두려워 말라. 고난과 불가능한 일을 당해도 움츠러들지 말라. 상처와 죽음에 직면해도 물러서지 말라. 성령의 날카로운 검을 가지고 싸우라. 그리하면 죽음의 산을 쌓을 수가 있다. "이 싸움은 주의 싸움이다"(삼상 17:47). 주님께서는 그의 적을 우리의 손에 맡기신다. 발을 힘 있게 딛고, 주먹을 굳게 하며, 마음을 강하게 하여 불타는 의지를 가지고 적을 향하여 전진하라. 그리하면 악의 대군이 강한 바람 앞의 겨와 같이 날아갈 것이다.

> *"일어나라! 일어나라! 예수님을 위하여!*
> *싸움은 오래가지 않으리라.*
> *오늘의 싸움의 소리가*
> *내일은 승리의 노래가 될 것이며,*
> *승리하신 주님께 생명의 면류관을 받아*
> *영광의 왕인 주님과 함께 다스리리라."*

6월 8일 저녁

320. "네가 이제 내 말이 네게 응하는 여부를 보리라"(민 11:23)

하나님은 모세에게 약속을 주셨다. 즉 한 달 동안 하나님께서 광야에 셀 수 없으리만큼 많은 백성을 고기로 먹이신다는 것이었다. 모세는 불신앙에 사로잡혀 주위 상황을 보고 어떻게 그러한 약속이 성취될지 어찌할 바를 몰랐다. 그는 창조자를 보지 않고 피조물을 보았다. 그러나 창조자는 피조물에게 자기 대신하여 약속을 성취하기를 기대하는가? 아니다. 약속을 하신 분은 항상 그 약속을 그분의 전능하신 능력으로 도움을 받을 일 없이 성취하신다. 만약 그분께서 말씀하시면 그것은 성취된다. 오직 그분 자신으로 이루신다. 그분의 약속의 성취는 보잘것없는 인간의 힘의 협력에 의존하지 않는다. 우리는 쉽게 모세가 범한 잘못을 볼 수 있다. 그러나 우리는 얼마나 자주 이와 같은 실패를 반복하고 있는가! 하나님께서 우리의 필요를 공급하시기로 약속하셨다. 그런데 우리는 피조물이 하나님의 약속을 실행할 것이라고 기대를 한다. 그 결과 피조물이 약하고 무력하다는 것을 인식하고 불신앙에 빠진다. 왜 우리는 그러한 쪽으로 눈을 돌리는가? 당신은 태양 아래서 잘 익은 과일을 모으기 위해 그것을 북극에서 찾으려고 하는가? 이것은 당신이 약한 자에게서 힘을 찾으며 피조물이 창조자의 일을 하려는 것과 같이 어리석은 일이다. 그러므로 올바른 입장에 서서 이 문제를 생각하자. 약속의 실행을 위한 눈에 보이는 수단은 믿음을 위한 충분한 기초가 아니다. 보이지 않는 하나님만이 오직 믿음을 위한 견고한 기초가 된다. 그가 하시겠다고 말씀하신 것은 반드시 실행하실 것이다. 만약 우리가 약속을 성취하는 책임은 주님에게 있고 피조물에게는 없다는 것을 분명하게 본 후에도, 우리는 오히려 불신앙 안에 빠져야 하겠는가? "주의 손이 짧을 것인가?"(민 11:23)라는 하나님의 물으심이 우리를 예리하게 질책한다. 원하기는, 하나님의 긍휼 안에서 이 물음을 받는 즉시 "네가 이제 내 말이 응하는 여부를 볼 것이다"라는 행복한 선언이 우리의 영혼 위에 빛나게 되기를 바란다!

321. "여호와께서 우리를 위하여 대사를 행하셨으니
우리는 기쁘도다"(시 126:3)

어떤 그리스도인들은 슬픈 듯이 사물의 어두운 면을 보는 경향이 있다. 그리고 하나님께서 저들을 위하여 행하신 것을 생각하는 것보다도 오히려 저들이 과거에 걸어온 경험에 더 집착한다. 그리스도인의 생활이 어떠한 것인지를 저들에게 묻는다면 저들은 끊임없는 싸움과 깊은 고통, 그리고 슬픈 역경과 더불어 저들의 마음의 죄의 깊음을 말할 것이다. 그러나 하나님께서 저들에게 베푸신 긍휼과 도움에 대해서는 거의 아무것도 언급하지 않는다. 그러나 건전한 영혼을 가진 그리스도인은 기쁨에 넘쳐서 말할 것이다. "나는 스스로에 대한 말이 아닌 나의 하나님을 높이기 위해 말하고 싶다. '하나님은 나를 무서운 올무에서 건지시고 구렁텅이에서 끌어 올려 나의 발을 반석 위에 세우시고 나의 가는 길을 보이셨다. 새 노래를 나의 입에 두시고 나의 하나님을 찬양케 하였다'(시 40:2-3). 그분은 나를 위하여 큰일을 행하였으므로 나는 기쁘도다." 이와 같은 경험은 하나님의 자녀가 말할 수 있는 최상의 일이다. 우리가 시험을 받는 것도 사실이지만 그러나 시험에서 건져내어진 것도 사실이다. 우리의 마음이 타락하고 그것을 알고 슬퍼하는 것도 사실이지만, 그러나 우리가 온전한 구주를 갖고 있으며 그분께서 이러한 부패를 이기시며 우리를 그 부패가 지배하는 영역에서 구출하시는 것도 틀림없는 사실이다. 우리가 과거를 돌아볼 때 일찍이 실망의 수렁에 빠지고 굴욕의 골짜기에서 헤매고 있었던 것을 부정할 수 없다. 그러나 우리가 그 모든 난관들을 안전하게 또한 유익하게 통과해 온 것을 잊는다면 이것 또한 잘못이다. 우리는 거기에 머물러 있지 않았다. 감사하리로다. 전능하신 도움의 손, 또한 인도의 손이 되시는 이는 "우리를 풍성한 곳"(시 66:12)으로 데리고 왔다. 우리의 환란이 크면 클수록 그 모든 환란을 통과하여 우리를 인도해 내서서 지금에 이르기까지 보존하신 하나님에 대한 감사는 더욱 크다. 우리의 슬픔은 우리의 찬양의 멜로디를 망쳐 놓을 수 없다. 우리의 슬픔은 "주는 우리를 위하여 큰일을 행하였으므로 우리는 기쁘도다"라고 하는 우리의 인생의 노래에서 가장 낮은 베이스 부분에 불과하다.

6월 9일 저녁

322. "성경을 상고하라"(요 5:39)

여기에 '상고하라'고 번역한 헬라어는 사람이 황금을 찾을 때와 같이 또는 사냥꾼이 열심히 짐승을 추적할 때와 같이 엄격하고, 면밀하며, 근면하고, 호기심 있는 탐색을 의미한다. 우리는 다만 성경의 한두 장을 단순히 읽어 넘어가는 것으로 만족해서는 안 된다. 성령의 등불을 켜고 신중하게 말씀의 숨겨져 있는 깊은 의미를 찾지 않으면 안 된다. 성경은 언제나 깊이 상고함이 필요하다. 그것의 대부분은 주의 깊은 연구를 통해서만 배울 수 있다. 성경에는 어린 아이를 위한 이유식도 있지만 강건한 어른을 위해 씹어 먹을 고기도 있다. 랍비들이 성경의 모든 단어와 모든 구절에 산과 같은 문제가 포함되어 있다고 말한 것은 옳다. 교부 터툴리안(Tertullian)은 "나는 성경의 충만함을 귀중히 여긴다"고 강하게 말하였다. 하나님의 말씀인 성경을 그 표면만 단지 읽은 자는 큰 유익을 얻지 못한다. 숨긴 보화를 얻기까지 우리는 파고 캐내어야만 한다. 말씀의 문은 오직 근면의 열쇠로만 열릴 수 있다. 성경은 상고할 것을 요구하고 있다. 그것은 하나님으로 말미암아 쓰여진 것이기에 하나님의 도장이 찍혀져 하나님에 의하여 인가되었다. 그러므로 누가 감히 그것을 경솔하게 취급할 수 있을까? 성경을 경멸이 여기는 자는 그것을 기록한 하나님을 경멸이 여기는 것이다. 우리는 성경을 소홀히 하여서 심판 날에 우리를 책망하는 증거로 성경이 그 증거물이 되지 않도록 주의해야 한다. 하나님의 말씀인 성경은 상고할 가치가 있는 것이다. 하나님은 우리에게 산과 같은 겨를 켜내어서 아주 적은 알곡을 모으라고 말씀하시지 않는다. 그러나 성경은 겨를 키질한 다음 모아놓은 참된 알곡이다. 우리는 단지 창고의 문을 열고 그 알곡들을 꺼내기면 하면 된다. 성경은 연구함에 따라서 깊어진다. 그것은 경이로움으로 가득차 있다. 성령님의 가르침 아래서 성경을 상고하는 자의 눈에는 성경은 계시의 비침을 더욱 증가하여 마치 금으로 포장되어지고 루비, 에메랄드 또한 모든 다른 종류의 보석으로 지붕을 장식한 거대한 성전과 같다. 성경의 진리와 같은 것은 이 세상에 없다. 최후에 성경은 예수님을 계시한다. "이 성경은 내게 대하여 증거하고 있는 것이다"(요 5:39). 이처럼 성경을 읽는 자를 격려하는 것이 또 있을까? 예수님을 발견한 자는 생명을, "하늘"을, 그리고 모든 선한 것을 발견한다. 성경을 상고하여 자신의 구주를 발견하는 자는 과연 복 되도다.

6월 10일 아침

323. "우리가 살아도 주님을 위하여 살고"(롬 14:8)

만일 하나님께서 원하셨다면 우리 개개인은 회심의 순간에 "하늘"에 들어갔었을 수도 있다. 죽지 않는 세계에 들어갈 준비를 위하여 우리가 이 땅에 머무르는 것이 절대적으로 필요한 것은 아니다. 사람은 지금 예수를 믿지만, "하늘"에 들어가 빛 가운데 있는 성도들과 기업에 참여하는 자가 되는 것이다. 우리의 성화는 길고 계속적인 과정이요, 우리가 우리의 육체를 버리고 무덤 속에 들어가기까지는 완성되지 않는 것이 사실이다. 그러나 그럼에도 불구하고 주님께서 원하신다면 그분은 우리를 불완전에서 완전하게 변하게 하여 단번에 "하늘"으로 우리를 데리고 갈 수 있다. 그러면 왜 우리는 계속하여 이 땅에 있는가? 하나님께서 그의 자녀를 한순간이라도 필요 이상으로 "하늘" 밖에 머무르게 하는 것일까? 한번 진격 명령을 내리시면, 승리를 얻을 수 있는데 살아있는 하나님의 군대는 왜 언제까지 전쟁터에 있어야 하는가? 하나님의 입술에서 나오는 말 한마디가 그의 자녀들의 소망을 "하늘"의 중심으로 옮길 수 있는데 왜 저들은 여기저기에서 아직도 방황하고 있는가? 그 대답은 이렇다. 저들이 이 땅 위에 있는 것은 "주를 위하여 살며" 다른 사람들에게 주님의 사랑을 알게 하기 위함이다. 우리는 좋은 씨를 뿌리기 위하여 이 세상에 남아있다. 척박한 땅을 밭가는 농부로서 구원을 선전하는 전령관으로 살고 있다. 우리는 "이 땅의 소금"(마 5:13)으로서 세상에 축복이 되기 위하여 여기에 있다. 매일의 일상생활에서 그리스도를 높이기 위하여 여기에 있다. 우리를 그분을 위하여 그리고 "그와 함께 하는 동역자"(고후 6:1)로서 여기에 있다. 우리의 생활이 이 목적에 맞도록 힘써야 하지 않을까? "그의 은혜의 영광을 찬양하기 위하여"(엡 1:6) 열심을 다하여 유용하게, 그리고 거룩한 삶을 살아야 하지 않을까? 반면에, 우리는 그분과 함께 있기를 바라며 날마다 이렇게 노래한다.

> *"나의 마음은 보좌에 앉으신 그분과 함께 있다네,*
> *그리고 질병이 그 연기됨을 깰 수도 있으리.*
> *'일어나 오라'고 하시는 주님의 음성을 듣고자*
> *매순간마다 끊임없이 귀를 기울이도다."*

6월 10일 저녁

324. "이 성경이 곧 내게 대하여 증거함이로다"(요 5:39)

예수 그리스도는 성경의 알파요 오메가이다. 이 거룩한 페이지의 주제는 그리스도이시고 처음부터 끝까지 예수님에 대하여 증거하고 있다. 천지창조 때에 있어서도 그분은 거룩하신 삼위일체의 한 위격(位格)으로 함께 하셨다.

또 여인의 후손에 관한 약속 중에서 그분을 보며 노아의 방주에서도 그분께서 상징되어 있다는 것을 본다. 우리는 메시아의 날을 보았던 아브라함과 함께 걷는다. 우리는 은혜 깊은 약속에 의해 살았던 이삭과 야곱의 장막에 산다. 또 우리는 존경할만한 이스라엘이 실로에 대하여 말하는 것을 듣는다. 그리고 많은 율법의 형식 중에 구속주님께서 풍부하게 예표되어 있는 것을 발견한다. 선지자도 왕도 제사장도 설교자도 모두 한 방향을 보고 있다. 저들은 그룹들(케루빔)이 언약궤 위에 서 있는 것 같이 모두 일어서서 그 속을 보기 원하며 하나님의 크신 속죄 제물의 신비함에 대해 알기 원한다. 신약에 내려와서 더욱 분명하게 우리의 주님께서 일관하게 주체로 되어 있는 것을 알 수 있다. 그것은 이곳저곳에 금덩이가 굴러 있다든지 사금이 엷게 뿌려져 있는 것은 아니다. 여기에 당신은 황금으로된 확실한 바닥 위에 서 있다. 왜냐하면, 신약성경의 모든 실체는 십자가에 못 박히신 예수님이시고, 심지어 그 최후의 문장까지도 구속주의 이름으로 장식되어 있기 때문이다. 우리는 항상 성경을 이 빛에 비추어 읽어야 한다. 우리는 말씀을 하늘에 계신 그리스도의 형상을 비추는 거울같이 생각하지 않으면 안 된다. 거기를 보게 되면 그분의 얼굴이 거울로 보는 것 같이 비추고 있다. 그것은 희미하게 반영되는 것이 사실이지만 얼굴과 얼굴을 맞대어 그분을 보게 될 때를 위한 행복한 준비이다. 성경은 우리에게 예수 그리스도의 편지를 모은 것이며, 언제나 그분의 사랑이 향기롭게 높이 날린다. 그 각 페이지는 우리의 왕의 옷이자 몰약이며, 유향과 계피의 향기를 풍긴다. 성경은 예수님께서 타시는 왕의 수레이다. 그 길에는 예루살렘의 딸들에 대한 깊은 사랑이 깔려 있다. 성경은 또한 거룩하신 독생자 예수님의 겉옷이다. 그것을 펼치면 당신은 구주를 발견하리라. 하나님의 말씀인 성경의 본질은 바로 예수 그리스도이시다.

6월 11일 아침

325. "우리가 사랑함은 그가 먼저 우리를 사랑하셨음이라"(요일 4:19)

위성 자체에는 빛이 없고, 그것은 태양의 빛을 받아서 빛난다. 이와 마찬가지로 예수님에 대한 진실한 사랑은 우리 속에는 없고 주 예수님 자신에게서 온다. 무한한 하나님의 사랑이 넘치는 샘으로부터 하나님에 대한 우리의 모든 사랑이 흘러나오지 않으면 안 된다. 우리가 주님을 사랑하는 것은 주님께서 먼저 우리를 사랑하신 것 때문이라는 사실 외에 또 다른 이유가 없다는 것은 진리의 기초이다. 주님에 대한 우리의 사랑은 주님께서 먼저 우리를 사랑하신 것의 아름다운 결과이다. 하나님의 사역에 대하여 배울 때 냉랭한 찬양은 어떤 사람도 할 수 있는 것이다. 그러나 따뜻한 사랑은 오직 성령으로 인하여 우리의 마음에 타오를 수 있는 것이다. 우리와 같은 사람이 예수님을 사랑하게 되었다는 것은 얼마나 놀라운 일인가! 우리가 주님께 대적할 때에 주님께서는 이 놀랄만한 사랑을 우리에게 보여주심으로써 우리를 돌아오게 이끄시는 그 사랑은 너무나도 놀라운 것이다. 하나님께서 만약에 우리를 위한 그의 사랑의 좋은 씨를 뿌리지 않았다면 우리는 하나님에 대한 사랑을 털끝만큼도 가질 수 없지 않겠는가! 우리의 사랑은 우리의 마음에 부어진 하나님의 사랑을 어버이로서 가진다. 그러나 우리의 사랑이 하나님으로부터 인하여 태어났으므로 그것은 하나님으로 인하여 양육되지 않으면 안 된다. 사랑은 인간 본성의 토양에서 자연스럽게 피어나는 식물과 같은 것이 아니다. 그래서 그것은 위에서 물을 부어주지 않으면 안 된다. 예수님에 대한 사랑은 민감한 성질을 가진 꽃과 같아서 양분을 취하지 못하게 되면 우리의 마음의 돌밭에서 곧 말라버리게 된다. 사랑은 하늘로부터 온 것이기 때문에 하늘의 양식에 의해서만 양육되어질 수 있다. 사랑은 위에서 내리는 만나에 의해 양육되어 지지 않는다면 광야에서 생존할 수 없다. 사랑은 사랑에 의해서만 양육된다. '하나님께 대한 우리의 사랑'의 핵심(영혼과 생명)은 온전히 '우리에 대한 하나님의 사랑'이다.

"주여, 나는 당신님을 사랑합니다. 그러나 그 사랑은 나의 것이 아닙니다.

내 속에는 드릴 수 있는 사랑이 없기 때문입니다.

주여, 나는 당신님을 사랑합니다. 그러나 그 사랑은 모두 당신님의 것입니다.

당신님의 사랑으로 인하여 내가 살기 때문입니다.

나는 아무것도 아닙니다. 오직 당신님 속에서

비워지고, 잃어버리고, 삼켜지기를 온전히 기뻐합니다."

6월 11일 저녁

326. "거기에서 그가 화살과 방패와 칼과 전쟁을 없이 하셨도다"
(시 76:3)

우리 구주의 "다 이루었다"(요 19:30)는 영광스러운 부르짖음은 그의 백성들의 모든 역경에 대한 죽음의 종소리였다. 즉, 그분께서 "화살과 방패와 칼과 전쟁을 제거하신 것이다." 골고다의 용사는 십자가를 철판으로 하고 그의 비통함을 망치로 사용하여 우리의 죄를 한 묶음씩 또 독이 묻은 화살을 모조리 분쇄하였다. 그리고 모든 고소장을 밟아 모든 비난을 무효로 만들었다. 천둥의 신의 꾸며낸 무기보다 훨씬 더 무거운 망치를 가지고 얼마나 영광스럽게 타격을 가했는가! 마귀의 화살은 산산이 부서져 날아가고, 지옥의 방패는 질그릇같이 깨뜨려지지 않았는가! 예수님께서 온갖 기술을 다하여 만든 지옥의 칼집에서 사탄의 힘의 무서운 칼을 어떻게 꺼내셨는지 생각해 보라! 그리고 마치 불을 지피는 자가 마른 나뭇가지를 꺾듯이 그 칼을 무릎에 대고 꺾어서 불 속으로 던진 것이다. 사랑하는 자여, 이제 믿는 자의 죄가 어떤 것이든지 그것은 더 이상 치명상이 될 수 없고, 그 어떠한 비난도 그를 죽이는 칼이 될 수가 없다. 왜냐하면, 우리의 죄에 대한 벌은 모두 그리스도에게 지워졌기 때문이다. 모든 불의에 대한 완전한 구속은 우리의 귀한 대속자이시며 보증인이 되신 분에게 의하여 성취되었다. 이제 누가 우리를 비난하리요? 이제 누가 우리를 정죄하리요? "그리스도께서 죽으셨고, 다시 부활하셨다"(롬 8:34). 예수님께서는 지옥의 화살통을 비우시고, 모든 맹렬한 화살촉을 소멸하셨으며, 모든 진노의 화살의 머리를 다 꺾으셨다. 땅의 전면에는 지옥의 무기의 파편과 흔적으로 산재하여 있다. 그것은 우리에게 이전의 위험했던 상태와 우리의 위대한 구원을 생각나게 하기 위함이다. 죄는 이미 우리에 대한 통치권을 갖고 있지 않다. 예수님께서는 죄에 대하여 끝장을 내시고 영구히 죄를 제거하셨다. 오 나의 원수여, 너의 노력은 영원히 소멸되었다. 이제 주님의 놀라운 사역의 모든 것을 이야기하리라. 주님의 이름을 부르는 자여, 낮에도 또한 태양이 넘어간 뒤에도 침묵해서는 안 된다. 오 나의 영혼이여, 주님을 찬양하라!

6월 12일 아침

327. "왕이 저울에 달려서 부족함이 뵈었다 함이요"(단 5:27)

때때로 우리 자신을 하나님의 말씀의 저울에 달아 측량해 보는 것은 좋은 일이다. 다윗의 시편을 읽고 그 말씀을 묵상하여 당신 자신에게 이렇게 물어보라. "나는 이와 같이 말할 수 있을까? 나는 다윗이 느낀 것처럼 느끼고 있는가? 다윗이 회개의 시를 지을 때 그 마음이 부서졌던 것 같이 나의 마음도 죄 때문에 깨어졌는가? 그가 아둘람 동굴과 엔게디의 요새에서 하나님의 긍휼을 노래할 때 신뢰에 가득 찼던 것처럼 나의 영혼도 어려움에 처해있을 때 진정 신뢰로 가득해 있는가? 나는 구원의 잔을 들고 주님의 이름을 부르고 있는가?"라고 말이다. 그리고 그리스도의 생애를 보며 그것을 읽는 중에 얼마나 당신이 그리스도의 형상을 닮아가고 있는지 생각해 보라. 그리스도께서 항상 말씀하시며 스스로 보이신 온유, 겸손, 사랑의 정신에 대해 당신은 무엇을 얼마나 가지고 있는지 열심히 찾아보라. 또한 서신서들을 읽으며 사도들이 경험한 것에 대해 당신은 얼마나 공감을 할 수 있는지 살펴보라. 당신은 사도 바울같이, "아, 나는 얼마나 비천한 인간인가! 누가 이 사망의 몸에서 나를 구원하랴"(롬 7:24)라고 부르짖은 일이 있는가? 당신은 바울과 같이 자기를 낮춘 적이 있는가? 당신은 죄인의 괴수요, 성도 중에 가장 작은 자라고 생각한 적이 있는가? 그의 헌신에 대하여 알고 있는가? 당신은 그와 함께 "내게 사는 것은 그리스도요 죽는 것도 유익이니"라고 말할 수 있는가? 만약 우리가 이와 같이 하나님의 말씀을 읽고 우리의 영적 상태를 시험해 본다면 우리는 몇 번이나 읽기를 중단하고, "주여, 나는 일찍이 이런 경지에 도달한 일이 없습니다. 오, 나를 그곳으로 인도하소서! 여기에서 읽는 것과 같은 참된 회개를 주시옵소서. 나에게 참된 믿음과 뜨거운 열정을 주시어 좀 더 뜨거운 사랑이 불타오르게 하소서. 나에게 온유의 은혜를 주셔서 좀 더 예수님을 닮게 하소서. 신성한 저울로 달아볼 때 '부족하게 되었다'라는 상태에 머물지 않게 하소서, 또한 심판의 저울로 달아볼 때 '부족하게 되었다'라고 하는 일이 없도록 하소서"라고 부르짖지 않을 수 없을 것이다. "비판을 받지 아니하려거든 비판하지 말라"(마 7:1).

6월 12일 저녁

328. "하나님이 우리를 구원하사 거룩하신 부르심으로 부르심은"
(딤후 1:9)

사도는 여기서 완료형의 시제를 사용하여 "우리를 구원하사"라고 말하고 있다. 이것은 구원이 이미 완료되었다는 것을 의미한다. 그리스도 예수를 믿는 사람들은 이미 구원을 받았다. 저들은 결국에 구원받을지도 모른다는 상태에서 소망 있는 상태의 사람들이 아니라, 이미 완전히 구원을 받았다. 구원은 임종 시에 받는 축복이 아니고 또 미래에 "하늘"에서 노래하려는 것도 아니다. 구원은 지금 획득하여 받고, 약속되어져 즐거워하는 것이다. 그리스도인은 하나님의 목적에 있어서 완전히 구원되었다. 하나님께서는 그를 이미 구원에 정하시고, 그 목적은 성취되었다. 그는 그를 위하여 지불한 값 때문에 구원되었다. "다 이루었다"(요 19:30)라고 하신 것은 구주께서 숨을 거두시기 전에 부르짖은 말씀이다. 믿는 자는 또한 언약의 머리이신 분에 의하여 완전히 구원되었다. 그것은 그가 옛 아담 안에서 타락하여 죽었던 것과 같이, 마찬가지로 새 아담이신 그리스도 안에서 새 생명으로 다시 살아있기 때문이다. 이 완전한 구원은 거룩한 부르심에 의해 수반된다. 구주의 십자가의 사역 때문에 구원받은 사람들은 곧 성령의 힘으로 말미암아 때가 되면 효과 있게 거룩함으로 초대를 받는다. 저들은 그 죄를 떠나서 그리스도와 같이 되기를 힘쓴다. 저들은 성결을 택한다. 그것은 어떤 강제성을 띠는 것이 아니라 저들의 새로운 본성에 의해 영향력을 받게 된다. 저들의 새로운 본성은 구원받기 전에 자연적으로 죄를 즐기던 것 같이 이제는 저들을 인도하여 성결함에 기뻐하도록 인도한다. 하나님께서는 저들이 거룩하기 때문에 선택하셨거나 초대한 것이 아니다. 저들을 거룩하게 하시기 위하여 초청하신 것이다. 그리고 거룩은 하나님께서 저들 안에서 행하신 사역의 결과로 생겨나는 아름다움이다. 우리가 믿는 자들 중에서 보는 뛰어남은 그 자체가 하나님의 역사인 것 같이 마찬가지로 속죄의 결과이다. 이러한 방식으로 하나님의 은혜의 충만함이 매우 아름답게 드러난다. 구원은 은혜가 아니면 안 된다. 왜냐하면, 주님께서 그 창시자이시기 때문이다. 은혜가 아니면 어떠한 동기가 하나님을 움직여 죄인을 구원할 수 있을까? 주님께서는 우리의 의가 영원히 제외되는 방법으로 일하시기 때문에 구원은 은혜가 아니면 안 되는 것이다. '현재의 구원'은 곧 믿는 자의 특권이며, 그리고 그가 구원으로 부름을 받았다는 증거는 바로 '거룩한 삶'이다.

6월 13일 아침

329. "목마른 자도 올 것이요 또 원하는 자는 값없이 생명수를 받으라"(계 22:17)

　　예수님께서는 "값없이 그것을 받으라"고 말씀하신다. 지불할 것에 대한 준비도 요구하지 않으신다. 그분은 그것을 위한 자격으로서 우리의 덕스러운 감정도 요구하시지 않으신다. 당신에게 선한 감정이 없다 할지라도 만약에 받을 마음만 있다면 당신은 초대된다. 그러므로 오라! 당신에게 믿음도 없고 회개가 없었다 할지라도 예수님에게 나아오라. 예수님께서는 당신에게 그것을 주실 것이다. 당신의 모습 그대로 와서 "값없이" 그것을 받으라. 돈도 필요치 않고 가격도 없다. 그분께서는 그 자신을 필요한 자에게 주신다. 길가의 모퉁이에 원하는 자는 그 누구라도 언제나 자유롭게 물을 마실 수 있도록 샘이 잘 설치되어 있는데, 당신이 거기에 서서 "나는 지금 내 주머니에 동전 하나 없으므로 이 물을 마실 수 없다"고 어리석게 말할 것인가? 샘은 거기 있다. 아무리 가난한 자라도 그대로의 상태로 물을 마실 수가 있다. 그곳을 지나는 목마른 자는 비록 남루한 옷을 입었든지 비단옷을 입었든지 물을 마실 허가를 구할 필요가 없다. 샘이 거기 있는 그 자체로 벌써 자유롭게 물을 마셔도 좋다는 것을 의미하고 있다. 어떤 친절한 사람이 선물로써 상쾌하고 맑은 음료수를 거기에 두었다면, 우리는 아무 말도 할 필요 없이 마실 것이다. 아마도 목이 말라도 샘의 물을 바라보면서 지나갈 사람은 대개 수레를 탄 훌륭한 신사 숙녀일 것이다. 그들은 매우 목이 말라 있더라도 수레에서 내려와 물을 마시는 그런 일은 전혀 못하겠다고 생각하고 있다. 그들은 공동의 샘에서 물을 마시는 것은 자기를 낮추는 일이라고 생각하므로 목마른 것을 참으며 지나간다. 아, 자기의 선행을 코에 걸고 있기 때문에 그리스도에게 오지 못하는 사람이 얼마나 많은가! "나는 매춘부나 주정뱅이와 같은 방법으로 구원받고 싶지 않다." "뭐, 굴뚝 청소부와 같은 방법으로 "하늘"에 간다는 것인가? 강도를 인도했던 길밖에는 "하늘"에 가는 다른 길은 없는가?"라고 저들은 말하는 것이다. 이러한 교만한 자는 결코 생명수를 얻을 수가 없다. 그러나 "생명수를 원하는 자는 값없이 그것을 받으라"고 기록되어 있다.

330. "허탄과 거짓말을 내게서 멀리 하옵시며"(잠 30:8)
"나의 하나님이여, 나를 멀리하지 마소서"(시 38:21)

여기에는 두 가지의 큰 교훈이 있다. 즉, 그것은 우리가 무엇을 위하여 기도하며, 또 무엇을 구하지 말아야 하는 것에 대한 것이다. 그리스도인의 가장 행복한 상태는 가장 거룩한 상태에 있는 것이다. 태양에 가장 가까울 때 최대의 열을 느끼는 것 같이 그리스도가 가장 가까울 때에 가장 행복하다. 그리스도인이 이 세상의 헛된 것에 눈길을 쏟을 때에 그는 위로를 얻을 수 없다. 그의 영혼이 하나님의 길에서 살지 않으면 그는 만족을 얻지 못할 것이다. 세상 사람들은 다른 것으로 인하여 행복을 맛볼 수 있을지도 모른다. 그러나 그리스도인의 경우는 아니다. 나는 불경건한 사람이 쾌락을 향해 달려가고 있는 것을 비난하지 않는다. 내가 왜 그리해야 하는가? 그들로 하여금 마음대로 하도록 내버려 두라. 저들은 다른 곳에서는 즐거움을 찾을 수가 없다. 남편의 구원에 관해 절망한 어느 회심한 아내는 항상 남편에 대해 매우 친절하였다. 그녀는 말하기를 "저 사람에게는 이 세상이 유일한 행복의 세계이라고 생각합니다. 그래서 내가 할 수 있는 한 최선을 다하여 저 사람이 행복하도록 마음의 결정을 했습니다"라고 말이다. 그리스도인은 이 세상의 천박함과 깊은 죄의 쾌락을 초월하여 좀 더 높은 영역에 자기의 즐거움을 구해야 한다. 무익한 것을 추구하는 것은 거듭난 영혼에 있어서 위험하다. 어떤 철학자가 별만 바라보며 걷다가 깊은 구덩이에 빠졌다는 이야기를 들은 적이 있다. 그런데 밑을 보는 자는 얼마나 더 깊은 구덩이에 빠지겠는가? 구덩이에 빠진다는 것은 치명적이다. 어떠한 그리스도인도 그의 영혼이 게으르고 하나님으로부터 떠나 있으면 안전하지 않다. 모든 그리스도인은 그리스도 안에서 중요한 문제에 있어서는 항상 안전하다. 그러나 그의 성결의 경험과 이 세상에 있어서 예수님과의 사귐에 관해서는 안전하지가 않다. 사탄이 공격하는 것은 하나님과 가까이 생활하고 있는 그리스도인이 아니고, 그리스도인이 하나님으로부터 떠나 영적으로 굶주리고 자기 자부심을 채우려고 하는 때이다. 악마는 때로 주님의 일을 바쁘게 하는 하나님의 자녀와 싸울 때도 있지만, 그것은 일반적으로 단기간이다. 굴욕의 골짜기에 발이 미끄러지는 자는 그때에 사탄의 습격을 받게 된다. 오, 하나님과 함께 언제나 겸손히 걷는 은혜를 주소서!

6월 14일 아침

331. "여호와를 기뻐하라"(시 37:4)

이 말씀은 살아 있는 믿음을 알지 못하는 자에게는 매우 놀랍게 보일지 모르나 참으로 믿는 자에게는 이것은 단지 진리를 인식하는 언어일 뿐이다. 여기서 믿는 자의 생애는 여호와로 기뻐하는 것이라고 묘사되어 있다. 그리고 참된 믿음은 행복과 기쁨에 넘치는 것이라는 위대한 사상이 선포되어 있다. 불신앙자, 말로만 믿음을 고백하는 자는 믿음이 기쁨이라고 결코 생각하지 않는다. 저들에게는 그것은 일이고, 의무이며 필요이기는 하지만 결코 기쁨과 즐거움은 아니다. 만약 저들이 종교에 조금이라도 관계하고 있다면 그것은 저들이 종교로 말미암아 이익을 얻으려고 하든지, 혹은 할 수 없이 그렇게 하고 있는 것일 것이다. 종교가 기쁨이라는 사상은 많은 사람들에게는 전혀 귀에 새로운 것이다. 저들에게 있어서 "성결"과 "기쁨"이란 단어만큼이나 서로 인연이 먼 말은 없다. 그러나 그리스도를 알고 믿는 자는 기쁨과 믿음이 굳게 결합되어 있어서 지옥문도 그것을 떼어놓을 수 없다는 것을 알고 있다. 마음을 다하여 하나님을 사랑하는 자는 "그의 걷는 길이 즐겁고 모든 그의 길은 평안으로 충만하다"(잠 3:17)는 것을 발견한다. 이러한 기쁨, 가득 찬 즐거움, 흘러넘치는 축복을 성도들은 주 안에서 발견한다. 그러므로 저들은 다만 습관적으로 주님을 섬기는 것이 아니고, 비록 전 세계가 주님의 이름을 기피하고 던져버릴 지라도 오히려 주님만을 따른다. 우리는 하나님으로부터 강요당하는 그런 두려움이 없다. 우리의 믿음은 쇠사슬이 아니며 우리의 신앙고백은 속박이 아니다. 우리는 성결에 끌려가는 것도 아니며 또한 의무로 강요당하지도 않는다. 아니, 오히려 우리의 경건함은 기쁨이요, 소망은 행복이요, 의무는 즐거움이다. 기쁨과 참 종교는 뿌리와 꽃과 같이 밀접하게 서로 연관되어 있고 진리와 필연성과의 관계와 같이 서로 나눌 수 없는 것이다. 그것은 금과 나란히 장식하는 빛나는 두개의 보석과 같은 것이다.

"우리가 당신의 사랑을 맛보았을 때,

우리의 기쁨은 거룩하게 성장하여,

말할 수 없는 "하늘"의 기쁨이 되어,

이 땅에서 "하늘"이 시작된다네."

6월 14일 저녁

332. "주여 수욕이 우리에게 돌아오고, 이는 우리가 주께 범죄하였음니이다"(단 9:8)

죄를 깊이 의식하여 그것을 확실히 보고 그 극악성과 그것이 당연히 받아야 하는 벌을 생각하면 우리는 당연히 보좌 앞에서 몸을 엎드려야 할 것이다. 우리는 그리스도인으로서 죄를 범하였다. 아, 이럴 수는 없는 것이 아닌가! 우리는 은혜를 입고 있으면서 오히려 은혜를 잊었다. 더 이상의 것이 있을 수 없는 특권을 받고도 거기에 합당한 열매를 맺지 못하였다. 비록 오랫동안 믿음의 전투에 참가하고 있다 해도, 과거를 돌아볼 때 부끄럽지 않은 자가 있겠는가? 우리가 거듭나기 전이라면 모르겠지만, 그러나 거듭난 이후에는 이전과 같은 죄를 짓지 않지만, 그래도 우리는 빛에 대하여 사랑에 대하여 죄를 범하였다. 우리의 마음 깊은 곳으로 비쳐오는 빛에 대하여 또 우리가 기뻐하는 사랑에 대하여 죄를 범한 것이다. 오, 용서받은 영혼이 범하는 그러한 죄의 극악함이 어떠한가! 용서받지 못한 자의 죄는 하나님으로부터 선택되어 그리스도와 사귐을 갖고 그 머리를 예수님의 가슴에 의지하는 자의 죄보다 오히려 가볍게 비교된다. 다윗을 보라. 많은 사람들이 그의 죄에 대해 말할 것이다. 그러나 나는 당신이 그의 회개에 대해 볼 것이라고 믿는다. 그의 회개를 보며 그의 부서진 뼈에 대해 듣는다면, 그 뼈의 하나하나는 탄식하며 슬픈 고백을 하고 있지 아니한가? 그의 눈물이 땅에 떨어지는 것을 보며 깊은 탄식이 수금의 부드러운 곡조와 함께 흘러나오는 것을 듣지 못하는가? 우리는 죄를 범하였다. 그러므로 회개의 영을 구하자. 또 베드로를 보아라. 우리는 베드로가 주님을 부인한 것에 대해 잘도 말한다. 그러나 "그는 심히 통곡하였다"(마 26:75)고 기록되어 있음을 기억하라. 우리는 과연 주님을 거역했기 때문에 슬피 울며 눈물을 흘려본 경험이 있는가? 회심전이나 회심후의 이러한 죄는 만약에 우리를 새사람으로 만드신 주권자의 은혜가 없다면 우리를 꺼지지 않는 불이 타는 곳으로 보낼 것이다. 그분의 은혜는 맹렬히 타는 불 가운데서 타오르는 나무 같은 우리를 끄집어내었다. 나의 영혼이여, 너 본래의 깊은 죄를 생각하고 엎드려 하나님을 경배하여라. 너를 구원하는 은혜와 너를 보존한 자비와 그리고 너를 용서하신 사랑을 찬양하라!

6월 15일 아침

333. "사라가 가로되 하나님이 나로 웃게 하시니 듣는 자가 다 나와 함께 웃으리로다"(창 21: 6)

늙은 사라가 아이를 잉태하였다는 일은 정말로 자연의 힘을 훨씬 초월한 일이고 자연법칙에 어긋나는 일이다. 이와 같이 나와 같이 천하고 무력하고 가망 없는 죄인이 영혼 속에서 주 예수님의 영을 모셔 은혜를 발견한다는 것은 도저히 통상적으로는 있을 수 없는 일이다. 나는 일찍이 절망의 상태에 있었고, 그것은 당연한 일이었다. 왜냐하면, 나는 황폐한 광야와 같이 마르고 쇠하여 열매를 맺을 수 없는 저주를 받았기 때문이다. 그런데 나는 성화의 열매를 맺게 되었다. 나의 입이 기쁨의 웃음으로 가득한 것은 당연하다. 왜냐하면, 나는 주 하나님으로부터 놀랄만한 은혜를 받았기 때문이다. 나는 약속의 씨인 그리스도를 발견하였다. 그분은 이제 영원히 나의 것이 아닌가! 내가 비천할 때에도 나를 돌보아 주신 주님께 오늘 승리의 시를 올려드린다. 왜냐하면, "나의 마음은 주로 말미암아 기뻐하며 나의 힘은 주로 말미암아 강하게 되었다. 나의 입은 원수를 비웃는다. 주의 구원으로 말미암아 나는 즐거워하기 때문이다"(삼하 2:1). 나는 지옥으로부터 구출된 것을 들었으며, 위로부터 가장 축복된 초대를 받은 나와 함께 기뻐하며 웃게 되기를 바란다. 나는 나의 풍성한 평안으로 내 가족들을 놀라게 하며 더욱 부요해지는 행복으로 친구를 즐겁게 하기를 원한다. 나는 감사의 고백으로 교회의 덕을 더하며 기쁨에 넘친 매일의 대화로 이 세상까지도 감명을 주고 싶다. 번연(Bunyan)의 『천로역정』 중에서 '자비'가 그녀의 잠 속에서 웃고 있지만, 그것은 그녀가 예수님에 대한 꿈을 꾸고 있었기에 이상할 것도 없다. 나에게 매일의 묵상의 주제는 사랑하는 주님이시기 때문에 나의 기쁨도 이 여인에 못지않은 것이다. 주 예수님은 기쁨의 깊은 바다이다. 나의 영혼은 그 속에 뛰어들어 주님과의 사귐의 즐거움 속에 잠기게 될 것이다. 사라는 이삭을 보고 기쁨에 견디지 못하여 웃었다. 그리고 그녀의 친구들도 그녀와 함께 웃었다. 나의 영혼이여, 너의 주 예수님을 보아라. 그리고 너의 말할 수 없는 기쁨에 하늘과 땅도 화답하도다.

334. "열면 닫을 사람이 없고"(계 3:7)

예수님은 "하늘"문의 파수자이며 그를 믿는 모든 영혼 앞에 문을 열어 두었다. 그 문은 아무도 마귀 또한 닫을 수가 없다. 예수님에 대한 믿음이 영원의 문에 대한 황금의 열쇠라는 것을 발견한다는 것은 얼마나 기쁜 일인가. 나의 영혼이여, 너는 마음속에 이 열쇠를 가지고 있는가? 그렇지 않으면 자물쇠를 여는 가짜 도구에 의지함으로써 마침내 실패하지는 않았는가? 어떤 설교자가 예화를 들어 다음과 같은 기억할만한 말을 하였다. 왕이 연회를 베풀면서 온 세계에 선포하기를, 꽃 가운데 가장 아름답게 핀 꽃을 가져오지 않으면 이 연회장에 들어오지 못하게 할 것이라고 했다. 그래서 수천의 사람들이 각기 꽃 중의 여왕이라고 생각하는 꽃을 가지고 왕국 문에 몰려왔다. 그러나 그들은 다 들어올 수가 없었다. 어떤 자는 죽음의 어두운 그림자 같은 미신의 꽃을, 어떤 자는 거짓된 종교의 휘날리는 양귀비꽃을, 그리고 어떤 자는 자기를 의롭게 여기는 독이 있는 솔송나무를 가지고 왔다. 그러나 이것들은 왕이 사랑하는 꽃이 아니어서 그것들을 가지고 온 이들은 진주문 밖으로 쫓겨나갔다. 나의 영혼이여, 너는 샤론의 장미를 갖고 있는가? 너는 골짜기의 백합꽃을 계속 가슴에 안고 있는가? 진정 그렇다면, "하늘" 문에 도달하였을 때 그것의 진가를 알 것이다. 왜냐하면, 꽃 가운데 이 최상의 꽃을 단지 보임으로써 문지기는 그 문을 열어 주기 때문이다. 그는 그 장미를 볼 때 항상 문을 열어 주기 때문에 너는 한순간도 입장을 거절당하지 않을 것이다. 샤론의 장미를 손에 가지고 있으면 당신은 하나님 자신의 보좌에까지 나아갈 수 있는 길을 발견할 것이다. "하늘"조차도 그 빛나는 아름다움보다 우수하지 못하기 때문이다. 낙원에 피는 모든 꽃 중에서도 골짜기의 백합과 견줄 꽃은 하나도 없다. 나의 영혼이여, 갈보리의 피에 물들인 장미를 믿음으로 손에 들고 사랑으로 말미암아 그것을 몸에 대고, 주님과 사귐으로 그것을 보존하고, 매일 생각함으로 그것을 너의 모든 것의 모든 것으로 만들어라. 그러면 모든 복 중에서 최고의 복과 꿈에도 생각할 수 없을 정도의 복을 받을 것이다. 예수님이시여, 영원히 나의 것이 되소서. 그리고 나의 하나님, 나의 "하늘" 그리고 나의 모든 것이 되소서.

6월 16일 아침

335. "내가 저희에게 영생을 주노니 영원히 멸망치 아니할 터이요" (요 10:28)

그리스도인은 불신앙에 대하여 결코 가볍게 생각하거나 말해서는 안 된다. 왜냐하면, 하나님의 자녀들이 하나님의 사랑, 그의 진리, 그의 신실함을 믿지 않는 것은 하나님을 매우 근심하시게 하는 일이기 때문이다. 어떻게 우리를 붙드시는 하나님의 은혜를 의심하여 하나님을 근심하시게 할 수 있겠는가? 주 안에 있는 자여, 그대가 하나님으로부터 잊어버리게 되었다든지 멸망으로 버림을 받았다는 생각은 하나님의 보배로운 모든 말씀의 약속에 어긋나는 것이다. 만약 이 말이 사실이라면 어떻게 "여인이 어찌 그 젖먹이 자식을 잊겠으며 자기 태에서 난 아들을 잊으랴? 비록 그들은 잊어지는 일이 있을지라도 나는 너를 잊지 아니하리라"(사 49:15)고 말씀하신 하나님을 진실한 분이라고 할 수 있겠는가? 또 다음의 약속의 가치는 어떠한가? "산들은 떠나가며 작은 산들은 옮길지라도 나의 인자는 네게서 떠나지 아니하며 화평케 하는 나의 언약은 옮기지 아니하나니라. 너를 긍휼히 여기는 여호와의 말이니라"(사 54:10). 다음과 같은 그리스도의 말씀의 진실성은 또 어디에 있는가? "내가 나의 양에게 영생을 주노니 영원히 멸망하지 아니할 터이요. 또 내 손에서 저희를 빼앗을 자가 없느니라. 저희를 주신 내 아버지는 만유보다 크시매 아무도 아버지 손에서 빼앗을 수 없느니라"(요 10:28-29). 은혜의 교리는 무슨 가치가 있겠는가? 만약 하나님의 자녀들 가운데 한 사람이라도 잃게 된다면 이 모든 약속은 모두 다 증명되지 못하는 것이다. 그리스도의 죽으심으로 인하여 속량 된 자, 또 그리스도에게 신뢰한 자가 잃어버린바 된다면 하나님의 진실성, 하나님의 영예, 그분의 힘, 그분의 은혜, 그분의 언약 그리고 그분의 맹세는 과연 어디에 있는가? 이러한 하나님을 부끄럽게 하는 불신앙적인 두려움은 버려라. 일어나 먼지를 털라. 그리고 당신의 아름다운 예복을 입으라. 결코 멸망하지 않는다고 약속하신 하나님의 말씀을 의심하는 것은 죄라는 것임을 명심하라. 당신 안에 있는 영원한 생명으로 하여금 확신에 가득찬 기쁨 안에서 스스로를 나타내어라

"복음이 나의 영혼을 붙들도다.
신실하시고 변치 않으시는 하나님께서
맹세와 약속과 보혈로
내 소망의 기초를 놓으셨도다."

6월 16일 저녁

336. "여호와는 나의 빛이요 나의 구원이시니 내가 누구를 두려워하리요. 여호와는 내 생명의 능력이시니 내가 누구를 무서워하리요"(시 27:1)

"주는 나의 빛이요 나의 구원이시다." 여기에 개인적으로 "나의 빛, 나의 구원"이라고 기록되어 있다. 영혼은 그 개인적 관계를 확신하기 때문에 그 것을 담대하게 선언하고 있다. 영혼이 새로 태어날 때 하나님의 빛은 구원의 선구자로 영혼 속에 부어진다. 우리 자신의 어두움 속에서 주 예수님을 사모하게 만드는 빛이 충분히 없는 곳에는 구원의 증거가 없다. 그러나 회심한 후

에는 하나님께서 우리의 기쁨이시요, 위로와 인도, 선생이시며, 그리고 모든 의미에 있어서 우리의 빛인 것이다. 그분은 내면의 빛이요, 주위의 빛이며, 우리로부터 반사되는 빛이고 우리에게 나타나게 되는 빛이시다. 여기에 단순히 주님께서 빛을 주신다고 기록되어 있지 않고, "그는 빛이다"라고 말씀하시는 것에 주목하라. 주님께서 구원을 주신다고 기록되어 있지 않고 "그는 구원이시다"라는 것에 주목하라. 그러므로 믿음으로 말미암아 하나님을 붙잡는 자는 모든 언약의 축복을 자기의 것으로 소유하는 것이다. 이 진리가 너무나 확실하기에, 거기에서 끌어낸 논의의 결론은 물음의 형식을 택하여 "내가 누구를 두려워 하리요?"라고 말한다. 이 질문 자체가 대답이다. 어두움의 힘은 전혀 두려울 것이 없다. 왜냐하면, 빛이신 주님께서 그것을 파괴하시기 때문이다. 그리고 지옥의 저주도 무서울 게 없다. 왜냐하면, 주님께서 우리의 구원이시기 때문이다. 이것은 골리앗의 호언장담과는 다른 것이다. 그것은 "육신의 팔을"(대하 32:8)의 힘, 즉 자만심에 기초한 것이 아니라 "나는 영원 자존자"(출 3:14)"라고 하시는 분의 전능한 참된 힘에 기초한 것이다. "주는 나의 생명의 힘이시다." 여기에 세 번째의 열띤 표현이 있다. 시편기자의 소망은 끊을 수 없는 세 겹줄로 매여 있다. 주님께서 아낌없이 은혜의 사역을 하시는 곳에 우리가 찬양의 노래를 쌓아올리는 것은 당연하다. 우리의 생명은 그 모든 힘을 하나님으로부터 이끌어 낸다. 그리고 만약 하나님께서 우리를 굳세게 하신다면 원수의 모든 음모 속에서도 결코 약해지는 일은 없다. "내가 누구를 무서워 하리요?" 이 담대한 말은 현재나 미래나 다 연결된 말이다. "만일 하나님이 우리 편이신데 누가 우리를 대적하랴?"(롬 8:31) 현재에도, 그리고 앞으로 다가올 미래에도 그렇다!

6월 17일 아침

337. "여호와여 도우소서"(시 12:1)

이 기도는 위대하다. 그것은 비록 짧지만, 매우 겸손하고, 적절하며, 유익하다. 다윗은 충성된 부하가 적은 것에 탄식하고 마음을 하늘로 향하였다. 피조물에 대해 의뢰할 가치가 없음을 알고 그는 창조주님께 달려갔다. 그는 분명하게 자기의 약함을 느꼈다. 그렇지 않았다면 부르짖으며 도움을 청하지 않았을지도 모른다. 동시에 그는 진리를 위하여 마음으로부터 자기 힘을 발휘하고자 노력했다. 왜냐하면, 스스로 아무 것도 하지 않고 도움을 구하는 일은 있을 수 없기 때문이다. 이 짧은 기도는 직선적이고 분명하며 말의 뚜렷함이 있다. 이 두 단어의 간구는 실제로 어떤 길고 산만한 기도보다 더 나은 것이다. 시편 기자는 깊이 생각한 기도를 가지고 오직 하나님께로 나아갔다. 그는 무엇을 구하며 또 어디에서 구해야 하는지를 잘 알고 있었다. 주여, 이와 같은 복된 방법을 가지고 기도하는 법을 가르쳐 주소서. 이런 기도가 사용된 경우는 아주 많다. 섭리로 인하여 고난을 받아 피곤에 지친 믿는 자가 다른 모든 곳에서 도움이 끊어졌을 때의 기도로써 이것은 아주 적당하다. 교리의 어려움에 직면한 학생이 위대한 교사인 성령님에게 "주여, 도우소서"라고 기도함으로 때때로 도움을 얻는다. 영적인 싸움의 가운데 있는 믿음의 용사가 보좌를 향하여 도움을 구하는데 이 기도는 모범이 된다. 주의 일에 종사하는 사람은 이 기도로 말미암아 필요한 때에 적절한 은혜를 얻는다. 의심과 놀람 속에서 하나님을 찾는 죄인도 이 힘있는 기도를 할 수 있다. 사실, 이 기도는 모든 경우, 모든 시간, 모든 장소에 있어서 필요한 영혼들의 전환점이 될 수 있을 것이다. "주여, 도우소서"라는 기도는 우리가 사는 동안이나 죽을 때에나, 고난의 때나 또는 일할 때에도, 기쁨의 때나 혹은 슬픔의 때에도 우리에게 적합할 것이다. 우리의 도움은 주님 안에서 찾을 수 있다. 그러므로 주님을 향하여 부르짖기를 게을리 해서는 안 된다. 기도가 예수님을 통하여 성실히 올려진다면 반드시 응답이 있다. 주님의 인격으로 볼 때, 우리는 그분께서 그의 백성들을 버리시지 않는다는 것을 확신할 수 있다. 아버지로서 남편으로서의 주님과 우리의 관계는 확실히 우리에게 그분의 도움을 보증한다. 예수님을 우리에게 주신 일은 다른 좋은 것들도 우리에게 주신다는 서약의 표이다. "두려워 하지말라. 내가 너를 도우리라"(사 42:13)는 확실한 약속은 변치 않는다.

338. "그때에 이스라엘이 노래하여 가로되 우물물아 솟아나라 너희는
그것을 노래하라"(민 21:17)

광야에 있어서 이 브엘의 우물은 유명하다. 왜냐하면, 그것은 약속의
제목이었기 때문이다. 이것은 주님께서 모세에게 향하여 "백성을 모으라 내가
그들에게 물을 주리라"(민 21:16)고 약속하신 것이다. 백성은 물을 필요로 하였
다. 그리고 그 물은 은혜가 깊으신 하나님으로부터 약속되어 있었다. 우리는
새로운 하늘의 은혜의 공급을 필요로 하고 주님은 친히 언약에서 우리가 요구
하는 모든 것을 주시기로 약속하셨다. 그 우물은 노래의 원인이 되었다. 물이
솟아나기 전에 사람들은 기쁜 믿음에 자극되어 노래하였다. 그리고 맑은 물이
솟아 넘쳐나는 것을 보면서 음악은 더욱 기쁨으로 고조되었다. 이와 같이 하
나님의 약속을 믿는 우리는 하나님의 부흥을 우리 영혼 속에 기대하고 기뻐해
야 한다. 우리가 그것을 경험함에 따라 우리의 거룩한 기쁨은 밖에까지 흘러
넘쳐야 한다. 우리는 목마른가? 원망하지 말고 노래하자. 영적 가뭄은 견디기
어려우나 이것 때문에 인내할 필요는 없다. 약속은 우물을 가리키고 있다. 우
리는 용기를 내어 우물을 찾도록 하자. 게다가 우물은 기도의 중심이었다.
"오, 우울의 물이여 솟아나라." 하나님께서 주시기로 약속한 것은 계속하여
찾아야 한다. 그렇지 않으면 우리는 갈망함도 믿음도 갖고 있지 않다는 것을
보이는 것이다. 이 저녁에 우리가 읽은 성경구절과 또 우리의 믿음의 실천이
빈껍데기뿐인 형식이 아니라 우리의 영혼에게 은혜의 통로가 되도록 기도로
구하도록 하자. 오, 성령 하나님께서 그의 전능하신 능력으로 우리 가운데 역
사하사 하나님의 충만하심으로 채워주시기를 기도하자. 최후로 그 우물은 노

력의 목표이었다. "백성의 방백들이 규와 지팡이를 가지고 이것을 팠다"(민 21:18)고 하였다. 주님께서는 우리가 은혜를 받는 일에 적극적이기를 바라신다. 우리의 지팡이는 모래를 파는데 적당하지 않다. 그러나 온 힘을 다하여 지팡이를 사용하여야 한다. 기도를 게을리 하고 함께 모이는 집회를 그치면 안 된다. 그리고 예식을 가볍게 여겨서도 안 된다. 주님께서는 그의 평안을 풍성히 부으시지만 게으른 자에게는 부어지지 않는다. 그러므로 일어나서 우리의 모든 새로운 샘이 되시는 그분을 구하여야 한다.

6월 18일 아침

339. "네 구속자"(사 54:5)

구속주이신 예수님은 모두 우리의 것이며, 영원히 우리의 것이다. 그리스도의 모든 직분은 우리를 위한 것이다, 그분께서는 우리의 왕이요 제사장이요, 또한 선지자이다. 우리가 구속주의 새로운 이름을 읽을 때마다, 다른 이름을 부르는 경우와 같이 그 이름에 의하여 그분을 우리의 것으로 하자. 목자의 지팡이, 아버지의 채찍, 장수의 검, 제사장의 관, 왕의 홀, 선지자의 겉옷, 이것은 다 우리의 것이다. 예수님은 그분에게 위임된 모든 것을 사용하여 우리를 높이며 우리를 방어하기 위하여 그의 모든 특권을 행하여 지키신다. 그분의 신성의 충만함은 끝이 없고, 소진되지 않는 우리의 보물 창고이다. 예수님께서 우리를 위하여 취하신 그의 완전한 인성도 또한 우리의 것이다. 은혜로우신 주님은 더러움이 없는 인격의 온전한 덕으로 우리와 교통하시며 희생하신 삶의 가치 있는 효능을 우리에게 주신다. 그분은 그의 순종과 끊임없는 봉사에 의하여 믿은 보상을 우리에게 주신다. 그분께서는 그의 생애의 더러움이 없는 옷을 우리에게 입혀주시며 그 인격의 빛나는 덕으로 우리에게 장식과 보석으로 꾸며 주신다. 그리고 그분의 죽음이라는 초인적인 온유함으로 우리의 자랑과 영광이 되신다. 그분은 우리에게 그의 말구유를 전하며 하나님이 어떻게 사람이 되셨는지를 알리시고, 십자가로 인하여 사람이 어떻게 하나님께 갈 수 있는지를 가르치신다. 예수님의 모든 사상, 정서, 행동, 말, 기적, 중보는 모두 다 우리를 위한 것이었다. 그분은 우리를 위하여 슬픔의 길을 걸으셨고 그 생애의 모든 일의 결과를 하늘의 유산으로 우리에게 주셨다. 그는 현재도 지금까지 해오던 것 같이 우리의 것이다. 그분은 거룩하고 유일한 주권자이시며, 왕의 왕, 주의 주님이시지만, 우리에게 주 예수 그리스도라고 인정받는 것을 부끄러움으로 생각지 않으신다. 그리스도는 어디서나 어느 면에 있어서나 우리의 그리스도이시며, 영원히 그리고 가장 크게 기뻐할 수 있는 분이시다. 오 나의 영혼이여, 이 아침에 성령의 힘으로 말미암아 예수님을 "나를 구속하신 분"이라고 부르자.

6월 18일 저녁

340. "나의 누이 나의 신부야 내가 내 동산에 들어와서"(아 5:1)

믿는 자의 마음은 그리스도의 동산이다. 그리스도께서는 믿는 자의 마음을 보혈로 사서 거기에 들어가 그것이 자기의 것이라고 주장하신다. 동산은 분리를 의미한다. 그것은 공유지도 아니고 광야도 아니고 벽이나 울타리로 두른 곳이다. 우리는 교회와 이 세상 사이를 분리하는 벽이 더 넓고 또한 강하게 되어 있기를 바란다. 그리스도인이 '여기에도, 또 저기에도 아무런 해로운 것이 없다'고 말하면서 가능하면 이 세상과 가까이하려는 것에 대해 듣는 것은 슬픈 일이다. 어느 정도까지 이 세상과 타협하는 것이 좋으냐고 묻는 영혼에게 은혜의 사역이란 낮은 썰물과 같다. 가꾸지 않은 거친 땅에 비하면 동산은 매우 아름답다. 참 그리스도인의 생활은 최상의 도덕가보다도 더 훌륭하도록 힘써야 한다. 왜냐하면, 그리스도의 화원은 세상에서 최고의 꽃을 피워야 하기 때문이다. 그리스도의 공로에 비하면 최고의 꽃이라도 빈약하다. 우리는 시들거나 발육이 나쁜 꽃을 피워서는 안 된다. 그것은 그리스도를 내쫓는 일이다. 가장 진귀하고 훌륭한 백합과 장미는 예수님께서 나의 동산이라고 부르는 곳에서 피워야 한다. 동산은 성장하는 장소이다. 성도는 발육이 불완전하면 안 된다. 봉오리나 꽃으로 단지 끝내서는 안 된다. 우리는 "구주인 예수 그리스도의 은혜와 주님을 아는 지식에까지 장성하여야 한다"(벤후 3:18). 예수님은 정원사이며 성령님은 하늘로부터 내리는 이슬이 되어 그곳에서는 빠른 성장이 이루어진다. 동산은 또한 은퇴의 장소이다. 주님은 세상에 대해서는 자신을 나타내시지 않으시지만 우리의 영혼을 주님께서 자신을 나타내시는 장소로 남겨 두기를 원하신다. 오 그리스도인이여, 그대들은 더욱 세상으로부터 떨어져 그대들의 마음이 그리스도를 위하여 더욱 엄중하게 닫아두어 지킬 수 있기를 바란다! 우리는 때때로 마르다와 같이 많은 봉사를 하고 마음이 번잡한 반면 마리아와 같이 그리스도를 위하여 마음의 여유를 남겨두지 않는다. 그리고 주님의 발밑에 앉아 교훈을 받으려고 하지 않는다. 주여, 이날 당신님의 동산을 윤택하게 할 은혜의 비를 내려주소서.

6월 19일 아침

341. "저희가 다 성령의 충만함을 받고"(행 2:4)

만약 우리가 모두 성령의 충만함을 받는다면 오늘의 그 복은 위대할 것이다. 영혼이 이 거룩한 충만에 참여하는 결과를 아무리 중요하게 생각해도 지나치지 않는다. 생명, 위로, 빛, 순결, 힘, 평화 그리고 많은 다른 보배로운 축복은 성령의 은혜로운 임재와 떼어놓을 수 없다. 성령님은 거룩한 기름으로써 믿는 자의 머리를 적시며 성도들을 제사장으로서 성별하시고 그가 더욱 그 직분을 감당하도록 은혜를 주시는 것이다. 성령님은 오직 하나인 거룩한 물로써 우리를 죄의 힘으로부터 깨끗하게 하고 우리를 거룩함으로 성화시키며 우리 안에서 역사하여 "주를 기쁘시게 하려는 마음을 일으키며 그것을 실행하게 한다"(빌 2:13). 빛으로서의 성령님은 첫째, 우리에게 스스로 버림받은 상태를 분명히 깨닫게 하시고, 이제는 주 예수님을 우리에게 나타내시고 우리 안에서 계시하시며 또한 의의 길로 인도하신다. 성령의 거룩하고 순결한 빛에 비취인 우리는 이제 더 이상 어두움이 아니고 주 안에 있는 빛이다. 성령님은 불로써 우리를 불순물에서 깨끗하게 하시어 우리의 헌신된 마음을 불타오르게 한다. 성령님은 번제의 불이다. 그로 인하여 우리의 영혼을 "산제물로"(롬 12:1) 하나님 앞에 바치는 것을 가능하게 한다. 하늘부터 내리는 이슬로써, 성령님은 우리의 삶의 황무지를 제거하고 이것을 비옥하게 한다. 오, 오늘 아침 이 시간 위로부터 내리시는 성령님을 주옵소서! 이러한 아침의 이슬은 하루일과의 행복한 시작인 것이다. 비둘기로서의 성령님은 평안에 가득한 사랑의 날개를 가지고 교회 위에 그리고 믿는 자들의 영혼을 품으신다. 또 보혜사로서 그 사랑하는 백성의 평화를 망쳐 놓는 근심과 의심을 떨쳐주신다. 성령은 요단강에서 주 예수님 위에 내리심 같이 선택된 백성 위에도 내려서 저들 속에 "아바 아버지여"(갈 4:6)라고 부르는 자녀의 영에 역사함으로써 저들이 하나님의 아들임을 증거한다. 바람으로서의 성령은 사람에게 생명의 기운을 가져오며 임의로 불어서 영혼을 깨우시며 또한 영의 기운을 움직이게 하며 붙드신다. 원하기는 이 아침에, 그리고 날마다 성령의 임재를 느낄 수 있게 하소서.

6월 19일 저녁

342. "나의 사랑하는 자는 내게 속하였고 나는 그에게 속하였도다. 그가 백합화 가운데서 양떼를 먹이는구나. 나의 사랑하는 자야 날이 저물고 그림자가 사라지기 전에 돌아와서 베데르 산의 노루와 어린 사슴 같을지라"(아 2:16-17)

만약 성경 가운데 행복한 구절이 있다고 하면 그 구절은 확실하게 이것이다. "나의 사랑하는 자는 나의 것, 나는 그의 것"이라는 이 구절은 정말로 평화롭고 확신에 가득하여 행복과 만족에 아주 넘쳐나며, 시편 23편과 동일한 저자에 의해 지어진 것으로 상상되기도 한다. 그런데 생각되기는 매우 아름답고 사랑스러우며 마치 이 세상의 것 같지가 않지만, 여기에도 해가 쉴 틈이 없이 비치는 것만은 아니다. 하늘에는 구름이 떠서 땅 위에 그림자를 던지고 있다. "날이 기울고 그림자가 질 때"라고 말하는 것을 들어라. 더욱 여기에서 "험한 산들"이라고 말한다. 이것은 간혹 "분열의 산들"이라고도 번역한다. 그리고 우리의 사랑에 있어서 분열은 실제로 마음 아픈 일이다. 사랑하는 자여, 이것이 그대의 현재의 마음상태일지도 모른다. 그대는 자기의 구원을 의심치 않고 그리스도께서 그대의 주님이라는 것을 알고 있다. 그러나 그대는 주님과 함께 연회에 있지 않는 것이다. 그대는 자신이 주님에게 중대한 관계를 가진 자라는 것을 이해하고 있어서 당신은 그분의 것이요, 그분이 당신의 주님이라는 것을 조금도 의심하지 않는다. 그러나 그분의 왼손은 그대의 머리 아래에 없고 그 오른손은 그대를 품고 있지 않다. 그대의 마음위에 비애의 그림자가 드리워져 있다. 그것은 아마도 고뇌일 것이다. 확실히 일시적으로 그대가 주님의 임재 안에 있지 않기 때문이다. 그러므로 그대는 "나는 그대의 소유"라고 부르짖으면서 무릎 꿇고 "나의 사랑하는 자여, 날이 기울고 그림자가 갈 때에 돌아오라"고 기도하지 않을 수 없다. "그분은 어디에 있을까?"라고 영혼은 찾는다. 그리고 "그분은 백합화 가운데서 양떼를 먹이고 있다"고 하는 대답이 들려온다. 만약 그리스도를 발견하기 원한다면, 우리는 그의 백성과 교제해야 하며 그의 성도들과 함께 성례전에 참여하여야 한다. 오, 이 저녁도 주님을 만나기를 원합니다! 오, 주님과 함께 먹기를 원합니다!

6월 20일 아침

343. "내가 명령하여 이스라엘 족속을 만국 중에 체질하기를 곡식을 체질함 같이 하려니와 그 한 알갱이도 땅에 떨어지지 아니하리라" (암 9:9)

모든 체질하는 것은 하나님의 명령과 허락으로 인하여 온다. 사탄은 욥에게 손을 대기 전에 하나님의 허락을 받아야 했다. 아니 오히려 어떤 의미에서는 우리의 체질은 하늘에서의 직접적인 사역이다. 왜냐하면, 이 구절에 "나는 이스라엘 족속을 체질한다"고 말하고 있기 때문이다. 사탄은 악착스럽게 일하는 자 같아서 체를 손에 쥐고 곡물을 없애려고 할 것이다. 그러나 주님의 섭리의 손은 파괴를 목적으로 한 원수의 수단을 사용하여 곡식을 깨끗하게 하는 것이다. 주님의 타작마당에서 심하게 까불리는 곡식이여, 주님께서는 이것을 자신의 영광을 위하여 또한 그대의 영원한 이익을 위하여 섭리하고 계신다. 이 축복에 넘치는 사실로 인하여 스스로를 위로하라. 확실히 주 예수님께서는 손에 가지신 키를 사용하여 보배로운 것과 천한 것을 구별하신다. 모두가 참 이스라엘은 아니다. 창고에 높이 쌓여 있는 곡식이 모두 깨끗한 알곡은 아니다. 그러므로 곡식을 키질하는 과정이 필요하다. 체질에는 참으로 무게를 가진 알곡만이 힘이 있다. 실질이 없는 겨는 바람 앞에 날아가고 만다. 그러나 참 알곡만이 남는다. 주의 곡식은 전혀 안전함에 주목하라. 가장 작은 알곡일지라도 보존될 것이라는 약속이 있다. 하나님께서 친히 체질하신다. 그러므로 단호하며 격렬한 것이다. 하나님께서는 모든 장소에서 "만민 중에서" 체질하신다. 하나님은 가장 효과적인 방법으로 체질하신다. "체 안에서 곡물을 체질함같이" 모든 것을 체질하지만 아주 작고 아주 가볍고 오그라든 곡물은 땅에 떨어지는 것을 허락하지 않으신다. 모든 믿는 자는 주님 앞에서 보배로운 존재이다. 목자가 그 한 마리의 양을, 보석주인이 그 한 개의 다이아몬드를, 어머니가 그 한 아이를, 사람이 그 몸의 한 부분을 잃는 것을 원하지 않듯이, 주님께서는 그가 속량한 백성의 하나라도 잃게 되는 것을 원치 않으신다.

우리가 아무리 보잘것없어도 만약 우리가 주님의 것이라면, 그리스도 예수 안에서 보존됨을 기뻐해야 할 것이다.

6월 20일 저녁

344. "곧 그물을 버려두고 따르니라"(막 1:18)

예수님의 부르심을 받았을 때 시몬과 안드레는 주저하지 않고 곧 그분을 쫓았다. 만약 우리가 신속하게 과감한 열의를 가지고 들은 일은 항상 그곳에서 또한 적당한 경우에 바로 실천에 옮긴다면, 우리는 은혜의 수단에 참여하며 좋은 책을 읽음으로 인하여 반드시 영적인 유익을 풍성하게 얻을 것이다. 곧 빵을 먹으려 하는 자는 빵을 잃어버리는 일이 없다. 마찬가지로 교훈을 곧 실행하려고 하는 자는 그 유익을 빼앗기는 일이 없을 것이다. 많은 독자와 청중들이 듣고 실행하려는 의도는 있지만 슬프게도 접붙이지 않은 나무같이 결코 열매를 맺지 못한다. 저들은 기다리고 우물쭈물하는 사이에 잊어버린다. 마치 서리 낀 밤의 연못같이 낮에 햇빛이 비침과 동시에 녹지만 밤이 되면 곧 다시 어는 것과 같다. "내일 하자"고 습관이 된 자는 결국 아름다운 결심의 죽음과 함께 피에 붉게 물들고 만다. 그것은 어리석은 자를 죽이는 도살장과 같다. 우리는 이 "저녁 묵상집"의 소책자가 열매가 없는 책이 되기를 원치 않는다. 그리고 독자가 단지 그것을 읽는 것에 그치지 않고 "실행에 옮겨"(약 1:22)지기를 기도한다. 진리를 실행하는 것만이 가장 유익하게 읽는 것이다. 만약 독자가 이 책을 읽고 무엇인가 행할 마음을 느꼈다면, 그 거룩한 빛이 영혼에서 떠나기 전에 곧 그것을 실행하기를 바란다. 주님께서 부르실 때에 반항하는 마음이 일어나기 전에 그물을 버리고, 모든 소유물을 버리고 따르기를 바란다. 지체하면 마귀에게 틈을 주게 된다! 기회와 열심이 갖추어 있을 때에 속히 실행에 옮겨라. 그대 자신의 그물에 걸리지 말고 세상 것의 줄들을 끊어버려라. 당신을 부르는 그 영광스러운 부르심이 있는 곳으로 가라. 저자가 기록한 교훈을 독자가 실행하려고 결의하는 것은 저자에게 있어서 매우 행복하다. 저자의 수확은 백배나 되어 그의 주님께서 큰 영광을 받으실 것이다. 이 짧은 묵상과 권면하는 말에 그와 같은 보상이 주어지기를 하나님께 기도한다. 오 주여, 당신님의 종의 기도를 들어주소서.

345. "왕은 인생보다 아름답도다"(시 45:2)

예수님의 인격은 하나의 보석이요, 그의 생애는 도장이 새겨진 하나의 옥쇄이다. 예수님께서는 모든 것에 있어 완전하시다. 그 몇 개의 부분만이 아니고 은혜에 가득하고 전체가 다 영광스럽다. 그분의 성품은 여러 가지 색채가 잡다하게 혼합된 것이 아니며 보석을 제멋대로 쌓아올린 것도 아니다. 그분은 아름다운 그림이고 영광의 흉패이다. 예수님 안에 있는 좋은 명성은 그것들의 적당한 곳에 있고 어느 것이나 서로 아름답게 장식되어 있다. 그분의 빛나는 인격의 특징은 다른 것들로 인하여 주의를 끄는 것이 아니라 그 자체로 완전하며 모든 것이 아름답다.

오, 예수님! 당신님의 힘, 당신님의 덕, 정의, 부드러움, 진실, 권위, 그리고 당신님의 불변함은 이 하늘과 땅의 그 어느 곳에도 또 다른 무엇에도 볼 수 없습니다. 당신님의 유년기, 영원성, 고난, 승리, 죽음, 그리고 당신님의 불멸성은 모두가 솔기 하나 없이 아름답게 잘 짜여져 있습니다. 당신님은 불협화음 없는 완전한 음악이십니다. 당신님은 나눠짐이 없이 많은 것이며 잡다하지 않은 모든 것이십니다. 모든 색채가 융합되어서 하나의 빛나는 무지개를 이루는 것 같이 모든 하늘과 땅의 영광은 당신님 속에 들어가 영묘한 결합을 이루고 있사옵나이다. 그래서 어느 것도 당신님과 비길 수 있는 것은 하나도 없습니다. 만약 모든 최고의 덕이 하나로 결합되어 있다 해도 완전한 거울인 당신님과는 견줄 수가 없습니다. 당신님에게는 몰약과 유향이 흐르고 있고 그것은 당신님의 하나님께서 오직 당신님에게만 허용하신 것입니다. 당신님의 향기는 거룩합니다. 그것은 다른 무엇으로도 섞을 수 없으며 심지어는 조제의 비범한 기술로도 불가능한 것입니다. 하나하나의 향료는 말할 수 없이 향기롭고 그것의 혼합은 영묘하기 짝이 없습니다.

"아, 거룩한 조화여! 비할 데 없는 결합이여,
많은 완전함이 모여서 하나의 완전함을 이룸이여!
아, 모든 부분들이 모여서 하나의 감미로운 선율 안에서
완전한 리듬을 이루는 "하늘"의 음악이여!"

6월 21일 저녁

346. "하나님의 견고한 터는 섰으니"(딤후 2:19)

우리의 믿음이 서 있는 기초는 다음과 같은 말씀이다. "하나님이 그리스도 안에서 세상을 자기와 화목하게 하시고, 그 죄과의 책임을 그에게 지우셨도다"(고후 5:19). 그리고 참된 믿음의 토대가 되는 위대한 사실은 다음의 말씀들이다. "말씀이 육체가 되어 우리 가운데 거하신다"(요 1:14). 그리고 "그리스도께서 우리를 하나님에게 인도하기 위하여 스스로는 의로우시면서 불의한 자들을 위하여 단번에 죄 때문에 죽으셨다"(벧전 3:18). "십자가에 달려 우리의 죄를 자기 자신에게 지우셨다"(벧전 2:24). "그는 징계를 받음으로 우리가 평화를 누리고 그가 채찍에 맞으므로 우리가 나음을 입었도다"(사 53:5). 이 모든 말씀들이 가르치는 것을 한마디로 요약하면 그리스도인의 소망의 기둥은 그리스도의 대속의 고난이라는 것이다. 그리스도께서는 "우리가 그 안에서 의롭게 되기 위하여 죄로 정하여져"(고후 5:21), 아버지 하나님께서 그에게 택하여 주신 모든 자들을 위한 대속의 속죄를 위하여 희생제물이 되셨다. 그에게 주신 사람들은 하나님께서 그 이름을 불러내시고 또 예수님을 믿음으로 말미암아 그 마음에 확신을 가진 사람들이다. 이것이 복음의 근본적인 사실이다. 만약 이 기초가 제거되면 어떻게 될 것인가? 그러나 이 기초는 하나님의 보좌와 같이 확실히 서 있다. 우리는 그것을 알고 거기에 쉬며 또한 그것을 기뻐한다. 우리의 즐거움은 그 진리를 붙잡고 묵상하고 선포하는 일이다. 반면 우리는 우리의 생활과 대화의 모든 부분에 있어서 그 진리를 감사함으로서 행동하기를 갈망한다. 오늘날 이러한 속죄의 교리가 정면으로 공격당하고 있다. 사람들은 하나님의 어린양이 인간의 죄를 지셨다는 사상에 대하여 참을 수가 없어서 이를 간다. 그러나 우리는 이 진리의 보배로움을 경험으로 알고 있기에 확신을 가지고 끊임없이 그들과 대항하며 이 진리를 선포한다. 우리는 그것을 흐리게 하거나 변경하지 않을 것이다. 또 어떤 다른 모양이나 형식으로 그것을 분해하지 않는다. 이 진리는 우리를 대신하여 죄를 지시고 고난을 당하신 분이 확실하게 예수 그리스도이심을 증거한다. 우리는 감히 이 진리를 버릴 수가 없다. 왜냐하면, 그것은 우리의 생명이기 때문이다. 그러한 모든 논쟁에도 불구하고 "그러나 하나님의 견고한 터는 서 있다"고 우리는 확신한다.

6월 22일 아침

347. "그가 여호와의 전을 건축하고 영광도 얻고 그 위에 앉아서 다스릴 것이요"(슥 6:13)

그리스도 자신이 그의 영적 성전의 건축자이시다. 그리고 그분은 그것을 변할 수 없는 애정과 전능의 은혜와 절대적으로 확실한 진리의 산 위에 그것을 세우셨다. 그러나 솔로몬이 성전을 세울 때와 같이 재료를 준비하는 일이 필요하였다. 레바논의 백향목은 있지만, 그것은 아직 조립되지는 않았다. 그것은 아직 다듬어져 있지 않고 모양도 갖추지 않아서 낙원에 있는 주님의 궁전을 "기쁘게 만들"(시 46:4) 향기롭고 아름다운 삼목의 재료로 되어있지 않다. 또 채석장에는 아직도 거친 돌들이 있다. 이 돌들을 쪼아서 잘 다듬어 만들어져야 한다. 이것은 모두 다 그리스도 자신의 일이다. 개개인의 믿는 자는 잘 다듬어져 준비되어 성전의 각 장소에 옮겨진다. 그러나 이렇게 준비하는 일은 그리스도 자신의 손으로 하신다. 환란은 그리스도에 의하여 쓰여지지 않으면 사람을 깨끗하게 할 수 없다. 우리의 기도와 노력도 우리의 마음을 바르게 하시는 예수님의 손이 함께 하지 않으면 우리를 "하늘"에 가도록 준비시킬 수 없다. 솔로몬이 성전을 지을 때 "세우는 동안에는 성전 안에서는 도끼나 망치나 그 밖의 다른 철기도구의 소리도 들리지 않았다"(왕상 6:7). 왜냐하면, 모든 부분이 조립만 하면 되도록 준비가 되어 있었기 때문이다. 그와 같이 예수님께서 지으시는 성전도 모든 준비는 이 땅에서 만들어진다. 우리가 "하늘"에 들어갈 때 거기에는 우리를 성화시키기 위하여 환란으로 연단할 필요도 고난을 통한 계획도 더 이상 없다. 그러므로 우리는 여기 이 땅에서 모든 것을 준비해야 한다. 그리스도께서는 앞서 이 모든 준비를 하신다. 그리고 그 준비가 완료되었을 때 우리는 사랑의 손길에 이끌리어 죽음의 강을 건너 하늘의 예루살렘에 도착하여 주님의 궁전에 영원한 기둥이 되어 쉬게 될 것이다.

"주님의 눈길과 관심아래
하나님의 성전이 세워져 가도다.
장엄하고, 견고하며, 또한 아름답게
저 하늘 위에서 빛나도다."

6월 22일 저녁

348. "진동하지 아니하는 것을 영존하게 하기 위하여"(히 12:27)

　　우리는 현재 많은 진동할 것들을 가지고 있다. 그리스도인이 그러한 것들을 많이 가지고 있는 것은 합당하지가 않다. 왜냐하면, 이 땅에서 있는 것들은 아무것도 확실한 것이 없고 모든 것은 변화하기 때문이다. 그러나 우리는 "진동하지 아니하는 것"을 가진다. 그리고 오늘 저녁 당신이 그것들에 대하여 생각해보기를 권면한다. 만약 진동할 것들이 모두 제거된다면 당신은 진정한 위로를 진동하지 않는 것들로부터 이끌어 내게 될 수 있다. 당신이 어떤 것을 잃는다 할지라도 당신은 현재의 구원을 즐길 수가 있다. 당신은 예수님의 보배로운 보혈의 공로만 오직 신뢰하여 십자가 아래에 선다. 주식의 가치가 오르락내리락 하더라도 주님 안에 있는 당신의 구원을 방해할 수는 없다. 은행의 파산도, 당신 사업의 실패와 파산도, 당신의 구원에 영향을 미치지 못한다. 당신은 이 저녁 하나님의 자녀요 하나님은 당신의 아버지이시다. 어떠한 환경의 변화로도 당신에게서 구원을 빼앗아 갈수는 없다. 비록 손실을 입어서 당신이 가난하게 되고 무일푼의 거지가 되었다 해도 당신은 "그분은 변함이 없으신 나의 아버지시요, 나의 아버지의 집에는 거할 곳이 많도다. 그러므로 나는 마음에 근심하지 않는다"라고 말할 수 있다. 당신은 또 다른 영원한 축복을 갖는다. 그것은 예수 그리스도의 사랑이다. 하나님이심과 동시에 사람이신 그분은 모든 애정을 기울여서 당신을 사랑하신다. 아무것도 그것을 방해할 수 없다. 무화과나무에 꽃이 피지 않고, 우리에 양무리가 없을지라도, 그러나 "나의 사랑하는 자는 나의 것, 나는 그의 것"(아 2:16)이라고 노래할 수 있는 사람에게는 그것이 아무것도 아니다. 우리의 최상의 소유, 또한 가장 풍부한 기업은 결코 소실되지 않으므로 어떠한 재난이 닥쳐와도 담대하라. 그리고 이 가련하고 덧없는 이 세상의 일들에 마음을 상하는 아이같이 되지는 말자. 우리의 조국은 임마누엘의 나라이고 우리의 소망은 하늘 저편에 있다. 따라서 여름의 커다란 바다같이 우리는 고요한 것이다. 우리는 땅 위의 모든 것이 소멸되는 것을 볼 것이다. 그러나 우리는 구원의 하나님 안에서 기뻐할 것이다.

349. "에브라임은 뒤집지 않은 전병이로다"(호 7:8)

뒤집지 않은 전병이란 한편이 익지 않은 전병이라는 것을 의미한다. 즉, 에브라임은 많은 점에서 하나님의 은혜를 받지 못하였다. 얼마만큼은 복종하고 있었지만 많은 반항심이 남아 있었다. 나의 영혼이여, 너에게 명한다. 이것이 네 경우에 해당되는지 스스로 살펴보라. 너는 모든 것을 하나님께 맡기고 있는가? 또 은혜가 너의 속의 중심을 꿰뚫어서 너의 모든 힘, 행동, 언어, 생각 가운데서 하나님의 지배를 느끼고 있는가? 너의 영도, 혼도, 몸도 다 성화되는 것이 너의 목적이며 기도이어야 한다. 비록 너의 성화됨이 완전하지 않을지라도 어느 정도 행동에 있어서 보편적이어야 한다. 이쪽에는 성결이 나타나 있고 다른 한쪽에는 죄가 지배하고 있어서는 안 된다. 만약 그렇다면 너도 또한 "뒤집지 않은 전병"이다. 뒤집지 않은 전병은 불에 가장 가까운 부분이 탄다. 비록 어떤 사람도 종교에 너무 지나치다는 말을 할 수 없지만 그래도 자기가 받은, 진리의 한 면을 고집하여 검게 타버린 사람, 바리새인적인 자부심으로 허세부리기 위한 종교 행위로 인해 타버린 사람들이다. 또한 겉으로 드러나 보이는 성결을 자랑하는 사람에게는 산 믿음의 온전함이 없는 일이 종종 있다. 사람들 앞에서의 성도는 뒤에서는 악마이다. 낮에 하얀 가루 속에 있는 사람은 밤에 검은 재속에 있는 것이다. 한편이 탄 전병은 다른 편에는 밀가루 그대로이다. 주여, 만약 내가 이와 같다면 나를 뒤집어 주소서! 나의 성화되지 않은 부분을 주의 사랑의 불로 향하게 하셔서 거룩한 뜨거움을 느끼게 하소서. 나의 탄 부분을 조금 식히는 반면 내가 주님의 하늘의 불길에서 떨어져 있을 때에 차갑게 되어 자신이 약하게 되는 것을 알게 하소서. 나를 두 마음을 품은 자가 되지 않게 하시며 주의 은혜의 강력한 지배 아래에서 온전한 자가 되게 하소서. 왜냐하면, 만약 내가 뒤집지 않은 전병과 같이 되어 두 면 모두에 주의 은혜를 받지 않으면, 나는 마침내 "영원히 타서"(사 33:14) 버린바 될 것을 잘 알고 있기 때문입니다.

350. "양자될 것 곧 우리 몸의 구속을 기다리느니라"(롬 8:23)

성도들은 이 세상에서도 하나님의 자녀이다. 그러나 사람들은 그들 안에 어떤 도덕적인 특징을 발견하지 못한다면 하나님의 자녀라는 것을 인식할 수 없다. 아들 된 명분을 받은 일은 아직 바깥으로 나타나 있지 않고, 하나님의 자녀라는 것도 아직 공공연하게 선언되어 있지 않다. 로마인은 자녀를 양자로 삼아도 그러한 사실을 오랫동안 감추었다. 그러나 후에 그 자녀를 양자로 삼은 일을 공포한다. 그러면 그 아이는 관공서의 관리 앞에 나아가 그의 입었던 옷을 벗고 그 아들을 양자로 한 아버지가 새로운 적당한 옷을 입힌다. "사랑하는 자여, 지금은 우리가 하나님의 자녀이다. 그러나 우리가 어떻게 될 것인지는 아직 나타나지 않았다"(요일 3:2). 우리는 아직 하늘의 왕족에게 알맞은 복장차림을 하지 않았고 아담의 자손으로서 입고 있는 혈육을 아직도 입고 있다. 그러나 우리는 알고 있다. "그가 많은 형제 중에서 맏아들이 되어"(롬 8:29) 나타나실 때 "우리가 그와 같을 줄을 아는 것은 그의 계신 그대로 볼 것이다"(요일 3:2). 사회의 가장 밑바닥에 있던 아이가 로마의 원로원 의원의 양자가 되어 다음과 같이 혼자 말하는 것을 당신은 상상할 수 있겠는가? "나는 공공연하게 양자로 될 날을 기다리고 있다. 그때 나는 거친 서민의 옷을 벗어 버리고 원로원 의원의 지위에 맞는 옷을 입지 않겠는가?" 그는 자기가 받은 것을 기뻐한다. 그 때문에 자기에 대한 약속의 성취가 속히 이뤄지기를 기다리는 것이다. 오늘날의 우리도 마찬가지이다. 우리는 자신에게 맞는 옷을 입고 하나님의 자녀로서 나타나게 되기를 기다린다. 우리는 젊은 귀족이며 아직 면류관을 쓰지 않았다. 그러나 우리의 약혼자의 사랑 때문에 결혼의 아침이 오기를 온전한 기쁨으로 기다리고 있다. 우리의 행복은 더욱더 많은 기쁨을 갈망하게 만든다. 그 기쁨은 솟아나는 샘과 같고 간헐 온천같이 하늘을 향하여 솟아오르기를 열망하며 공공연하게 사람들 앞에서 자신을 나타낼 때를 우리의 심령이 탄식하면서 기다리는 것이다.

6월 24일 아침

351. "이 말씀 하실 때에 무리 중에서 한 여자가 음성을 높여 이르되 당신을 밴 태와 당신을 먹인 젖이 복이 있나이다 하니 예수님께서 이르시되 오히려 하나님의 말씀을 듣고 지키는 자가 복이 있느니라 하시니라"(눅 11:27-28)

어떤 사람들은 우리 주님의 모친이 된다는 일이 매우 특별한 특권이었을 것이라고 상상한다. 왜냐하면, 주님의 모친은 우리가 바랄 수 없는 방법으로서 주님의 마음을 통찰할 것이라고 생각하기 때문이다. 이것은 그럴듯해 보이지만 잘 생각하면 그렇지가 않다. 모친인 마리아 일지라도 다른 사람보다 과연 더 많이 알았었는지 우리는 모른다. 그녀가 알 수 있는 데까지는 마음에 생각하고 있었다. 그러나 어느 복음서를 보아도 그녀가 그리스도의 제자들보다 믿음이 높았다고는 기록되어 있지 않다. 그녀가 알았던 모든 것을 우리도 또한 발견할 수 있다. 이렇게 말하는 것이 의아한가? 여기에 그것을 적절하게 증명하는 구절이 있다. "주의 친밀함은 주님을 두려워하는 자를 위하여 있고 주는 그 언약을 저들에게 보이신다"(시 25:14). 또 다음의 말씀을 기억하라. "나는 이제 너희를 종이라 부르지 않는다. 종은 주인의 하는 일을 알 수 없기 때문이다. 나는 너희를 친구라 하노니 내 아버지께 들은 일을 다 너희에게 알게 하노라"(요 15:15). 이와 같이 주님께서는 하나님의 일을 숨김없이 우리에게 말씀하시고 우리에게 유익한 일은 조금도 숨기지 않으셨다. 또 "만약 그렇지 않았다면 나는 이미 그렇게 말하였을 것이다"(요 14:2)라고 확실히 말씀하셨다. 오늘도 주님께서는 자신을 세상에는 보이시지 않고 우리에게 나타내시지 않는가? 그것은 확실히 그러하다. 그러므로 우리는 아무것도 알지 못하고 "당신을 밴 태는 복이 있도다"라고 부르짖을 수 없다. 말씀을 듣고 그것을 지킴으로 말미암아 무엇보다도 먼저 예수님의 모친 마리아와 같이 구주와의 진실한 사귐으로 나아가자. 다음으로 그녀가 얻었다고 생각하는 그리스도의 마음의 비밀스런 참된 친교를 알기에 하나님을 찬송하자. 이와 같은 특권을 얻은 영혼은 얼마나 행복하겠는가!

6월 24일 저녁

352. "사드락과 메삭과 아벳느고가 왕에게 대답하여 가로되 왕이여 우리가 왕의 신들을 섬기지도 아니하리이다"(단 3:16-18)

이 거룩한 세 사람의 담대한 용기와 놀랄만한 구원의 이야기는 악한 폭군의 이빨과 죽음의 아귀 아래서 고생하며 죽음의 위협에서도 굳게 믿음의 자리에 서서 진리를 증거하는 사례를 확실히 보여준다. 이것은 믿는 자들에게 좋은 본보기가 되어 그리스도인을 크게 격려한다. 특히 젊은 그리스도인에게 믿음의 일에, 또는 직업상의 일에서 결코 양심을 저버리는 일이 없으며 올바르게 사는 것을 이 실례에서 배울 것이다. 당신의 고결함을 잃을 정도라면 차라리 모든 것을 잃어버리는 게 낫다. 만약 모든 것을 잃어버렸을 때 사람의 마음을 장식하기 위한 보석으로써 맑은 양심만은 단단히 간직하라. 유혹을 따라서 움직여서는 안 된다. 북극성과 같은 하나님의 권위에 순종하라. 어떠한 위험을 무릅쓰고라도 정의를 좇으라. 비록 현재에 아무 유익을 주지 않는 것 같이 보이더라도, "보이는 것으로 말미암지 않고 믿음으로 걸어라"(고후 5:7). 주님 때문에 손해를 입는 일이 있을지라도 하나님을 신뢰하라. 하나님께서 당신의 채무자가 되는 것을 보지 않으려는가! 비록 이 세상에서 그분께서 말씀하신 것처럼, "자족하는 마음이 있으면 경건에 큰 유익이 있다"(딤전 6:6), 그리고 "먼저 하나님의 나라와 그의 의를 구하라. 그리하면 이 모든 것을 더 주시리라"(마 6:33) 함이 진실인지 증명해 보라. 하나님의 섭리를 따르기 위해, 당신의 양심의 소리에 따르기 위해 손해를 본다 할지라도 주님께서 만약 이 세상의 번영이라는 은화를 가지고 당신에게 지불해 주시지 않는다면 반드시 영적 기쁨이라는 금화를 가지고 약속을 이행하여 주신다는 것을 발견할 것이다. 사람의 생명은 "그 소유물의 많음"(눅 12:15)에 있지 않다는 것을 기억하라. 결백한 영혼, 죄가 없는 마음, 하나님의 미소와 은총, 이것을 가진다는 것은 오벨의 금광산도 이것을 산출할 수 없으며 두로의 무역으로도 얻을 수 없는 더 큰 부요를 가지는 것이다. "채소를 먹으며 서로 사랑함은 살진 소를 먹으며 서로 미워함보다 나은 것이다"(잠 15:17). 일 그램(g)의 평안한 마음은 일 톤(ton)의 금과 같은 가치가 있다.

6월 25일 아침

353. "높은 산에 오르라"(사 40:9)

그리스도를 아는 지식은 마치 높은 산에 오르는 것과 같다. 산 밑에 있을 때에는 매우 조금 밖에 보이지 않는다. 산의 실제 높이의 절반 밖에는 생각되지 않는다. 좁은 계곡에 서 있으면 산의 작은 물줄기가 흘러내리는 것밖에는 눈에 보이지 않는다. 그러나 하나의 봉우리에 오르면 골짜기는 깊고 넓어져서 발아래에 전개된다. 다시 더 높이 오르면, 5마일 사방이 내려다보이며 눈 아래의 광경은 넓게 펼쳐지며 더 훌륭하다. 그리고 다시 더 높이 오르면 더욱더 전망은 넓어진다. 이렇게 당신이 드디어 정상에 이르면 거기서 동서남북을 바라보며 눈 아래 한 도시를 거의 다 볼 수 있을 것이다. 저 멀리 200마일 떨어진 곳의 우거진 숲도 보이리라. 거기에는 바다가 있고 다른 쪽에는 강이 흐르고 공업도시의 연기가 피어오르는 굴뚝도 있고 바다의 항구에 떠있는 배의 돛대도 보이리라. 이 모든 것이 즐겁고 기뻐서 당신은 이렇게 말하리라. "여기까지 올라오니 이렇게 훌륭한 광경이 보이는 구나!"라고 말이다. 그리스도인의 생활도 이와 같다. 우리가 처음에 그리스도를 믿을 때는 조금만 그분을 볼 뿐이다. 그리고 우리가 높이 오를수록 더욱더 그분의 깊은 아름다움을 발견한다. 그런데 누가 그 정상에 올라갔는가? 누가 그리스도의 측량할 수 없는 "사랑의 높이와 깊이를"(엡 3:19) 다 알았는가? 바울은 나이가 들어 백발이 성성하게 되어 로마의 감옥 속에서 떨면서 우리보다 더 큰 확신을 갖고 "나의 의뢰한 자를 내가 안다"(딤후 1:12)라고 말할 수 있었다. 그에게 있어서 하나하나의 경험이 언덕에 오르는 것과 같았고, 시련의 하나하나는 다른 산꼭대기에 올라가는 것 같았다. 그리고 그의 죽음은 산꼭대기에 서 있는 것 같았으며, 거기에서 비로소 그는 자기의 영혼을 맡겼던 주님의 사랑과 신실함의 모든 것을 볼 수 있었다. 사랑하는 친구여, 일어나 높은 산에 오르라.

6월 25일 저녁

354. "비둘기가 접촉할 곳을 찾지 못하고"(창 8:9)

독자여, 당신은 그리스도 예수라는 방주를 떠나서 안식을 찾을 수 있을까? 그렇다면, 당신의 종교는 틀림없이 무익한 것이다. 당신은 그리스도와의 연합, 그리스도와의 관계를 의식하지 않고도 만족할 수 있는가? 그렇다면 당신은 불행하다. 그리스도인이라고 선언하면서도 이 세상의 쾌락에 전적으로 만족을 발견한다면 당신의 신앙고백은 거짓이다. 만약 당신의 영혼이 죄의 방에서 평안히 쉬며 침대도 이불도 충분하다고 만족하다면 당신은 위선자이다. 당신은 그리스도에 대하여 올바른 생각과 또는 그분의 보배로움에 대해 인식하는 것과는 아주 멀리 있다. 반면에 당신이 죄에 빠져 벌을 받지 않고 지내도 그 자체가 벌이라고 느끼고 만약 당신이 온 세상을 소유하여 영원히 그 가운데 살 수 있어도 당신의 영혼이 갈망하는 것은 하나님이기 때문에 그 세상에 남아있는 것은 정말로 불행이라고 느낀다면 당신은 용기를 가져라. 당신은 하나님의 자녀이다. 당신의 모든 죄와 결점을 가지고 이 생각을 당신의 위로로 받아들여라. 만약 당신의 영혼이 죄 안에서 평안을 발견할 수 없다면 당신은 죄인과는 본질적으로 다르지 않은가! 만약 당신이 어떤 더 좋은 것을 구하고 그것을 아직도 간절히 바란다면 그리스도께서는 당신을 잊지 않으신다. 왜냐하면, 당신은 그분을 아주 잊어버린 것이 아니다. 믿는 자는 주님 없이는 아무것도 하지 못한다. 주님께 대한 믿는 자의 생각은 말로는 표현할 수가 없다. 우리는 광야의 모래 위에서 살 수가 없다. 우리는 하늘로부터 내려오는 만나를 필요로 한다. 피조물이 신뢰하는 우리의 가죽 부대에서는 한 방울의 물도 나오지 않는다. 그러나 우리는 우리와 함께 하는 반석에서 물을 마신다. 그 반석이란 그리스도이시다. 당신이 그분을 먹을 때 당신의 영혼은 다음과 같이 노래할 수 있다 "그는 좋은 것으로써 나의 입을 채운다. 그리고 나의 청춘은 독수리와 같이 새롭게 된다"(시 103:5). 그러나 그분이 없으면 당신의 넘치는 포도주도 또 가득한 곳간도 당신에게 조금이라도 만족을 주지 못한다. 오히려 그것들에 대하여 옛날 선지자와 같이 "헛되고 헛되니 모든 것이 헛되도다"(전 1:2)라고 탄식하라.

6월 26일 아침

355. "너도, 우리같이 연약하게 되었느냐"(사 14:10)

입술만으로 믿음을 선언하는 배교자의 벌거벗은 영혼이 하나님 앞에 서게 될 때 그 운명은 어떠할까? 그는 어떻게 "저주를 받은 자여 떠나라. 너는 나를 거절하였다. 나도 너를 거절한다. 너는 간음을 행하고 나를 떠났다. 나도 또한 영원히 너를 내 앞에서 추방하고 긍휼을 베풀지 않으리라"고 하는 하나님의 음성을 견딜 수 있을까? 마지막 심판 날에 모인 대중 앞에서 배교자의 가면이 벗겨질 때 그의 치욕은 과연 어떠하겠는가? 결코 믿음을 고백한 일이 없는 세속적인 사람들과 죄인이 불 못에서 일어나 그를 손가락질 하는 것을 보리라. 어떤 사람은 "아, 저 녀석이 왔네, 저 녀석은 지옥에서도 설교할 것인가?"라고 조롱하리라. 또 다른 사람은 "저 녀석이네, 저 녀석은 악한 말을 했다고 나를 책망하였지만, 이제 드디어 위선자의 정체가 드러났다"라고 비난할 것이다. 또한 다른 사람도 이렇게 말하리라. "아! 저기 찬송을 잘 부르던 자가 왔다. 집회에는 언제나 빠지지 않고 출석하여 "하늘"행은 보증된 것처럼 큰 소리 치던 저 녀석이 왔구나"라고 말이다. 위선자의 영혼을 멸망으로 끌고 갈 때처럼 악마가 열심히 일하는 때는 없을 것이다. 존 번연(John Bunyan)은 『천로역정』에서 지옥에 끌려가는 광경을 무시무시한 그림으로 묘사하고 있다. 일곱 마귀가 아홉 개의 노끈으로 한 사람을 결박하여 그가 스스로 걷고 있다고 공언하는 "하늘"에 이르는 길에서 그를 끌고 지옥의 뒷문에 던져 넣는다. 믿음을 입술로만 공언하는 자여, 지옥의 뒷길을 조심하라! "너희는 과연 믿음이 있는지 어떤지를 스스로 반성하고 자신을 성찰해야 한다"(고후 13:5). 당신의 상태를 잘 살펴보라. 스스로 그리스도 안에 있는지를 주의하여 살펴보라. 자신을 스스로 심판할 때는 어쨌든 관대한 판결을 내리기 쉽지만 이점에 있어서 올바르고 진실하여야 한다. 모든 사람에 대해서는 진정 올바르게 하라. 그러나 본인에게는 더욱 엄하여라. 만약 네가 반석 위에 집을 세우지 않았다면 집이 무너질 때 그 무너짐이 크다는 것을 기억하라. 주님께서 부디 당신에게 진실함과 정절과 단호한 용기를 주시기를 바란다. 이 악한 세상에서 그 어떤 날에도 당신이 곁길로 빠지는 일이 없기를 바란다.

356. "너희로 정욕을 인하여 세상에서 썩어질 것을 피하여"(벧후 1:4)

당신이 부활하신 주님의 능력 가운데 살기를 원한다면, 육신의 정욕에 빠져드는 모든 생각을 영원히 추방하라. 그리스도 안에 사는 자가 죄의 타락 가운데 살고 있다면 그것은 악이다. 천사는 막달라 마리아에게 "왜 산 자를 죽은 자 가운데서 찾고 있느냐?"(눅 24:5)라고 말하였다. 산 자가 왜 무덤 속에 있겠는가? 하나님의 생명이 어찌 육욕의 납골당 안에 갇혀 있을 수 있겠는가? 우리는 주님의 잔에 참여하고 있으면서 어찌 사탄의 잔을 아직도 마시려고 하는가? 믿는 자여, 당신은 확실히 육신의 정욕과 죄로부터 구원을 받았다. 사탄의 올무와 속임수로부터 도망쳐 본 적이 있는가? 또한, 교만과 게으름과 육의 안전이라는 사슬을 벗어난 적이 있는가? 당신은 날마다 이 세상적인 것, 소유의 자랑, 탐욕의 올무로부터 초월하여 살기를 원하는가? 당신은 이것을 위하여 하나님의 보화로 부유하게 되었다는 것을 기억하라. 만약 당신이 참으로 하나님께 선택되고 사랑받고 있다면 당신을 위한 풍성한 은혜의 보화가 낭비되는 것을 허락하지 말라. 거룩함의 생활을 따르라. 그것은 그리스도인의 왕관이요 영광이다. 거룩하지 않은 교회는 이 세상에서 소용이 없으며 사람들에게도 존중함을 받지 못한다. 그것은 혐오스러우며 지옥의 웃음거리이며 "하늘"은 그것을 꺼린다. 일찍이 이 세상에 일어났었던 극악한 사건은 거룩하지 않은 교회로 말미암아 온 것이다. 오 그리스도인이여, 하나님의 서약은 당신 위에 있다. 당신은 하나님의 제사장이다. 그것에 합당하게 행동하라. 당신은 하나님이 세우신 왕이다. 당신의 육신의 정욕을 지배하라. 당신은 하나님이 선택한 자이다. 악한 것과 사귀어서는 안 된다. "하늘"은 당신의 것이다. "하늘" 시민답게 살아라. 그리고 이로 인하여 당신이 진정으로 예수님 안에서 진실된 믿음을 갖고 있다는 것을 증명할 것이다. 거룩한 생활 없이는 마음속에 믿음이 있을 수 없기 때문이다.

> *"주여, 저는 보혈로 구속된 자로서 살기를 원하나이다.*
>
> *하여, 구속함을 받은 자로서 어떠한 부끄러움도 없이,*
>
> *당신을 슬프게 하는 일이 없이 경외하게 하소서."*

6월 27일 아침

357. "너무 멀리는 가지 말라"(출 8:28)

이것은 폭군 바로의 입에서 나온 교활한 말이다. 만약에 불쌍한 노예였던 이스라엘이 이집트로부터 나가야 할 필요가 있다면, 그들이 너무 멀리는 가지는 못하게 하려는 생각이었다. 즉, 이것은 그의 무력이 미치지 못하는 곳, 그의 첩자들의 눈에 띄지 않는 먼 곳으로 가지 못하게 하려는 것이었다. 마찬가지로 이 세상은 가치관이나 의견이 다른 사람들을 좋아하지 않는다. 세상은 우리에게 좀 더 관대하라 또는 너무 엄격해서는 안 된다고 말한다. 이 세상에 대하여 죽고 그리스도와 함께 장사 되는 일은 세상 사람들에게 조롱받는 일이다. 그러므로 이 교훈은 일반적으로 무시되고 심지어 비난을 받기도 한다. 이세상의 지혜는 타협의 길을 추천하며 "상황에 맞게 정도껏"라고 한다. 이세상적인 전략에 따르면 순결이란 매우 좋은 것으로 인정되지만, 너무 모나게 그럴 필요는 없다고 경고한다. 진실함은 당연히 좋은 것이지만 잘못을 너무심하게 비난하는 것은 잘못이라고 말한다. 이 세상은 말하기를 "그렇다. 영적인 생각을 갖는 것은 좋지만 향락을 거절하지는 말아라. 때로는 춤도 추고, 크리스마스 때에는 극장에도 가고, 유행도 좀 따르고, 세상이 다 하는 일인데 그렇게 큰 소리로 반대할 일이 무엇인가?"라고 많은 믿는 고백자들이 이 교활한 말에 끌리어 영원한 멸망에 빠진다. 만약 우리가 주님을 전적으로 따르기를 원한다면 즉시로 구별된 광야로 가서 육의 세상인 애굽을 뒤에 두지 않으면 안 된다. 이 세상의 격언을 버리고, 이 세상의 쾌락, 이 세상의 종교 역시 버리고 그리고 주님께서 그의 성화된 백성을 부르는 장소로 멀리 떠나 가야 한다. 도시가 불길에 덮일 때 우리의 집은 불길로부터 너무 떨어져 있을 수 없다. 전염병이 돌 때에는 사람들이 그 땅에서 너무 멀리 떨어져 피할 수 없다. 그러나 독사로부터 떨어져 있으면 있을수록 좋은 것이다. 그리고 이 세상의 습성으로부터 멀리 떠나 있을수록 좋다. 모든 진실하게 믿는 자에게 "그들 중에서 나와서 따로 있으라"(고후 6:17)라고 나팔을 불어라.

6월 27일 저녁

358. "각 사람이 부르심을 받은 대로 지내라"(고전 7:20)

어떤 사람들은 하나님을 위하여 사는 유일한 방법은 목사, 선교사, 또는 성경 교사가 되는 것이라는 어리석은 생각을 한다. 만약 그렇다면 어떻게 많은 사람들이 지극히 높으신 이에게 영광 돌릴 기회가 주어지겠는가! 사랑하는 자여, 우리가 하나님의 영광을 찬양하는 것은 우리의 직분이 아니고 열심이며, 우리의 지위가 아니라 은혜일 것이다. 구둣방에서 신앙심 깊은 수선공이 구두를 고치는 송곳을 힘차게 돌리면서 구주의 사랑을 노래할 때 하나님은 가장 확실하게 영광을 받으신다. 그것은 많은 교회에서 직업적인 종교인이 불성실하게 직무를 수행하는 것에 비하면 훨씬 나은 것이다. 가난하고 배우지 못한 운송 인부가 말을 몰면서 하나님을 찬양하며 혹은 길가에서 친구 동료에게 하나님에 대해 이야기할 때나 지방을 순회하면서 유명한 목사가 보아느게와 같이 복음을 큰소리로 소리치며 증거할 때나 똑같이 예수님의 이름은 영광 받으신다. 우리 각자의 직업에 있어서 하나님께 봉사함으로 인하여 그분은 영광을 받으신다. 사랑하는 친구여, 자기의 직업을 떠남으로 인하여 그대의 의무를 저버리는 일이 없도록 조심하라. 그리고 일을 하는 동안 그대의 직분을 부끄럽게 하는 일이 없도록 주의하라. 자기의 일을 너무 중하게 여겨서도 안 되지만 그대의 직분을 너무 가볍게 생각해서도 안 된다. 모든 합법적인 직업은 복음으로 말미암아 가장 고상한 목적으로 성별되어질 수 있다. 성경을 펴 보아라. 그대는 거기서 가장 비천한 종류의 노동이 가장 용감한 믿음의 행위나 빛나는 거룩한 생애를 보낸 사람들과 연결되어 있는 것을 발견할 것이다. 그러므로 그대의 직업에 실망해서는 안 된다. 하나님께서 그대에게 주신 지위나 일이 어떠한 것이든지 하나님이 그대를 다른 곳으로 부르신다는 확신이 들지 않는 한 그곳에 머물라. 그대는 지금 있는 곳에서 네 힘이 닿는 최고로 하나님께 영광 돌리는 일에 첫 번째 순위로 관심을 두어라. 그대의 현재의 장소를 하나님께 찬양 드리는 곳으로 채우라. 만약 하나님께서 그대를 다른 장소에 필요로 한다면 하나님께서 그것을 그대에게 보이시리라. 이 저녁, 번잡한 야심을 버리고 평화로운 만족을 마음에 품어라.

6월 28일 아침

359. "예수를 바라보자"(히 12:2)

우리의 눈을 자기 자신으로부터 예수님에게로 돌리는 것이 성령의 끊임없는 사역이다. 그러나 사탄의 역사는 그와는 정반대이다. 왜냐하면, 사탄은 항상 우리로 하여금 그리스도를 보는 대신에 우리 자신을 보게 하려고 일을 꾸미기 때문이다. 사탄은 언제나 "너의 죄는 용서받기에 너무 크다. 너는 믿음이 없다. 회개가 부족하다. 결코, 끝까지 지속할 수 없다. 하나님의 자녀로서 기쁨도 없다. 너는 그저 약하게 그리스도에게 매여 있는 것에 불과하다"라고 속삭인다. 이것은 모두 우리 자신에 대한 생각이고 이렇게 우리 자신을 둘러보는 것으로는 결코 위로나 확신을 발견할 수 없다. 그러나 성령께서는 우리의 눈을 우리자신으로부터 전적으로 돌려서 우리는 아무것도 아니고 "그리스도가 모든 것의 전부이다"라고 말한다. 그러므로 네가 구원받는 것은 네가 그리스도를 붙잡고 있는 것이 아니고, 그리스도가 너를 붙들고 있음으로 하여 가능하다는 것을 기억하라. 네가 구원받음은 그리스도 안에 있는 너의 기쁨이 아니고 그리스도께서 너를 구원하시는 것이다. 또 네가 구원받음은 그리스도 안에 있는 너의 믿음이 아니고 이것은 수단이기는 하지만 너를 구원하는 것은 그리스도의 보혈의 공로이다. 그러므로 그리스도를 붙잡고 있는 너의 손을 보지 말고 오직 그리스도를 앙망하라. 너의 소망을 보지 말고 소망의 근원이신 그리스도를 바라보라. 너의 믿음을 보지 말고, "믿음의 창시자요, 완성자이신 예수를 앙망하여라"(히 12:2). 우리는 자기의 기도, 행위, 감정을 보는 것으로는 결코 행복을 발견할 수 없다. 영혼에 평안을 주는 것은 우리가 아니고 바로 예수님이시다. 만약 우리가 사탄을 정복하고 하나님과의 평화를 얻었다면, 그것은 '예수를 바라보았음' 때문임이 틀림없다. 너의 눈을 단순히 예수님께로 돌려라. 그의 죽음, 고난, 공로, 영광, 그리고 그의 중보를 너의 마음에 새롭게 하라. 아침에 눈을 뜰 때 예수님을 바라보고 밤에 누웠을 때도 예수님을 바라보라. 오, 너와 예수님 사이에 너의 소망이나 두려움이 끼어들지 못하게 하라. 오직 예수님을 열심히 따라가라. 그리하면 그분께서는 결코 너를 버리지 않으신다.

> *"나의 소망은 다른 어떤 것으로 세워진 것이 아니니,*
> *오직 예수님의 보혈과 의로 말미암도다.*
> *가장 아름다운 자라고 한들 내 어찌 의지하리오,*
> *나는 오직 예수님의 이름만 의지할 뿐이로다."*

6월 28일 저녁

360. "아론의 지팡이가 그들의 지팡이를 삼키니라"(출 7:12)

이 사건은 하나님의 손의 역사하심이 그에 대적하는 모든 반역에 대하여 확실하게 승리하신다는 교훈의 실례이다. 하나님의 원칙이 마음속에 던져질 때는 비록 마귀가 무수한 거짓의 대적을 만들어낼지라도 하나님이 역사하시는 한 그 모든 대적은 정복당하고 만다. 만약 하나님의 은혜가 사람을 붙잡는다면, 이 세상의 마술사는 모든 그의 지팡이를 던져버린다. 그 하나하나의 지팡이는 뱀과 같이 교활하고 독이 있을 것이다. 그러나 아론의 지팡이는 그들의 지팡이를 삼킬 것이다. 십자가의 끄는 힘이 사람의 마음을 움직여 그 마음을 붙잡는다. 그래서 한때 이 거짓이 가득 찬 세상을 위하여 살았던 사람이 이제는 높은 세계에 주목하며 하늘 높이 날개를 펴고 날게 된다. 은혜가 승리를 얻을 때 한때 세속적인 사람도 이제는 장차 올 세계를 구하게 된다. 이와 같은 사실은 믿는 자의 삶에서도 인정된다. 우리의 믿음은 얼마나 많은 적들과 직면했어야 했던가! 우리의 많았던 옛날의 죄를 마귀는 그것들을 우리 앞에 던졌다. 그리고 그것들은 뱀들로 변했다. 얼마나 많은 수의 죄가 거기에 있었는가! 그러나 예수님의 십자가는 그것들을 모두 멸하신다. 그리스도 안에 있는 믿음은 우리의 모든 죄를 감소시킨다. 그러면 마귀는 다시 한 무리의 뱀을 놓는다. 그것들은 이 세상의 염려, 유혹, 불신앙이다. 그러나 그것들은 예수 안에 있는 믿음의 상대가 되지 않아 모두 정복당한다. 이와 같은 원칙은 하나님을 위한 충실한 봉사 중에서 빛나지 않는가! 예수님을 향한 불타는 열정을 가질 때, 어려움은 극복되고 희생은 즐거움으로 되며 괴로움은 명예로 완성된다. 그러나 만일 종교가 이와 같은 마음속에 불타는 열정이라면, 종교를 고백하면서도 실제로 믿는 자가 아닌 사람도 많을 것이다. 왜냐하면, 그들이 갖고 있는 것은 이 시험에서 견딜 수 없기 때문이다. 독자여, 이 점에 있어서 스스로 자신을 살펴보라. 아론의 지팡이는 하늘로부터 주어진 힘을 갖고 있음을 증명했다. 당신의 믿음도 그러한가? 만약 그리스도께서 당신에게 어떤 의미가 있다면, 그분은 당신의 모든 것이 되어야만 한다. 예수님 안에서의 사랑과 믿음이 당신의 영혼을 지배하는 열정이 되기까지는 마음을 놓아서는 안 된다!

6월 29일 아침

361. "예수 안에 자는 자들도 하나님이 저와 함께 데리고 오시리라"
(살전 4:14)

세상을 떠난 영혼이 무감각하게 자고 있는 줄로 생각해서는 안 된다. "너는 오늘 나와 함께 낙원에 있으리라"(눅 23:43)라고 하신 말씀이 임종할 때의 모든 성도들에 대한 그리스도의 속삭임이다. 저들은 "예수 안에서 자고 있다." 그러나 저들의 영혼은 하나님의 보좌 앞에서 밤낮으로 영광 받으신 예수님을 찬양하며 그 피로 저들의 죄를 씻으신 분에 대하여 할렐루야를 노래하고 있다. 육체는 수풀에 덮여 있는 땅속의 적막한 침상에서 자고 있지만, 이 잠은 무엇을 의미하는가? 잠과 연관되는 생각은 안식이다. 그리고 그것은 하나님의 영이 우리에게 전달하고자 하는 생각이다. 잠은 매일 밤을 낮을 위한 안식으로 한다. 잠은 영혼의 문을 굳게 닫고 모든 침입자에 대하여 '잠시 기다려라'고 명한다. 그것은 우리 속의 생명이 여름 동산에 쉬기 위해 들어가는 것이다. 일에 피곤한 믿는 자는 고요하게 잔다. 마치 피곤한 어린 아이가 어머니의 품에 자고 있는 것과 같다. 오, "주 안에서 죽는 자는 복이 있도다. 저들은 그 노동에서 떠나 휴식한다. 그리고 그 행한 일이 따른다"(계 14:13). 저들의 고요한 휴식은 하나님께서 저들에게 충분한 보상을 주시기 위해 저들을 불러 일으켜 세울 때까지 결코 깨뜨려지는 일은 없을 것이다. 천사에게 수호되어 영원한 신비에 싸여 영광의 상속인이 된 저들은 계속하여 잠을 잔다. 그리고 시간이 되면 속죄가 완성된다. 저들이 눈을 뜰 때는 어떻게 될까? 저들이 최후의 안식에 들어갈 때는 피곤하고 지쳐 있었다. 그러나 다시 일어날 때는 그렇지 않을 것이다.

저들이 안식에 들어 갈 때에 이마에는 주름살이 있고 그 얼굴은 초췌했을 것이다. 그러나 다시 일어날 때에는 아름다움과 영광을 입고 깨어난다. 보잘 것 없는 씨앗이 아름다운 꽃이 되어 땅에서 다시 피어난다. 무덤 속의 겨울은 지나고 구속의 봄과 영광의 여름이 온다. 죽음은 복된 것이다. 왜냐하면, 그때 하나님의 힘이 우리의 작업복을 벗기고 청렴결백한 혼인예복으로 입히시기 때문이다. 그러므로 "예수 안에서 자는 자"는 참으로 복되도다.

6월 29일 저녁

362. "그러나 바벨론 방백들이 히스기야에게 사자를 보내어 그 땅에서 나타난 이적을 물을 때에 하나님이 히스기야를 떠나시고 그 심중에 있는 것을 다 알고자 하사 시험하셨더라"(대하 32:31)

히스기야는 그 마음이 자만하여져서 하나님의 은총에 대하여 교만하게 되었으며 자기 자신이 의롭다는 생각이 들게 되었다. 그는 육신의 안전에 의지하였기 때문에 그 결과 활발하게 역사하던 하나님의 은혜가 일시에 물러갔다. 이것은 바벨론 사람에 대한 어리석은 행위를 설명하는 것이다. 왜냐하면, 만약 하나님의 은혜가 최상의 그리스도인으로부터 떠난다면 그의 마음 안에 있는 죄는 그를 아주 악한 범죄자로 만들기에 충분하기 때문이다. 만약 당신이 버림을 받으면 당신의 그리스도에 대한 열심은 곧 식어지고 "라오디게아 교회의 뜨뜻미지근한 물과 같이 될 것이다"(계 3:16). 당신의 건전한 믿음은 거짓 교리의 문둥병에 걸려 창백하게 될 것이다. 지금 주님 앞에서 훌륭한 덕과 정직함을 가지고 걷고 있는 당신이 사악한 생각에 취하여 이리저리 비틀거리게 될 것이다. 우리는 달과 같이 빛을 빌리고 있다. 은혜가 우리를 비출 때에 우리는 빛난다. 그러나 의의 태양이 넘어가면 우리는 암흑이 된다. 그러므로 하나님께서 우리를 결코 버리시는 일이 없도록 하나님을 향하여 부르짖자. 주여, 당신님의 성령을 우리로부터 거두지 마소서! 당신님의 내주하는 은혜를 거두지 마소서! 당신님께서는 "때때로 물을 주며 밤낮으로 간수하여 아무든지 이를 해치지 못하게 하리로다"(사 27:3)고 말씀하지 않으셨나이까? 그런즉 주여, 어디에서든지 우리를 지켜주소서. 골짜기에 있을 때 우리를 겸손케 하시는 주님의 손에 대하여 원망하는 일이 없게 하소서. 우리가 산 위에 있을 때 우리를 지켜주시어 그래서 위로 들어 올려질 때에 어지러운 증세가 나타나지 않게 하소서. 혈기가 왕성한 청년시절에도 지켜주소서. 또 자신의 지혜로 자만심에 빠지지 않도록 노년의 때에도 지켜주소서. 그리고 최후의 순간에 당신님을 거절하지 않도록 우리가 죽을 때에도 지켜주소서! 우리가 사는 때나 죽는 때나 일할 때나 괴로울 때나 싸울 때나 쉴 때나 어디에서든지 우리를 지켜주소서. 왜냐하면, 우리는 어디에서나 우리의 하나님이신 당신님이 필요하기 때문입니다!

6월 30일 아침

363. "내게 주신 영광을 내가 저희에게 주었나이다"(요 17:22)

보라, 주 예수님의 마음은 그 얼마나 한없이 넓으신 것인가! 그분께서는 그의 모든 것의 전부를 우리에게 주셨다. 비록 그분이 소유하신 것의 십분지 일이 하늘 군대의 천사들의 모두를 한없이 부요케 할지라도, 그분은 자기가 가지신 전부를 우리에게 다 주시기까지 결코 만족하시지 않으신다. 주님께서 만일 우리에게 자비의 식탁아래서 그의 궁휼로 떨어지는 부스러기를 우리에게 먹도록 허락하실지라도 그것 또한 놀라운 은혜일 것이다. 그러나 주님은 하다만 것 같은 절반 정도의 일은 하지 않으신다. 그분은 우리를 식탁에 앉게 하사 우리와 함께 잡수신다. 주님께서 그 보배로운 곳간에서 아주 적은 부분을 우리에게 줄지라도 우리는 그를 영원히 사랑하는 이유를 갖지 않겠는가! 그러나 실제는 그것이 아니다. 주님께서는 그의 신부를 자신과 같이 부요하게 하며 영광과 은혜를 같이 나누기를 원하신다. 우리를 공동의 상속인으로 하여 우리가 주와 함께 같은 소유물을 갖지 않게 되면 만족해하지 않으신다. 주님은 그의 모든 재산을 교회의 창고로 옮기시고 구속된 그의 백성과 함께 소유하신다. 주님의 집에는 어떤 열쇠도 스스로 보관하여 그의 백성에게 맡기지 않은 방이란 하나도 없다. 자신의 소유물을 그의 백성들에게 자유롭게 취할 수 있게 하시며 그들을 사랑하사 그의 보물을 자유롭게 사용케 하며 그들이 가질 수 있는 한 자기의 것으로 가지게 하신다. 완전하신 주님의 무한한 충만은 마치 호흡하는 공기와 같이 자유롭고 믿는 자에게 아무런 대가 없이 공급되는 것이다. 그리스도께서는 그 사랑과 은혜의 충만한 물병을 믿는 자의 입술에 대고 영원히 마시도록 권하신다. 그는 만족하도록 다 마실 것이다. 주님께서는 그것을 원하신다. 그러나 다 마시지 못하기 때문에 우리의 주님께서는 충분히 마시라고 명하신다. 왜냐하면, 그것은 모두 주님 안에 있는 자의 소유이기 때문이다. 아, 하늘과 땅에 이보다 더 진실하고 친밀한 교제의 증거가 있을까?

"나는 보좌 앞에 서서
내 것이 아닌 아름다운 옷을 입고 있도다.
당신의 참된 모습을 보면서
더럽지 않은 마음으로 당신을 사랑하도다.
주여, 그때 비로소 저로 충분히 깨닫게 하소서,
내가 얼마나 많이 은혜에 빚진 자인지를."

6월 30일 저녁

364. "주 여호와여 주님께서 큰 능과 드신 팔로 천지를 지으셨사오니

주님에게는 능치 못한 일이 없으시니이다"(렘 32:17)

갈대아인이 예루살렘을 포위하고 칼과 기근과 전염병이 전국을 황폐케 하고 있을 때, 예레미야는 하나님으로부터 밭을 사서 그것이 합법적으로 인봉되고 증인들이 서명한 문서를 만들도록 명을 받았다. 이러한 매매는 분별 있는 사람에게 있어서 이해하기 곤란한 일이다. 이것은 정당하다고 생각되지 않기 때문이다. 왜냐하면, 그것은 거의 이용할 가치가 없는 토지를 산 까닭 때문이다. 그러나 예레미야는 그것이 하나님께서 명하시는 것이라는 이유만으로 충분하였다. 하나님께서 모든 그의 자녀들에게 정당하게 하실 것을 잘 알고 있었기 때문이다. 그는 다음과 같이 생각하였다. "오 주 하나님이시여, 주님께서는 이 토지를 내가 사용할 수 있도록 하실 수 있습니다. 주님께서는 이 땅에서 박해자들을 제거할 수 있습니다. 주님은 내가 산 토지의 포도와 무화과나무 아래에서 나를 쉬게 할 수 있습니다. 주님은 천지를 지으신 분이요, 주님께는 불가능한 것은 하나도 없기 때문입니다." 이것은 옛 성도들에게 위대한 생각을 주었다. 따라서 저들은 하나님의 명령이 있으면 사람의 이성으로 받아들여질 수 없는 것까지 감히 행하였다. 노아는 높은 산마루 위에서 배를 지었고, 아브라함은 독자를 바쳤고, 모세는 이집트의 부요함을 가볍게 여겼고, 여호수아는 여리고를 7일간 포위하여 무기를 사용하지 않고 다만 양각 나팔만 불었다. 이들은 모두 사람의 이성적인 생각과는 반대로 하나님의 명령에 순종하였다. 그리고 주님께서는 저들에게 순종적인 믿음의 결과로 풍성한 보상을 해주셨다. 오늘날 이 시대에 결핍된 것은 하나님께 대한 이와 같은 영웅적인 믿음이 아닌가! 만약 우리가 하나님의 계시되어 있는 약속에 우리를 더욱더 내맡긴다면 우리는 일찍이 알지 못하였던 놀라운 세계에 들어갈 것이다. 예레미야의 신뢰의 자리가 우리 것이 되도록 하자. 천지를 창조하신 하나님에게는 어떤 것도 불가능한 것은 하나도 없지 않은가!

SCRIPTURE INDEX

(전도서)

1:7	10-26
1:14	12-2
7:8	12-30
9:4	9-30
9:10	11-26
10:7	5-19
10:9	11-17
11:6	9-20

(아가서)

1:2	1-8, 4-1
1:4	1-1, 1-23
1:7	8-7, 9-3

(이사야)

51:5	8-31
53:5	3-31
53:6	4-3
53:10	4-2
53:12	3-30
54:1	8-28
54:5	6-18
54:11	12-15
54:12	12-13
54:17	11-5
57:18	8-30
58:11	12-27
59:5	8-8
62:12	3-11
63:1	1-14
63:7	1-25
64:6	10-27
65:19	8-23

(예레미야)

2:2	12-17	
2:18	7-1,	7-20
3:14	7-22	
8:20	12-31	
15:21	10-10	
16:20	5-4	
17:14	8-30	
17:17	4-29	
23:6	1-31	
31:3	2-29,	12-20
31:33	1-9	

(하박국)

1:8	9-10
3:6	12-12

(스바냐)

1:4-5	11-14

(학개)

1:9	10-26
2:17	8-4

(스가랴)

1:8	9-26
1:12-13	2-24
1:20	12-5
3:1	11-27
4:10	11-26
6:13	6-22
11:2	9-26
14:7	10-4
14:8	7-1

(말라기)

3:2	10-15
3:6	11-2

(마태복음)

1:21	2-8
3:7	2-25
3:16	3-3
4:1	2-20
5:9	3-17
5:43	3-12
6:9	10-29
6:26	1-26

(누가복음)

22:44	3-23
22:46	10-23
22:48	3-25
23:26	4-5
23:27	4-9
23:31	4-8
23:33	4-10
24:16	10-29
24:27	1-18
24:33,	35 5-25
24:38	10-21
24:45	1-19

(요한복음)

1:14	5-10
1:16	1-27
1:41	2-19
3:7	3-6
3:13	3-25
4:14	10-6
4:48	9-2
5:8	5-7
5:13	5-8

25:30	2-14	

(역대상)

4:22	2-2
4:23	6-3
5:22	6-8
9:33	7-31

(역대하)

25:9	11-30
30:27	11-3
31:21	3-15
32:31	6-29

(에스라)

7:22	12-13
8:22	9-24

(느헤미야)

3:8	8-20
3:15	4-12
9:17	9-14
9:20	2-16
9:38	4-24

(에스더)

10:3	11-28
45:8	2-15
46:1	5-3
47:4	11-11
51:1	8-29
51:10	10-31
52:8	8-17
55:22	5-26
56:9	7-13
61:2	9-22
62:5	2-28

62:8	9-1	
65:11	8-1,	10-18
66:2	9-30	
66:20	5-24	
67:6	4-27	
68:10	12-8	
68:28	11-15	
72:19	8-6	
73:22	7-28	
73:23	7-29	
73:24	9-1	
74:16	12-23	
74:17	12-1	
76:3	6-11	
84:6	9-13	
84:7	12-14	
84:11	10-1	
89:19	1-23	
91:3	1-24	
91:5	4-22	
91:9	2-27	
92:4	8-14	

1:13	4-13	
1:16	5-22	
2:1	5-1	
2:3	8-25	
2:8	3-20	
3:1	1-19	
3:4	9-29	
4:7	12-2,	12-3
4:12	1-7,	11-18
4:16	3-1	
5:1	6-18	
5:2	9-24	
5:4	9-27	
5:6	3-29	

5:8	8-22
5:11	10-28
5:13	5-1
5:16	3-9
7:11-12	5-9
7:13	10-1
8:6	10-13
8:13	10-30

32:17	6-30
32:41	9-21
33:3	9-9
49:23	9-7
51:51	8-18

(예레미야 애가)

3:21	5-28
3:24	11-16
3:40	3-30
3:41	10-11
3:58	11-20

(에스겔)

3:7	4-28
15:2	1-22
16:6	7-7
16:10	12-21
20:41	3-28
33:22	1-6
34:26	2-24
35:10	2-17
36:26	8-15
36:37	2-19

(다니엘)

3:16,	18	6-24
5:27	6-12	

9:8	6-14	
9:26	1-16	
10:11	10-2	
11:32	8-4	
7:7	12-5	
9:6	8-10	
10:25	11-10	
10:34	12-28	
11:25	2-5	
11:28	12-16	
12:15	5-7	
12:20	7-19	
4:30	1-14	
15:23	10-9	
15:27	3-27	
19:16	6-2	
20:8	12-20	
22:42	12-29	
24:39	11-1	
26:39	3-22	
26:56	3-27	
27:14	4-2	
27:51	4-19	
28:1	7-14	
28:20	5-11,	12-26

(마가복음)

1:18	6-20
1:30	9-2
1:41	9-4
2:4	9-7
3:13	9-10
4:36	9-14
8:38	3-26
9:15	8-26
11:4	8-17

12:2	11-21	
12:21	4-17	
13:5	10-24	
14:16	2-12	
14:21	5-12	
14:26	10-12	
15:4	3-9,	11-13
15:9	3-18	
15:19	10-28	
16:15	10-22	
16:32	3-21	
16:33	5-3	
17:15	5-2	
17:17	7-4	
17:22	6-30	
17:23	7-31	
17:24	3-22	
18:8	3-26	
19:5	7-22	
19:16-17	4-3	
21:12	10-16	

(사도행전)

1:8	11-7
2:4	6-19
4:13	2-11
5:31	4-22
8:30	2-21
8:37	8-25
9:11	11-3
5:1	9-19
5:17	6-2
5:18	9-6
5:25	9-18

(에베소서)

1:3	5-9	
1:6	9-23	
1:7	11-27	
1:11	1-30,	8-2
1:14	7-20	
1:19-20	9-8	
2:19	7-10	
3:8	3-2,	8-22
3:17	8-23	
3:19	3-28	
4:15	10-20	
4:30	11-21	
5:25	3-20	
6:18	2-6	

(빌립보서)

1:21	1-7
1:27	5-24
2:8	6-3
2:15	9-6
3:8	10-14
3:10	11-22
4:11	2-16
4:12	2-10
5:7	1-6
5:10	7-11

(베드로후서)

1:4	6-26,	7-27,
1:9-16	1:5-6	7-26
3:18	1-4,	2-15

(요한1서)

1:6	11-23	
1:7	7-23,	8-31
2:1	10-4	

13:39	5-15	
14:22	3-8,	5-26
16:14	12-10	
18:10	12-4	
27:23	4-10	

(로마서)

1:7	7-5	
3:26	9-25	
3:31	1-25	
4:20	3-19	
6:6	5-30	
7:13	3-11	
8:1	2-13	
8:12	2-3	
8:17	5-14	
8:23	6-23,	8-16,
	12-4	
8:28	8-5	
8:30	5-28,	10-11
8:33	7-27	
8:34	4-21	
8:37	4-23	
9:15	11-25	
11:26	1-21	
11:36	11-17	
12:2	10-14	

14:8	6-10	

(골로새서)

1:5	10-21	
1:28	1-28	
2:6	11-8	
2:9-10	5-18	
3:4	8-10	
3:24	12-11	
4:2	1-2	1

(데살로니가전서)

1:4	7-17	
2:18	8-7	
4:14	6-29	
4:17	12-10	
5:6	3-5	
5:24	12-11	
5:25	7-7	

(데살로니가후서)

2:16	8-11	

(디모데전서)

3:16	6-4	
6:17	5-16	

(디모데후서)

1:9	6-12	
2:1	3-15	
2:11	10-27	
2:12	7-3	
2:19	6-21	
4:8	1-10	
4:18	7-12	

(요한계시록)

1:13	12-6	
2:4	2-11	
3:4	12-8	
3:7	6-15	
3:14	4-19	
3:19	6-7	
3:20	4-25	
4:4	9-9	
5:6	4-23	
11:12	2-7	
12:7	11-30	
14:1	1-17	
16:15	4-26	
21:1	12-19	
21:23	8-3,	8-9
22:17	6-13	

*감수자 소개

- 서울대학교(B. A.)
- 고려신학대학원(M. Div.)
- 미국 칼빈신학대학원(Th. M.)
- 미국 트리니티 복음주의신학대학원(Ph. D.)
- 미국에서 한인교회를 섬기며 연구
- 귀국하여 그동안 여러 신학교에서 강의.
- 현 〈한국개혁신학연구소〉 소장.
- *Time, Eternity, and the Trinity* (Pickwick Publications, 2010).

『개혁주의 신앙의 기초』(개정판) (SFC, 2011).

『칼빈과 개혁신앙』(SFC, 2011).

『삼위일체 하나님과 신학』(새물결플러스, 2018).